经济管理学术文库·经济类

现代化经济体系建设研究
——基于陕西的实证

Research on the Construction of Modern Economic System
—Empirical Study Based on Shaanxi

程安东 总策划
党兴华 吴艳霞 薛伟贤 杨 屹 等／著

图书在版编目（CIP）数据

现代化经济体系建设研究：基于陕西的实证/党兴华等著. —北京：经济管理出版社，2020.5
ISBN 978-7-5096-7193-1

Ⅰ.①现… Ⅱ.①党… Ⅲ.①区域经济发展—研究—陕西 Ⅳ.①F127.41

中国版本图书馆 CIP 数据核字（2020）第 098893 号

组稿编辑：杨国强
责任编辑：杨国强　张瑞军
责任印制：黄章平
责任校对：张晓燕

出版发行：经济管理出版社
　　　　　（北京市海淀区北蜂窝 8 号中雅大厦 A 座 11 层　100038）
网　　址：www.E-mp.com.cn
电　　话：（010）51915602
印　　刷：北京玺诚印务有限公司
经　　销：新华书店
开　　本：720mm×1000mm/16
印　　张：19.75
字　　数：332 千字
版　　次：2020 年 8 月第 1 版　2020 年 8 月第 1 次印刷
书　　号：ISBN 978-7-5096-7193-1
定　　价：98.00 元

·版权所有　翻印必究·
凡购本社图书，如有印装错误，由本社读者服务部负责调换。
联系地址：北京阜外月坛北小街 2 号
电话：（010）68022974　　邮编：100836

前　言

党的十九大报告指出，当前中国已经进入了新时代。新时代对中国经济社会发展提出了新要求，新的经济发展阶段需要新的经济体系支撑。构建现代化经济体系是促进经济结构转型升级、推动经济社会迈向高质量发展阶段的有力支撑。因此，应把建设现代化经济体系、推动区域协调发展，作为当前和今后一段时期中国经济发展的主要任务。

陕西是连接中国东部、中部、西部地区的重要枢纽区域，具有重要的战略地位，从古至今，陕西是东西方经济文化交融的重要节点、东西部地区开放交流的重要门户、生产要素流动的重要站点。经过40多年的改革发展，陕西经济发展的重心实现了从"量"向"质"转变，经济总体上进入工业化后期。现代化经济体系的建设是陕西经济发展的大趋势。陕西正处于追赶超越的关键时期，无论从陕西的长期发展规划还是从近期的发展目标来看，现代化经济体系的建设对陕西的长远发展具有重要的作用。从战略上看，能够深入实施创新驱动发展，全方位地扩大开放水平，发挥"一带一路"的节点作用；从经济上看，能够激发经济活力，实现陕西经济总量、经济质量、经济速度的全面提升；从人民生活水平上看，能够使收入分配更加公平，全面实现省内小康，提高人民生活的幸福感。对陕西来讲，建设现代化经济体系是改变产业结构低端化的治本之策，是提高经济整体素质、效益、竞争力、可持续性的必由之路。通过现代化经济体系的建设，陕西能够更好地顺应现代化发展的潮流，增强国际竞争力，实现更高质量、更有效率、更加公平、更可持续的发展。

基于以上背景，西安理工大学城市战略研究院成立了《陕西现代化经济体系建设研究》课题组。陕西省原省长程安东具体策划了本课题，并对课题研究的总体思路进行了把握与梳理。本课题的总负责（组长）由西安理工大学城市战略研究院常务副院长党兴华教授担任。课题组立足于当前国家发展的现实环境，通过深入的实地调研和数据分析，对处在历史机遇期的陕西，提出了现代化经济体系建设的具体方案。

本书是在课题研究成果的基础上修订、充实而形成的。本书的主要撰写人员为：党兴华（西安理工大学城市战略研究院常务副院长、西安理工大学教授）、吴艳霞（西安理工大学教授、西安理工大学城市战略研究院研究室主任）、薛伟贤（西安理工大学教授、西安理工大学科技处副处长）、杨屹（西安理工大学教授、西安理工大学经济与管理学院副院长）、王文莉（西安理工大学教授、西安理工大学城市战略研究院副院长）、胡海青（西安理工大学教授、西安理工大学经济与管理学院院长）、赵璟（西安理工大学副教授、西安理工大学经济贸易系主任）、史耀波（西安理工大学副教授、西安理工大学经济贸易系副主任）、张之光（西安理工大学副教授、西安理工大学城市战略研究院成员）、杨毅（讲师、西安理工大学城市战略研究院研究人员）、孙赵勇（西安理工大学副教授、西安理工大学城市战略研究院成员）。全书由西安理工大学城市战略研究院成员，西安理工大学教授党兴华、吴艳霞进行总纂。

现代化经济体系建设研究是一个多学科相互渗透、相互融合的复杂领域，我国尚处于探索阶段，许多问题有还待于进一步深化研究。如有不足之处，敬请各位专家学者和读者批评指正。

目 录

第1章 现代化经济体系建设研究总论 ·········· 001

1.1 陕西建设现代化经济体系的背景与意义 ·········· 001
1.2 陕西建设现代化经济体系的指导思想 ·········· 009

第2章 陕西经济体系的发展状况评价 ·········· 013

2.1 陕西经济体系现状 ·········· 014
2.2 陕西经济体系与现代经济体系距离测度 ·········· 023

第3章 陕西现代化经济体系建设的现实基础 ·········· 027

3.1 实体经济居于主导地位,构筑了现代化经济体系的物质基础 ······ 027
3.2 科技能力较强,可以为现代化经济体系提供有力支撑 ·········· 032
3.3 三大区域协调发展,关中平原城市群发展进入国家战略 ·········· 035
3.4 国家"一带一路"倡议引导下对外开放步伐加快,国企竞争力
    有所提高 ·········· 038
3.5 经济体制改革不断深化,现代化经济体系制度不断完善 ·········· 040
3.6 大众创业、万众创新事态强劲,非公有制不断扩大 ·········· 042
3.7 人力资源丰富,科技和经济管理力量较为雄厚 ·········· 044

第4章 陕西现代化经济体系的内涵、构成要素及相互关系 ·········· 047

4.1 现代化经济体系的内涵 ·········· 047
4.2 陕西现代化经济体系的构成 ·········· 049
4.3 陕西现代化经济体系的特征与作用 ·········· 059

第 5 章　建设创新引领、协同发展的现代化产业体系 ········· 065

5.1　陕西现代化产业体系的内涵及特征 ········· 065
5.2　陕西产业体系构成及发展现状 ········· 068
5.3　陕西产业体系存在的问题分析 ········· 080
5.4　陕西现代化产业体系整体方案设计 ········· 089
5.5　陕西现代化产业体系的建设重点 ········· 099

第 6 章　建设统一开放、竞争有序的现代市场体系 ········· 103

6.1　陕西现代市场体系的内涵与构成 ········· 103
6.2　陕西市场体系现状及存在问题 ········· 105
6.3　陕西现代市场体系方案设计 ········· 126
6.4　陕西现代化市场体系建设重点 ········· 136

第 7 章　建设体现效率、促进公平的收入分配体系 ········· 139

7.1　陕西现代化收入分配体系的内涵与构成 ········· 139
7.2　陕西收入分配体系现状及存在问题 ········· 141
7.3　陕西收入分配体系方案设计 ········· 155
7.4　陕西收入分配体系建设重点 ········· 162

第 8 章　构建彰显优势、协调联动的城乡区域发展体系 ········· 165

8.1　陕西城乡区域发展体系的内涵与构成 ········· 165
8.2　陕西城乡区域发展体系现状及存在问题 ········· 168
8.3　陕西城乡区域发展体系整体方案设计 ········· 191
8.4　陕西城乡区域发展体系的建设重点 ········· 197

第 9 章　建设资源节约、环境友好的绿色发展体系 ········· 201

9.1　陕西建设绿色发展体系的内涵与构成 ········· 201
9.2　陕西绿色发展体系现状及存在问题 ········· 203
9.3　陕西绿色发展体系建设方案设计 ········· 216

9.4　陕西现代化绿色发展体系建设重点 …………………………………… 224

第 10 章　建设多元平衡、安全高效的全面开放体系 ………………………… 227

10.1　陕西全面开放体系的内涵与构成 …………………………………… 227
10.2　陕西全面开放体系现状及存在问题 ………………………………… 230
10.3　陕西全面开放体系整体方案设计 …………………………………… 246
10.4　陕西全面开放体系建设重点 ………………………………………… 257

第 11 章　建设充分发挥市场作用、更好发挥政府作用的经济体制 ………… 259

11.1　陕西经济体制的内涵与构成 ………………………………………… 259
11.2　陕西经济体制的现状及存在问题 …………………………………… 264
11.3　陕西现代化经济体制的建设方案 …………………………………… 290
11.4　陕西现代化经济体制建设重点 ……………………………………… 298

参考文献 ………………………………………………………………………… 303

第 1 章　现代化经济体系建设研究总论

党的十九大报告指出，当前中国已经进入了新时代。新时代对中国经济社会发展提出了新要求，构建现代化经济体系是促进经济结构转型升级、推动经济社会迈向高质量发展阶段的有力支撑。因此，应当把建设现代化经济体系，推动区域协调发展，作为当前和今后一段时期中国经济发展的主要任务。

陕西是连接中国东部、中部、西部地区的重要枢纽区域，具有重要的战略地位，现代化经济体系的建设是经济发展的大趋势。陕西正处于追赶超越的关键时期，无论是从陕西的长期发展规划还是近期的发展目标来看，现代化经济体系的建设对陕西的长远发展具有重要的作用。从战略上看，能够深入实施创新驱动发展，全方位地扩大开放水平，发挥"一带一路"的节点作用；从经济上看，能够激发经济活力，实现陕西经济总量、经济质量、经济速度的全面提升；从人民生活水平上看，能够使收入分配更加公平，全面实现省内小康，提高人民生活的幸福感。对陕西来讲，建设现代化经济体系是改变产业结构低端化的治本之策，是提高经济整体素质、效益、竞争力、可持续性的必由之路。通过现代化经济体系的建设，陕西能够更好地顺应现代化发展的潮流，增强国际竞争力，实现更高质量、更有效率、更加公平、更可持续的发展。

1.1　陕西建设现代化经济体系的背景与意义

1.1.1　陕西建设现代化经济体系的背景

当前，陕西经济正处于结构转型的关键性节点上，靠单纯的资源和工业外延式扩张推动经济增长的时代已经一去不复返，实施创新驱动发展战略成为共识。陕西认真贯彻落实习近平总书记来陕视察时提出的"五个扎实"要求，奋力追赶超越。深刻认识陕西发展的阶段性特征，准确把握面临的机遇和挑战，通过推进经济发展的质量、效率和动力"三大变革"，加快构建富有陕西特色的现代化经济体系，是摆在全省人民面前的重要战略任务。

1.1.1.1 陕西中长期发展战略的需要

陕西从经济发展、民生福祉、社会法制、国民素质和生态文明五个方面制定了中长期发展目标：经济保持中高速增长、人民生活水平和质量进一步提高、治理体系和治理能力进一步现代化、国民素质和社会文明程度明显提高、生态环境质量显著提升。到2020年，全面建成小康社会，"三个陕西"建设迈上更高水平。

陕西经济的发展进入了新的阶段，中长期发展目标的实现需要现代化经济体系的建设。现代化经济体系包括社会活动的各个环节、各个领域、各个层面，从经济发展、民生福祉、社会法制、国民素质和生态文明五个方面为实现中长期发展目标提供支撑。现代化经济体系的建设有助于推进产业升级、规范市场秩序，实现经济的高质量发展，是实现居民收入合理、缩小居民收入差距、实现社会公平正义的迫切要求。同时为社会法制提供了制度保障，促进陕西推进法制建设，构建法治政府，从而增强公民法治意识。

陕西通过现代化经济体系的建设，能够基本迈入高收入省份行列，工业化、城镇化进入后期阶段，产业发展深度融入全球分工体系，劳动生产率大幅提高，消费成为经济增长主动力，社会保障体系更加完善，良好生态环境成为展示形象的发力点，各项制度充满活力，经济发达、文化繁荣、人民富裕、社会和谐、生态美好的局面基本形成。现代化经济体系的建设，是陕西完成中长期发展目标的重要保障。

1.1.1.2 陕西追赶超越的需要

2015年，习近平总书记来陕西视察时，提到陕西正处于追赶超越的阶段，"追赶超越"是习近平总书记对陕西的殷切希望。陕西将经济总量、居民收入、对外开放、城镇化率、高新技术产业作为追赶超越的内容：经济总量超越全国中等发达省份，追赶高等发达省份；居民收入超越全国平均水平；对外开放迈向高水平开发开放新阶段；快速推进城镇化，城市建设方式、发展质量走在全国前列；由科技人才大省向科技人才强省迈进。3年来，陕西全省上下牢记嘱托、埋头苦干，各项事业发展取得了令人振奋的成绩。但是，陕西在发展，全国上下也在发展。陕西的人均可支配收入和科技进步贡献率依然低于全国平均水平，追赶超越的任务任重而道远。因此，急需构建现代化经济体系来加快追赶超越的步伐。

现代化经济体系强调质量第一、效益优先的原则，对经济的发展提出了更高的要求，同时也为陕西经济实力的提升提供了有力的体系支撑，促进了陕西经济的稳步前进。使整个陕西形成现代循环产业体系，对协调经济发展起到示范作用。提高陕西的经济实力，为工业化、信息化、城镇化、农业现代化等方面提供坚实的发展基础，从各个领域来完成追赶超越的任务。通过现代化经济体系的建设，解决陕西产业转型滞后、区域发展不均、科技转化率低等问题。陕西借助现代化经济体系，充分利用全国居中的地理区位、科技、文化等方面的优势，加快追赶超越的步伐，实现后来者居上。可以说，现代化经济体系的建设，是陕西实现追赶超越的主要推动力量。

1.1.1.3 陕西经济高质量发展的需要

陕西经济的发展已经进入了新的时代，经济已由高速增长阶段迈向高质量发展阶段。从图1-1中可以看出，进入"十一五"期间，陕西经济发展速度一直加快，连续多年增长速度高于10%，2008年最高，达到16.4%，陕西经济进入高速增长的阶段。随着"十二五"的结束和"十三五"的到来，经济增长速度开始降

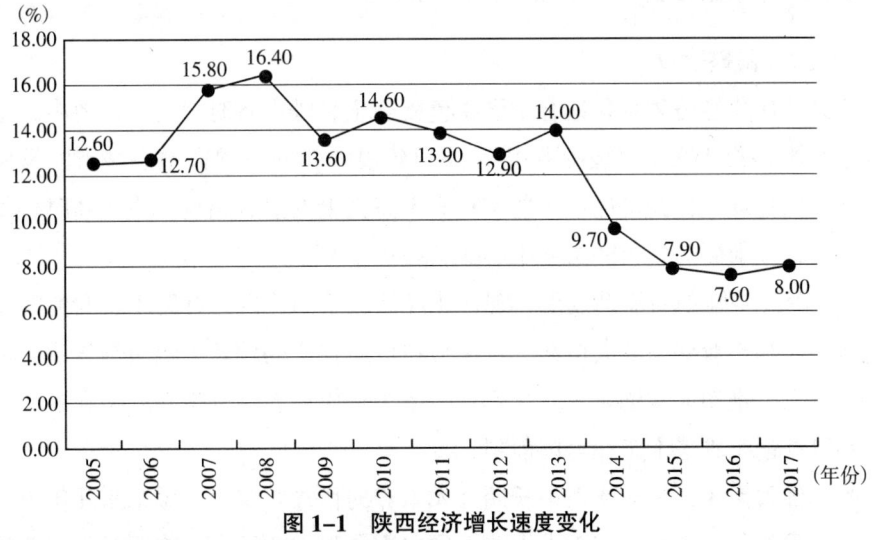

图1-1 陕西经济增长速度变化

资料来源：历年《陕西统计年鉴》，以所用数据为基础制成折线图。

低，低于10%，增长速度趋于平缓。正朝着"稳中向好"的趋势发展。此时，陕西的经济发展正处于中低速发展阶段，向高质量发展阶段迈进。

新的经济发展阶段需要新的经济体系支撑。经济从高速增长阶段向高质量发展阶段转换，需要改造现有的经济体系，而现代化经济体系，其具有现代性的经济系统，并与现代化进程中高质量发展阶段相适应，这种适应性在现代化经济体系中体现在经济的增长动力、要素结构、运行机制、系统环境、发展目标五个方面。从经济的增长动力看，现代化经济体系是以创新作为经济增长的驱动力，经济增长的源泉是依靠创新带来的全要素生产率的提升；从经济体系要素结构看，现代化经济体系具有高端要素集聚和现代产业主导的特征，而且其劳动力、资本和技术等各个生产要素以及各个产业、区域、城乡子系统呈现结构协调性；从体系的运行机制看，现代化经济体系具有高效配置资源的成熟的市场化体制机制，体系内各类市场主体公平竞争、具有活力，政府宏观调控政策科学有度；从系统环境看，现代化经济体系面临的是全方面开放的、高度不确定性的国际化环境，这要求经济系统也必须具有动态开放特征，从而对环境具有很好的适应性；从发展目标看，现代化经济体系追求实现高质量经济发展目标，以保证国家经济具有竞争力和可持续性、包容性的发展。因此，现代化经济体系是陕西实现经济高质量发展的内在要求。

1.1.2 陕西建设现代化经济体系的意义

1.1.2.1 战略意义

建设现代化经济体系是适合中国特色社会主义进入新时代的客观要求，也是陕西经济发展突破关口的必要举措，陕西建设大西安和国家中心城市的发展目标，必须依托现代化经济体系才能实现真正意义上的追赶超越，成为新时代引领经济发展、辐射周边省市的重要中心战略城市。

（1）深入实施创新驱动发展。现代化经济体系的建设，有助于陕西抓住新一轮科技革命和产业变革重大机遇，发挥科技创新在全面创新中的引领作用，加速释放新需求，推动大众创业、万众创新，率先建成创新型省份，努力在人才队伍建设和科技创新水平上走在全国前列。

吸引优秀人才，完成陕西中长期人才培养的目标。陕西希望未来几年内，大量引进优秀的科技人才，实现由人才大省向人才强省的转变。陕西对人才队伍的建设目标如表 1-1 所示。

表 1-1　人才队伍建设各项指标

各项指标	2015 年	2020 年
人才增长量（万人）	418	555
受高等教育比例（%）	17	22
高技能人才比例（%）	25.6	29
人力资本对经济增长贡献率（%）	28	35
人才贡献率（%）	31.5	37

资料来源：《陕西"十三五"规划纲要》。

通过现代化经济体系的建设，陕西的综合实力迈上新的台阶，使陕西更具有竞争力。由此可以吸引大量的"高精尖缺"人才，打造规模宏大、结构合理、素质优良的人才队伍。借此提高经济社会发展与人才资源开发的契合度，重点培养造就创新型科技人才、急需紧缺专门人才，大力实施专业技术人才知识更新工程，加强科技创新团队、省"三五人才"、青年科技新星的培养，完成陕西中长期人才培养目标。

提高科技创新能力。通过现代化经济体系的建设，充分发挥市场对技术研发方向、路线选择和创新资源配置的导向作用，突出企业创新主体地位，推动产学研有机融合，形成具有陕西特色和优势的创新驱动发展格局。到 2020 年，企业创新能力大幅度提升，形成一批创新型领军企业，大中型工业企业研发投入占主营业务收入比例提高到 1.5%，研发经费投入强度达到 2.6%。

激发创新活力。加快中国西部科技创新港建设，打造一批院所引领型的创新产业集群和孵化基地。

（2）全方位提升开放水平。充分拓展陕西对外开放空间。向东：发挥中外合资项目示范效应，深化与各个国家各领域的合作，构建陕西最大的中外合资产业聚集区，积极拓展与海上丝绸之路沿线国家和地区产业合作。向西：立足交通区位、科教文化、产业体系等比较优势，加强与中亚各国在能源资源、装备制造、商贸旅游、现代农业等领域的合作，并延伸至欧洲，建设"一带一路"重要节点。向南：借助丝博会、欧亚经济论坛、粤港澳合作周等平台，深化与港澳台、东盟地区在金融、旅游、新兴产业等领域合作，加强与非洲、澳大利亚、新西兰等在现代农业、资源开发等领域合作，全面对接"21世纪海上丝绸之路"。向北：依托比较优势，拓展共同利益，开展与蒙古、俄罗斯等国家的合作交往。

自古以来，西安发挥着在"一带一路"相关国家和地区经济、政治、文化交流中的源头作用，"一带一路"倡议的提出要求关中地区具备更加开放和国际化的视野，而现代化经济体系的建设，将会增加关中地区的外向开放度，拓展"一带一路"国际市场和国际资源。在扩大对外开放中加快发展外向型经济，以外向型经济发展推动陕西更高水平的对外开放，充分发挥自身的经济地理优势、科技与教育优势、通过内陆地区发展外向型经济的创新模式，成为国家"一带一路"倡议中的重要节点。

1.1.2.2 经济意义

建设现代化经济体系是以解放生产力、发展生产力、提高效率、提高质量为根本的客观要求。经过40多年的改革发展，陕西经济发展的重心实现了从"量"向"质"转变，经济总体上进入工业化后期。现代化经济体系的建设对陕西的经济发展意义非凡。

（1）陕西经济总量提升。陕西经济承接多年来快速发展的势头，多项指标再创历史新高，全省经济总量跃上新台阶，经济保持中高速增长。陕西近年来GDP的变化情况如图1-2所示。

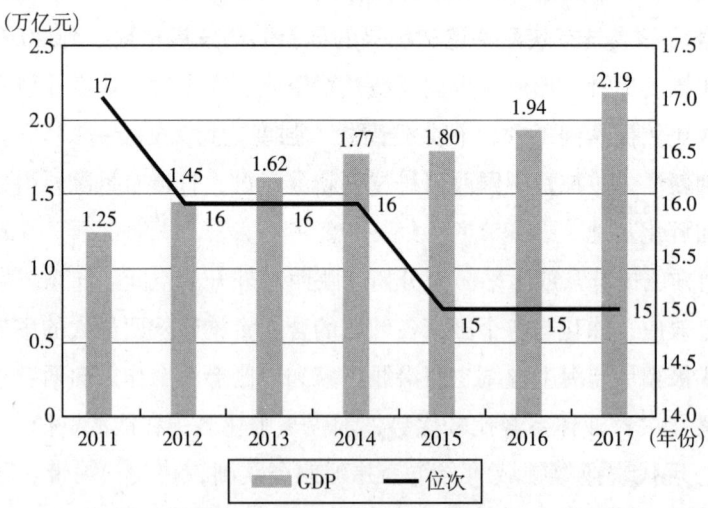

图1-2 陕西近年来经济总量变化

资料来源：《陕西统计年鉴》(2016)。

由图 1-2 可以看出，陕西近年来经济总量发展势头良好，保持着稳步增长的状态，2017 年突破 2 万亿元大关。现代化经济体系的建设在提高发展平衡性、包容性、可持续性基础上，能够推动陕西 GDP 稳步提升，维持继续增长的势头。预计到 2020 年国内生产总值和城乡居民人均收入比 2010 年翻一番，主要经济指标平衡协调，发展质量和效益明显提高。产业迈向中高端水平，农业现代化进展明显，工业化和信息化融合发展水平进一步提高，先进制造业和战略性新兴产业加快发展，新产业新业态不断成长，服务业比重进一步提高。

（2）陕西经济质量的提升。陕西经济的发展正在实现由高速发展向高质量发展的转变。2018 年上半年，陕西实现生产总值 10702.55 亿元，同比增长 8.6%，高于全国 1.8 个百分点。其中，第一产业增加值 506.26 亿元，增长 3.4%；第二产业增加值 5219.47 亿元，增长 9.0%；第三产业增加值 4976.82 亿元，增长 8.7%。这些经济数据表明陕西经济正向高质量发展阶段迈进。现代化经济体系的建设以高质量发展为目标，通过产业升级和市场监管推动经济发展质量变革、效率变革、动力变革，进而完成动力转换。提高全要素生产率，使其成为经济增长的主要贡献。现代化经济体系的建设，能够为陕西高质量发展提供众多有利条件，使陕西在总体平稳、结构趋优、活力增强、质效提升的发展态势中把握机遇，提高发展质量。

（3）陕西经济增速提升。经济增速的提升不是盲目的经济速度的扩张，而是在保证经济质量的前提下，实现经济的稳步提升。

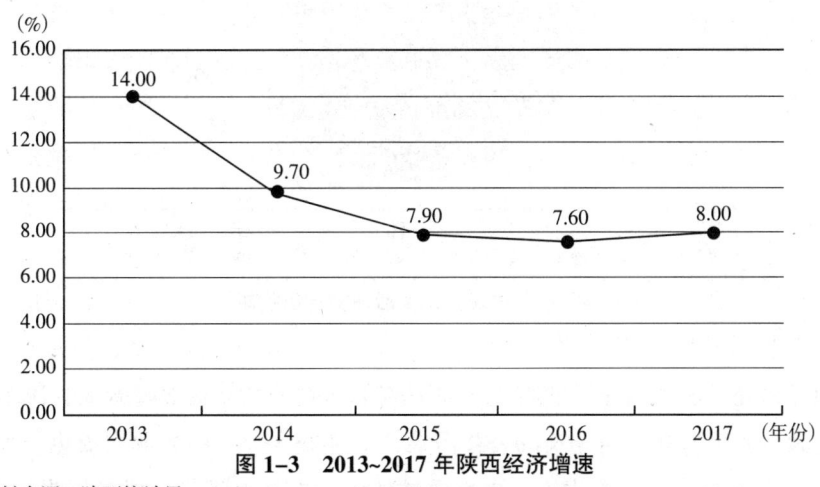

图 1-3　2013~2017 年陕西经济增速

资料来源：陕西统计局。

从图1-3可以看出，2013~2017年，陕西经济增速有所回落，并保持稳定，发展势态"稳中向好"，这也说明经济的发展正在朝着高质量发展阶段迈进。质量型增长模式下，实现同样增速的难度要比数量型阶段更大，因此要想在保证经济质量的前提下稳步提升经济增速，需要建设现代化经济体系。随着现代化经济体系的建设，能够加速释放陕西经济发展的潜力，使经济的发展更加协调，经济转型升级动力不断增强，经济增长将释放出新能量。

1.1.2.3 社会意义

现代化经济体系对于现时期全面建成小康社会的中国具有重大现实意义，对于陕西全面实现省内小康的目标意义非凡。现代化经济体系的建设能够增加就业机会，缩小贫富差距，提高人民的生活水平，推动陕西实现更高层次的发展。

（1）增强人民幸福感。人民的幸福建立在丰富的物质产品、公平正义的治理理念、安定的社会秩序、良好的生态、健康的体魄、和平稳定的周边环境等基础上。图1-4描述了2016年陕西居民人均生活消费支出的构成，可以看出，居民的消费中，居住和食品的消费占比较高，将近50%。居民的生活水平正在提高。

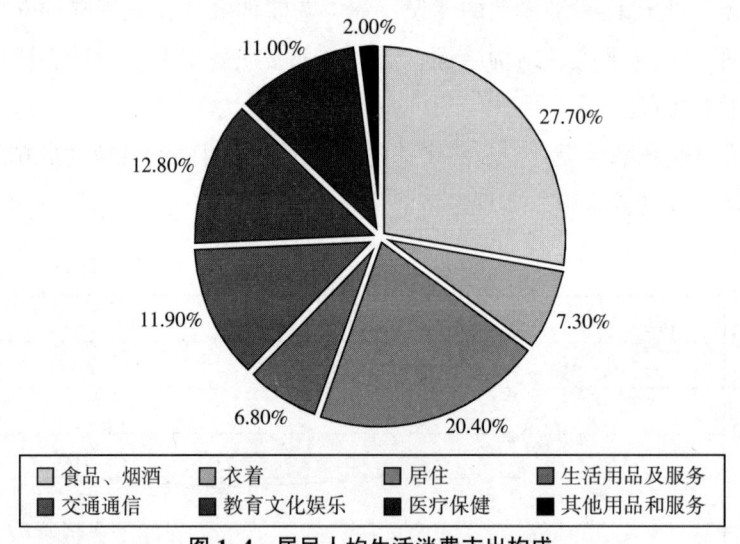

图1-4 居民人均生活消费支出构成

资料来源：《陕西统计年鉴》(2017)。

现代化经济体系的建设注重提升发展质量和效益，能够保障和改善民生，最大限度满足人民群众不断增长的公共需求，促进城乡公共服务的均衡化，为百姓提供更好的就业、更高的收入、更优质的环境，更好地满足人民美好生活需要。

持续提升群众获得感、幸福感、安全感。

（2）全面实现省内小康。全面实现省内小康，是陕西中长期发展目标之一。省内小康的实现，离不开现代化经济体系的建设。现代化经济体系要求建立人人共享的基本公共服务体制，着力提升人民生活水平和质量，加大社会事业投入力度，实施重点领域民生工程，完善社会保障制度体系。通过现代化经济体系的建设，能够最大限度满足人民群众不断增长的公共需求，促进城乡公共服务的均衡化，解决影响社会和谐的城乡差距与贫富分化等问题，完成精准扶贫的任务。此外，现代化经济体系的建设对农业、工业、现代服务业等各个行业都提出了新的要求，这会促进企业不断地转型升级，同时提供大量的就业岗位，解决就业问题，对全面实现省内小康意义重大。

（3）收入分配更加公平。经济的发展提高了人民的生活水平，也大大提高了居民的收入水平。总的来说，陕西整体居民收入差距不断缩小，但不同地区、不同行业、不同阶层的居民收入差距仍然较大。现代化经济体系的建设，能够更好地发挥政府对收入分配的调控作用，提高公共资源配置效率，缩小城乡、区域、社会的收入分配差距，规范收入分配秩序。加大城镇化进程，扩增就业岗位，努力提高低收入阶层的收入水平，使陕西新增劳动力、农村富余劳动力能向城镇转移。同时，补齐公共服务短板，将财力向民生保障和扶贫脱贫等薄弱领域倾斜，促进公共资源分配的均等化，使收入分配更加公平。

1.2　陕西建设现代化经济体系的指导思想

现代化经济体系的建设以习近平新时代中国特色社会主义思想为指导思想。习近平总书记在中共中央政治局第三次集体学习时强调，建设现代化经济体系是中国发展的战略目标，也是转变经济发展方式、优化经济结构、转换经济增长动力的迫切要求。可以说，习近平同志关于建设现代化经济体系的新理念、新思想、新战略，是习近平新时代中国特色社会主义思想的重要方面，是指导我们全面推进现代化经济体系建设的方针。

1.2.1 "五位一体"总体布局理论

党中央从经济、政治、文化、社会、生态文明五个方面,制定了新时代统筹推进"五位一体"总体布局的战略目标和路线图。

经济建设上,坚持新发展理念,以供给侧结构性改革为主线,建设现代化经济体系,以更高的质量和效率,实现更加公平、更可持续的发展。政治建设上,人民当家做主的制度体系更加健全,社会主义民主政治的优势和特点充分发挥,确保人民当家做主落到实处。文化建设上,坚持社会主义核心价值体系,坚定文化自信,推动中国特色社会主义文化创造性转化、创新性发展。社会建设上,加强和创新社会治理,坚持在发展中保护和保证民生的改善,在发展中补齐民生的短板,在发展中加快推进社会的公平正义,保障人民群众可持续地获得幸福感、安全感。生态文明建设上,坚持人与自然和谐共生,构建绿色产业结构、绿色生产方式、绿色生活方式,以节约资源和保护环境,形成现代化建设的新格局,建设美丽中国。"五位一体"总体布局是一个互相联系、互相作用的有机整体,根本是经济建设,保证是政治建设,灵魂是文化建设,条件是社会建设,基础是生态文明建设,共同致力于全面提升中国物质文明、政治文明、精神文明、社会文明、生态文明,建设现代化经济体系。

"十四个坚持"中的"坚持新发展理念""坚持人民当家做主""坚持全面依法治国""坚持社会主义核心价值体系""坚持在发展中保障和改善民生""坚持总体国家安全观""坚持人与自然和谐共生""坚持一国两制和推进祖国统一"和"坚持推动构建人类命运共同体"这九个"坚持"是对"五位一体"总方略的深刻阐述。

1.2.2 "四个全面"战略布局理论

"四个全面"科学统筹了全面建成小康社会的奋斗目标、全面深化改革的发展动力、全面依法治国的重要保障和全面从严治党的根本保证,是建设现代化经济体系的具体指导思想。

全面建成小康社会是战略布局中战略目标层面的内容,具有统率地位,其他三个全面是战略举措。全面建成小康社会"一个都不能少",不仅是经济小康,还必须是政治小康、文化小康、社会小康和生态小康。全面深化改革,以促进社会公平正义、增进人民福祉为出发点和落脚点，完善和发展中国特色社会主义制度，实施一整套更加科学、完备、稳定和更管用的制度体系，保证国家的长期安定太平、社会的和谐稳定和人民的健康幸福平安，推进国家治理体系和治理能力现代化。全面依法治国，完善以宪法为核心的中国特色社会主义法治体系，推进科学立法、严格执法、公正司法、全民守法，建设社会主义法治国家，是中国特色社会主义的本质要求和重要保障。全面从严治党是全面建成小康社会、全面深化改革和全面依法治国顺利推进的根本保证，核心是加强党的领导，保证正确方向，保证我们党始终为民、爱民，始终务实、清廉，不断自我净化，不断提高自身素质，不断完善和革新自我。

"十四个坚持"中的"坚持党对一切工作的领导""坚持以人民为中心""坚持全面深化改革""坚持全面依法治国""坚持全面从严治党"和"坚持党对人民军队的绝对领导"这六个"坚持"是对"四个全面"战略布局的具体阐述。

1.2.3 产业布局理论

产业布局理论主要研究一国或地区的产业布局对整个国民经济的影响。一国或地区的产业发展最终要落实到一定经济区域进行，这就形成了产业在不同地区的布局结构。中国产业布局主要是以政策导向为主，表现为产业均衡发展向非均衡发展，产业布局是一国或地区经济发展规划的基础，也是其经济发展战略的重要组成部分，更是其实现国民经济持续稳定发展的前提条件。产业布局理论在东北老工业基地改造、长江经济带协同发展理论、京津冀协同发展中已经得到推广运用，能够对陕西现代化经济体系的建设提供借鉴意义。

东北老工业基地振兴以着力完善体制机制、着力推进结构调整、着力鼓励创新创业、着力保障和改善民生为目标，以增强东北地区内生发展活力和动力，加快老工业基地振兴发展；长江三角洲的发展是以长江三角洲城市群为龙头，以长江中游和成渝城市群为支撑，以黔中和滇中两个区域性城市群为补充，以沿江大中小城市和小城镇为依托，形成区域联动、结构合理、集约高效、绿色低碳的新型城镇化格局，能够对陕西全面推进对内对外开放、实现协调发展提供宝贵的经验；"京津冀"协同发展理论是习近平总书记站在党和国家事业发展全局高度提出的，是国家重大发展战略，为陕西全面建设现代化经济体系提供了示范和样本。"京津冀"协同发展通过疏解北京非首都核心功能为牛鼻子，推动京津冀协同发展，高起点规划、高标准建设雄安新区。将雄安新区设立为京津冀城市群的重要空间支撑，承担着疏解北京人口的功能，与通州形成以首都为中心的相互支撑、错位发展两翼新格局，有效配置资源并实现内涵集约发展，完善京津冀城市群空间布局与发展形态。

产业布局理论能够使各地区根据自身条件，扬长避短，发挥优势，形成不同的产业结构，以该理论为指导，推动城乡、区域、经济社会协调发展，处理好经济发展和环境保护的关系，实现陕西省内发展和对外开放良性互动，为陕西现代化经济体系的建设提供理论支撑。

第2章　陕西经济体系的发展状况评价

陕西经济体系在生产、分配、流通、消费各环节，已经形成鲜明的陕西特色和陕西优势。由于显著的陕西区域差异，形成了陕北能源化工工业、陕南食品工业、关中装备制造业的产业布局。通信设备、计算机及其他电子设备制造业，能源化工工业，装备制造业，医药制造业，食品工业，非金属矿物制造业，纺织服装工业，有色冶金工业成为陕西产业体系中的八大支柱产业，为陕西经济体系向现代经济体系转型奠定了良好的产业基础。陕西的科技资源优势，使得陕西产业体系具有创新活力，具有向现代产业体系转型的可能。现有产业体系正由低技术、低附加值的传统制造业和高耗能产业，向高技术、高附加值的现代产业转型。

随着陕西经济体系中要素市场的完善，为劳动流动、资本流通和技术创新创造了良好的市场环境，尤其是资本市场和产业交易市场快速发展，分配环节中资本和技术在生产中贡献得到公正体现。陕西上市公司数目明显增加，上市公司资产证券化率大幅提高，通过新三板交易，中小微企业融资难、融资贵的问题得到缓解。民营企业直接融资规模扩大，一定程度上实现了资源的市场化配置，金融对实体经济支持力度增强。产权交易市场也获得较快发展，西部产权交易所有望成为区域性资本市场。国有产权交易、科技成果转化的交易成本下降，推动军民科技资源、采购信息共享，为军事技术转民用领域和民营企业参与武器装备生产创造了良好的外部条件，军民科技协同创新的军民融合的产业体系正在形成。

随着基础设施的完善，物流业获得较快发展，陕西经济体系流通效率大幅提高，尤其是在陕西航空、高速公路、高速铁路现代化立体式交通网络的建设和咸阳国际机场及西安北客站为核心的区域综合交通中心建立以来，现代物流业服务网络逐渐形成，陕西商品流通业发生了深刻变化，亿元级商品市场规模不断扩大，煤炭及制品、石油及制品和金属及金属矿批发成为陕西批发业的三大支柱行业。

在消费环节，仍存在明显的城乡差距，食品衣着支出在居民消费中仍占较高的比重。城镇居民消费占社会消费品零售总额的88.1%，农村居民消费占社会消费品零售总额的11.9%。居民消费支出中，食品、烟酒占总支出的27.7%，衣着支出占7.3%，居住支出占20.4%，教育文化娱乐支出占12.8%，交通通信支出占11.9%，医疗保健支出占11.0%，工资性收入占54.9%，经营净收入占13.4%，财产净收入占5.8%，转移净收入占25.8%。

目前，陕西营商环境得到较大改善，政府出台了一系列惠企政策，减轻了各类企业的税收负担，加大了财政专项资金扶持力度和覆盖面，降低了实体经济的经营成本，但在吸引民间和外商投资、人力资本等方面与东部沿海地区尚有较大差距，急需结合经济体制改革，提高区域经济治理能力，进而提高陕西经济体系运行效率，优化经济结构，实现陕西经济体系向现代经济体系转型。

陕西第二产业在经济中贡献率最高，其中重工业优势明显，占工业产值的77.9%。陕西已形成通信设备、计算机及其他电子设备制造业，能源化工工业，装备制造业，医药制造业，食品工业，非金属矿物制造业，纺织服装工业，有色冶金工业为主导的八大支柱产业。现代制造业和高新技术产业集聚在关中地区、能源化工工业集聚在陕北、食品工业主要集聚在陕南。受到当前中美贸易争端的影响，有色金属冶炼及压延加工业和运输设备制造业市场需求大幅下降；陕西传统制造业和高耗能产业进入收缩发展阶段，处于由资源依赖、劳动密集向创新驱动、智能转型、绿色发展转变的关键期。

2.1 陕西经济体系现状

随着我国进入调结构、稳增长的经济新常态，陕西经济也处于从高速增长进入高质量增长的阶段。陕西构建现代化经济体系，需要对陕西经济体系从运行效率、经济结构、稳定性、均衡性、绿色发展、发展潜力等方面进行全面考察。

2.1.1 陕西经济体系运行效率

资本产出率、劳动生产率和全要素生产率均能从不同角度反映经济体系运行效率。陕西实际 GDP 增长受全国经济环境影响较大，2009 年增长率为-1.68%，2014~2016 年均为负增长，增长率分别为-0.49%、-5.58%和-0.04%（见图 2-1）。陕西全社会固定资产实际投资率额在 2015 年和 2016 年也出现负增长，增长率分别为-0.05%和-4.16%，就业人数缓慢增长，2010~2016 年就业人数平均增长率仅为 0.85%。

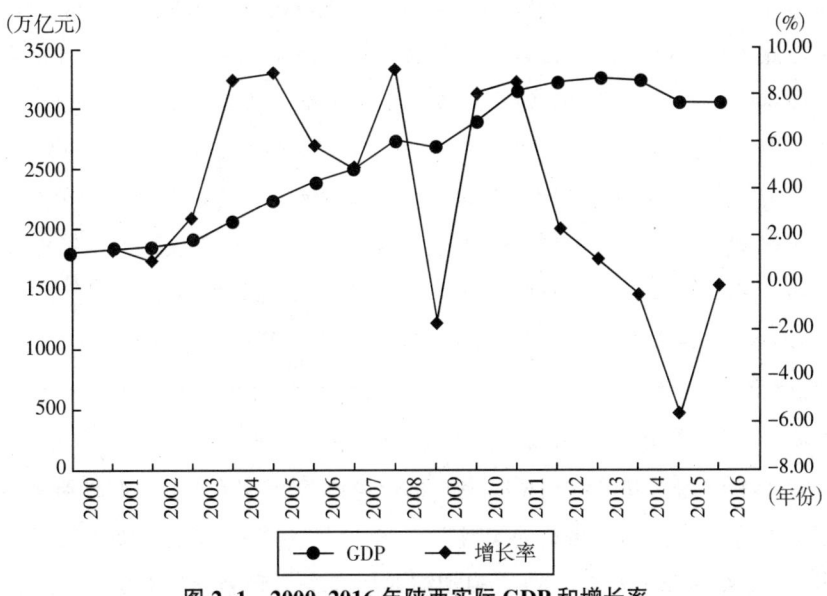

图 2-1　2000~2016 年陕西实际 GDP 和增长率

从资本产出率、劳动生产率、全要素生产率三个角度测度经济体系运行效率。使用 Dea-Malmquist 指数法估算陕西 2000~2016 年全要素生产率。资本存量的估算公式为：

$$K_t = K_{t-1}(1-\delta_t) + I_t \tag{2-1}$$

其中，经济折旧率为 $\delta = 9.6\%$，t 指第 t 年。当年投资 I，固定资本形成总额；基年资本存量 K，需求以 2000 为基年的不变价格表示的真实固定资本形成总额。具体公式：$K_0 = I_0(g+\delta)$，其中，K_0 是基期年资本存量，I_0 是基期年投资额，g 是真实投资的年平均增长率，劳动生产率 = GDP（2000 年不变价格）/从业人数。

表 2-1 2001~2016 年陕西资本产出率、劳动生产率和全要素生产率

年份	资本产出率	劳动生产率	全要素生产率
2001	1.026	0.398	0.981
2002	0.986	0.372	0.948
2003	0.992	0.350	0.973
2004	1.063	0.349	1.034
2005	1.137	0.347	1.032
2006	1.198	0.332	1.004
2007	1.239	0.310	0.982
2008	1.335	0.300	1.021
2009	1.299	0.258	0.916
2010	1.395	0.245	1.009
2011	1.525	0.238	1.030
2012	1.559	0.217	0.966
2013	1.577	0.196	0.955
2014	1.562	0.176	0.942
2015	1.472	0.152	0.904
2016	1.470	0.143	0.967

由表 2-1 可知，2001~2016 年陕西单位资本产出率在 2013 年达到最高值后呈现下降趋势；劳动生产率也逐年下降，全要素生产率呈现下降趋势。可以看出，陕西经济体系运行效率不高，迫切需要提高资本和劳动的利用效率。

2.1.2 陕西经济体系结构特征

经济体系的结构特征包括产业结构、投资消费结构、金融结构、国际收支结构四个维度，经济结构的优化对于优化资源配置、抑制经济波动、改善居民福利具有重要的作用。其中，产业结构用第二产业与第三产业产值比值来考察；投资消费结构，用全社会固定资产投资总额的 GDP 占比测度；金融结构用各项贷款余额的 GDP 占比来测度；国际收支结构用进出口总额占 GDP 比重测度。

由图 2-2 可知，1978~2001 年，陕西第三产业获得较快发展，陕西第二产业与第三产业产值比在 2001 年前逐步下降；2001~2012 年，陕西第二产业增长快

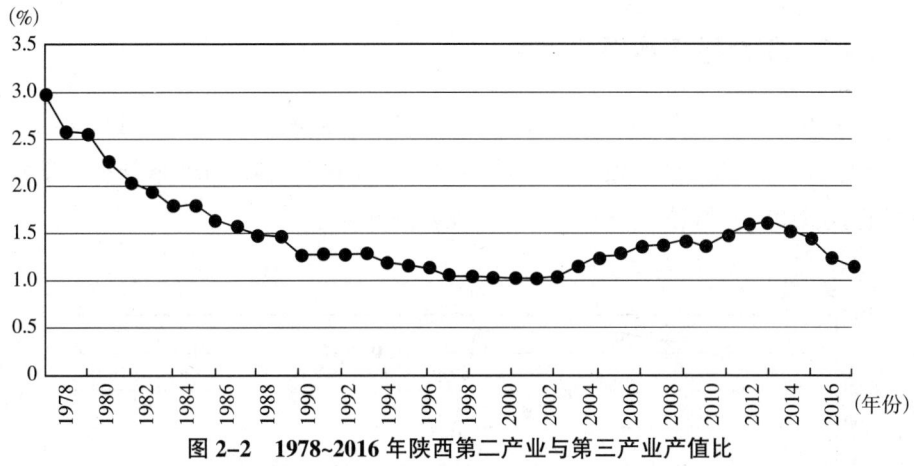

图 2-2 1978~2016 年陕西第二产业与第三产业产值比

于第三产业增长，其二三产业比值有所回升，2012 年后，第三产业增速又超过第二产业，二三产业产值比有所下降，但第三产业产值仍没有超过第二产业。陕西服务业发展滞后于工业发展，产业结构表现出第二产业比重明显偏高的特点，第三产业虽然呈现出不断提高的趋势，但仍没有超过第二产业。

陕西经济增长的投资拉动明显，1998 年以来全社会固定资产的 GDP 占比迅速攀升，于 2014 年超过陕西当年 GDP（见图 2-3）。从投资消费结构来看，陕西的投资率呈现不断上升趋势，而最终消费 GDP 占比偏低，表现出陕西经济的高投资、低消费的结构特征。陕西经济发展需要进一步调整投资与消费的关系。

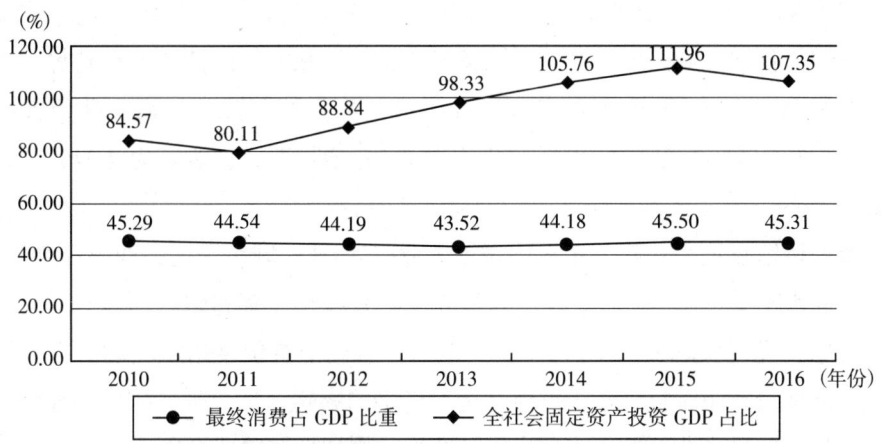

图 2-3 2010~2016 年陕西最终消费、全社会固定资产投资的 GDP 占比

2.1.3 陕西经济体系稳定性

经济体系的稳定性从产出波动、价格波动和就业波动三个角度进行考察。产出波动、价格波动和就业波动分别采用2000~2016年实际GDP增长率、消费者价格指数（CPI）、城镇登记失业率的标准差测度。

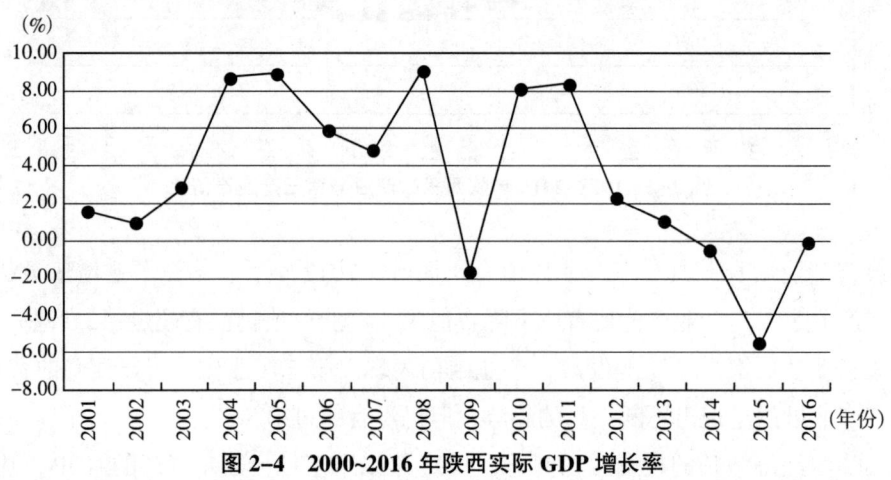

图2-4　2000~2016年陕西实际GDP增长率

由图2-4可知，陕西实际GDP增长率的波动幅度较大，其波动率为4.32%，呈现出一定的周期性，实际GDP在2005年获得较快增长后，小幅下降，2008年又反弹至较高水平，2009年受国际金融危机影响出现负增长；2010年和2011年又回复到8%左右，2012年后实际GDP增长率逐年下降，2014年又出现负增长。

陕西物价在2000~2002年连续下降后，2003~2008年保持了上涨趋势，居民消费价格指数在2008年达到最高值后，2009年大幅下降，随后又获得大幅提高，在2015年又降到较低水平，上下波动特征明显，波动率为2.34%（见图2-5）。

陕西城镇登记失业率低于全国城镇失业率4.1%，城镇登记失业率在2005年达到最高水平4.18%，随后呈现下降趋势（见图2-6）。通过对陕西经济增长稳定性的考察，发现实际GDP增长波动率最大，居民消费价格指数波动次之，城镇登记失业率波动相对较小。受世界和全国经济的影响，近年来，陕西的经济波动出现明显的非平稳性趋势，表现出十分明显的周期性和阶段性。

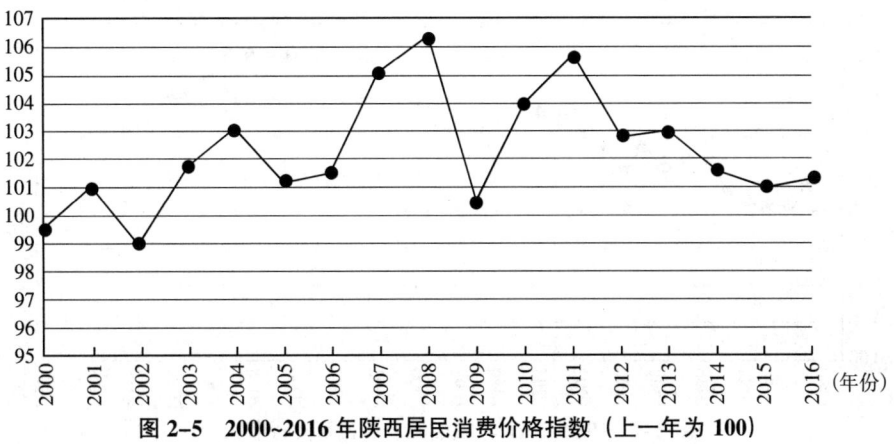

图 2-5 2000~2016 年陕西居民消费价格指数（上一年为 100）

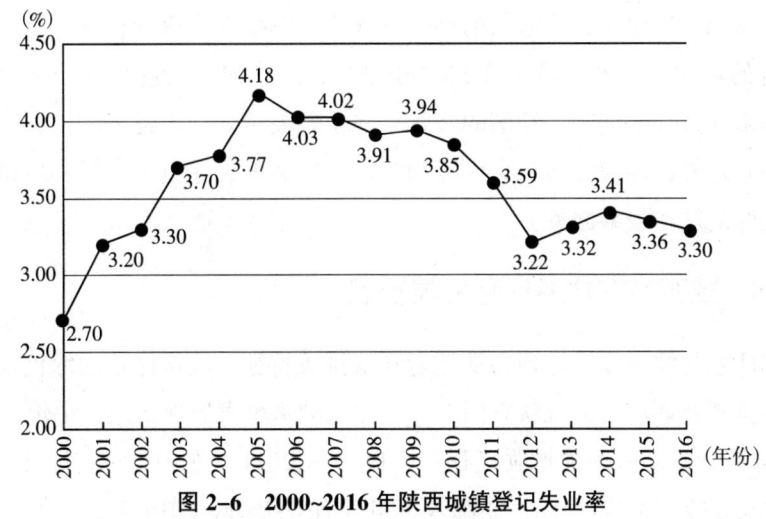

图 2-6 2000~2016 年陕西城镇登记失业率

2.1.4 陕西经济体系均衡性

缩小城乡差距、实现区域经济均衡增长是经济发展的目标之一。由图 2-7 可知，陕西城乡差距明显，城乡居民可支配收入差距较大，2009 年城镇居民可支配收入是农村居民可支配收入的 4.1 倍，2009 年后，城乡居民可支配收入差距逐步缩小，2016 年，城镇居民收入为农村居民收入的 3.03 倍。

对陕西经济增长的均衡性测度结果表明，伴随着经济的增长，收入、健康、教育以及住房等各方面的问题也从总体上获得了改善，但同时存在收入分配差距的拉大、不平等程度的上升等问题。收入分配不平等程度的持续上升，进一步抑

图 2-7　1980~2016 年陕西城乡居民可支配收入比

制了消费需求，加深了经济增长的结构失衡，影响了人力资本投资，阻碍了二元经济结构的转化。因此，应该在初次分配与二次分配中注重收入分配的平等程度，重视由利益冲突向利益和谐的转化。除了要妥善处理好经济增长和收入分配之间的关系之外，还应完善社会保障和收入分配制度，注重为农村和城镇低收入者提供更好的基本公共服务。

2.1.5　陕西经济体系绿色发展现状

经济体系的绿色发展体现为低耗能和低排放特征。经济体系的绿色发展现状可从资源消耗及环境污染现状方面对经济体系的绿色发展现状进行评价。GDP 按 2010 年价格计算，陕西能源强度逐年下降，从 2011 年的 0.789 吨标准煤/万元下降至 0.656 吨标准煤/万元，能源效率得到有效提高。2016 年，陕西废气排放强度为 5.35 亿立方米/亿元，废水排放强度为 22.9 万吨/亿元，一般工业固体废物产生强度为 2.84 万吨/亿元。陕西"三废"污染问题突出，2011~2016 年，陕西废水、废气固体废物产生量均呈现"倒 U"形曲线特征。2015 年，废水排放总量达到历史最高值 168121.98 万吨，2016 年下降到 166565.04 万吨（见图 2-8）。一般工业固体废物产生量在 2015 年达到最高值 9330 万吨，2016 年下降到 8648 万吨（见图 2-9）。废气中的粉尘排放量治理效果尤为明显，在 2014 年达到最高值 70.91 万吨后大幅下降，2016 年下降至 28.74 万吨，远低于 2011 年的 46.34 万吨（见图 2-10）。

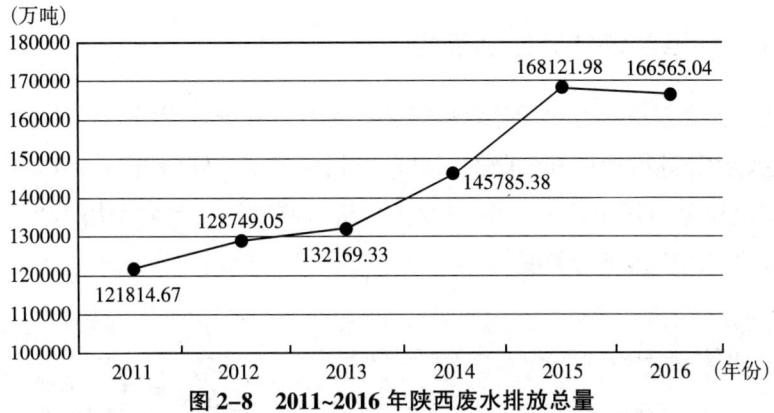

图 2-8　2011~2016 年陕西废水排放总量

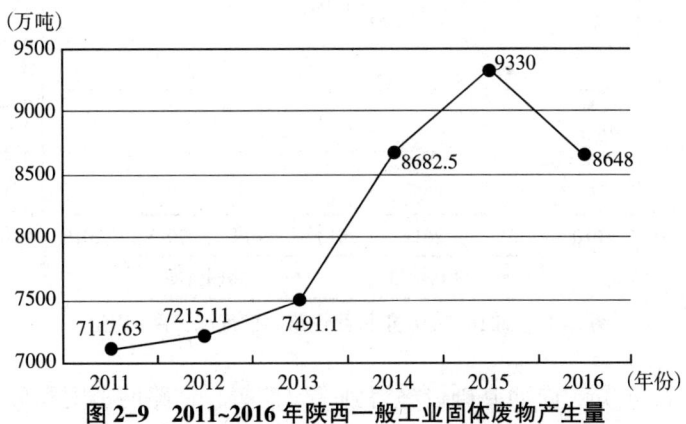

图 2-9　2011~2016 年陕西一般工业固体废物产生量

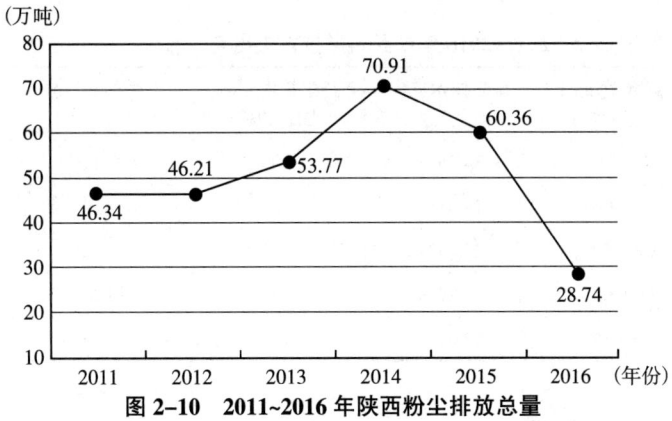

图 2-10　2011~2016 年陕西粉尘排放总量

2.1.6 陕西经济体系发展潜力

基础设施、创新潜力和行政效率能够反映经济系统发展潜力。其中，基础设施现状主要用铁路网密度和公路网密度两个指标测度；创新潜力用科学技术支出占财政支出比重和科学技术支出/财政支出进行测度；行政效率用一般公共服务支出占财政支出比重进行测度。

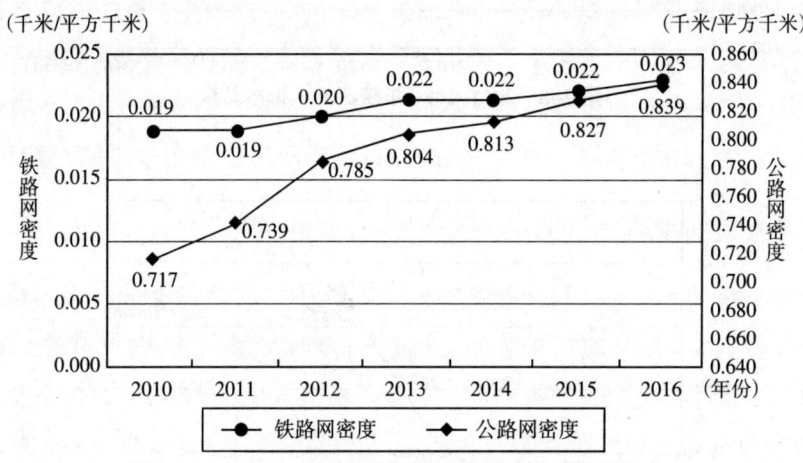

图 2-11　2010~2016 年陕西铁路网密度和公路网密度

由图 2-11 可知，陕西基础设施得到一定改善，铁路网密度和公路网密度都得到提高，铁路网密度增加幅度要小于公路网密度增加幅度。

表 2-2　2012~2016 年陕西科学技术支出与一般公共服务支出

	一般预算支出（亿元）	科学技术支出（亿元）	科学技术支出占比（%）	一般公共服务支出（亿元）	一般公共服务支出占比（%）
2012	3323.802	34.9351	1.05	407.11	12.25
2013	3665.067	38.0165	1.04	414.29	11.30
2014	3962.504	44.8632	1.13	366.32	9.24
2015	4376.055	57.2779	1.31	359.36	8.21
2016	4389.369	62.0079	1.41	364.86	8.31

由表 2-2 可知，陕西一般公共服务支出逐年下降，在一般预算支出中的占比下降，行政效率有所提高；科学技术支出在财政支出中的占比逐年小幅升高。

2.2 陕西经济体系与现代经济体系距离测度

全面考察陕西经济体系发展效率和经济增长质量，需要从经济体系运行效率、经济体系结构、经济体系的稳定性、经济体系的均衡性、经济体系绿色发展、经济体系发展潜力六个维度进行评价。从六个维度的相关指标，综合测度经济体系与现代经济体系间的距离，据此判断陕西经济体系与现代经济体系之间的差距。

2.2.1 数据标准化和距离测度方法

比较不同经济体系的差距，应结合经济体系的多个维度来考察。标准化欧式距离是对简单欧式距离的一种改进，使得各个维度分量具有一定可比性。本书参考国内发达省市相关经济指标测算数值，设定现代化经济体系的目标数值。本书采用标准化欧式距离测度陕西经济体系、国内发达地区经济体系与现代化经济体系间的标准化欧式距离。

首先将各个分量标准化：

$$X^* = \frac{X_m - X}{X_m - X_{ex}} \tag{2-2}$$

其中，X_m 为现代经济体系设定值，X_{ex} 为该指标的极大值或极小值。

经济体系之间的标准化欧式距离为：

$$d = \sqrt{\sum_{k=1}^{n}(X_{1k}^* - X_{2k}^*)^2} \tag{2-3}$$

2.2.2 陕西经济体系核心指标测度

2.2.2.1 经济体系核心指标体系

从运行效率、经济体系结构、经济体系的稳定性、经济体系的均衡性、经济体系绿色发展、经济体系发展潜力六个维度测度陕西经济体系与现代经济体系的距离。运行效率采用单位劳动生产率测度；结构特征采用第二产业与第三产业比值、最终消费与全社会固定支出总投资比值测度；稳定性采用 GDP 波动率、物价波动率和就业波动率测度；均衡性采用城乡居民可支配收入比测度；绿色发展特征采用能源强度、废水排放强度、废气排放强度、固体废弃物排放强度测度；发展潜力采用铁路网密度、公路网密度、科学技术支出占财政支出比重、一般公共服务支出占财政支出比重测度，具体如表 2-3 所示。

表 2-3 经济体系指标体系

维度	指标
运行效率	单位劳动生产率
结构特征	第二产业和第三产业产值比值
结构特征	最终消费与全社会固定支出总投资比值
稳定性	GDP 波动率
稳定性	物价波动率
稳定性	就业波动率
均衡性	城乡居民可支配收入比
绿色发展特征	能源强度
绿色发展特征	废气排放强度
绿色发展特征	废水排放强度
绿色发展特征	固体废弃物排放强度
发展潜力	铁路网密度
发展潜力	公路网密度
发展潜力	科学技术支出占财政支出比重
发展潜力	一般公共服务支出占财政支出比重

2.2.2.2 陕西经济体系及现代经济体系指标指数的测算

现代经济体系指标取浙江、江苏、广东三个沿海发达省份的最优值，并结合西方发达国家经济体系的相关数值，确定现代经济体系中相关指标的数值。具体见表 2-4。

根据式（2-2）将陕西各指标标准化处理后，结果如表 2-5 所示。

由陕西经济体系指标雷达图（见图 2-12）可以看出，陕西科技支出，废水、废气排放和最终消费距离现代经济体系差距较大。

表 2-4 2016 年陕西、四川、浙江、江苏和广东的经济体系指标数值

经济体系特征	指标	陕西	四川	浙江	江苏	广东	现代经济体系	极值
运行效率	单位劳动生产率	9.358	6.724	12.567	15.997	12.663	20	0
结构特征	第二产业和第三产业产值比值	1.155	0.93885	0.879752	0.872384	0.81311	0.5	2
	最终消费与全社会固定支出总投资比值	0.4221	0.5894	0.7430	0.5815	1.240	1.5	0
稳定性	GDP 波动率	6.8350	5.3690	5.0329	5.0190	4.4856	3	10
	物价波动率	2.3441	2.1041	2.3293	—	2.3048	1	5
	就业波动率	0.3811	0.1854	0.4204	0.3608	0.1898	0.1	1
均衡性	城乡居民可支配收入比	3.03	2.53	2.07	2.28	2.60	1	5
绿色发展特征	能源强度	0.631	0.555	0.429	0.443	0.342	0.3	1
	废气排放强度	0.840	0.550	0.470	0.826	0.052	0.05	1
	废水排放强度	8.586	11.367	9.118	2.944	2.025	1.9	10
	固体废弃物排放强度	0.446	0.410	0.095	0.153	0.006	0.006	1
发展潜力	铁路网密度	230.9399	95.11	249.0196	265.2924	307.5	400	0
	公路网密度	8388.667	6668.79	11671.86	15331.77	12115.83	15000	0
	科学技术支出占财政支出比重	1.41	1.26	3.86	3.82	5.53	10	0
	一般公共服务支出占财政支出比重	8.31	8.53	9.47	9.23	8.53	5	0

表 2-5 陕西经济体系和现代经济体系指标数值标准化结果

经济体系特征	指标	数值
运行效率	单位劳动生产率	0.5321
结构特征	第二产业和第三产业产值比值	0.436666667
	最终消费与全社会固定支出总投资比值	0.7186
稳定性	GDP 波动率	0.547857143
	物价波动率	0.336025
	就业波动率	0.312333333
均衡性	城乡居民可支配收入比	0.5075
绿色发展特征	能源强度	0.472857143
	废气排放强度	0.831578947

续表

经济体系特征	指标	数值
绿色发展特征	废水排放强度	0.825432099
	固体废弃物排放强度	0.442655936
发展潜力	铁路网密度	0.42265025
	公路网密度	0.440755533
	科学技术支出占财政支出比重	0.859
	一般公共服务支出占财政支出比重	0.662

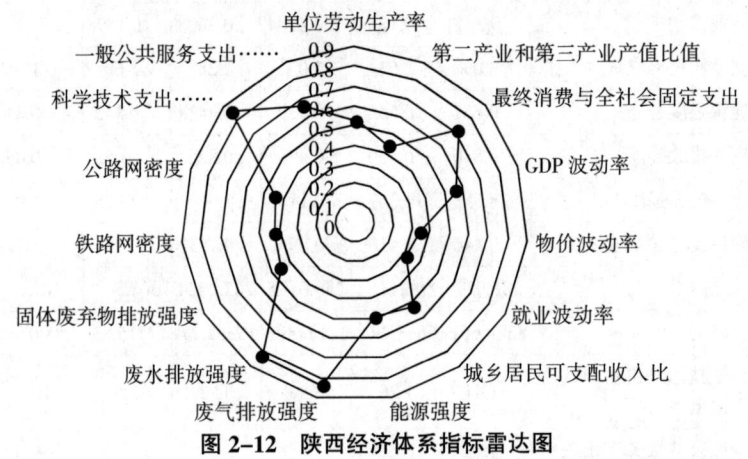

图 2-12 陕西经济体系指标雷达图

根据式（2-3），可以计算出陕西经济体系距离现代经济体系的欧式距离为 2.26，四川经济体系距离现代经济体系的欧式距离为 2.31，广东经济体系距离现代经济体系的欧式距离为 1.15，浙江经济体系距离现代经济体系的欧式距离为 1.80。由此可知，与四川相比，陕西经济体系更接近于现代经济体系，而广东和浙江与现代经济体系距离更近；陕西经济体系向现代经济体系发展，首先需要关注环境保护、科技创新、消费水平、公共服务等方面的问题。

第 3 章 陕西现代化经济体系建设的现实基础

建设现代化经济体系，是我国新时期发展的战略目标，更是陕西省跨越关口追赶超越的迫切要求。中央明确了建设现代化经济体系需要大力发展实体经济、加快实施创新驱动发展战略、积极推动城乡区域协调发展、着力发展开放型经济、深化经济体制改革五个方面重点。

当前，陕西立足自身实际，以优化产业结构为重点，加快发展方式转变，促进区域经济协调发展，实现了经济总量的超越和影响力的提升，已经在推动各类发展资源紧密对接、深度融合等方面取得了一定成效，全省经济在保持中高速增长的同时呈现出结构优化、动力转换的可喜变化，已经具备建设现代化经济体系的坚实基础。

3.1 实体经济居于主导地位，构筑了现代化经济体系的物质基础

实体经济是经济发展的基础，陕西将发展的着力点放在了传统产业转型升级、新兴产业加快培育上，通过"去杠杆"引导资金流入实体经济。

3.1.1 工业经济持续发展

建设现代化经济体系，迈向高质量发展，实体经济是"根基"、是"底盘"，而工业经济则是重中之重。

陕西工业经济总量不断追赶超越。省属营业收入、固定资产分别达到万亿

元、千亿元，总资产、利润总额、增加值、上缴税费等指标也达到省国资委成立以来的新高（见图3-1）。

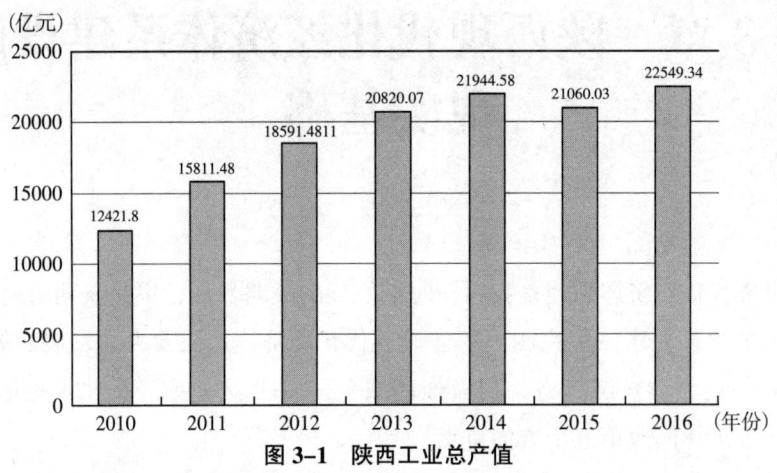

图3-1 陕西工业总产值

从经济运行看，陕西增速放缓，但效率提升。2016年，陕西工业增加值增速和增加值率分别比2010年降低11.9个和4.6个百分点，均高于全国水平，但同期全员劳动生产率却从97078元提高到280794元，2016年是全国水平的两倍多，反映在全国进入经济新常态的大背景下，陕西工业增长尽管出现放缓，但效率有所提升（见表3-1）。

表3-1 2010年、2016年全国及陕西工业转型升级主要指标

类别	指标	2010年		2016年	
		全国	陕西	全国	陕西
质量效益	工业增加值增速（%）	12.1	18.7	6.0	6.8
	工业增加值率（%）	23.0	41.9	21.5	37.3
	全员劳动增加生产率（元/人）	86441	97078	132544	280794
创新能力	规模工业企业R&D经费内部支出占总营业务收入比重（%）	0.71	0.69	0.90	0.92
	规模工业企业新产品销售收入占主营业务收入比重（%）	11.9	7.0	13.6	6.1
	规模工业企业发明专利占专利申请数比重	34.9	38.2	38.5	41.3

续表

类别	指标	2010年		2016年	
		全国	陕西	全国	陕西
产业结构	能源产业占主营业务收入比重（%）	14.9	42.8	11.1	29.2
	装备制造业占主营业务收入比重（%）	33.5	24.1	34.2	20.6
	高新技术产业占主营业务收入比重（%）	10.7	7.3	12.6（2015年）	10.1（2015年）

注：①工业增加值率以全部工业增加值与规模以上工业企业主营业务收入之比计算。②全员劳动生产率以第二产业增加值与从业人数之比计算。③陕西及全国2010年技术创新相关数据均以2011年数据替代，全国2016年技术创新相关数据以2015年数据替代。

工业战略性新兴产业快速发展。在陕汽集团、比亚迪汽车不断开拓新能源汽车及三星、中兴、美光等企业形成的高端存储芯片的带动下，陕西工业战略性新兴产业蓬勃发展。2016年末，陕西主营战略性新兴产业活动的工业企业共594家，实现产值2847.5亿元，占战略性新兴产业总产值的76.9%，比2015年增长20.9%；规模以上工业战略性新兴产业实现增加值1541.5亿元，2012~2016年年均增长12.9%，连续四年保持两位数增长。2016年规模以上工业战略性新兴产业实现主营业务收入2705.7亿元，增长19.3%；资产负债率由2015年的58.4%下降到2016年的55.7%，下降2.7个百分点。工业战略性新兴产业不断发展壮大，为工业转型升级奠定了有力的基础。

3.1.2 新兴产业不断壮大

陕西形成了具有区域比较优势和特色的高端装备制造产业体系。以高新区、经济技术开发区、阎良国家航空高技术产业基地、国家民用航天科技产业基地为代表的产业园区，成为汇聚汽车、航空航天和电子信息等产业的高端集聚区。

汽车产业正成为陕西省经济发展的新引擎，比亚迪、吉利等汽车厂商在陕西设厂立项，吉利30万辆新能源轿车项目、宝鸡吉利30万台汽车发动机项目、比亚迪5000辆电动大巴项目等重大项目稳步推进。全年汽车产量突破60万辆，增长18%，规模总量居全国第12位，增速居全国第5位。天然气重卡和混合动力轿车销量位居全国第一，新能源汽车技术达到国际先进水平。陕汽控股集团2018年重卡产销量同比增长在62%左右，产销量跃居国内行业第三，国际市场同比增加40%，法士特集团2018年变速器产量增长56.2%，销量增长66.8%左右，连续12年位居世界第一。

陕西是全国最重要的航天技术研发和生产制造基地，拥有全国最大的飞机制造企业。目前在阎良航空高技术产业基地的航空企业超过500多家，业务范围涵盖整机制造、航空材料、航空电子、航空维修等领域，行业资产规模、人才总量和科技成果占到了全国1/4。

电子信息产业已成为陕西省八大支柱产业之一，其生产规模跃居全省各产业之首，是整个西部科技创新的中坚力量。在半导体存储芯片制造、封装测试、研发设计、设备制造等领域形成了较为完整的产业链。随着三星闪存芯片项目的竣工，基本形成了以三星、美光、华天、卫光为代表的芯片制造及测试封装企业，以应用材料、西北机器为代表的集成电路设备生产企业。三星存储芯片、中兴智能终端等重大项目纷纷启动二期投资，中兴智能终端产量有望超过2700万部；CEC8.6代液晶显示面板项目投入试生产，单晶硅制备业达到全球第一。

3.1.3　金融业推动实体经济力度增强

金融支持实体经济力度显著增强。2017年，陕西长期贷款新增2873.30亿元，主要投向基础设施建设、房地产等领域，有力地支撑了陕西经济的稳定增长。此外，部分新兴产业中长期贷款增长快速，为陕西经济发展积蓄更多动能。突出对民生领域和薄弱环节的信贷投入，保障性住房开发贷款、涉农贷款、小微企业贷款均保持快速增长。2017年末，陕西全省保障性住房开发贷款余额1753.89亿元，同比增长49.16%，个人购买保障房贷款余额45.26亿元，同比增长184.30%。全省涉农贷款余额6594.58亿元，同比增长12.58%，高于各项贷款增速1.05个百分点。小微企业（不含个体工商户和小微企业主）贷款余额为4004.17亿元，同比增长20.14%，高于各项贷款增速8.61个百分点。

另外，金融风险得到有效控制，不良贷款呈现"双降"态势。2017年以来，陕西省内金融机构积极作为，多措并举化解信贷风险并取得积极成效，全省贷款不良额和不良率呈现"双降"态势。2017年末，全省金融机构不良贷款余额较年初下降77.91亿元，不良贷款率较年初下降0.57个百分点，信贷资产质量明显改善，金融风险得到有效控制，金融机构服务实体经济的能力进一步增强。

3.1.4 物流业助力经济社会发展

物流业贯穿一二三产业，衔接生产与消费，涉及领域广、发展潜力大、带动作用强。推动物流发展对促进产业结构调整和区域协调发展、培育经济发展新动能、提升国民经济整体运行效率具有重要意义。

近年来，陕西外贸进出口保持高位运行，为陕西物流业发展奠定了良好的基础，物流相关行业运行呈现稳步增长态势。2017 年，物流相关行业实现总收入 2444.0 亿元，同比增长 10.3%。物流相关行业收入增长，说明物流相关行业运行活力持续增强。物流业运行效率也有所提高。2017 年，陕西物流总费用占全省社会生产总值的比重为 15.7%，较上年回落 0.5 个百分点，全省单位 GDP 物流成本费用水平降低，说明当前物流行业经济运行效率、服务水平有所提升（见图 3-2）。

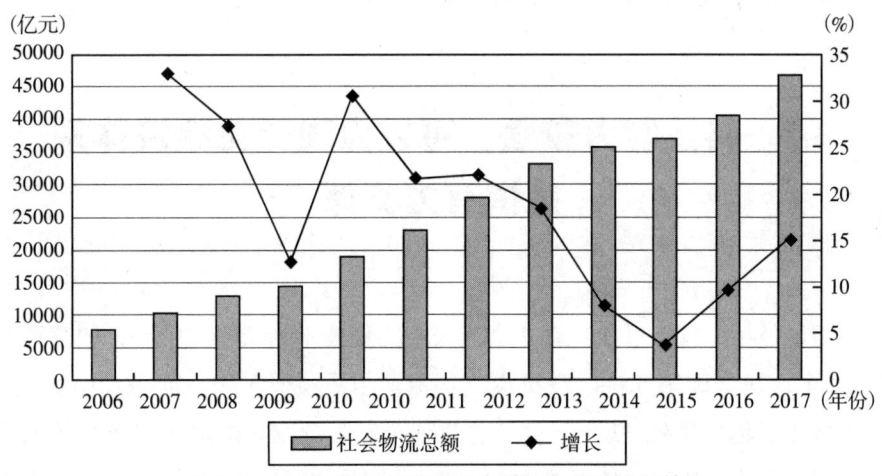

图 3-2 2006~2017 年陕西社会物流总额及增长情况

社会物流总供给继续扩大，交通、仓储、邮政等物流基础设施网络不断完善，为现代供应链的发展提供了有力支撑，较好地满足了生产、消费等经济社会发展的需要。

3.1.5 数字经济助推陕西经济建设

数字经济将赋能陕西，在"一带一路"桥头堡的基础上，为"一带一路"提供新的发展动力。《陕西省"互联网+"数字经济指数报告》指出，互联网+数字经济指数每增加一个点，新增城镇就业人数大致上升 1.73 万人，并且内陆省份 GDP 上升幅度高于东部沿海省份。这表明发展数字经济对于内陆地区经济体的提升和带动作用更为突出，能够有效缩小与东部沿海地区经济发展水平的差距，有效消弭城市间的发展鸿沟。

陕西各级政府职能机构推动"互联网+"各类惠民举措落地，如陕西工商电子营业执照、陕西人社养老金生存认证、西安交警机动车违法处理、西安交警权威路况小程序、西安公安窗口服务评价等项目，涵盖工商、人社、交管、公安等多个领域。在可以预计的未来，"互联网+"将创造巨大的创新机会，为陕西和西北地区带来新的发展机遇。目前，已有阿里巴巴、京东、苏宁、菜鸟物流等 20 多家电商龙头企业在陕西设立了区域总部；网络经济、共享经济、体验式消费等新兴消费业态蓬勃发展。而西咸保税物流中心的通关及中国（陕西）自由贸易试验区的揭牌，又为陕西数字经济的发展提供了重要机遇。

3.2 科技能力较强，可以为现代化经济体系提供有力支撑

陕西是科技大省，目前具有 7 个国家级工程技术创新研究中心，国家重点实验室 13 个，居全国第 5 位。获批设立国家博士后科研工作（流动）站达到 246 个，省博士后创新基地 37 个，设站总数列全国第 7 位。国防科技横跨航空、航天、电子、兵器、船舶、核工业六大行业，纵向形成科研、设计、实验、生产完整链条，居全国第 1 位。

2017 年，陕西获得国家自然科学基金各类项目首次突破 2000 项，达到 2127 项。各类项目获经费资助总额达到 11.48 亿元，较 2016 年增长 10.39%，位居全国第 6 位（见图 3-3）。

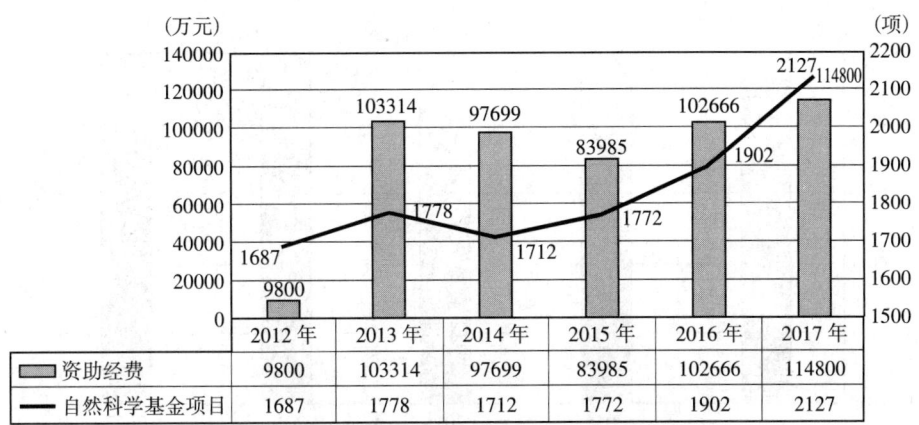

图 3-3　2012~2017 年陕西自然科学基金及资助金额

2017 年，陕西省专利申请 98935 件，同比增长 42.1%，其中发明专利申请 46607 件，同比增长 106.6%，增幅位居全国第 1（见图 3-4）。每万人发明专利拥有量达到 8.9 件，居全国第 7 位，中西部第 1 位。发明专利申请经过 2015 年的低谷期后，2016 年、2017 年持续快速增长，2017 年的申请量达到 46607 件，占陕西专利申请的比重也一路攀升，达到 47.1%，为近五年最高水平。2017 年，实用新型专利申请 31595 件，同比增长 16.4%，占全省总量的 31.9%；外观设计专利申请 20733 件，同比增长 4.2%，占全省总量的 21.0%（见图 3-5）。

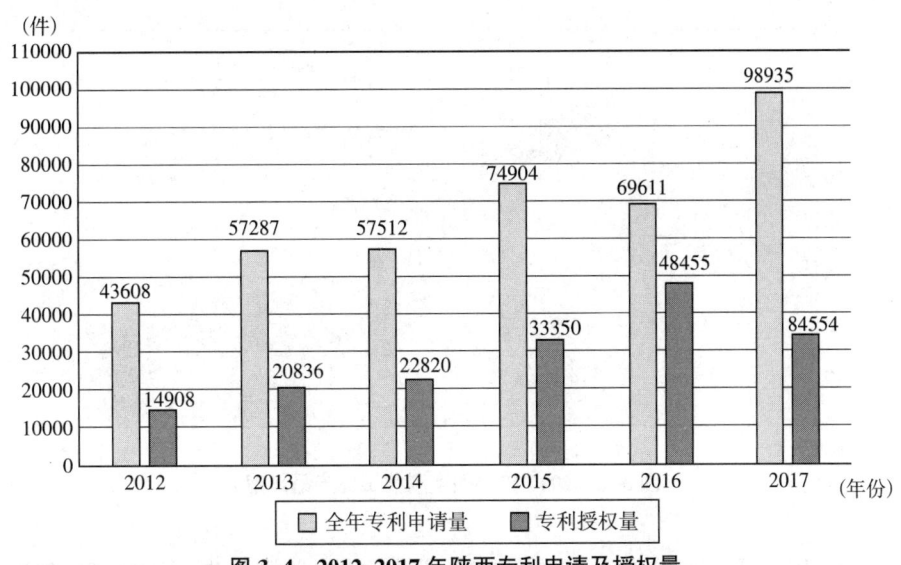

图 3-4　2012~2017 年陕西专利申请及授权量

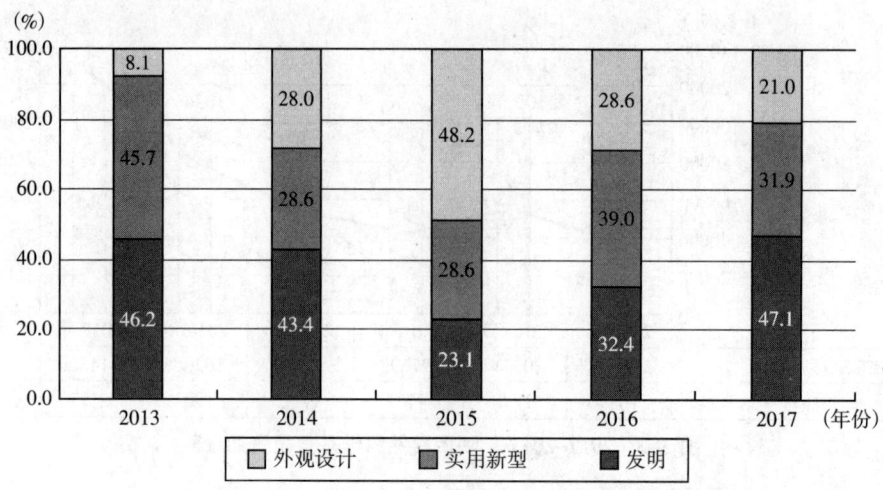

图 3-5　2013~2017 年陕西三类专利申请量占比情况

创新驱动是经济增长方式由低级向高级转变的根本动力。陕西 2017 年高技术附加值、高技术含量的工业产品快速增长。其中，新能源汽车增长 67.7%，太阳能汽车增长 66.7%，智能手机增长 30.3%，工业机器人增长 21.0%，增速都远高于传统产品，表明陕西不断推动科技创新发展，经济内在驱动方式趋于完善，如图 3-6 所示。

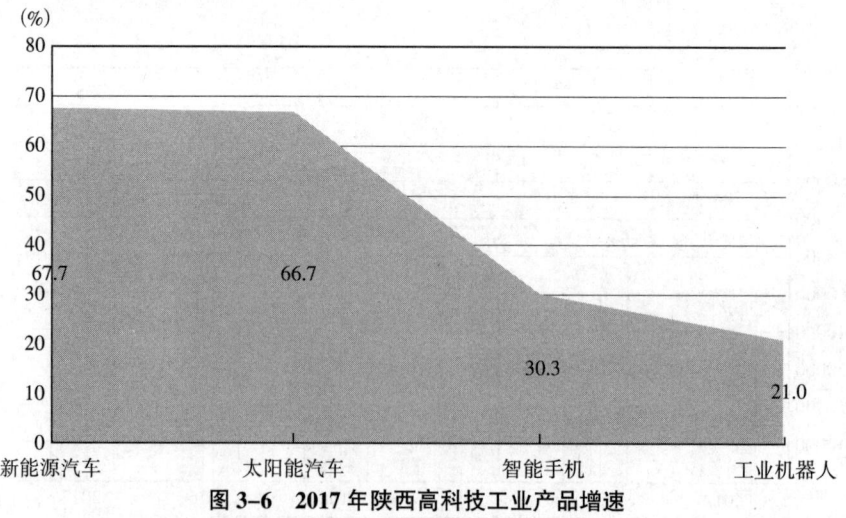

图 3-6　2017 年陕西高科技工业产品增速

2017 年 8 月，科技部发布《中国区域创新能力监测报告（2016~2017）》和

《中国区域科技创新评价报告（2016~2017）》，以关中高新技术产业带为发展重点的陕西，其综合科技创新水平指数为65.66%，居全国第9位、西部第2位。创新是引领发展的第一动力，陕西的科技能力，为建设现代化经济体系、推动经济持续健康发展提供了强有力的现实驱动和技术支撑。

3.3　三大区域协调发展，关中平原城市群发展进入国家战略

"区域协调发展"是为了解决区域差距问题，解决落后区域的发展短板，而现代化经济体系及其所带动的各领域发展能够取得更好的发展环境和发展动力。实施区域协调发展战略、培育和发挥区域比较优势、加强区域优势互补、塑造区域协调发展新格局是建设现代化经济体系的内在要求。

3.3.1　三大区域协调发展

陕西牢固树立新发展理念，提出"关中协同创新发展、陕北转型持续发展、陕南绿色循环发展"的思路，不断提高区域发展的质量和效益。随着全省区域协同发展战略的推进，陕西三大区域经济实力的差距有所缩小。关中地区尽管还保持着龙头地位，但占全省经济的比重从2000年的73%逐步下降至2012年的61%，下降了12个百分点；陕南地区走势与关中相近，同期比重从14%下降至12%，下降了2个百分点。相对关中、陕南，陕北地区由于同期能源经济的高速发展，经济实力迅速提升，占全省经济的比重从2000年的13%逐步提高到2012年的27%，提升了14个百分点。2013年开始，区域经济占比走势开始反转，关中和陕南地区占比缓慢回升，2016年关中地区占比回升至66%，陕南地区占比回升至2000年同等水平14%。与此相对，陕北地区占比开始下降，2016年降至20%。与2000年相比，关中地区占比下降了7个百分点，陕北地区占比提高了7个百分点，如图3-7所示。

2000~2016年，三大区域收入的泰尔指数显示陕西三大区域的经济差异缩小。2000~2008年，陕西三大区域泰尔指数逐年下降，由0.180逐年下降至2008

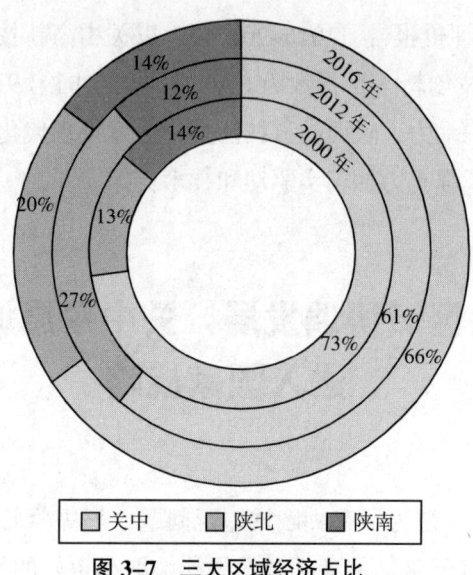

图3-7 三大区域经济占比

年的0.086；2009年受国际金融危机影响，陕北和关中地区经济出现较大幅度回落，泰尔指数略有回升，2010年开始泰尔指数逐年下降；直至2013年全国经济进入新常态，关中、陕北地区经济增速回落较大，泰尔指数逐年提高，2016年为0.119，但与2010年相比，泰尔指数有较大幅度的下降，说明整体来看，陕西三大区域的经济差异缩小，如图3-8所示。

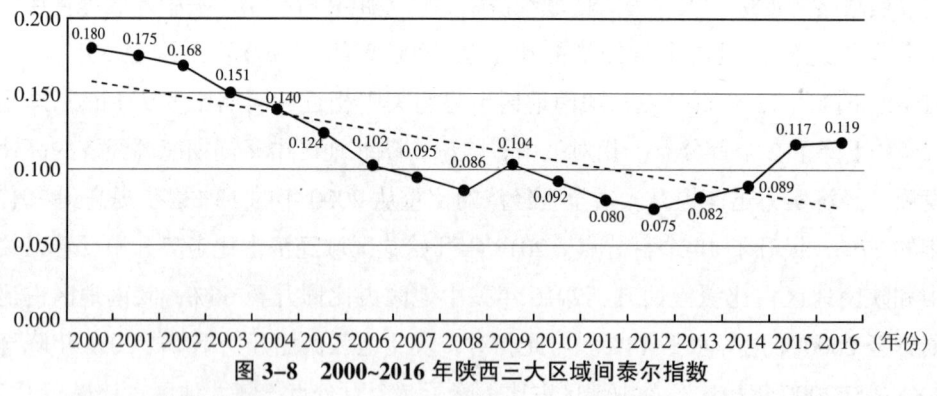

图3-8 2000~2016年陕西三大区域间泰尔指数

以陕北、陕南和关中地区2000~2016年的人均GDP为样本，通过计算，可以得到2000~2016年陕西三大区域的变异系数。从测算结果看，陕西三大区域人均GDP的变异系数2000~2011年波动上行，从2012年开始，逐年下降，即进入经济新常态后，从人均 GDP 角度反映的三大区域的差异缩小，如图 3-9 所示。

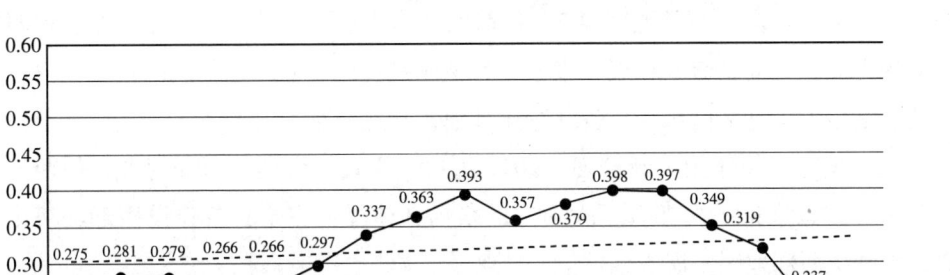

图 3-9　2000~2016 年陕西三大区域变异系数

3.3.2　关中平原城市群的发展进入国家战略

3.3.2.1　《关中平原城市群发展规划》引领发展

随着关中平原城市群的建立以及在全国经济板块中的迅速崛起，关中平原城市群已经成为当前和未来西部地区经济发展的重要载体。

2018 年 1 月 15 日，国务院发布关于《关中平原城市群发展规划》（以下简称《规划》）的批复。《规划》提出，关中平原是华夏文明重要发祥地和古丝绸之路的起点，在国家现代化建设大局和全方位开放格局中具有独特战略地位。要把关中平原城市群打造成内陆改革开放新高地，充分发挥关中平原城市群对西北地区发展的核心引领作用和我国向西开放的战略支撑作用。

《规划》以建设具有国际影响力的国家级城市群为目标，以深度融入"一带一路"建设为统领，以创新驱动发展、军民融合发展为动力，以延续中华文脉、体现中国元素的风貌塑造为特色，加快高端要素和现代产业集聚发展，提升人口和经济集聚水平，打造内陆改革开放新高地。

3.3.2.2　西安国家中心城市加快建设

国家中心城市处于我国城镇体系的最高层级，是居于国家战略要津、体现国家意志、肩负国家使命、引领区域发展、代表国家参与国际合作竞争的现代化大都市。《规划》明确提出建设西安国家中心城市，西安正式成为我国第 9 个国家中心城市。

西部大开发、"一带一路"倡议、创新驱动、对外开放、区域协调、军民融合、自由贸易试验区等机遇持续在西安聚集，西安已发展为西北地区唯一的特大城市，经济总量位居西部地区第3，目前已经形成了以旅游业、文化产业、战略性新兴产业、先进制造业和现代服务业为主体的现代产业体系，同时也是国家重要的航空航天、电子信息和装备制造业基地，金融、物流、商贸等现代服务业门类齐全，核心引领作用不断增强。2017年初，西咸新区划归西安管理，使西安自改革开放以来第一次拥有了大西安的格局和体量，完全具备建设西部经济中心、引领中西部地区发展的条件。

2009年，由国家发展改革委印发的《关中—天水经济区发展规划》明确提出，要把西安建成国际化大都市。而《关中平原城市群发展规划》与前者相比，不仅涉及的面积更大、城市更多，而且在空间格局和产业发展等领域进一步突出了区域优势，尤其是建设具有国际影响力的国家级城市群这一重大目标，使这一区域在国家现代化建设大局和全方位开放格局中的独特战略地位得以进一步凸显。现在，西安已发展成为西北地区唯一的特大城市，核心引领作用不断增强。

3.4 国家"一带一路"倡议引导下对外开放步伐加快，国企竞争力有所提高

经济体系向现代化升级的过程，离不开全球化视角的考量和发展，必须着眼全球资源和市场，以全面开放提升国际竞争力。开放的新格局是现代化市场经济体系的重要提升平台，推动形成全面开放新格局，是建设现代化经济体系的必要条件。陕西省通过推进"一带一路"框架下的国际交流与合作，同时积极参与国际竞争，不断改善营商环境，加快制度创新，推动形成全面开放新格局。

3.4.1 对外开放加快

"一带一路"倡议让陕西从国家的"大后方"站到了开放的"最前沿"，对外开放的深度和广度得到进一步拓展，一个以经贸、文化、交通为主的全方位对外开放格局正在形成。

随着"丝路通关一体化"改革拉开大幕，陕西将实现向西打通经新疆到中亚

直达欧洲的陆上物流大通道，向东畅通经山东到日韩，远赴欧美的海上物流大通道；借助西咸空港保税物流中心建设，发展临空经济，形成"空中丝绸之路"。形成了陕西陆海空、立体化的对外交通物流通道。

2017年4月，陕西自由贸易试验区正式挂牌，进一步实现陕西与"一带一路"沿线国家的经济合作和人文交流。2017年，货物贸易进出口总值2714.9亿元，同比增长37.4%，进出口增速全国排名第5位。其中，出口1659.8亿元，同比增长58.8%，出口增速全国排名第2位；进口1055.1亿元，首次突破1000亿元，同比增长13.3%。同期贸易顺差604.7亿元。对"一带一路"沿线国家和地区进出口值323.7亿元，同比增长39.8%，如图3-10所示。

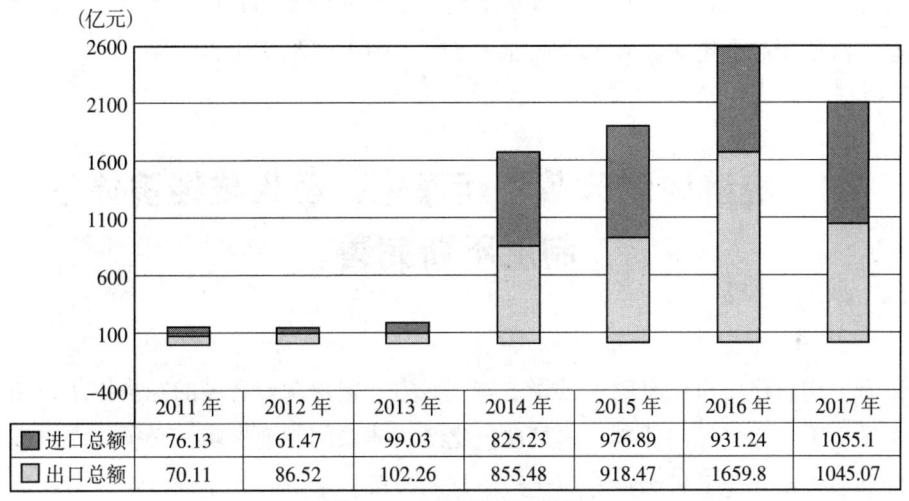

图3-10 陕西进出口总额

外贸依存度提升，外贸经营企业数突破10000家，三星、微软、强生等一批世界500强企业来陕落地，投资发展。陕西300多家企业分布在80多个国家和地区，遍布世界各地。同时，随着72小时过境免签的实施，国际游客人数突破320万人次。欧亚经济论坛、上合组织经贸部长会、丝路艺术节、丝路电影节、国际旅游部长会等一系列重要会议选择在西安举办，大大提升了陕西在国际上的影响力。

3.4.2 国企竞争力有所提高

新时代的中国政治、经济更加稳定，中国进一步深化改革开放，推动实现中华民族伟大复兴的中国梦，实现人们对美好生活的向往，推动"一带一路"建设，这些都给企业带来巨大的发展机会。

"一带一路"沿线覆盖人口超40亿，经济总量约21万亿美元，蕴含着巨大的市场潜能，为国有企业提供了巨大的机遇。正是看到了"一带一路"倡议下，陕西所拥有的巨大潜力和优势，世界级巨头美光半导体、韩国三星等112家世界500强企业入驻陕西。国外资金、技术和信息进入陕西后，陕西的本土企业也在交流融合的过程中，变得更加自信。陕西的西飞、西电、陕汽、陕鼓、法士特等一批企业，带着高端的产品和技术，逐渐在欧亚等国站稳了脚跟。

陕煤化入围世界500强，成为继延长石油后第二个进入该名单的陕西企业，陕西已成为西部地区唯一拥有2家本土世界500强企业的省份。陕有色、东岭集团、陕汽集团、西电集团4家企业连续5年入围中国制造业500强。

3.5 经济体制改革不断深化，现代化经济体系制度不断完善

着力构建市场机制有效、微观主体有活力、宏观调控有度的经济体制，加快完善社会主义市场经济体制，这是现代化经济体系的制度保障。必须以完善产权制度和要素市场化配置为重点深化经济体制改革，坚决破除制约发展活力和动力的体制机制障碍。

3.5.1 经济体制改革

陕西经济体制改革不断深化，省财政积极探索转变财政支持方式，认真落实省出台的若干意见等政策，发挥出财政资金统筹引导和杠杆撬动放大作用，有效吸引了社会资本投入实体经济，支持全省产业结构优化升级。同时，省发展改革委严厉打击破坏市场秩序违法违规行为，着力营造公平公正、规范有序的市场环境。具体政策如表3-2所示。

表 3-2　相关政策保障

政策层面	政策名称
国家层面	2015 年 3 月 28 日《推动共建"丝绸之路经济带"和"21 世纪海上丝绸之路"的愿景与行动》
陕西层面	2016 年 7 月 15 日《〈中国制造 2025〉陕西实施意见》
	2016 年 9 月 9 日《关于进一步促进民间投资健康发展的若干意见》
	2017 年 3 月 21 日《陕西省清理规范投资项目报建审批事项实施方案》
	2017 年 4 月 18 日《关于 2017 年深化经济体制改革重点工作的意见》
	2017 年 6 月 20 日《陕西省"十三五"建设内陆改革开放新高地规划》
	2017 年 6 月 23 日《县域创新驱动发展示范工程实施方案》
	2017 年 7 月 14 日《关于改进加强省级财政科技计划和项目资金管理的实施意见》
	2017 年 11 月 3 日《陕西省深度贫困县科技扶贫行动计划》
	2017 年 12 月 23 日《陕西省促进科技成果转移转化行动方案》
	2018 年 5 月 28 日《支持实体经济发展若干财税措施的意见》

3.5.2　现代化经济体系制度

陕西着眼构建现代化经济体系，以提高质量和效益为中心，加快推进质量变革、效率变革、动力变革，努力实现更高质量、更有效率、更加公平、更可持续的发展。省政协会议上提出要深入学习贯彻习近平新时代中国特色社会主义经济思想，坚持质量第一、效益优先，以供给侧结构性改革为主线，深入实施创新驱动发展战略，深化重点领域和关键环节改革，打好防范化解重大风险、精准脱贫、污染防治三大攻坚战，推动经济发展质量变革、效率变革、动力变革，解决好全省发展不平衡、不充分问题。要发挥陕西优势，发展枢纽经济、门户经济、流动经济，加快构建现代化经济体系，推动全省追赶超越迈出新步伐[①]。

[①] 陕西省人民政府文件。

3.6 大众创业、万众创新事态强劲，非公有制不断扩大

创新是引领发展的第一动力，推动经济转型升级，要害在创新，关键靠改革。加快建设创新型国家，这是建设现代化经济体系的战略支撑。

3.6.1 创业环境

陕西以系统思维深入推进创新改革，激发大众创业、万众创新的潜力和活力，培育新的增长空间、新的增长动能，实现经济动能的快速转换接续。2017年，陕西着力深化"企业内创、院所自创、高校众创"三种众创模式，与国资委联合评定 2 家省属企业专业化众创空间；创新性推广"一院一所"模式。陕西2017 年加大扶持科技型企业，如图 3-11 所示，新增国家级科技企业孵化器 4 家、国家备案众创空间 28 家、国家备案星创天地 20 家，新增省级科技企业孵化器 18 家、众创空间 55 家、星创天地 50 家。

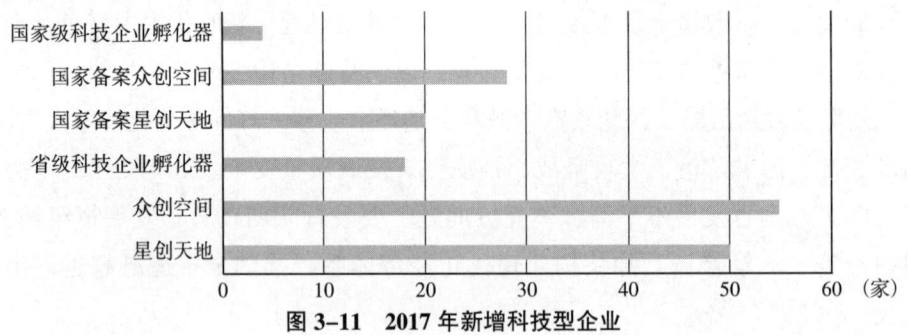

图 3-11　2017 年新增科技型企业

3.6.2 创新环境

研发经费占地区生产总值比重是衡量一个经济体创新发展的重要指标。近年来，陕西科技发展取得诸多成就，2016 年全省共投入研究与试验发展经费 419 亿元，投入强度达到 2.19%，位居全国第 8 位、西部第 12 位。

（1）伴随着加计扣除政策不断完善、条件不断放宽，陕西受惠企业数量有较快增长。2016年，陕西开展研发活动的规模以上工业企业1071家，其中享受加计扣除政策的企业数186家，比上年同期增加24家，同比增长14.8%，享受加计扣除政策的企业占有R&D活动企业的比重为17.4%，如表3-3所示①。

表3-3　2016年享受研究开发费用加计扣除政策覆盖面对比

地区	规模以上工业企业数（家）	有R&D活动企业数（家）	享受研究开发费用加计扣除政策		享受加计扣除政策企业占有R&D活动企业的比重（%）
			企业数（家）	比上年增长（%）	
陕西	5862	1071	186	14.8	17.4

（2）陕西加计扣除政策的税收减免规模不断扩大。2016年，陕西加计扣除政策针对规模以上工业企业共计减免所得税8.19亿元，比上年同期增加0.14亿元，同比增长1.7%，如表3-4所示②。

表3-4　2016年享受研究开发费用加计扣除减免税规模

地区	研究开发费用加计扣除减免税		同比增长（%）
	减免规模（亿元）	上年同期（亿元）	
陕西	8.19	8.05	1.7

（3）企业的研发经费投入和新产品销售收入占比是衡量企业创新能力和创新效果最直接、最有效的指标。2016年，陕西享受加计扣除政策的企业户均投入研发经费4000万元，是未享受加计扣除政策企业的3.2倍；享受加计扣除政策企业的新产品销售收入占主营业务收入的比重为15.3%，比未享受加计扣除政策企业平均水平高11.8个百分点，如表3-5所示③。

表3-5　研究开发费用加计扣除减免税政策实施效果对比

地区	企业户均投入研发经费（万元）		企业新产品销售收入占主营业务收入的比重（%）	
	享受政策企业	未享受政策企业	享受政策企业	未享受政策企业
陕西	4000	1243	15.3	3.5

---

① 陕西省统计局发布。
②③ 陕西省统计局网站数据。

3.6.3 非公有制经济环境

非公有制经济在国民经济的很多领域发挥着不可替代的作用,不仅提供了多样化的产品和服务,而且提供了大量的就业机会。陕西非公有经济近年来持续扩大,为现代化经济体系的构建增添了活力。2017年,陕西省非公有制经济增加11849.22亿元,占生产总值比重为54.1%,比上年提升了0.3个百分点,如表3-6所示。

表3-6 2010~2017年非公有制经济增加值

年份	非公有制经济增加值（亿元）	第一产业	第二产业	第三产业	非公有制经济增加值占生产总值比重（%）
2010	5011.39	294.56	2583.52	2133.31	49.5
2011	6318.20	359.80	3355.98	2602.43	50.5
2012	7398.04	488.74	3955.51	2953.79	51.2
2013	8459.01	463.91	4551.32	3443.78	52.2
2014	9323.58	455.75	4999.02	3868.80	52.7
2015	9630.16	490.92	4778.59	4360.65	53.4
2016	10430.18	479.85	5091.60	4858.73	53.8
2017	11849.22				54.1

注：本表按当年价格计算。2017年非公有制经济各产业增加值尚未公布。

3.7 人力资源丰富，科技和经济管理力量较为雄厚

把科技、劳动力与人才、资本等生产要素组合起来,协同投入实体经济,必将有力促进企业技术进步、行业供求衔接和产业优化发展,是构建现代化经济体系的重要基础。

3.7.1 科技人力资源

陕西作为教育大省,是我国科技创新与科研水平发展的重要区域,更是新时

期人才培养的重要支撑点。2017年,全省共有高等学校108所,其中普通高等学校81所、成人高校15所,另有独立学院12所。全年招收普通本专科学生30.48万人,在校学生106.94万人;研究生招生4.04万人,其中科研单位214人,在学研究生11.59万人,其中科研单位643人;成人高等教育招生5.66万人,在校学生14.96万人,如表3-7所示①。

表3-7 各级各类教育基本情况(2017年)

指标	学校数(所)	招生数(人)	在校学生数(人)
高等教育	108	521307	1552994
研究生(含科研机构)		40400	115900
科研机构		214	643
普通高等教育	81	304800	1069400
成人高等教育	15	56600	149600
独立院校	12		

陕西致力于培育科技创新人才,截至2017年底,陕西共培育重点科技创新团队187个,青年科技新星718人,中青年科技创新领军人才211人,科技创新创业人才99人,创新人才培养示范基地13家(见表3-8)。组织陕西第二届丝绸之路青年学者论坛科技创新分论坛,陕西省内青年科技工作者350余人参加论坛活动。建立陕西职称评审绿色通道,首次启动了陕西省杰青项目。通过以上举措,为陕西科技资源注入了新的活力,为陕西发展源源不断地输送高科技人才。

表3-8 全省科技人才资源分布

指标	数量
培育重点科技创新团队数(个)	187
青年科技新星(人)	718
中青年科技领军人才(人)	211
科技创新人才(人)	99
创新人才培养示范基地(家)	13
高等院校(所)	108

---

① 《陕西省统计年鉴》(2017)。

3.7.2 经济管理人力资源

陕西经济管理人才较为丰富,据统计,2016年按国民经济行业划分的法人单位数共39万,全省金融业从业人员总计3119人,企业法人2730人。同时,从事公共管理行业的人数共计54292人,企业法人18人(见表3-9)。2016年各行业为陕西经济贡献的经济增加值约为19399.59亿元,其中,金融业经济增加值达到1181.54亿元,占比11.3%,如表3-10所示[①]。

表3-9 按国民经济行业划分的法人单位数(2016年)

行业	法人单位数	企业法人	事业法人	机关法人	社会团体	农民专业合作社	其他法人
全省总计	395374	287034	29980	9641	7282	7945	53492
金融业	3119	2730	84	6		1	298
公共管理、社会保障和社会组织	54292	18	9246	9635	7161		28232

表3-10 行业增加值构成(2016年)

行业	增加值(亿元)	构成(%)	2016年占比
总计	19399.59	100.0	7.6
金融业	1181.54	6.1	11.3

---

① 《陕西统计年鉴》(2017)。

第 4 章　陕西现代化经济体系的内涵、构成要素及相互关系

现代化经济体系是与高质量发展阶段相适应的经济系统，陕西经济发展要实现从高速增长阶段向高质量阶段的转换，就需要改造现有的经济体系，以新发展理念指导并构建起现代化的经济体系。构建陕西现代化经济体系，首先要明确现代化经济体系的内涵及构成，然后探讨如何结合陕西现有的特色优势，建设起一个什么样的现代化经济体系，如何转变经济发展方式、优化经济结构、转换经济增长动力，进而实现在经济转型升级的新趋势、新结构下形成新动能、新增长。

4.1　现代化经济体系的内涵

"现代化"既是国家全面发展的目标，也是一个发展的过程，即发展中国家从传统的经济、社会、政治、文明转向参照欧美发达国家的现代经济、社会、政治和文明的动态演进过程。"经济体系"是经济主体在生产、流通和分配各环节中相互联系形成的复杂系统。经济体系是由多维度、多层次经济子体系构成，它包括经济社会活动的生产、流通、分配和消费等各个环节，供给、需求、市场体系和宏观调控等各个层面，以及产业、区域等各个领域。

现代化经济体系通常指一种可以定性或定量地描述的经济发展水平的状态、目标和结构；是指整个国家或区域的相互联系、相互影响的经济系统，在发展总量和速度、发展水平和质量、体制机制运行、开放发展程度等方面的现代化水平和状态。现代化经济体系是由个人、企业、社会组织和政府共同参与的，以人的

共同富裕和全面发展为目标，以科技创新、制度变革和对外开放为动力，以动态升级、协同发展的产业体系为载体，以结构均衡、分配合理、持续发展为路径，以完善的市场机制和有效的调控机制为保障，目标清晰、动力充足、效率领先、结构均衡、持续发展、市场有序、调控有效的经济运行集合体。因此，可以概括为，现代化经济体系是由社会经济活动的各个环节、各个层面、各个领域构成的，能够较好满足现代需要的有机统一整体。它既是一个目标，也是一个不断变革的过程。从我国来看，现代化经济体系是能够很好地满足人民日益增长的美好生活需要的经济体系，是充分体现新发展理念的经济体系。

构建起现代化的经济体系，内容涵盖了生产力和生产关系两方面的内容：从生产力角度看，提高劳动力、资本、技术等各种资源要素的质量，优化产业结构，促进转型升级，推动质量变革、效率变革、动力变革等，是建设现代化经济体系的重要内容。从生产关系角度看，全面深化改革、创新体制机制、提高管理水平等，也是建设现代化经济体系的重要内容。生产力现代化要求抓住新一轮世界科技革命和产业变革的重大机遇，不断增强我国经济创新力和竞争力。生产关系现代化要求改变同生产力发展不适应的生产关系和上层建筑，进一步完善社会主义市场经济体制，包括完善现代市场体系、宏观调控体系、开放型经济体系等。在社会主义国家，生产力和生产关系现代化的根本目的都是不断促进人的全面发展、全体人民共同富裕。正是生产力和生产关系及其矛盾运动，决定了现代化经济体系是由多个体系构成的、具有紧密联系的有机整体，主要包括：创新引领、协同发展的产业体系，统一开放、竞争有序的市场体系，体现效率、促进公平的收入分配体系，彰显优势、协调联动的城乡区域发展体系，资源节约、环境友好的绿色发展体系，多元平衡、安全高效的全面开放体系，充分发挥市场作用、更好发挥政府作用的经济体制。

从整体内容上看，建设现代化经济体系包括三个目标方向：一是以供给侧结构性改革为主线，大力推动经济发展质量变革、效率变革、动力变革，提高全要素生产率；二是加快建设实体经济、科技创新、现代金融、人力资源协同发展的产业体系；三是着力构建市场机制有效、微观主体有活力、宏观调控有度的经济体制，不断增强经济创新力和竞争力。

4.2 陕西现代化经济体系的构成

4.2.1 陕西现代化经济体系的构成依据

4.2.1.1 优化产业体系是陕西构建现代化经济体系的有效抓手

产业体系是构筑实体经济的核心和基础,也是推动现代化经济体系形成的有效抓手,建设现代化经济体系要求发展经济的着力点放在实体经济上,把提高供给体系质量作为主攻方向,显著增强陕西区域经济增长质量,夯实现代化经济体系建设的宏观基础。产业结构升级的核心是提升产业的技术创新水平,推动创新成为第一动力的高质量发展,只有建设创新引领、协同发展的产业体系,才能持续提高供给体系质量和效率,不断提供更好、更新的商品和服务,满足人民群众多样化、个性化、不断升级的需求。

陕西经济发展进入了追赶超越的新阶段,构建起现代化的产业体系是实现经济发展由高速向高质量阶段迈进的主要内容。陕西经济转型升级正处在历史关节点,产业结构正由工业主导向服务业主导转型,预计到2020年有可能接近或达到60%左右。更重要的是,在服务型经济比重不断提升的同时,新产业、新业态、新模式不断涌现,成为助推产业变革的新动能。陕西建设现代化经济体系,就是要在经济转型升级的新趋势、新结构下形成新动能、新增长。

陕西追赶超越的着力点应该是关中区域,以西安为核心的关中地区具备建设西部创新中心的基础条件,关中区域不仅是提升全省经济总量的决定因素,也是实现全面小康建设和陕西经济追赶超越的主力军。陕西文化、科技及教育优势为高新技术产业的振兴提供了广阔空间,完全有条件加速推进门类齐全的新兴产业体系。以军工为支撑的航天、航空、新材料和人工智能研发在国内领先,航空航天、光电芯片、新能源、新材料、智能制造、信息技术、生命科学、人工智能被称为"硬科技八路军"。研发的领先意味着未来的产业领先,先进产业造就新型的企业业态,这将赢得在市场上旺盛的竞争力。所以,抓住关中的高新技术产业化这一核心,就可以实现全省的追赶目标。

4.2.1.2 市场体系改革是陕西现代经济体系高效率增长的基础

产业转型升级后构建起的现代化经济体系，其本质是创新变革，核心是发展实体经济，关键是使市场在资源配置中起决定性作用和更好发挥政府作用。推动市场体系改革成为陕西经济高质量发展的强大动力，建设市场机制有效、微观主体有活力、宏观调控有度的经济体制、现代市场体系，主要特征是要让市场在资源配置中起决定性作用，同时更好地发挥政府的作用。市场和政府的"两只手"都要起作用，这是中国发展的优势所在。"更完善的现代市场经济体制机制包括更具活力的市场调节机制、更具竞争力的国有资产管理体制、更有效率的政府服务体系以及更加安全有效的宏观调控与政策协调机制。"

陕西现代化经济体系和高质量发展的主线是供给侧结构性改革，这就需要深化供给侧结构性改革，推动经济发展质量变革、效率变革、动力变革。目前，陕西正在建设更加公平和开放的现代市场体系，但还不完善，如要素市场建设相对滞后、公平竞争的市场环境有待完善等。为此，必须深入推进劳动力、资本、土地、能源电力等领域的市场化改革，实现市场准入畅通、市场开放有序、市场竞争充分、市场秩序规范，加快形成企业自主经营、公平竞争，消费者自由选择、自主消费，商品和要素自由流动、平等交换的现代市场体系。

竞争政策发挥着更为基础的作用。政府在营造良好的营商环境方面可以大有作为，需要全面清理和废止不利于全国统一市场建设的政策措施；需要围绕大力发展先进制造业，在市场准入、要素配置和降低成本方面营造良好环境。与此同时，针对切实的前沿技术、新兴技术和中小企业的创新领域，采用补贴、税收优惠、贴息等形式的扶持性产业政策，是非常必要的。在引导创新方向上，要注意促进战略新兴产业发展与传统产业升级改造相结合，促进传统制造业与互联网深度融合，促进中国经济新旧动能平稳、接续和快速转换。

4.2.1.3 收入分配体系是建设现代化经济体系的有效支撑

收入分配体系是建设现代化经济体系的有效支撑，推动共享成为根本目的的高质量发展，建设体现效率、促进公平的收入分配体系，才能实现收入分配合理、社会公平正义、全体人民共同富裕。从生产力与生产关系的矛盾来看，我国社会主要矛盾已经转化为人民日益增长的美好生活需要和不平衡不充分的发展之间的矛盾。所谓"不平衡不充分的发展"，集中体现在收入分配、区域发展、城乡发展、生态环境等方面，这就要求现代化经济体系能够有效化解新矛盾。其中，建设体现效率、促进公平的收入分配体系，要实现收入分配合理、社会公平正义、全体人民共同富裕。

建设公平而有效率的收入分配体系是高质量发展的基础，是现代化经济体系的重要组成部分。在高质量发展阶段以及消费升级的发展条件下，毫无疑问的是，扩大中等收入群体非常重要，因为该群体是释放消费潜力、扩大内需的重要力量。就陕西当前的消费结构而言，消费升级的同时，要注重调节消费与收入间的关系。鼓励勤劳守法致富，扩大中等收入群体，增加低收入者收入，调节过高收入，取缔非法收入。坚持在经济增长的同时实现居民收入同步增长、在劳动生产率提高的同时实现劳动报酬同步提高。拓宽居民劳动收入和财产性收入渠道。履行好政府再分配调节职能，加快推进基本公共服务均等化，缩小收入分配差距。

推动发展成果共享，既是实现共同富裕和社会公平正义的内在要求，又是拓展经济增长潜力、加快转变发展方式的现实需要。推动发展成果共享，可以从如下三方面着手：一是加强税收调节。党的十八届三中全会明确提出要改革个人所得税和房地产税。由于多种原因，上述改革措施尚未出台。需要加快改革步伐，进一步发挥个人所得税和房地产税等税种在筹集收入、调节收入分配方面的积极作用。二是推动公共服务均等化。OECD 研究表明，在推动缩小收入差距方面，税收政策的贡献约占 1/4，而公共服务的贡献约占 3/4。均等化的公共服务使中低收入群体也可以享有高水平的教育、卫生、交通、社会治安，从而为其支撑起了高质量的生活。三是要完善社会保障体系。社会保障是具有互助性质的收入再分配机制。我国的社会保障体系虽然实现了全覆盖，但仍不完善，保障水平也相对较低。党的十九大报告明确提出，要"全面实施全民参保计划""全面建成覆盖全民、城乡统筹、权责清晰、保障适度、可持续的多层次社会保障体系"。我们要认真贯彻落实上述要求，把社会保障的潜力充分发挥出来。

4.2.1.4 协调城乡区域发展是优化现代化经济体系空间布局的主要内容

推动协调成为内在要求的高质量发展，建设彰显优势、协调联动的城乡区域发展体系，才能逐步缩小城乡区域发展差距，使发展不平衡不充分的短板得到加强。

建设彰显优势、协调联动的城乡区域发展体系，旨在实现区域良性互动、城乡融合发展、陆海统筹整体优化，重要的对策在于实施乡村振兴战略，国家战略规划、跨地区战略规划、区域性战略规划衔接有序、配合有效。王辉耀（2014）

认为，这就意味着区域协调发展机制更加成熟，生产要素的配置和流动更为有效，跨地区的转移和互助机制逐步成型，形成以城市群为主体的大中小城市和小城镇协调发展的城镇格局，具有较高的农业综合生产能力、完善的现代农业产业体系、融合的城乡发展体制、现代化的农业科学技术，农村居民收入与城市居民收入同步增长，并较快提高。加快城市化进程的关键是关中"五市一区"融合发展及全省农村城镇化。关中总人口占全省62.8%，关中城镇间差距、城乡间差距都最大。关中"五市一区"融合发展有利于缩小关中内部区域差距和城乡差距，还可以优化以"五市一区"为主要节点的城镇体系，整体推进陕西城市化。

以城市网络为骨架推进农村城镇化。以城市体系核心节点带动推进农村城镇化，可以积极吸纳陕南、陕北贫困人口，提高农民收入、改善生活条件，加速实现小康。在关中地区与陕南、陕北区域经济发展现实比较的基础上，限于陕南和陕北区域的资源环境承载力约束，本书认为陕南和陕北区域贫困人口实现小康的一个重要途径是向关中地区或者就近城镇转移。

"五市一区"融合发展是关中地区消纳贫困与实现全面小康的基础。西安交通区位优越，在国内处在全国交通通信枢纽位置，四通八达，对外实现"五通"的条件优越。关中地处中国西部，区域位置独特，虽然区位优势比不上新疆，但"走出去、请进来"的综合实力较强，具有与国际接轨的能力。虽然难成"一带一路"的核心区，但一定会是"一带一路"国内的重要节点，带动西部地区对外开放，提升西部地区的人均收入水平。

4.2.1.5 绿色发展体系是现代化经济体系的主要特征

推动高质量发展，建设资源节约、环境友好的绿色发展体系，才能使人民群众渴望的清新空气、洁净水和良好生态环境的需求逐步得到满足。

生产力发展与生态环境的关系具有多层联系，从直接关系看，包括资源获得、消耗与污染排放在内的自然系统与经济系统的关系；从间接关系看，包括决定生产力价值理念的政治、文化因素，以及作用于生产力发展的社会结构、分配结构等。推动绿色发展、提升绿色生产力，需要从理念和价值观念开始转变，那种先污染、再治理，或者把污染企业转移至其他地区的做法，充其量只能叫作"浅绿色"发展和局部绿色发展，真正的绿色发展或者说"全面深度绿色"发展应该是从观念到行为、从源头到末梢、从局部到整体都坚持绿色理念的发展。现代化的经济体系包括直接满足人民日益增长的多样化、多层次的美好生活需要的产品与服务供给产业，包括服务于实体经济的科技创新、现代金融和人力教育等要素提供部门，也包括调整生产、消费、分配、流通各个环节关系的市场机制、宏观调控政策等多个组成部分。绿色发展是技术现代化经济体系的应有之义。

建设资源节约、环境友好的绿色发展体系。绿色、循环、低碳是广大人民群众日益增长的美好生活需要，也是当今世界经济发展的潮流。必须牢固树立和践行绿水青山就是金山银山理念，加强资源节约利用和环境保护，实现绿色循环低碳发展，形成人与自然和谐发展现代化建设新格局。

4.2.1.6 全面开放为现代化经济体系构建拓展新发展空间

一个充满活力的经济体系必然是开放型的，但外向型经济也是陕西发展中的短板，必须统筹国际国内两个大局，坚持对外开放的基本国策，发展更高层次的开放型经济，推动开放朝着优化结构、拓展深度、提高效益方向转变。全面开放体系能够激发全社会创新、创造和发展活力，为发展培育新动力、拓展新空间。适应经济转型升级与对外开放的新形势，抓住自贸区建设契机，推动形成陕西全面开放新格局。

全面开放是构建我国现代化经济体系的自我强化机制。中国经济转型升级与扩大开放直接融合，经济转型升级的双向影响显著增强。中国经济从高速增长走向高质量发展，从主要依赖于资源要素投入走向主要依赖于科技创新，需要发展更高层次的开放型经济。全球经济复苏与经济增长，又需要中国经济转型发展不断创造出新的市场空间。经济全球化、区域一体化离不开中国的参与和推动。推动形成全面开放新格局，将赢得国内发展与国际竞争的主动，使中国继续成为全球经济增长的重要贡献者。

以"一带一路"建设为重点形成双向互济的开放格局。在经济全球化新的十字路口，"一带一路"建设为经济全球化与区域经济一体化提供了新动力、新平台。中国进入发展新时代，以"一带一路"建设为重点扩大开放，重在加快形成与沿线国家和地区双向互济开放的新格局。以务实推进自由贸易区网络建设为重点，坚定推动经济全球化进程，务实推进自由贸易区网络建设，既是中国经济转型升级的客观需求，又是促进全球自由贸易进程的重大战略。它将对经济增长方式、经济结构升级带来深远影响，并将明显提升经济增长质量。从国际看，中国经济转型升级的全球影响显著增强，它形成的巨大内需市场将成为全球经济复苏增长的突出亮点；它推动的自由贸易新格局将加快促进经济全球化进程与全球经济治理变革。

4.2.1.7 经济体制改革与现代化经济体系构建相辅相成

建设充分发挥市场作用、更好发挥政府作用的经济体制改革与现代化经济体系构建相辅相成，二者是一个问题的两个方面。建设陕西现代化经济体系，需发挥市场和政府"两只手"的作用，处理好二者之间的关系。长期以来，我国经济发展方式转变缓慢，重要的体制原因是政府职能未实现根本转变，政府与市场作用边界不清。为此，必须加快完善社会主义市场经济体制，坚决破除各方面体制机制弊端，实现市场机制有效、微观主体有活力、宏观调控有度，激发全社会创新创业活力。

以打破垄断为重点推进营商环境建设：优化营商环境是参与全球经济竞争的现实需求，是激发国内市场活力、振兴实体经济的重中之重。这就需要打破行政性垄断，防止市场垄断，清理废除妨碍统一市场和公平竞争的各种规定和做法，形成维护中小企业发展的公平竞争市场环境；要进一步加大减税降费的力度，实质性降低企业的制度成本。以监管方式创新为重点纵深推进简政放权：经济运行中经济金融风险的形成和积聚，与政府的监管体制相对滞后、监管不到位有关。防止各类经济风险的发生，守住不发生系统性金融风险的底线，需要加快推进监管方式创新。

经过40多年的改革开放，社会主义市场经济体制不断完善，需要进一步加快完善社会主义市场经济体制。经济体制改革必须以完善产权制度和要素市场化配置为重点，实现产权有效激励、要素自由流动、价格反应灵活、竞争公平有序、企业优胜劣汰，推动形成全面开放新格局；形成陆海内外联动、东西双向互济的开放格局；成为贸易强国、对外投资强国，具备一批全球贸易中心、研发中心，以及面向全球的创新合作、产能合作、服务合作、投融资合作网络。社会主义强调共同富裕，强调社会公平正义，注定是"大政府"的社会。但政府不是全能的，也存在有政府失灵的现象。应积极推动优化政府与市场、政府与社会的关系，积极推动优化（广义）政府内部的管理关系，不断提高政府效能，并在实践中不断优化政府与市场、政府与企业结合的合理边界，以实现整个经济体系运行效率的最大化。

4.2.2 陕西现代化经济体系的构成要素

陕西建设现代化经济体系的构成可以概括为"六大体系"和"1个体制"，是由社会经济活动各个环节、各个层面、各个领域的相互关系和内在联系构成的一个有机整体（见图4-1）。

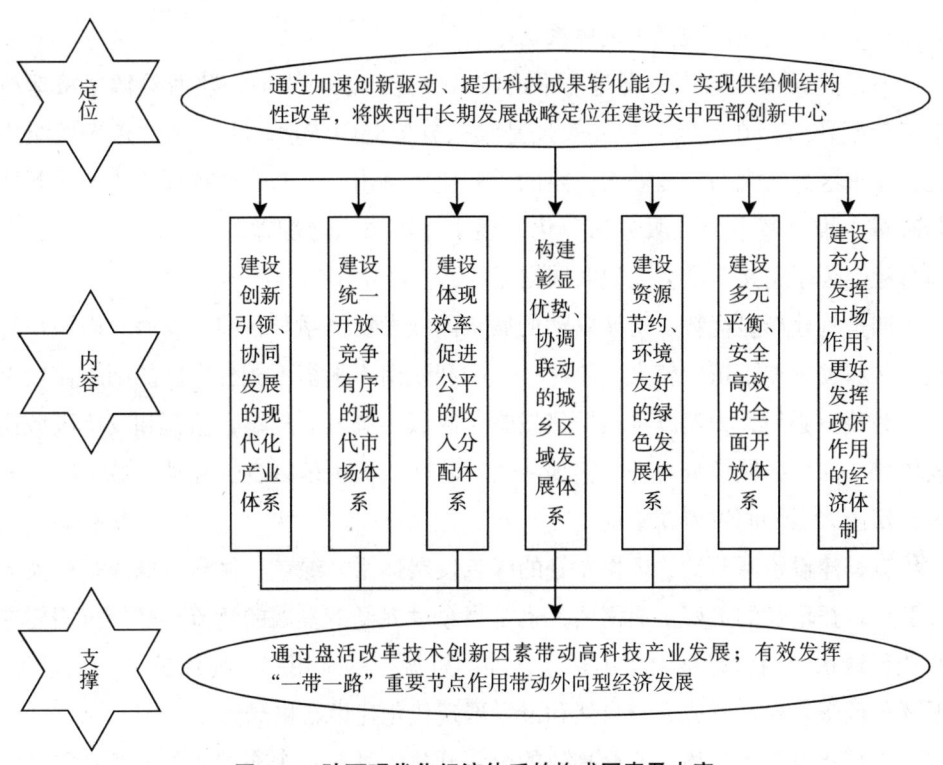

图4-1 陕西现代化经济体系的构成因素及内容

一是建设创新引领、协同发展的现代化产业体系。陕西经济从第一个五年计划开始，经过"大三线""小三线"和改革开放以来的多年建设及努力，已经建立比较完整的产业体系，但大而不强，产业结构高度化不够，大量中低端产品普遍过剩与有效供给不足的矛盾比较突出，实体经济与金融、房地产发展结构性失衡，不适应人民群众日益增长的美好生活需要。为此，必须着力提升陕西作为空间大省产业创新力和竞争力，使科技创新在实体经济发展中的贡献份额不断提高，现代金融服务实体经济的能力不断增强，人力资源支撑实体经济发展的作用不断优化，实现实体经济、科技创新、现代金融、人力资源协同发展。

二是建设统一开放、竞争有序的现代市场体系。目前，陕西现代市场体系建设已取得长足进展，但还不完善，如要素市场建设相对滞后、公平竞争的市场环境有待完善等。为此，必须深入推进劳动力、资本、土地、能源电力等领域的市场化改革，实现市场准入畅通、市场开放有序、市场竞争充分、市场秩序规范，加快形成企业自主经营、公平竞争，消费者自由选择、自主消费，商品和要素自由流动、平等交换的现代市场体系。

三是建设体现效率、促进公平的收入分配体系。当前，陕西整体经济运行中，分配环节存在问题，主要表现是收入分配差距依然较大。由此带来的结果是，需求潜力巨大与有效需求不足的矛盾比较突出。为此，必须深化收入分配体制改革，推进基本公共服务均等化，逐步缩小收入分配差距，实现收入分配合理、社会公平正义、全体人民共同富裕。

四是构建彰显优势、协调联动的城乡区域发展体系。目前，陕西省内城乡发展、区域发展差距依然较大，陕北、关中和陕南不平衡不充分发展的问题比较突出。为此，必须大力实施乡村振兴战略、区域协调发展战略，培育和发挥区域比较优势，加强区域优势互补，实现陕北、陕南、关中地区良性互动、城乡融合发展，塑造区域协调发展新格局。

五是建设资源节约、环境友好的绿色发展体系。绿色、循环、低碳是广大人民群众日益增长的美好生活需要，也是当今世界经济发展的潮流。必须牢固树立和践行绿水青山就是金山银山理念，加强资源节约利用和环境保护，实现绿色、循环、低碳发展，形成人与自然和谐发展现代化建设新格局。

六是建设多元平衡、安全高效的全面开放体系。一个充满活力的经济体系必然是开放型的，将陕西自贸区建设成为内陆改革创新试验田，打造"一带一路"改革开放新高地，彰显了陕西以自贸区为战略的重要支点。必须统筹国际国内两个大局，坚持对外开放的基本国策，发展更高层次的开放型经济，推动开放朝着优化结构、拓展深度、提高效益方向转变。

七是建设充分发挥市场作用、更好发挥政府作用的经济体制。建设陕西现代化经济体系，需发挥市场和政府"两只手"的作用，处理好二者之间的关系。长期以来，我国经济发展方式转变缓慢，重要的体制原因是政府职能未实现根本转变，政府与市场作用边界不清。为此，必须加快完善社会主义市场经济体制，坚决破除各方面体制机制弊端，实现市场机制有效、微观主体有活力、宏观调控有度，激发全社会创新创业活力。

建设现代化经济体系与陕西经济中长期发展战略规划相辅相成，通过创新驱动发展，提升科技成果转化能力，实现供给侧结构性改革，围绕发展目标，突出区位优势，抓住产业特色进而建设西部创新中心。建设现代化经济体系的战略支撑在于，从"一带一路"倡议层面看，国家赋予了陕西创新试验区的功能定位，陕西经济实现追赶超越的关键引领区：关中地区，需要保持并形成来自技术创新和城市融合发展的长期竞争优势，因此，需要盘活技术创新要素带动高科技产业发展；另外，需要有效发挥"一带一路"主要节点带动自贸区形成外向型经济发展的示范区。

4.2.3 陕西现代化经济体系构成关系

推动高质量发展，建设现代化经济体系，是体现创新、协调、绿色、开放、共享的新发展理念的发展，是贯彻新的发展理念，把经济体系的各个环节、各个层面、各个领域的相互关系和内在联系作为一个有机整体，谋划和推进各个组成部分和整个系统的现代化，建设现代化经济体系内部各部分内容是相辅相成、互为条件、相互促进的，关系如图4-2所示。

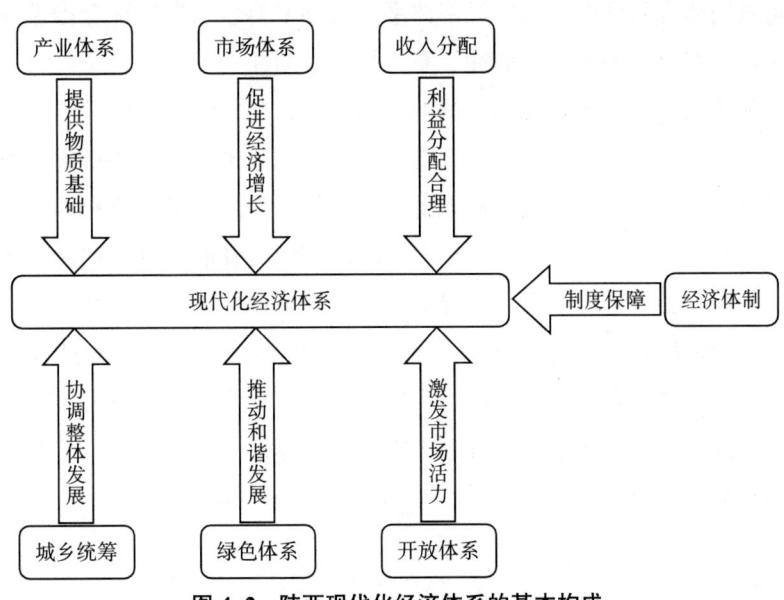

图4-2　陕西现代化经济体系的基本构成

陕西现代化经济体系通过创新引领、协同发展构建产业体系，为现代化经济体系的构建提供物质基础；通过统一开放、有序竞争构建市场体系，为现代化经济体系的构建激发市场活力；通过体现效率、促进公平构建收入分配体系，为现代化经济体系的构建提供合理利益分配格局；通过彰显优势、协调联动构建城乡区域发展体系，为现代化经济体系的构建提供协调发展的整体格局；通过资源节约、绿色先行构建绿色发展体系，为现代化经济体系的构建提供和谐发展的环境；通过协调平衡、安全高效构建全面开放体系，为现代化经济体系的构建提供增长动力；通过充分发挥市场作用、更好发挥政府作用构建经济体制，为现代化经济体系的构建提供制度保障。

现代化经济体系是全面体现新发展理念的经济体系。创新、协调、绿色、开放、共享的发展理念，相互贯通、相互促进，是具有内在联系的集合体。创新引领、协同发展的产业体系可与创新发展理念相对应；彰显优势、协调联动的城乡区域发展体系可与协调发展理念相对应；资源节约、环境友好的绿色发展体系可与绿色发展理念相对应；多元平衡、安全高效的全面开放体系可与开放发展理念相对应；体现效率、促进公平的收入分配体系可与共享发展理念相对应；统一开放、竞争有序的市场体系和充分发挥市场作用、更好发挥政府作用的经济体制，则是实现创新、协调、绿色、开放、共享发展的市场基础和体制保障。现代化经济体系是全面体现新发展理念的经济体系，必须坚持以新发展理念指导现代化经济体系建设，在建设中增强全面性、系统性、协同性。

建设现代化经济体系是我国发展的战略目标，也是转变经济发展方式、优化经济结构、转换经济增长动力的迫切要求。它是从我国仍处于并将长期处于社会主义初级阶段的基本国情出发，从人民日益增长的美好生活需要和不平衡不充分发展之间的矛盾这一社会主要矛盾出发，着眼于解决发展质量和效益不够高、创新能力不够强、实体经济水平有待提高、生态环境保护不到位、城乡区域发展和收入分配差距依然较大等突出问题，通过深化供给侧结构性改革、加快建设创新型国家、实施乡村振兴战略和区域协调发展战略、加快完善社会主义市场经济体制、推动形成全面开放新格局等重大举措，一体建设、一体推进，推动我国经济发展焕发新活力、迈上新台阶。

4.3 陕西现代化经济体系的特征与作用

4.3.1 陕西现代化经济体系的特征

现代化是反映社会经济发展从传统社会向现代社会转型程度的综合指标，主要有两层含义：从过程看，指通过不断变革满足现代需要；从结果看，指技术先进、环境友好且达到世界先进水平。

第一，陕西构建现代化经济体系，是以创新省份为特征，具有创新能力的体系。通过创新适应科技发展趋势，发挥陕西科教资源丰富的科技资源特色优势，促进现代化产业体系发展，确保现代产业在经济体系中占据主导地位。陕西省委省政府强调加快建设创新型省份，努力建设科技强省、质量强省、航天强省、制造强省、交通物流强省、数字强省、智慧社会，无疑和现代化经济体系建设是相一致的。可见，建设富有陕西特色的现代化经济体系的骨架和基础就是"三个经济"，即枢纽经济、门户经济和流动经济。构筑陕西特色的"三个经济"体系，是现阶段陕西经济实现高质量发展的关键。推动创新成为第一动力的高质量发展，建设创新引领、协同发展的产业体系，才能持续提高陕西供给体系质量和效率，不断提供更好、更新的商品和服务，满足人民群众多样化、个性化、不断升级的需求。

第二，陕西现代化的经济体系，是以产业和区域协调平衡为特征的经济体系，这既包括实体经济、科技创新、现代金融、人力资源协同发展的产业体系，也包括城乡协调发展、区域协调发展。协调各区域生产要素配置，促进生产要素跨区域的有效流动，化解资源配置在地区间不平衡、不协调的结构性矛盾，是现代化经济体系区域布局的基本内容。充分协调陕北、陕南和关中区域经济发展，促进资源要素在各区域配置更为合理，区域要素供给质量不断提升，加速形成现代化经济体系区域布局。推动协调成为内在要求的高质量发展，建设彰显优势、协调联动的城乡区域发展体系，才能逐步缩小城乡区域发展差距，使发展不平衡不充分的短板得到加强。

第三，陕西现代化的经济体系，是以自贸区试点和"一带一路"主要节点建设为重点，具备全面开放的新特征。习近平总书记在党的十九大报告中提出"多元平衡、安全高效的全面开放体系"，这将对我国拓展对外开放的广度和深度产生深远的影响。陕西通过构建高水平的自由贸易体系、开放的金融体系和全面的人文交流体系，推动全面开放体系建设，使陕西成为西部开放中心和经济增长极，成为"一带一路"的重要节点。在开放型经济体系下，陕西不仅要推动货物贸易的进一步发展，还要进一步发展服务和要素流动等贸易；不仅要进一步发展出口贸易，还要大力提升进口贸易的规模；不仅要重视引进外资，还要重视到国外、境外去投资；不断深化向西和向东开放，实现东西双向协调联动发展；不仅要努力推动丝绸之路经济带多边贸易体制的发展，也要积极实施自由贸易试验区战略；不仅要抓住"一带一路"带来的良好机遇，也要注重防范国际经济风险。全面开放将大大提高陕西对外开放的深度、广度和整体水平。根本在于转变经济发展方式，从重规模速度向讲求效益和质量转型，从依靠简单劳动、成本优势向复杂劳动、创新技术方向转型。推动改革开放成为必由之路和强大动力的高质量发展，建设市场机制有效、微观主体有活力、宏观调控有度的经济体制、现代市场体系和全面开放体系，才能激发全社会创新、创造和发展活力，为发展培育新动力、拓展新空间。

第四，陕西现代化的经济体系，是始终贯彻供给侧结构性改革这条主线，应注重"创新、协调、绿色、开放、共享"发展新理念的经济体系。

在产业结构上，由资源密集型、劳动密集型产业为主向技术密集型、知识密集型产业为主转变。例如，生产性服务业的占比将逐步提升，在国民经济中的作用将日益明显。我们将逐步从"微笑曲线"的底端向两端升级。

在产品结构上，由低技术含量、低附加值产品为主向高技术含量、高附加值产品为主转变。例如，在产品质量上，国产工业产品将加快摆脱"山寨货"的标签，成为高端、大气、精细的"大国工匠"之作。

在生态环境上，由高排放、高污染向循环经济和环境友好型经济转变。例如，随着产业结构的调整，山更青、水更绿、天更蓝的日子将越来越多。

推动高质量发展，建设资源节约、环境友好的绿色发展体系，才能使人民群众渴望的清新空气、洁净水和良好生态环境的需求逐步得到满足。

第五，陕西现代化的经济体系，是以完善的社会主义市场经济体制、充分调动市场竞争的积极性、防止并打破行政性垄断为主要特征的经济体系，重点是完善产权制度和要素市场化，实现要素市场化配置。长期以来，陕西经济增长方式转变滞后的一个重要原因在于，某些资源要素领域的市场化改革相对滞后，市场决定资源配置的格局在这些领域尚未有效建立。随着陕西经济由高速增长阶段转向高质量发展阶段，过去依靠行政力量控制资源要素到了非改不可的地步，需要加快提高要素市场化配置水平，发展混合所有制经济，推动国有资本做强做优做大。"深化国有企业改革，发展混合所有制经济，培育具有全球竞争力的世界一流企业。"混合所有制改革是新时代深化国有企业改革的重头戏，牵一发而动全身。这就要求：在去产能取得阶段性成果的情况下，要把发展创新型国有企业作为改革的重要目标，推动国有企业转型升级；扩大市场开放，引导和鼓励扩大社会资本参与，在发展混合所有制结构中给民间投资提供更大的市场空间。建立统一市场和公平竞争，打破行政性垄断，防止市场垄断。推动共享成为根本目的的高质量发展，建设体现效率、促进公平的收入分配体系，才能实现收入分配合理、社会公平正义、全体人民共同富裕。

4.3.2 陕西现代化经济体系建设的作用

4.3.2.1 有效发挥陕西经济发展的特色优势

陕西省委提出要建设富有陕西特色的现代化经济体系，而这个体系的骨架就是"枢纽经济、门户经济、流动经济"。陕西的优势在于：一是古丝绸之路的起点；二是一个科技和教育大省；三是对外开放的门户。陕西关中地区是东西方交通的枢纽、对外开放的门户、生产要素的流动站点。在流动经济中，陕西需要系统发展物联网和现代综合交通物流体系，吸引国际资金、商品、物资、人员、技术等经济要素自由流动。推动流动经济发展，让各种要素资金、人才、信息能够在陕西快速流通，成本最低地流通，带动整个其他产业的发展。"

从全省看，陕西站在了新的历史起点上，正处在追赶超越阶段，势能潜能加速释放，科教实力雄厚、自然资源富集、文化积淀厚重等优势在未来竞争中将更加凸显。同时，长期积累的深层次矛盾和结构性问题依然存在，发展短板仍未有效突破，经济下行压力持续加大，促改革、调结构、惠民生、防风险任务繁重。实现供给侧结构性改革的首要任务就是创新驱动、提升科技成果转化能力，将陕西中长期发展战略定位在建设关中西部创新中心，这对陕西整体发展提出了更高的战略要求，不仅要求具备全国范围内创新资源的集聚和配置功能，更重要是在"一带一路"沿线区域具备科技创新的策源地功能和创新驱动发展的引领功能。以西安为核心的关中地区在"一带一路"沿线区域承担了重要节点的功能，建设成为一个什么样的"节点"才能最有利于发挥关中地区既有的军工及科研优势进而实现关中西部创新中心目标？陕西经济社会发展外部环境及发挥特色优势的基础在于构建现代化的经济体系。

陕西科教优势突出，科技资源主要集聚在高新区、高校、军工及科研院所，集中在一些"节点"上，进一步统筹并激发这些科技资源会带来更大的市场产出和产业升级，如何通过技术创新节点带动高科技产业带形成发展？如何有效发挥"一带一路"重要节点作用带动外向型经济发展？这是陕西经济可持续发展的两个核心问题，未来关中地区走可持续发展道路，不能模仿成都通过合并周边县区的方式做大体量，外延式发展短期内可实现 GDP 快速增长，但从"一带一路"战略层面看，国家赋予了陕西创新试验区的功能定位，陕西经济实现追赶超越的关键引领区：关中地区，需要保持并形成来自技术创新和城市融合发展的长期竞争优势。陕西经济实现追赶超越的重点是关中区域，追赶超越的主引擎是创新。

4.3.2.2　实现陕西中长期发展及追赶超越战略目标

作为中国的教育大省，陕西拥有众多高等院校、科研院所，每年为国家培养大批高等人才，有着巨大的科技创新潜力。但是，由于地理区位要素的限制以及一个时期以来国家发展战略的调整，陕西的社会经济发展现状相对于东部地区还有待提高。陕西有着悠久的历史文明，改革开放以来陕西取得了长足发展。作为古丝绸之路的起点，陕西在"一带一路"倡议中是一个重要的地域节点，有着突出的战略定位，对于陕西来说这也是一个实现经济转型、加大对外开放的历史机遇期。

习近平总书记强调，"中国特色社会主义进入新时代，我国社会主要矛盾已经转化为人民日益增长的美好生活需要和不平衡不充分的发展之间的矛盾"。社会主要矛盾的转化必然伴随着国家战略重心的调整，陕西作为国家西部重要省份，同样面临发展不充分的问题，2015 年习近平总书记来陕视察时，对陕西提出了追赶超越的目标与期许，陕西应当抓住国家战略调整的机遇，加快城市化进程，加快构建现代化经济体系跨越式发展，实现追赶超越和省内全面小康。"一带一路"倡议不仅明确了中国对外开放的新路径，也将成为中国经济新的增长点，同时对中国不同地区来说，这当中蕴含着很多发展机遇和投资机会。

4.3.2.3 成为陕西经济转型高质量发展的有效支撑

党的十九大报告明确指出，创新是引领发展的第一动力，是建设现代化经济体系的战略支撑，这意味着我国经济发展的动力机制要发生根本性转变，由原来的依靠劳动力、资本等要素驱动的时代转变为创新驱动时代。

党的十九大报告指出，我国经济已由高速增长阶段转向高质量发展阶段，正处在转变发展方式、优化经济结构、转换增长动力的攻关期，建设现代化经济体系是跨越关口的迫切要求和我国发展的战略目标，也是紧扣我国社会矛盾转换的客观要求。截至2017年，我国GDP总量已突破80万亿元大关，继续站稳世界第二。经过40多年的改革开放，社会生产力有了很大提升，但同时也存在不平衡不充分问题，包括区域发展、城乡发展、收入分配、生态环境等方面。由此可见，我国社会主要矛盾已经转化为人民日益增长的美好生活需要和不平衡不充分的发展之间的矛盾。本质上说，建设现代化经济体系是化解新矛盾的应有之义。建设现代化经济体系是开启新征程、实现新目标的必由之路。从现在到2020年，是全面建成小康社会决胜期，2035年基本实现社会主义现代化，21世纪中叶建成富强民主文明和谐美丽的社会主义现代化强国，这是党的十九大为我国未来30余年制定的战略目标。要确保如期实现目标，全力抓住经济建设的这个重要中心是必然，加快建设现代化经济体系也是必然。

与依赖要素驱动、投资驱动以及规模发展的传统方式不同，高质量发展就是投入少、产出多、效益好的发展模式。它与传统发展模式的区别在于：第一，要从数量增长转向质量增长。因为中国物质生产已经非常丰富，而消费升级与国外竞争压力的提高，都需要大幅提升供给质量与效率，微观上是产品的质量，宏观上是总的生产效率。第二，从规模扩张转向结构升级。传统制造业大规模扩张的阶段基本结束，全球性产能过剩已经显现，需要不断提升产业价值链和产品附加值。第三，从要素驱动转向创新驱动。一直以来，低成本的要素红利正在消失，劳动力、资源、土地等价格在大幅且持续攀升，这要求经济增长要转向技术创新与劳动效率的提高。事实上，这也是习近平总书记关于中国经济新常态的主要内涵。要实现这三大转变，推动和实现高质量发展，根本上在于构建现代化经济体系。经济转型升级的本质是创新变革，核心是发展实体经济，关键是使市场在资源配置中起决定性作用和更好发挥政府作用，需要深化供给侧结构性改革，推动经济发展质量变革、效率变革、动力变革。

本书从第5章开始，将按照陕西建设现代化经济体系的构成要素，按照"6大体系"和"1个体制"整体框架分别安排内容予以阐述，第5章是建设创新引领、协同发展的现代化产业体系；第6章是建设统一开放、竞争有序的现代市场体系；第7章是建设体现效率、促进公平的收入分配体系；第8章是构建彰显优势、协调联动的城乡区域发展体系；第9章是建设资源节约、环境友好的绿色发展体系；第10章是建设多元平衡、安全高效的全面开放体系；第11章是建设充分发挥市场作用、更好发挥政府作用的经济体制。通过改造现有的经济体系，以新发展理念指导并构建现代化的经济体系，实现陕西经济从高速增长阶段向高质量阶段的转换。

第 5 章 建设创新引领、协同发展的现代化产业体系

"创新引领、协同发展的现代化产业体系"是针对我国当前产业体系发展过程中科技、资本和人力资源协同性有待提高,经济脱实向虚的趋势有待转变的现状,党的十九大报告提出的建设现代化经济体系的重要组成部分和物质基础(刘伟,2007a)。本章根据党的十九大报告重要精神,结合陕西产业体系发展的现状,分析了陕西产业体系存在的问题,提出了建设陕西现代化产业体系的目标,即创新、协调、绿色、开放、共享发展理念的高质量产业体系,科技、人才、资金等要素流向实体经济的协同产业体系,基本产业、特色产业、新兴产业协同发展的特色产业体系,科技创新作为经济增长主引擎的创新型产业体系,并从农业、工业和服务业角度出发,系统构建了陕西省创新引领、协同创新的现代化产业体系。

5.1 陕西现代化产业体系的内涵及特征

5.1.1 陕西现代化产业体系的内涵

我国经济已由高速增长阶段转向高质量发展阶段,正处在转变发展方式、优化经济结构、转换增长动力的攻关期,建设现代化经济体系是跨越关口的迫切要求和我国发展的战略目标。现代化产业体系,是指由具有现代农业基础、发达的现代制造业,尤其是先进装备制造业以及形态完备的现代服务业等产业构成的经济体系。

近年来，陕西在稳定传统优势产业发展的同时，现代化工、新能源汽车、航空航天与高端装备制造业、新一代信息技术、新材料和现代医药等新支柱产业发展迅速，但经济总量仍处于全国中游，能源化工、有色金属和装备制造产业在产业结构中的比重仍然过高，金融服务实体经济的能力仍有待提高。此外，陕西产业体系也存在着军转民用体制机制不畅、民营经济发展缓慢、产业集群竞争力不足等问题。解决这些问题的关键是构建创新推动产业发展的动力机制，科技、金融、人力资源等产业要素的协同机制。因而陕西现代化产业体系的内涵即为创新引领、协同发展。其要求是坚持质量第一、效益优先，以供给侧结构性改革为主线，推动经济发展质量变革、效率变革、动力变革，提高全要素生产率。

5.1.2 陕西现代化产业体系的特征

党的十九大提出的现代化产业体系有别于传统意义上的现代产业体系。现代化产业体系是与党的十九大报告提出的"现代化经济体系"相呼应和相适应的现代化产业体系类型，并且与党的十八大报告提出的"现代产业发展新体系"相衔接，是建设现代化经济体系相适应的产业体系，现代化产业体系着眼的是供给侧和结构性，瞄准的是提高质量、效率和效益，追求的是实体经济、科技创新、现代金融、人力资源协同发展（刘伟，2007b）。现代化产业体系具体应具备以下明显特征：

5.1.2.1 科技创新、现代金融、人力资本在实体经济发展中协同效应明显

现代化产业体系打破了传统产业体系把产业分为一二三产业，或者是分为制造业、服务业、战略新兴产业、农业，而是从要素的角度构建产业体系。实体经济、科技创新、现代金融、人力资源是相互促进、相互依赖的一个整体，任何一方面出现短板，都会拖其他领域发展的后腿，从而影响整个现代化产业体系建设的水平。只有把资金、人才、科技等要素组合起来，以质的适应性、量的均衡性、时间的有序性、空间的聚合性和配合的协调性投入实体经济中去，促进陕西现代化产业体系建设，推动建设现代化经济体系，才能实现经济创新发展和转型升级（黄汉权，2017）。要把科技、劳动力与人才、资本等各种生产要素组合起来，调动好、配置好、协同好，协同投入实体经济，注重实体经济、科技创新、现代金融、人力资源协同发展和相互促进，形成现代化产业体系的整体发展效应，协同促进企业技术进步、行业供求衔接和产业优化发展，协同促进实体经济

和产业体系优质高效发展。

陕西在实体经济、科技创新、现代金融、人力资源等方面已经形成一定的基础和竞争优势，要素保障能力明显增强。但陕西科技资源、人才、金融等要素还没有形成有效组合，向实体经济聚力发力的协调发展格局有待优化。现代化产业体系要求陕西以供给侧结构性改革为主线，推动经济发展质量变革、效率变革、动力变革，提高全要素生产率，实现实体经济、科技创新、现代金融、人力资源协同发展的产业体系。

5.1.2.2 科技创新在实体经济发展中的贡献占有显著份额

现代化产业体系的根本动力源是科技创新。科技创新是全面创新的主要引领，是经济发展的第一动力。构建现代化产业体系，必须坚定不移贯彻创新发展理念，深入实施科教兴国战略、人才强国战略、创新驱动发展战略，大力推进科技创新。以高水平的科技创新作为支持，发挥科技创新对构建现代化产业体系的独特作用，使科技创新成为产业升级的持续驱动力。利用陕西丰富的科教资源优势，抢占技术发展制高点，围绕优势学科的原始创新，引领和培育潜在新兴产业。

5.1.2.3 现代金融服务实体经济的能力和作用突出

现代化产业体系的血脉是现代金融。要大力发展现代金融，深化金融体制改革，防止和治理各类经济泡沫，降低过高的杠杆率，化解金融风险，以现代金融为保障，更好发挥资本市场、绿色金融、风险投资、并购投资、保险等金融工具的功能，增强金融服务实体经济能力，为实体经济创新发展、转型升级提供高效便捷、功能多样、成本合理的融资服务，强化金融的实体经济输血功能。就陕西而言，由金融深化的迟滞、现代金融发展的不充分所导致的资源错配，在很多层面还广泛存在，因此，深化以发展现代金融为主线的要素市场改革势在必行。未来，应统筹利用国内外资本市场、合理运用金融工具，撬动实体经济生产要素的自由流动和优化配置。

5.1.2.4 现代人力资本、知识资本是实体经济发展的最重要要素

建设创新引领、协同发展的产业体系，核心是人力资源。人力资源是实体经济振兴的战略资源，科技创新、现代金融和实体经济的发展都离不开人力资本和知识资本。技术创新的竞争、资本市场的竞争、金融市场的竞争，归根结底是人力资本的竞争。陕西人口红利减弱、劳动力人口供给不足，需通过提高人力资源素质来弥补，实现人口红利到人才红利的转变。

建设创新引领、协同发展的现代化产业体系,要求陕西在构建现代化产业体系进程中,要以发展实体经济为着力点,把科学技术、现代金融、人力资源的创新发展与结构优化融入实体经济发展的每一个环节,有效推动"五新"战略任务的实施。

5.2 陕西产业体系构成及发展现状

5.2.1 陕西产业体系构成

5.2.1.1 陕西产业体系总体构成

陕西三次产业整体上呈现出"二三一"的结构特征,逐步向"三二一"过渡。2016年三次产业占地区生产总值之比为9:49:42,与2015年(9:50:41)相比,第一产业占比几乎持平,第二产业占比小幅度缩小,而第三产业占比小幅度提高,近十年增长情况如图5-1所示,可以看出,2009~2016年,陕西产值持续增加,第二产业在2013年后几乎保持不变,第三产业持续增长,对产值的贡献率也在2013年后持续提高,说明陕西三大产业正由"二三一"逐步向"三二一"过渡。同期全国三次产业占比为9:41:50,可以看出,陕西第一产业与全国持平,第二产业占生产总值的比重高于全国水平,第三产业占生产总值的比重低于全国水平。说明陕西的产业结构依旧以工业为主导,逐步向现代服务业过渡。

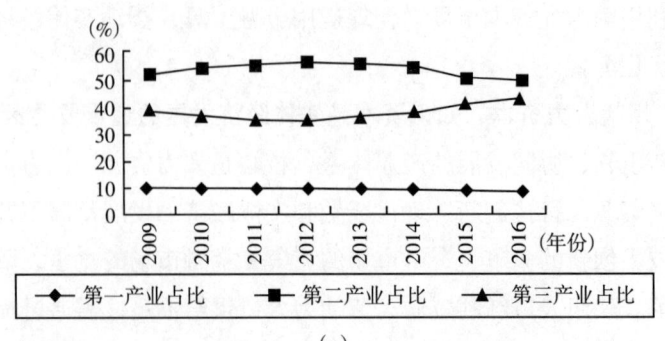

(a)

图 5-1 2009~2016 年陕西三大产业比重及其产值

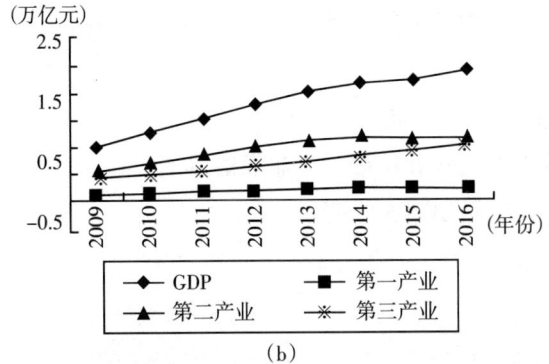

(b)

图 5-1 2009~2016 年陕西三大产业比重及其产值（续）

5.2.1.2 陕西第一产业构成

陕西第一产业主要由农业、林业、牧业、渔业和农林渔牧服务业组成，图 5-2 是 2009~2016 年陕西第一产业总产值和其组成行业的变化趋势。可以看出，陕西第一产业总产值一直保持稳定上升趋势。在第一产业中，农业产值最大，其他产业依次为牧业、农林牧渔服务业、林业和渔业。2016 年，陕西第一产业总产值为 2985.76 亿元，其中农业产值为 2027.56 亿元，牧业为 695.93 亿元，农林牧渔服务业为 150.48 亿元，林业和渔业分别为 85.54 亿元和 26.25 亿元。这表明

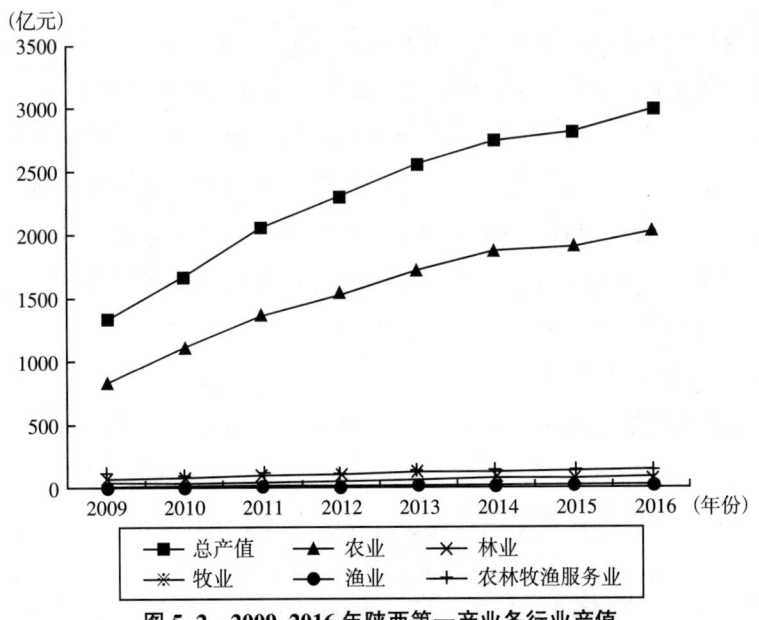

图 5-2 2009~2016 年陕西第一产业各行业产值

农业仍然是陕西第一产业的主要组成部分，8年间农业产值平均占第一产业总产值的66.42%。

5.2.1.3 陕西第二产业构成

课题组对陕西2011~2016年第二产业规模以上工业企业分行业产值占总产值的比重进行了分析，结果如图5-3所示。

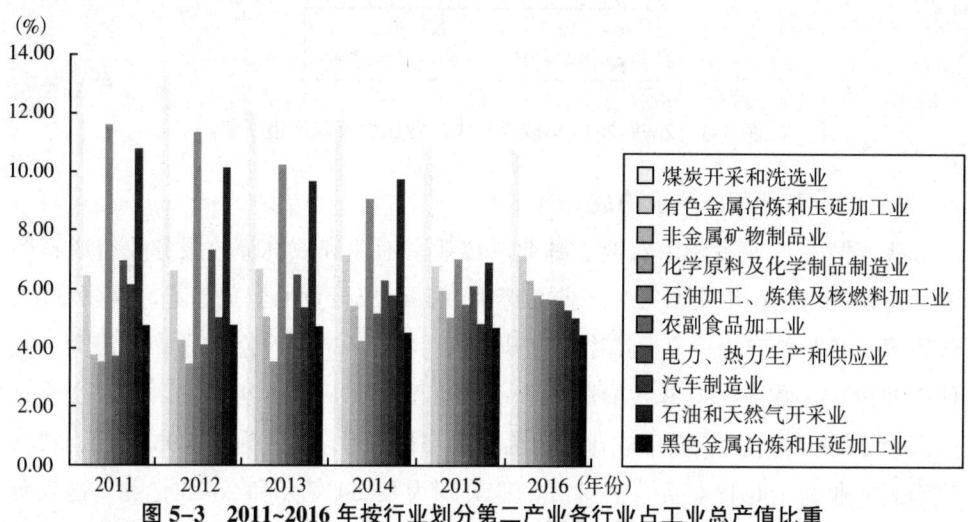

图5-3　2011~2016年按行业划分第二产业各行业占工业总产值比重

分析发现，2011~2016年尽管排序有所变化，但在40个工业行业门类中，煤炭开采和洗选业，有色金属冶炼和压延加工业，非金属矿物制品业，化学原料及化学制品制造业，石油加工、炼焦及核燃料加工业，农副食品加工业，电力、热力生产和供应业，汽车制造业，石油和天然气开采业，黑色金属冶炼和压延加工业10个行业产值一直排在陕西工业总产值前十位，尤其是煤炭开采和洗选业，尽管所占比重一直在微弱下降，但一直处于第一位，2011年占陕西工业总产值的13.08%，2016年为10.7%。

5.2.1.4 陕西第三产业构成

根据《陕西统计年鉴》，第三产业可分为交通运输、仓储和邮政业，批发和零售业，住宿和餐饮业，金融业，房地产业，营利性服务业，非营利性服务业。图5-4是2011~2016年陕西第三产业各行业增加值变化趋势。

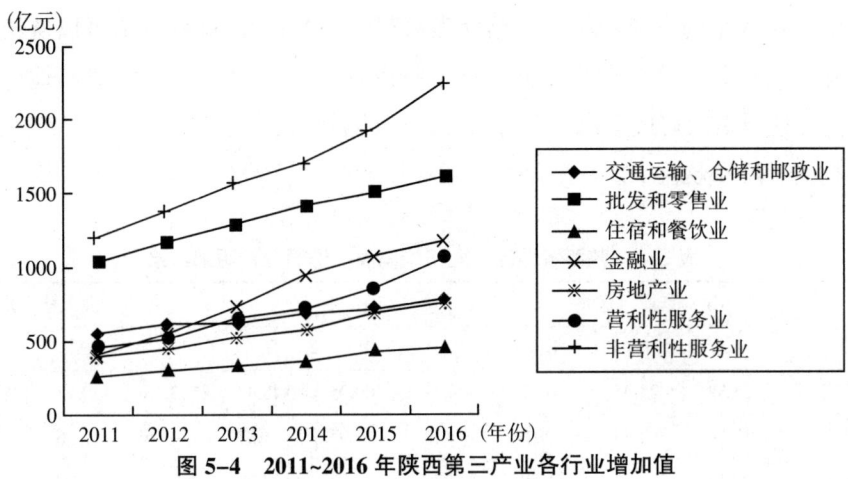

图 5-4　2011~2016 年陕西第三产业各行业增加值

从图 5-4 中可以看出，第三产业各行业中，非营利性服务业增加值在第三产业各行业增加值中的占比最大。其次为批发和零售业，增加值最小的行业为住宿和餐饮业。如果以增长率进行比较的话，增长率最大的行业为金融业，2016 年增加值相比 2011 年，增长了 173.44%，其次为营利性服务业，增长了 132.22%，增长速度排第三的为房地产业，增长了 87.72%，增长较慢的为交通运输、仓储和邮政业，增长率为 39.68%。

5.2.2　陕西产业体系现状分析

近年来，陕西落实《陕西省"十二五"产业结构调整规划》《陕西省产业集群发展规划纲要》《陕西省战略性新兴产业发展规划》等文件，加快产业结构调整，通过加强基础产业、基础设施建设，推动传统产业提质增效，加快战略性新兴产业布局，降低经济对资源性行业的过度依赖，产业结构逐步优化、产业升级加快、产业关联效应逐步显现、区域产业合理布局基本形成、产业组织规模持续扩大、产业研发投入和科研人员增长迅速，初步形成了创新能力强、可持续发展的产业体系。

5.2.2.1　产业结构逐渐优化，第三产业发展迅速

本书选用偏离—份额分析法（Shift-Share Methods，SSM）对陕西各地区的产业结构现状进行分析。SSM 法的基本原理是把一个地区的经济变化看成一个动态的过程，并将比自身高一级的区域经济发展作为参照系，分析地区经济增长相对

于上级区域水平的偏离状况（刁培莲和邓智团，2013）。这种偏离可以从结构因素和竞争力增长（区位因素）两方面进行解释。由于 SSM 方法相对其他产业结构研究方法具有较好的动态性和综合性，因此通常被广泛应用在分析一个区域产业结构的素质和效益中。

表 5-1 陕西各地区产业结构偏离—份额分析明细结果

区域	第一产业（亿元）			第二产业（亿元）			第三产业（亿元）		
	N_1	P_1	D_1	N_1	P_1	D_1	N_1	P_1	D_1
西安	123.87	−25.95	−5.97	1200.61	−209.35	−148.43	1543.53	469.93	91.55
铜川	12.54	−2.63	−0.18	103.03	−17.97	−41.81	50.46	15.36	5.07
宝鸡	92.16	−19.31	−5.59	543.40	−94.75	163.99	229.59	69.90	−25.47
咸阳	179.79	−37.67	−0.09	507.00	−88.41	393.13	284.89	86.73	−33.09
渭南	114.04	−23.89	5.73	348.94	−60.84	2.55	245.80	74.84	−19.96
延安	62.96	−13.19	−3.34	562.03	−98.00	−525.32	158.08	48.13	6.14
汉中	97.63	−20.46	18.18	176.44	−30.77	149.86	176.71	53.80	25.40
榆林	81.51	−17.08	5.85	1066.39	−185.94	−401.35	405.71	123.52	−62.05
安康	59.32	−12.43	−13.84	115.81	−20.19	224.07	114.12	34.75	14.19
商洛	51.34	−10.76	−1.98	104.20	−18.17	161.03	97.31	29.63	−6.37
杨凌示范区	3.32	−0.70	1.23	20.78	−3.62	22.46	18.02	5.49	4.60

根据表 5-1 中的数据，从总体上看，陕西各地区的 N_1（份额分量）、P_1（结构分量）和 D_1（竞争力分量）之间的关系是：N_1 远大于 P_1 和 D_1。在份额增量方面，陕西各地区第二产业和三产业远高于第一产业，该结论与克拉克产业结构演进规律不谋而合，表明过去五年中陕西各地区的产业升级趋势较为明显。同时可以看到，陕西绝大多数地区具备一定的竞争力优势，其竞争力分量 $D_1 > 0$。尤其各地区服务业（第三产业）发展迅速，相对而言是各地优势产业部门，P_1 都为正值，说明其内部结构较为合理，对各地区的经济增长具有促进作用，尤其是西安的第三产业结构合理，且最具竞争力。

5.2.2.2 产业升级加快，初步形成了创新能力强、可持续发展的产业体系

近年来，陕西不断加快产业升级的步伐，并初步取得了突破性的成果。根据 2012~2016 年工业总产值的数据，课题组从中选择了工业总产值排名前五的产业

和一些具有代表性的产业来进行分析。由图 5-5 可知，工业总产值排名前五的产业近五年的工业总产值呈稳步上升趋势，其中化学原料和化学制品制造业的工业总产值有显著的上升，其工业总产值由 2012 年的 594 亿元上升到 2016 年的 1280 亿元，实现了翻一番的成效。但不可否认的是，一些高耗能产业的工业总产值在产业升级发展迅猛的势态下呈现下降趋势，其中石油加工、炼焦及核燃料加工业的总产值几乎持续下跌。这一类高耗能产业工业总产值的发展趋势表明了产业升级步伐加快的过程，是不断地在优化产业、走可持续发展路线的过程。

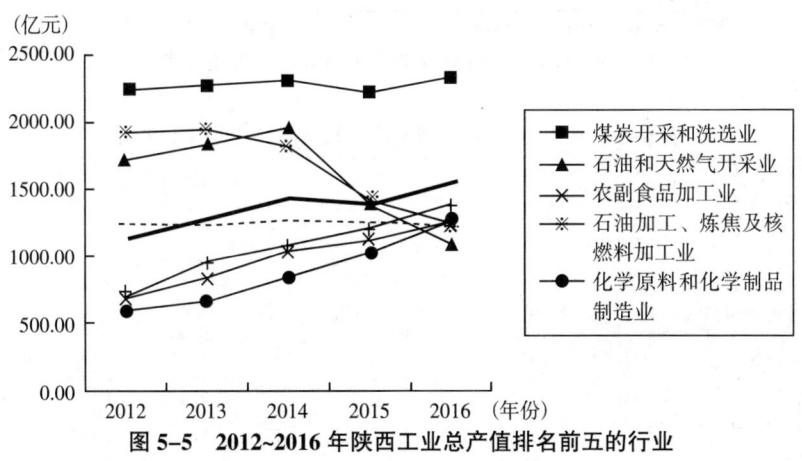

图 5-5　2012~2016 年陕西工业总产值排名前五的行业

由图 5-6 可知，近五年现代产业的工业总产值处于迅速上升期，其中计算机、通信和其他电子设备在 2014~2016 年短短两年内，工业总产值从 300 亿元上升到 738 亿元，成效非常显著。总体上说，产业升级速度的加快拉动了工业总产值的上升，已经初步形成了创新能力强、可持续发展的产业体系。

5.2.2.3　产业关联效应逐步显现，总体上制造业对其他产业的拉动作用明显

灰色关联分析是通过对参考序列与比较序列的几何形状关系的分析来判断系统中各因素之间的关联程度，其曲线的形状越接近，则被判断序列越具有较强的相关性，其灰色关联程度就越大；反之越小。为探究制造业与相关产业关联程度的动态变化，本书以《陕西统计年鉴》（2017）中 2013~2016 年制造业的增加值与相关 6 个产业的增加值为基准，将其作为灰色关联分析中的参考序列和比较序列数据，并计算出了制造业与其他产业 2013~2016 年的关联系数，如表 5-2 所示。

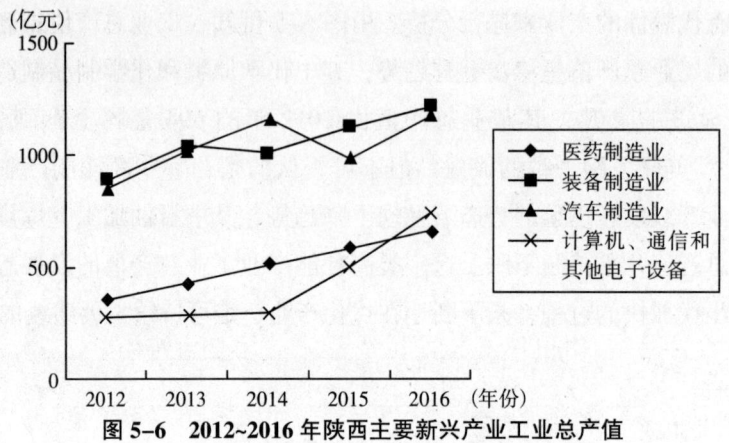

图 5-6　2012~2016 年陕西主要新兴产业工业总产值

表 5-2　2013~2016 年陕西制造业与相关产业的关联系数

年份	2013	2014	2015	2016
农、林、牧、渔业	1	0.976	0.713	0.659
建筑业	1	0.812	0.543	0.474
交通运输仓储和邮政业	1	0.878	0.609	0.540
批发和零售业	1	0.904	0.610	0.559
住宿和餐饮业	1	0.948	0.497	0.464
金融业	1	0.608	0.376	0.333
房地产业	1	0.848	0.448	0.407

从表 5-2 中可以看出，制造业与其他产业关联度较为密切，根据以上制造业与其他产业的具体关联度可以得出，制造业与其他 6 个产业整体具有较高的关联性，说明制造业对于产业间的推动作用至关重要。根据制造业与相关产业的关联系数，得出制造业与相关产业的灰色关联度，如表 5-3 所示。

表 5-3　陕西制造业与相关产业的灰色关联度

产业	关联度
农、林、牧、渔业	0.783
建筑业	0.610
交通运输、仓储和邮政业	0.676
批发和零售业	0.691

续表

产业	关联度
住宿和餐饮业	0.636
金融业	0.439
房地产业	0.568

由表 5-3 可知，制造业与农、林、牧、渔业，建筑业，交通运输、仓储和邮政业，批发和零售业，住宿和餐饮业，房地产业的关联程度相对较高，说明制造业拉动农、林、牧、渔业，建筑业，交通运输、仓储和邮政业等行业的需求能力较强，即制造业对于这些行业的依赖程度较高。制造业与金融业的关联程度相对较低，表明金融业对制造业有着较弱的拉动效应，同时意味着陕西制造业的融资渠道的流畅度较低。金融业对制造业的总体关联效应有待提高。

5.2.2.4 依托资源优势和经济区位的区域产业合理布局基本形成

陕北地区"大煤田、大煤电、大化工、大载能"的能源产业发展强劲，以资源带动产业，促进全省能源经济的发展。陕北能源化工基地是中国唯一的国家级能源化工基地，辖榆林、延安两市，煤炭预测储量 2714 亿吨，占陕西煤炭预测储量的 65.48%。截至 2016 年底，陕北地区探明煤炭资源储量 1460 亿吨，占全省探明储量的 86%。陕北是陕西能源资源的主要赋存区，是多种资源的聚集区。除前述煤炭资源外，石油探明储量 16.8 亿吨；天然气已探明地质储量 8460.3 亿立方米，是中国陆上最大的整装气田之一；岩盐总储量约 6 万亿吨，占全国岩盐总量的 26%。榆林市已发现 8 大类 48 种矿产，每平方千米土地拥有约 10 亿元的地下财富，尤其是煤、油、气、盐等能源矿产富集，组合配置好，为国内外所罕见。

关中地区构建了电子信息、生物医药、现代服务业、战略性新兴产业等较为完整的产业体系，有力地促进了陕西经济的稳步发展。其中，西安高新区已形成电子信息、先进制造、生物医药、现代服务四大主导产业，并在软件和服务外包、半导体、智能终端、军民融合等领域形成完整的产业链与产业集群；宝鸡依托宝鸡高新区的发展，重点产业集中在新型材料产业、石油钻采装备产业、汽车及零部件产业、机床工具制造产业，以及高速铁路装备产业、中低压输变电产业、军工电子产业，组成宝鸡七大特色产业集群，支撑宝鸡经济发展水平的全速前进；咸阳作为关中地区发展的支撑城市，主要以咸阳高新区为发展主体，并建有三大园区为主导的高新技术发展模式；以渭南高新区为主要发展动力的渭南市形成了三大特色主导产业，包括装备制造产业集群、精细化工产业集群以及战略性新兴产业集群。铜川高新区的发展将以煤炭生产为主、空气污染严重的铜川带回了空气清新、蓝天指数相对较高的发展状态；杨凌示范区重点发展现代化特色农业，同时加强与高校、科研院所合作，构建协同创新体系，基本形成了区内外协同创新机制。

陕北地区现代循环产业体系初步形成，对协调经济发展起到示范作用。"十二五"期间，大力实施陕南循环发展战略，省级财政累计安排30亿元，培育和壮大陕南现代循环产业体系，实施循环产业项目1007个，有色、钢铁、装备、能源、生物制药、非金属新材料、油气化工、绿色食品、蚕桑丝绸、旅游十大循环经济产业链基本形成。陕南三市循环产业核心区和县城工业园区基础设施、公共服务设施日趋完善，创建省级现代农业园区78个、省级重点县城工业集中区54个，县城工业园区实现了全覆盖。2016年底，规模以上工业增加值达795.73亿元，工业增加值达897.71亿元，分别是"十一五"末的3.2倍和3倍。产业结构不断优化，绿色食品、现代中药、生态旅游等产业快速壮大，航空装备制造、现代材料、生物医药和太阳能光伏等战略性新兴产业发展迅猛，现代循环产业体系初步形成。

5.2.2.5 产业组织规模持续扩大，战略性新兴产业投资额总体增长迅速

产业组织规模是社会经济生产活动的基础和主体，其数量和分布结构及其变化与社会经济发展有着密切的联系，及时准确地掌握各大产业法人单位变动情况，有助于从微观层面了解经济发展情况。从图5-7中可以看出，三大产业法人机构数量都保持快速增长，其中增长速度最快的是第一产业，平均增长率为34.85%，其次为第二产业，增长率为13.19%，最后为第三产业，增长率为10.96%。

战略性新兴产业是以重大技术突破和重大发展需求为基础，对经济社会全局和长远发展具有重大引领带动作用，知识技术密集、物质资源消耗少、成长潜力大、综合效益好的产业。陕西战略性新兴产业主要包括节能环保产业、新一代信息技术产业、生物产业、高端装备制造业、新能源产业、新材料产业和新能源汽车产业七大战略性新兴产业。战略性新兴产业的健康发展，对产业结构升级具有

显著的推动作用。战略性新兴产业发展前景好、回报率高，但其发展壮大是一个漫长的过程，其投资额成为战略性新兴产业的重要衡量标准。

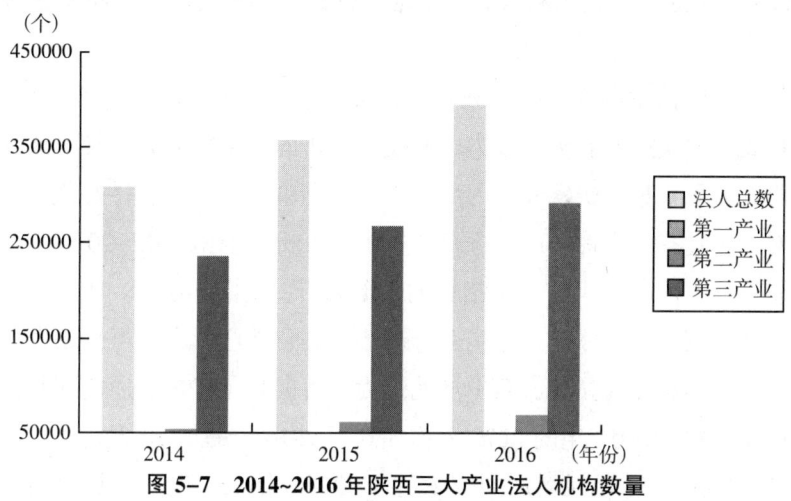

图 5-7　2014~2016 年陕西三大产业法人机构数量

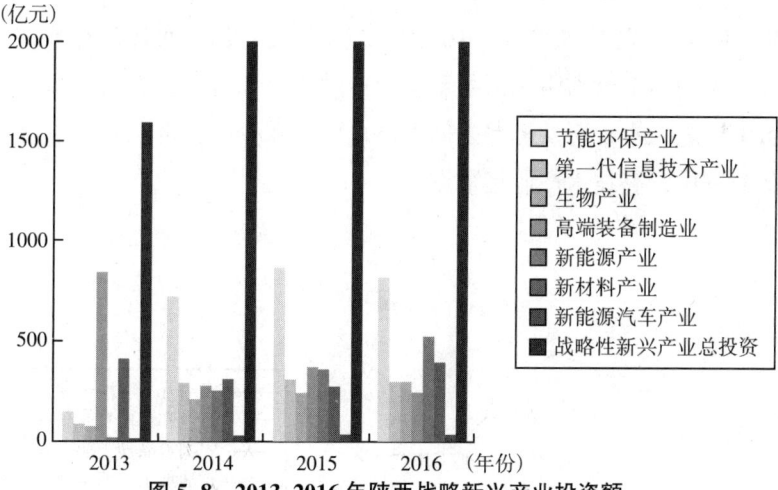

图 5-8　2013~2016 年陕西战略新兴产业投资额

从图 5-8 中可以看出，陕西省战略性新兴产业投资额一直保持增长态势，2013 年战略性新兴产业总投资额为 1594.399 亿元，2014 年为 2084.341 亿元，2015 年为 2461.95 亿元，2016 年达到 2607.236 亿元。其中节能环保产业投资最大，2016 年达到 821 亿元，相比 2013 年增长了 4.6 倍。增长幅度最大的为新能源产业，2016 年投资额为 525.573 亿元，2016 年投资额相比 2013 年增长了 28

倍。新能源汽车产业投资额所占比重最小，但2016年也达到了32.361亿元，比2013年增长了63.52%。

5.2.2.6 产业研发投入和科研人员增长迅速，成为推动产业技术进步的重要力量

近年来，陕西不断通过加快教育科技文化的发展速度来推进产业技术进步，教育科技文化的快速发展已经成为产业技术进步的主要驱动力。其中课题组着重选择了研发人员人数、研发经费内部支出、专利申请数和发表科技论文篇数四项指标来对一些具有代表性的产业进行进一步的分析。根据2012~2016年研发人员人数和研发经费内部支出这两项指标的数据分析（见图5-9、5-10），可以看出，研发人数和经费支出总体呈现稳步上升趋势，高科技产业和与可持续发展能源相关的产业上升趋势尤为显著。其中增速最为显著的是计算机、通信和其他电子设备，其研发人数从2012年的2870人增加到了2016年的7130人，研发经费内部支出从2012年的5.3亿元增加到2016年的21.66亿元。电力、热力的生产和供应业的研发人数从2012年的420人增加到2016年的2759人，研发经费内部支出从2012年的0.2亿元增加到2016年的2.43亿元。相对而言，对于一些高耗能传统产业，增幅不是特别明显，甚至有回落现象。像石油和天然气开采业五年内研发人数缩小近一半，研发经费内部支出也明显减少。这也说明了在推动产业技术进步的过程中，高技术产业是重点。

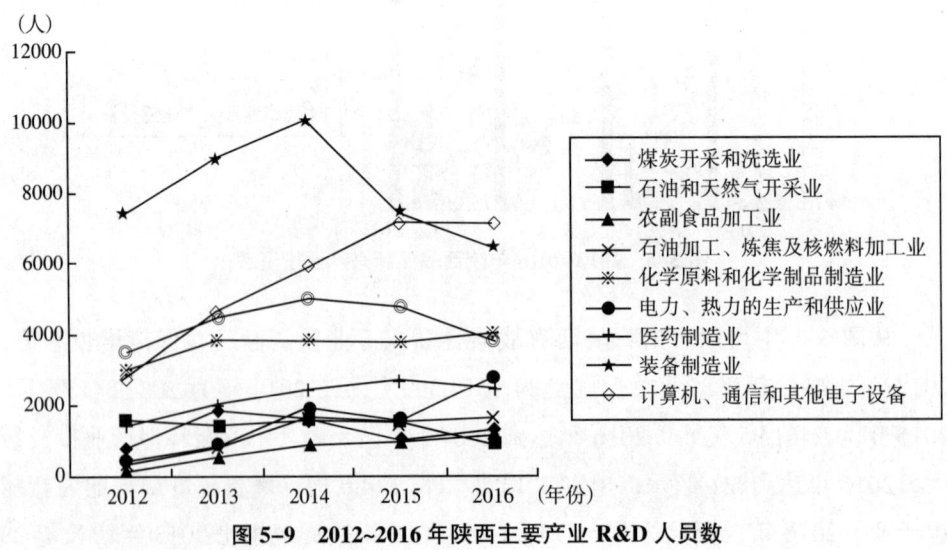

图5-9 2012~2016年陕西主要产业R&D人员数

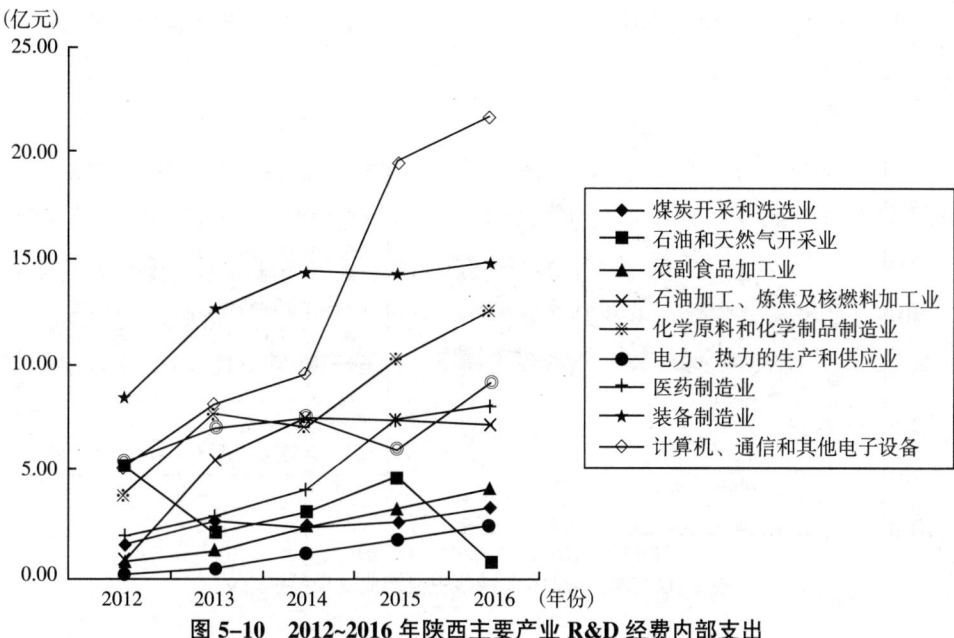

图 5-10　2012~2016 年陕西主要产业 R&D 经费内部支出

根据 2012~2016 年专利申请数和发表科技论文篇数的数据分析（见图 5-11、5-12），可以看出，总体呈现稳步上升的趋势。其中，新兴产业的专利申请数远超传统高耗能产业。装备制造业的专利申请数达 1400 多件，同时新兴产业的科

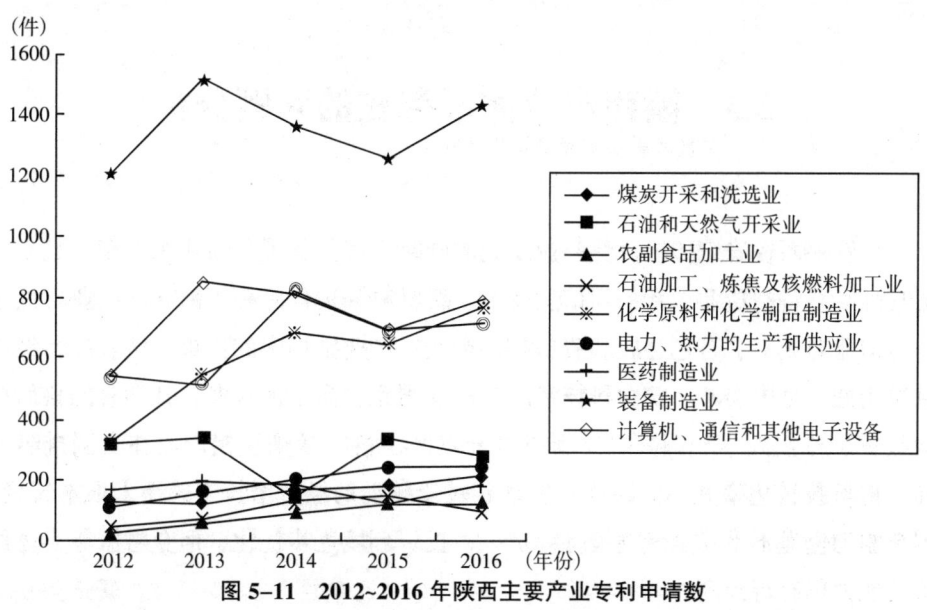

图 5-11　2012~2016 年陕西主要产业专利申请数

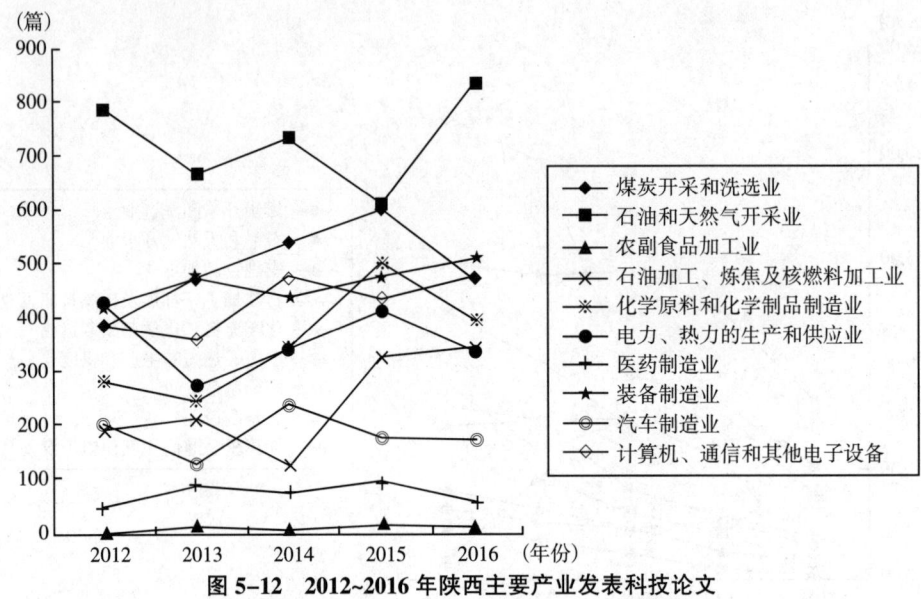

图 5-12　2012~2016 年陕西主要产业发表科技论文

技论文发表篇数也非常多。

综上所述，通过 2012~2016 年研发人员、研发经费内部支出、专利申请数和发表科技论文篇数四项指标的数据分析，可以看出，陕西在教育科技文化方面的不断发展已经成为推动产业技术进步的重要力量。

5.3　陕西产业体系存在的问题分析

尽管陕西在稳定传统优势产业发展的同时，现代化工、新能源汽车、航空航天与高端装备制造业、新一代信息技术、新材料和现代医药等新支柱产业发展迅速，但能源化工、有色金属和装备制造产业在产业结构中的比重仍然过高，经济总量仍处于全国中游。陕西科技资源丰富，国家级高新区众多，其拥有的科研机构数量、科技人才、国家级高新技术开发区、科技活动直接产出在全国排名前列，但科技转化率并不高，要素驱动和投资拉动的经济增长方式还未根本转变，创新驱动仍显不足。金融规模持续扩大，投资环境逐步优化，但金融服务实体经济的能力仍有待提高。

5.3.1 要素驱动和投资拉动的经济增长方式还未根本转变，创新驱动仍显不足

本书采用广义柯布—道格拉斯生产函数计算科技进步对经济增长的贡献率，表达式为：$Y = AK^{\alpha}L^{\beta}$。其中，A为基期技术水平，K、L分别为资本投入和劳动力投入，α、β分别为资金投入弹性系数和劳动力投入弹性系数，A反映了技术进步对产出的影响（胡宗伟和何大安，2005）。其中：α+β反映了规模报酬水平，α+β=1表示规模报酬不变。本书中陕西经济增长保持规模报酬不变，即α+β=1。

拟选取2011~2016年相关原始数据，假设Y为被解释变量，K、L为解释变量。其中，Y为经济增长GDP，K为陕西资本投入（永续盘存法获得），L为就业人口，所有数据按2005年不变价格计算。E_l表示劳动力贡献率，E_t则表示科技进步贡献率，计算公式为：

$$E_K = \frac{\alpha \ln k}{\ln y} \times 100\%, \quad E_l = (1-\alpha) \frac{\ln l}{\ln y} \times 100\%, \quad E_t = 1 - E_k - E_l \quad (5-1)$$

从表5-4中可以看出，陕西经济增长主要依赖于要素投入，科技进步对经济增长的贡献尽管有所提升，但仍然有待提高。尤其与现代化产业体系提出的创新引领经济增长的要求有很大差距。

表5-4 2011~2016年科技进步对陕西实体经济的贡献率

年份	资本对经济的贡献（%）	劳动力对增长的贡献（%）	科技进步对经济增长的贡献（%）
2011	55.573	12.945	31.482
2012	55.131	11.477	33.393
2013	54.671	10.324	35.005
2014	54.056	9.453	36.491
2015	53.537	8.777	37.686
2016	52.613	8.162	39.224

呈现这一状况的主要原因：①人口红利出现衰退。从陕西15~64岁的劳动年龄人口比例来看，2010年以后逐年下降。劳动年龄人口占总人口的比重从2010

年的76.76%逐年下降至2016年的75.51%，且下降幅度逐年加快。从劳动年龄人口总量和就业人口数量来看，均呈下降态势。陕西就业人口总量在2010年达到峰值2074万人后也出现波动下降趋势，2015年为2071万人，2016年为2073万人。与此同时，陕西劳动力增长对经济增长的贡献率也呈持续走低态势。②高额投入难以为继。2011~2016年，陕西投资规模不断扩大，在投资规模不断扩大的同时，投资总量也首次超过了GDP，2016年陕西资本投入达到17214.997亿元，超出同期GDP总量14298.573亿元，这预示着陕西投资继续保持高速增长将困难重重。③技术创新依然不足。技术创新不足反映在全要素生产率变化方面，即原创性制造业技术发明较少，全要素生产率由过去提高较快到慢慢下降。表明陕西技术转化能力不强，很多技术不能实现向产品的转化，只能出售。

5.3.2 实体经济与科技创新、现代金融和人力资源协同度有待提高

复合系统的协同度是指各子系统之间在发展演变过程中相互和谐一致的程度（刘志迎和谭敏，2012）。依据现代化产业体系的要求，本书将实体经济、科技创新、现代金融和人力资源当作一个复合系统，各产业要素作为其子系统，将国民生产总值GDP、全社会固定资产投资、工业总产值作为实体经济评价指标，将R&D研发投入、科研机构数量、科技论文数量作为科技创新评价指标，将金融机构人民币存款和金融机构人民币贷款作为现代金融评价指标，将常驻人口、科技人员数量和高等学校在校大学生数量作为人力资源评价指标，采用几何平均法计算各子系统的有序度：

$$u_j(e_i) = \sqrt[m]{\prod_{i=1}^{m} u(e_{ji})} \quad j=1,2,3,4,5 \tag{5-2}$$

其中，$u(e_{ji})$代表子系统的序变量分量有序度，反映了子系统的有序一致的程度。$u(e_{ji}) \in [0,1]$，其值越大，表明e_{ji}对相应子系统有序的贡献越大。假设在初始时刻t_0，各子系统的有序度为$u_j^0(e_j)$，而当整个复合系统发展演化到时刻t_1，各子系统的有序度为$u_j^1(e_j)$。则复合系统的协调度为：

$$C = \theta \sqrt[m]{\prod_{j=1}^{m}[u_j^1(e_j) - u_j^0(e_j)]} \tag{5-3}$$

其中，$\theta = \dfrac{\min[u_j^1(e_j) - u_j^0(e_j)]}{|\min[u_j^1(e_j) - u_j^0(e_j)]|}$

从表5-5中可以看出，实体经济、科技创新、现代金融和人力资源的有序度

呈上升趋势，但各子系统的有序度有一定差异且并不均衡。

表 5–5　实体经济、科技创新、现代金融和人力资源有序度

年份	实体经济	科技创新	现代金融	人力资源
2010	0.054	0.059	0.044	0.050
2011	0.255	0.159	0.174	0.106
2012	0.475	0.307	0.321	0.321
2013	0.680	0.469	0.469	0.481
2014	0.835	0.539	0.615	0.666
2015	0.857	0.769	0.814	0.706
2016	0.963	0.953	0.953	0.911

图 5-13 更为细致地描述了产业体系子系统有序度的差异和系统协同度的演变：实体经济子系统有序度不断上升，且其每年的有序度均明显高于科技创新、现代金融和人力资源；其次为现代金融，表明陕西金融呈良性运行。科技创新与人力资源有序度明显低于实体经济和现代金融，两者交替上升。

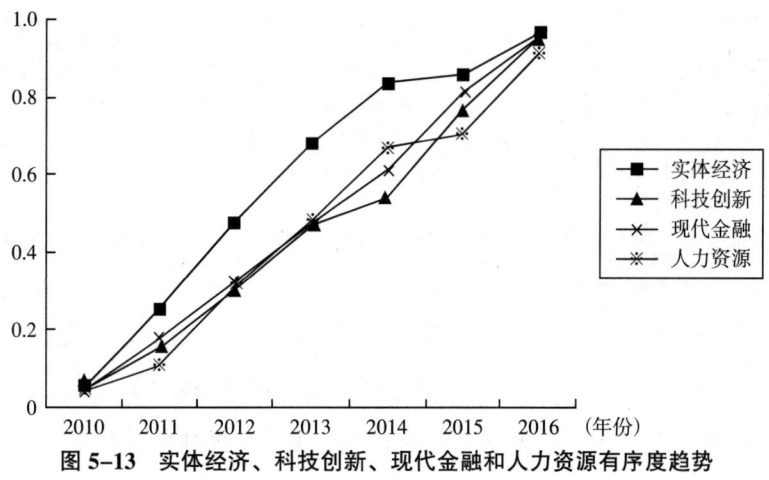

图 5-13　实体经济、科技创新、现代金融和人力资源有序度趋势

由式（5-2）可知，$C \in [-1, 1]$，其取值越大，复合系统协调发展的程度越高；反之则越低。计算结果如表 5-6 所示。

综上所述，本书发现主要存在以下两个方面问题：第一，从复合系统协同度来看，虽然协同度一直处于上升趋势，但还有很大的提升空间。第二，从实体经

表 5-6　子系统及复合系统协同度

年份	实体经济与科技创新协同度	实体经济与现代金融协同度	实体经济与人力资源协同度	复合系统协同度
2011	0.142	0.162	0.106	0.110
2012	0.323	0.342	0.338	0.297
2013	0.506	0.516	0.520	0.465
2014	0.612	0.668	0.694	0.603
2015	0.755	0.786	0.726	0.733
2016	0.902	0.909	0.885	0.893

济与生产要素的协同度来看，实体经济与生产要素的协同度并不高，且不均衡，实体经济与科技创新、实体经济与人力资源的协同度低于实体经济与现代金融的协同度。陕西拥有丰富的科技资源和人力资源，但与实体经济的协同度并不高，因而应大力提高科技资源和人力资源的利用效率。

5.3.3　产业专业化程度不高，没有形成具有整体优势的产业群

区位熵，又称专门化率，反映产业专业化程度，在区域经济中，通常被用来衡量一个产业是否构成地区专业化部门的指标（周炯等，2014）。故本书拟选取2016年陕西和全国各九大行业产值作为计量数据，采用区位熵模型计算方法，得到陕西各产业区位熵指数大小。区位熵的计算公式为：

$$A_{ij} = \frac{x_{ij}/\sum_i x_{ij}}{\sum_j x_{ij}/\sum_i \sum_j x_i x_j} \tag{5-4}$$

其中，A_{ij} 表示地区行业的区位熵，X_{ij} 表示地区行业的产值，$\sum_i x_{ij}$ 表示地区的所有行业产值总和，$\sum_j x_{ij}$ 表示所有地区行业的总产值，$\sum_i \sum_j x_i x_j$ 表示所有地区全部行业的总产值。A_{ij} 越大表示区位熵越大，也即地区行业的产业聚集程度越高。

当 $A_{ij} > 1$ 时，说明该地区该产业具有比较优势，有较强的集聚能力。

当 $A_{ij} = 1$ 时，说明该地区该产业相对于全国来说处于平均水平，集聚能力不明显。

当 $A_{ij} < 1$ 时，说明该地区该产业集聚能力较弱，处于劣势。

表 5-7 陕西产业区位熵

产业	陕西产业总产值（亿元）	全国产业总产值（亿元）	区位熵	名次
农、林、牧、渔业	1776.29	65975.70	1.03	4
工业	7598.00	247877.70	1.17	3
建筑业	1943.20	49702.90	1.50	1
批发和零售业	1604.40	71290.70	0.86	6
交通运输、仓储和邮政业	771.77	33058.80	0.89	5
住宿和餐饮业	457.63	13358.10	1.31	2
金融业	1181.54	61121.70	0.74	8
房地产业	747.17	48190.90	0.59	9
其他行业	3319.59	153008.90	0.83	7

如表 5-7 所示，2016 年，陕西区位熵小于 1 的行业为批发和零售业，交通运输、仓储和邮政业，金融业，房地产业和其他行业，行业集聚水平低于全国平均，其中房地产业最低，只有 0.59。区位熵大于 1 的行业为工业、建筑业，以及住宿和餐饮业，理论上大于 1 的是具有产业专业化程度的。农、林、牧、渔业区位熵基本等于 1，与全国平均水平持平。从区位熵既可以看出陕西产业专业化程度不高，也可以看出其产业竞争力较低。

集群是集中在特定区域的、在业务上相互联系的一群企业和相关机构，适度的产业群是地区经济发展的推动力量，区域产业布局从宏观上要求区域产业群体的聚集要有适度规模，利用产业群和产业带作为支撑。从表 5-7 中可以看出，陕西各产业专业化程度不高，也没有形成优势产业群的表现，说明大多数产业分散、互不关联，造成基础设施和资源的浪费，未能充分利用区域优势形成产业带动区域经济的发展。

5.3.4 产业内部结构优化度低，第三产业劳动生产率提升速度慢

陕西农、林、牧、渔业发展较不均衡，如表 5-8 所示，2016 年，陕西农、林、牧、渔业中农业总产值占比高达 67.9%，高于全国平均水平（52.9%）15 个百分点，牧业总产值占比仅为 23.3%，低于全国水平（28.3%）5 个百分点。以种植业为主的传统农业占比过高，一定程度上影响了第一产业的产业附加值

和经济效益。

表 5-8　2016 年陕西与全国农、林、牧、渔业分行业产值比重

单位：%

产业	农业	林业	牧业	渔业	农林牧渔服务业
陕西	67.9	2.9	23.3	0.9	5.0
全国	52.9	4.1	28.3	10.4	4.3
陕西-全国（+/-百分点）	15.0	-1.3	-5.0	-9.5	0.7

陕西工业内部结构不合理，投资动力不足（见表 5-9）。轻重工业比重失调，陕西工业内部结构以重工业为主，轻工业发展相对落后。2011~2016 年，陕西重工业总产值占本地区工业总产值比重一直保持在 78% 以上，轻工业总产值占比与重工业占比差距在 57%~63% 之间波动。

表 5-9　2011~2016 年陕西轻、重工业总产值占比情况

单位：%

年份	轻工业	重工业	轻工业-重工业（+/-百分点）
2011	18.7	81.3	-62.6
2012	18.9	81.1	-62.2
2013	19.9	80.1	-60.2
2014	21.3	78.7	-57.4
2015	21.5	78.5	-57
2016	22.1	77.9	-55.8

第三产业仍以传统服务业为主，现代服务业亟待提升（见表 5-10）。从服务业增加值内部结构看，近年来陕西传统服务业在服务业中一直居于主导地位，2016 年，水利、环境和公共设施管理业，交通运输、仓储和邮政业，批发和零售业，住宿和餐饮业，公共管理、社会保障和社会组织等几大传统产业占到服务业增加值的 45.9%。而房地产业，信息传输、软件和信息技术服务业，金融业，租赁和商务服务业，科学研究和技术服务业，教育业等新兴现代服务业占服务业增加值的 45.8%。从投资构成看，2016 年房地产业占据重头，占服务业总投资的 37.2%；水利、环境和公共设施管理业，交通运输、仓储和邮政业，批发和零售业，住宿和餐饮业，公共管理、社会保障和社会组织占总投资的 48.8%；信息传

输、软件和信息技术服务业，金融业，租赁和商务服务业，科学研究和技术服务业，教育业等仅占总投资的 8.4%。

表 5-10 2016 年陕西服务业增加值及投资结构

单位：%

行业名称	增加值占比	投资额占比
合计	100	100
批发和零售业	19.5	4.7
交通运输、仓储和邮政业	9.4	11.5
住宿和餐饮业	5.6	1.8
信息传输、软件和信息技术服务业	6.5	1.6
金融业	13.4	0.2
房地产业	9.1	37.2
租赁和商务服务业	2.1	1.9
科学研究和技术服务业	4.8	1.6
水利、环境和公共设施管理业	0.8	29.2
居民服务和其他服务业	2.0	0.9
教育业	9.9	3.1
卫生和社会工作	4.5	2.2
文化、体育和娱乐业	1.8	2.5
公共管理、社会保障和社会组织	10.6	1.6

此外，表 5-11 给出了 2010~2016 年陕西三次产业就业结构比重和劳动生产率。从中可以看出，陕西三次产业就业结构比重由 41：27：32 变为 44：19：37，其中服务业就业比重 2010 年、2016 分别为 32% 和 37%，第二产业就业比重 2010 年、2016 年分别为 27% 和 19%，下降幅度较大。第三产业的劳动生产率由 2010 年的 5.6148 亿元/万人增加到 2016 年的 12.5612 亿元/万人，除 2015 年的劳动生产率数值有所下降外，其余年份的劳动生产率一直在增加。而同期第二产业的劳动生产率增长迅速，由 2010 年的 9.7078 亿元/万人增加到 2016 年的 28.0791 亿元/万人，与第二产业相比，服务业劳动生产率提升速度较慢。

表 5-11 2010~2016 年陕西三次产业就业结构比重和劳动生产率

年份	就业结构比重（%）			劳动生产率（亿元/万人）		
	第一产业	第二产业	第三产业	第一产业	第二产业	第三产业
2010	41	27	32	1.1547	9.7078	5.6148
2011	40	28	32	1.4817	11.8557	6.7012
2012	51	19	29	1.7191	27.0935	10.9381
2013	49	20	30	1.8754	27.6781	12.2782
2014	48	20	32	2.0012	28.5888	12.4011
2015	45	19	35	2.0249	27.1108	11.9384
2016	44	19	37	2.1414	28.0791	12.5612

资料来源：《陕西统计年鉴》(2017)。

5.3.5 各地区产业竞争力发展不平衡，经济增长缺乏增长后劲

表 5-12 是陕西各地区产业结构偏离—份额分析结果。从 N_1 角度来看，西安、宝鸡、咸阳、汉中、安康、商洛和杨凌示范区的 N_1 都小于各地实际增长量 (G_1)，其中咸阳差距最大，$N_1 < G_1$ 说明它的自身发展能力较强，由此我们可以认为这 7 地区经济的发展在陕西各地区中处于领先地位；相反，铜川、渭南、延安和榆林地区的份额分量都大于实际增长，尤其是榆林，尽管其份额分量较大，但

表 5-12 陕西各地区产业结构偏离—份额分析结果

城市	总增长量 G_1	份额分量 N_1	产业结构分量 P_1	产业竞争力分量 D_1	总偏离 P_1+D_1
西安	3039.79	2868.01	234.63	−62.85	171.78
铜川	123.88	166.03	−5.23	−36.92	−42.15
宝鸡	953.92	865.15	−44.16	132.93	88.77
咸阳	1292.29	971.68	−39.34	359.95	320.61
渭南	687.20	708.78	−9.90	−11.68	−21.58
延安	197.49	783.07	−63.06	−522.52	−585.58
汉中	646.79	450.78	2.58	193.43	196.01
榆林	1016.38	1553.61	−79.50	−457.73	−537.23
安康	515.80	289.25	2.12	224.42	226.55
商洛	406.23	252.85	0.70	152.68	153.38
杨凌示范区	71.57	42.12	1.17	28.29	29.45

这些地区经济的发展在很大程度上得益于陕西整体经济的发展。从 P_1 角度分析，西安、汉中、安康、商洛、杨凌示范区 5 个地区的 P_1 为正值，说明以上地区产业结构较为合理且具有一定的结构优势，其他地区则为负值，说明这些地区面临产业结构调整的巨大压力。从 D_1 角度来看，陕西 11 个地区只有宝鸡、咸阳、汉中、榆林、安康和杨凌示范区的 D_1 大于零，其余地区均小于零；由此，从总体上看，陕西各地区的产业竞争力不足，经济发展缺乏增长后劲，培育陕西各地区产业核心竞争力的任务十分艰巨。总偏离（P_1+D_1）是排除了区域经济增长总体增长效应的偏离份额。总偏离为负值的有铜川、渭南、延安、榆林 4 个地区，总偏离量均小于零。说明这 4 个地区经济的发展很大程度上依赖国家和陕西整体经济发展的拉动作用。

5.4 陕西现代化产业体系整体方案设计

现代化农业产业体系是推进农业农村现代化的重要支撑，也是实施乡村振兴战略的重要抓手。打造农业全产业链，促进种植业、林业、畜牧业，是提高农业产业整体竞争力的必然要求。工业是实体经济的核心，是技术创新的主战场，是实现经济高质量发展的重要领域。不断深化工业经济供给侧结构性改革和技术创新，着力优化陕西传统工业，积极布局新兴产业，是建设陕西现代化工业体系的关键所在。发展现代服务业是深化供给侧结构性改革的重要内容，同时也是培育发展新动能的关键领域、推进产业转型升级的有力支撑。本书从陕西产业体系存在的问题入手，着眼于陕西现代化产业体系的目标，即打造创新、协调、绿色、开放、共享发展理念的高质量产业体系，实现科技、人才、资金等要素流向实体经济的协同产业体系，构建基本产业、特色产业、新兴产业协同发展的特色产业体系，形成科技创新作为经济增长主引擎的创新型产业体系，从农业产业体系、工业产业体系和服务业产业体系的现代化入手，设计了陕西现代化产业体系的整体方案，如图 5-14 所示。

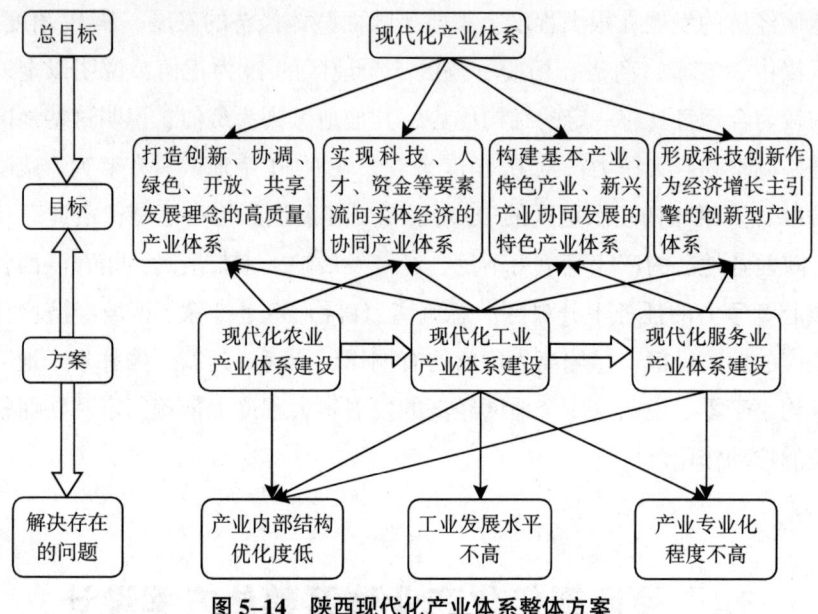

图 5-14 陕西现代化产业体系整体方案

5.4.1 构建陕西现代化产业体系的目标

党的十九大提出，要着力加快建设实体经济、科技创新、现代金融、人力资源协同发展的产业体系。按照党的十九大精神的要求，坚持问题导向，以供给侧结构性改革为主线，以完善产权保护制度和要素市场化配置为重点，进而推动陕西科技、人才、资金等要素向实体经济汇聚，形成振兴实体经济的强大动力。

5.4.1.1 打造创新、协调、绿色、开放、共享发展理念的高质量产业体系

长期以来，陕西经济发展主要依赖于能源工业，解决陕西发展不平衡不充分问题，关键在于贯彻新发展理念，破解结构性难题，持续推进产业转型升级，建设现代化产业体系，着力推动高质量发展。推动高质量发展是当前和今后一个时期确定发展思路、制定经济政策、实施宏观调控的根本要求。因此，现代化产业体系的构建、产业结构的优化升级无疑也将围绕这一主题展开，打造体现创新、协调、绿色、开放、共享发展理念的高质量产业体系。

5.4.1.2 实现科技、人才、资金等要素流向实体经济的协同产业体系

要强调科技创新、现代金融、人力资源三大要素有效组合对陕西实体经济发展的支撑作用。从现实情况看，陕西科技、人才、资本等资源都是非常丰富的，在全国排名也非常靠前，通过建设现代化产业体系把科技、人才、劳动力、资金

等要素组合起来投入实体经济当中,推动经济持续健康发展,构建西部地区科技成果转移转化服务平台,建设生产要素与实体经济协同发展的新型产业体系。

5.4.1.3 构建基本产业、特色产业、新兴产业协同发展的特色产业体系

陕西产业基础雄厚,军工产业众多,但具有全球影响力的产业不多。陕西应优化产业布局,全面贯彻新发展理念,聚焦产业发展重点,厚植经济发展根基,布局基础产业、特色产业和新兴产业,全面打造具有陕西特色的现代化产业集群。充分发挥基本产业的"稳压器"作用,围绕能源化工等基本产业,着力打造智能装备制造产业基地;培育战略性新兴产业,积蓄经济持续增长后劲。加快发展契合城市特质的新经济、新产业、新业态、新模式,重点促进高端装备制造、新能源新光源、生物医药等产业壮大规模,力争在大数据、共享经济、人工智能等领域取得突破;挖掘特色产业,推动全产业链整体跃升。重点围绕特色优势产业、军民融合产业、绿色环保产业。在稳固基本产业、鼓励新兴产业、挖掘特色产业方面着力,构建基本产业、特色产业、新兴产业协同发展的特色产业体系。

5.4.1.4 形成科技创新作为经济增长主引擎的创新型产业体系

现代化产业体系区别于通常意义上的现代产业体系,是与"现代化经济体系"相适应的产业体系类型。面对国际经济格局深刻调整、国内经济发展进入新常态的形势,加快建设创新型产业体系对陕西经济提质升级意义重大。陕西经济增长迫切需要以创新型产业体系改造发展的动力系统,将经济增长主引擎从资源要素投入转向科技创新。陕西科技资源富集,众多的高校、科研院所、工程中心、实验室及科技人员形成了门类齐全的科研体系和人才体系,以及相对应的科研教学保障服务体系,科技创新优势明显。陕西应发挥科教资源密集、综合实力领先、要素流动迅捷等优势,化资源优势为发展优势,集中发展代表全球产业发展方向和体现国家战略的高新技术产业,推动创新型产业体系的转型升级。

5.4.2 构建陕西现代化产业体系的路径

5.4.2.1 促进农业供给侧结构性改革,构建现代化农业产业体系

(1)打造特色农产品优势区,促进种植业机械化、品牌化。

1)促进产业化经营,确保陕西粮食生产规模化。陕西人均耕地略高于全国平均水平,但优质耕地比重低于全国平均水平。以家庭为中心的传统粮食生产方式难以提高粮食产量,也不利于农业生产技术和农业机械化的推广,更难以提高

农业收入（赵波，2013）。因而要加快农田水利设施建设，实现产业化经营，提高土地产出率、资源利用率和农业劳动生产率，促进土地向种田能手及农业企业合理流动，使农业从传统的小农生产经营逐步向规模化、市场化、现代化方向发展，让农业企业和农业大户成为陕西农业生产的主力军。推进农户家庭集约化经营，积极调整粮食种植结构，实现粮食的规模化生产。

2) 发展优势主导作物，打造果业品牌。持续抓好农产品加工业的品牌建设，依托"陕果、陕茶、陕中药材"的生产优势及品牌优势，加快深加工的技术研发和品牌创建，全力打造省内农业领军企业，打造"洛川苹果""周至猕猴桃"等国际品牌，培育本地龙头企业（王澜明，2018）。在控制规模基础上，以产品质量为重点，做好做精陕西果业，要加快调整优化果业产业布局，稳步扩大优生区种植面积，调减非适宜区种植面积，促进果业向优生区集中。大力推进果品标准化生产，积极发展绿色果业，培育壮大龙头企业和专业合作社，发展果品深加工、综合加工，重点提高苹果主产区的产后加工处理能力。延长果业产业链，建设苹果网上交易平台，实现苹果现货挂牌交易和中远期交易，做强陕西果业。

3) 强化市场导向，构建蔬菜和茶叶产业的供求机制。陕西南北气候差异较大，适宜多品种蔬菜种植。陕西应统一规划，引导菜农生产多种多样的蔬菜产品，避免蔬菜的盲目种植，同时搭建蔬菜交易平台，发展以蔬菜产业为中心的市场中介组织或行业协会，形成以批发市场为中心，连锁超市、集贸市场、便民零售店等多种形式共存的网络化格局。为蔬菜产品提供绿色通道，调动菜农种植积极性，实现蔬菜生产的成片种植布局，以标准园创建为抓手，集中打造陕北果菜、陕南叶菜、关中果蔬互补、高山露地菜四大蔬菜产业集群。茶产业是陕南的经济支柱产业和生态保护产业，茶农种茶收入占当地农民人均收入的45%以上，有的县区达到60%（李勇，2016）。陕南地区有多个茶叶品牌，而且具有久远的茶文化和生态环境基础，应优化茶叶区域品牌，做强品牌价值，完善茶叶市场的供需机制，实现居民收入稳定增长和地区经济发展。

(2) 深化创新体系，促进林业生态价值和经济价值。

1) 陕西具有丰富的林业资源。据第九次全国森林资源清查结果显示，陕西森林面积由第八次森林资源清查的853万公顷增加到887万公顷，森林覆盖率由41.42%提高到43.06%；沙化土地年均减少17.8万亩，沙区植被平均盖度为60%。林业对于陕西生态文明建设和提高农民收入具有重要的意义。

2) 加快以企业为主体、产学研深度融合的技术创新体系，加快推进集群发展，实现林业与信息技术、金融业、现代流通等产业融合发展，建设林业产业示范园区，培养林业龙头企业，壮大新型林业经营主体。加快产业结构调整，加快发展非木质产业，改造提升传统产业，淘汰落后产能。优化产业链条，推动上下游产业和关联产业协同发展。

3) 围绕国家生态文明建设、保障国土生态安全的科技需求，着力突破森林、湿地、荒漠生态系统保护与修复，生物多样性保育等关键技术，提升资源总量和质量，增强生态系统服务功能和生态产品供给能力。加强森林资源定向培育、木竹高效加工、非木质资源增值利用、林业生物质能源与材料、林业智能装备、碳汇林业、森林旅游与休闲康养等关键技术研究，构建从资源培育、原料收储、制造加工到产品服务一体化的产业技术创新链。

4) 优化成果转化推广体系。建立健全以林业科技推广机构为主导，科研院所、高校、企业、专业合作组织等社会力量广泛参与的新型科技推广转化体系。组织开展"林业科技成果转移转化行动"，积极开展研发合作、技术转让、技术许可、成果作价等多种成果转化活动，探索公开挂牌、竞价拍卖、咨询辅导等专业化服务模式。继续开展林业科技特派员科技创业、科技精准扶贫等行动。

(3) 建立畜产品安全体系，促进畜牧业集群发展。

1) 立足资源禀赋，突出区域比较优势，按照"陕南生猪、陕北肉羊、渭北肉牛、关中奶畜"的产业布局，加快畜产品生产基地和加工龙头企业向主产区聚集，形成特色鲜明、竞争力强的区域优势产业。

2) 着力建设畜禽良种繁育、饲草饲料生产、动物疫病防控和畜产品质量安全检测四大体系，实施肉羊、奶山羊、肉牛、奶牛、生猪、家禽和区域特色产业七大产业转型升级工程及畜牧产业信息监测、现代畜牧兽医技术推广和从业人员素质培养三大畜牧业保障服务提升工程等十大工程，夯实现代畜牧业发展基础。

3) 发挥杨凌农业高新技术示范区和各级畜牧技术推广机构的优势，围绕畜禽良种化、养殖设施化、生产规模化、防疫制度化和粪污处理无害化等生产技术，组织开展联合攻关，力争在畜禽种业创新、标准化饲养管理、饲草料及粪污资源化利用等方面取得突破，推动科技成果转化应用。强化企业在科技创新与推广中的主体作用，支持实行牧场托管、"公司+农户""公司+合作社"的形式，推进科技成果转化。

5.4.2.2 推动工业高质量发展,构建现代化工业产业体系

(1) 优化升级传统工业产业。实施工业强基战略,推动传统产业升级。强化工业基础能力是《中国制造 2025》明确的重要战略任务,就是要保证"底端筑牢",加快产业转型升级,保障经济与产业自主、安全,实现工业由大变强。通过改造升级着力做优传统产业,不断延伸资源性工业的产业链,提高资源精深加工产品比重,构建创新能力强、效益高、质量好、可持续发展的新型工业体系。

1) 推动能源化工高端化发展。陕西有着丰富的能化资源,但长期以来,主要以初级产品为主,产业链短,附加值低(张文彬等,2018)。为解决这一困境,要贯彻落实"三个转化"的发展理念,即煤向电转化、煤电向载能工业品转化、煤油气盐向化工产品转化。此外,在陕西经济仍面临能源投资增速持续下滑趋势的压力下,应借鉴周边省区陆续开工一大批高端煤化工项目的经验,抓紧在榆林、延安、关中再发展一批煤制烯芳烃及下游系列产品项目。同时积极支持在延安、汉中再提早谋划一批石油化工、天然气化工项目,支持商洛、渭南等地已建成的氟化工项目与省内的煤盐化工、汽车电池、制药等产业对接,抓紧向下游高端氟材料和新一代氟化学品发展。

2) 引领装备制造业追赶超越。要依托"中国制造 2025"战略规划和"互联网+"等新兴技术,大力实施推进自主创新和智能制造技术应用。在装备制造业领域大力推进智能化改造,积极开展省级智能制造试点示范工作,在重点领域试点建设智能工厂、数字化车间改造升级,促进关键环节集成,实现智能制造、智能管控,使全省装备制造业加速转型升级。要以"高端化、智能化、绿色化、服务化、国际化"为主攻方向,加快信息技术与制造技术深度融合,在优势领域超前布局,重点围绕智能和新能源汽车、航空航天、数控机床、输变电、能源装备等领域,改造提升传统装备,发展壮大先进装备,加快培育 3D 打印、机器人等新兴装备,把陕西打造成为我国重要的装备制造业基地。

3) 加快有色冶金转变步伐。要加速淘汰落后工艺技术和装备,提高装备水平和技术水平,加大有色冶金产业向新材料转型,例如,西北有色金属研究院汤慧萍团队研发出的金属多孔材料就推动了多晶硅产业转型升级。要突出发展合金新材料、高强度汽车钢板、非晶合金带材、高品质特殊钢、不锈钢复合材料等。此外,为提升陕西内陆开放型经济水平,支持优势产能企业拓展国际市场,陕西要在能源化工、有色冶金等十大领域推进国际产能和装备制造合作。

4) 强力推进食品医药产业升级发展。围绕特色农产品及地道中药材,以品牌建设、绿色认证、布局优化、诚信发展为重点,增加有效供给,保障质量安全,推进食品医药产业升级,打造富有区域特色的食品医药产业链。全力打造医药新支柱,推动绿色健康食品工业上档升级,着力医药重点产品推广,打造优势品牌,实施优势品种奖励,对品牌培育好、增速快、市场推广效果明显的食品医药企业予以奖励。此外,要加强食品安全综合监督,继续抓紧制定陕西中药饮片炮制规范和中药材标准,逐步建立起符合陕西实际、具有中医药特色、保证公众用药安全有效的中药标准、规范和技术评价体系。同时,积极开展国际、省际交流,借鉴和吸收食品药品监管的新理念、新模式、新技术、新经验。

(2) 积极布局战略性新兴产业。

1) 打造新材料特色产业高地。作为材料大省,陕西具有发展新材料产业的基础、资源和人才优势,要牢牢把握发展新材料产业的战略重点,通过规划引领、特色培育、创新支撑、集群发展,打造新材料特色产业高地。要推动新材料产业高端化发展,大力发展钛、钼、镁等金属及合金业,积极发展面向航空航天、兵器船舶、核电、新型能源等领域的特种金属材料业。要以西安经开区、西安高新区、宝鸡高新区、榆林神府地区等为承载,完善新材料研发、分析与检测、创业孵化、投融资、综合培训、交易中心等服务体系,大力发展高性能结构材料、先进复合材料、电子信息材料和新型功能材料,培育产业发展新优势。

2) 加快新一代信息技术产业跨越发展。要绘制转型升级"路线图",从聚集资源求增长,到多点支撑谋发展;从放弃"大而全"的工业体系,到打造"高精尖"的新经济增长点,推动新一代信息技术产业跨越发展。要以西安高新区、西安经开区、航天基地和西咸新区等为承载,加快发展集成电路、新型半导体分立器件、光电子等半导体产业,积极发展新型显示、通信设备、智能终端等,延伸发展应用软件、嵌入式软件、软件服务外包等高端软件产业,创新发展基于大数据、云计算、虚拟现实等新技术的信息服务业,打造国内乃至全球信息技术产业高地。要依托三星项目建设,大力引进国内外名优企业,促使产业链上下游扩展耦合,着力打造新型电子元器件、新一代移动通信、太阳能光伏及半导体产业链,积极开发高性能集成电路产品、下一代互联网、物联网及云服务产业。

3) 着力推动节能及新能源产业强劲发展。要借助国家节能及新能源产业推广应用重大工程的实施,依托陕北光伏、风电产业应用示范区及关中新能源装备制造产业聚集区，做大做强储能蓄电池产业，加快太阳能热利用技术和产品推广应用，积极推广应用节能及新能源汽车，提高风电技术装备水平，有序推进光、风电规模化发展，因地制宜开发利用生物质能，积极发展核能发电机组及配套产业，建设国家核电设备配套基地。要围绕绿色发展理念，落实能耗强度和能源消耗总量控制制度，在工业、交通、建筑等重点领域开展节能装备技术研发和产品推广应用，增强节能服务能力，着力推动大气、水体、土壤等污染防治，推动技术装备和服务创新，强化资源综合利用，促进节能环保产业快速发展，产生良好的示范带动作用，营造绿色低碳的生活发展环境。

4）大力实施军民融合产业创新发展。要加快推进西安国家航空产业基地、航天产业基地、兵器工业基地等建设，将航空、航天、兵器三大产业基地视为军民融合产业"孵化器"，依托军民融合产业基地，推进军民深度融合发展，大力培育发展通用航空、卫星应用、光电信息、地理测绘、军工专用设备产业，推动军民标准通用化建设，新培育"民参军"企业，力争军民融合产业总产值创新高。要加大对军民融合产业财税支持力度，设立省级军转民专项扶持资金，以每年投入不低于1亿元的规模对军民结合项目予以贷款补贴或资金补助。要把军民融合产业作为特色优势产业着力培育，通过加强与各军工集团公司战略合作、搭建基地园区平台、创新体制机制等措施，初步形成了以军带民、以民促军、军民融合的多元化、集群化发展格局，使全省军民深度融合实现了突破发展。

5.4.2.3 积极寻求服务业提升突破口，构建现代化服务业产业体系

（1）加快发展生产性服务业，促进产业结构优化升级。以促进产业转型升级、引领制造业向价值链高端提升为目标，在生产性服务业的重点领域、关键环节上寻突破，在集聚集约、优势特色中求发展（惠春丽，2018）。加快生产制造与信息技术、服务业与工业农业在更高水平上有机融合，推动经济结构调整优化、提质增效，打造全省经济追赶超越的新引擎。

1）发展壮大现代化金融服务。要加快打造丝绸之路经济带区域金融中心，构建丝绸之路经济带产业发展、城镇建设、交通物流商贸体系，为文化、旅游、科教一体化发展提供金融服务和功能支持。要大力发展地方金融，统筹整合地方金融资源，做大做强地方法人金融机构，推动民营银行的组建和设立，推进组建陕西金融信息发展公司。要推进直接融资、区域性股权市场和金融综合服务三大平台建设，推动陕西主导产业中的龙头骨干企业到主板、中小板和创业板上市融

资，推动陕西更多的中小微企业在"新三板"和陕西股权交易中心挂牌，大力发展互联网金融、绿色金融和普惠金融。

2）重点建设核心骨干物流体系。要加快重点物流通道建设，抓住自贸区建设机遇，着眼于强化一带、联通一路，依托空港、陆港、口岸、信息四大平台，着力建设西安港、西安铁路物流集散中心等一批物流通道工程。要加快西咸新区空港新城建设，科学规划西安咸阳国际机场商业设施布局，开展航空物流、保税业务、高端商贸等项目建设，打造环机场高端商业中心。要加快西安国际港务区国际陆港建设，把西安国际港务区建成多式联运功能区、商品交割基地、国际物流基地和生产服务中心。要加快完善国际物流平台功能，将西安陆港融入国际贸易运输体系，发挥航空港口物流运输作用，建立陆港、空港无缝衔接联运平台。要培育引进具有较强服务能力的物流企业，积极发展专业化、社会化的物流服务，参与国际市场竞争。

3）积极培育电子商务发展。要加快培育国家级、省级电子商务示范基地，加快西安市等创建国家电子商务示范城市工作，推进政策环境、支撑体系、服务应用创新。要培育壮大电子商务经营主体，培育本土电子商务龙头企业，积极引进国内外知名电子商务企业在省内设立区域性总部、功能性中心或建设重大项目。要鼓励电子商务平台建设，支持阿里巴巴建设西安客户服务中心和陕西智能物流骨干网络，推动建材、医药和农产品、能源化工和有色金属等大宗商品电子交易中心、交易平台建设，鼓励面向跨境贸易的多语种电子商务平台建设、服务创新和应用推广。

（2）优化提升生活性服务业，满足城乡居民消费需求。以增进人民福祉、满足人民群众日益增长的生活性服务需要为目标，围绕人民群众的普遍关注和迫切期待，着力解决供给、需求、质量方面存在的突出矛盾和问题，积极培育生活性服务新业态新模式，促进生活性服务业便利化、精细化、品质化发展，全面提升生活性服务业的质量和效益，打造全省经济发展新动能。

1）着力提升旅游服务文化内涵和附加值。要打造丝绸之路起点风情体验旅游走廊，重点展示丝绸之路起始点形象，打造东西方文化交流中心的历史地位，建设丝绸之路文化旅游精品线路和景区。要着力建设一批国内一流特色旅游目的地，高水平建设秦始皇陵、法门寺、华山、太白山、瀛湖等景区，依托秦岭、黄河等自然山水资源，高起点打造大秦岭生态旅游度假圈，培育黄河、渭河、汉江风情旅游带。要扩大旅游品牌推介，继续强化"山水人文·大美陕西"整体品牌形象，坚持"丝绸之路起点""红色旅游""秦岭国家公园""秦岭与黄河对话"等品牌营销。要完善旅游产业发展体系，加快"互联网+旅游"平台建设，推动旅游在线、网络营销、网上预订、网上发布等信息服务，建立公开透明的旅游市场准入标准和运行规则。

2）大力提升文化服务品质。要培育多层次文化市场主体，通过资本金注入、股权投资、融资担保等方式，支持曲江文化产业集团、陕文投集团、西影集团、陕西广电等大型文化企业集团加快发展，打造百亿元文化企业。要打造以丝绸之路为主的文化精品，完善文化产业国际交流交易平台，提升文化产业国际化水平和市场竞争力。要加快数字内容产业发展，推动文化服务产品制作、传播、消费的数字化、网络化进程，推进动漫游戏等产业优化升级。要强化政府购买公共文化服务，落实省政府《关于做好政府向社会力量购买公共文化服务的实施意见》，通过政府购买服务的方式，引导文化消费，培育文化市场，为人民群众提供喜闻乐见的公共文化服务。

3）打造健全的民生服务体系。要积极提升医疗服务品质，优化医疗资源配置，加快形成多元化办医格局，支持社会力量举办非营利性医疗机构，将社会办医疗机构纳入医疗质量控制与评价范围，引导社会办医向高水平、规模化方向发展。要大力推动养老服务发展，以满足日益增长的养老服务需求为重点，完善养老服务体系，积极运用网络信息技术，发展紧急呼叫、健康咨询、医疗护理、物品代购等适合老年人的服务项目，创新居家养老服务模式，完善居家养老服务体系。要培育健康服务产业集群，推进医疗机构与养老机构加强合作，发展社区健康养老。要发展形式多样的教育培训服务，以提升生活性服务质量为核心，发展形式多样的教育培训服务，创新人才培养模式，利用陕西高校、科研单位集中的优势，大力加强各类人才培养，完善教育培训体系。

5.5 陕西现代化产业体系的建设重点

5.5.1 整合科技、人力、金融资源，推动自主创新

陕西高等院校与科研院所数量众多，要加强产学研创新，充分发挥高校院所的基础研究投入对企业研发的溢出效应，形成以高等院校、科研院所为主体的知识链，使高校院所成为产业带技术创新驱动体系中的知识创新主体和重要支撑力量，要推动高新技术企业与具有相应优势的高校院所、科研机构进行合作，充分释放高校院所的创新优势，将科研创新能力转化为实际生产力。要着力增强自主创新能力，实施一批重大科技攻关项目，突破一批关键共性技术，加快产业链再造和价值链提升，集聚一批具有全国竞争力的产业集群和企业集群，在全国产业分工深度调整中占据主动。建设全面体现新发展理念的国家中心城市，基础是做强陕西产业支撑，合理确定产业主攻方向，强化创新驱动，加快转型升级，构建具有全国竞争力的产业体系。

通过整合省内外科技、人力、金融资源，重点围绕电力电子、高端装备制造、能源与动力、新材料等九大创新工程平台（中心）建设，深度开展国际化合作，集聚高端人才，建设以高校为知识创新主体、以企业为技术创新主体、以创新港为技术扩散转移主体的创新产业生态链，形成多学科融合、多团队协同、多技术集成、产学研用长效合作的技术研发与应用大平台、大工程，共同推进科研成果的产业化、工程化，实现创新资源的协同效应和科研开发的规模效应。

5.5.2 深化供给侧结构性改革，实现供需动态平衡

随着我国社会主要矛盾转化和经济由高速增长阶段转向高质量发展阶段，制约经济持续健康发展的因素既有供给问题也有需求问题，既有结构问题也有总量问题，但供给侧和结构性问题是矛盾的主要方面。供给结构失衡，不能适应需求结构的变化；供给质量不高，不能满足人民美好生活和经济转型升级的需求；金融、人才等资源配置存在"脱实向虚"现象，影响了发展基础的巩固。必须把发

展经济的着力点放在实体经济上,把提高供给体系质量作为主攻方向,推进供给侧结构性改革,转型高质量发展,探索发展"枢纽经济""门户经济""流动经济",为建设内陆改革开放新高地输出强劲牵引力。

一是推动产业优化升级,加快发展先进制造业、现代服务业,加强基础设施网络建设,促进陕西产业迈向全球价值链中高端。

二是加快形成新动能,鼓励更多社会主体投身创新创业,在中高端消费、创新引领、绿色低碳、共享经济、现代供应链、人力资本服务等领域培育更多新增长点。

三是改造提升传统动能,推动互联网、大数据、人工智能和实体经济深度融合,支持传统产业优化升级。

四是坚持去产能、去库存、去杠杆、降成本、补短板,优化存量资源配置,扩大优质增量供给,实现供需动态平衡。

5.5.3 围绕重点产业集群,多渠道加大资金投入

按照市场化方式设立产业投资基金和创业投资基金,鼓励金融机构积极参与新区建设,加大金融支持力度。充分发挥地方财政资金的引导作用,引导社会各类资本投入现代产业体系的建设,将其引向符合国家产业政策的领域,将支出重点向构建现代产业体系的重点项目倾斜。创新财政资金的使用方法,坚持市场化的产业引导股权投资,鼓励建立财政专项资金和其他政府性资金构成的产业引导基金,由专业的基金管理团队进行管理,进一步设立专项基金,主要投向新一代信息技术、装备制造、新能源、生物医药、新材料、现代服务业和现代都市农业等产业。

此外,对符合条件的服务业企业及时落实西部大开发税收优惠政策。研发设计、检验检测认证、节能环保等科技型、创新型服务业企业,可申请认定为高新技术企业,享受15%的企业所得税优惠税率。加大财政资金支持力度,创新使用方式,通过融资性担保、创业投资等途径支持服务业发展。建立相应的服务业发展基金。鼓励企业、金融机构以及社会资金设立产业投资基金,推动陕西成长性企业引导基金等支持服务业重点领域项目及公共服务平台建设。积极引导金融机构通过科技融资担保、知识产权质押、股权质押等模式创新金融服务。支持符合条件的企业上市融资和发行债券,进一步拓宽融资渠道。

5.5.4 创新人才激励机制，培养高素质产业人才队伍

坚持人才引进政策，构建人才落户体系，创新完善"以用聚才"的人才引进机制，强化引智平台搭建，以科技创新园、高校、大中型企业为依托，引进各类高端创新人才。组织开展"专家服务企业对接会帮助企业与专家结对子，建立合作关系；做好产业引才，围绕新材料、高端装备制造等战略性新兴产业引进人才，促进人才与产业相融、与企业互动、与项目对接，形成高端人才引领、高端产业集聚的良好格局；加大柔性引才力度，发挥政府主导作用，深入推动产学研合作。建立以市场、知识、业绩、素质为核心的人才评价体系，探索市场化的人才评价激励机制，探索科技成果使用处置和收益管理改革，完善职务发明、科技成果转化制度，使创新人才更多地分享成果收益；创新高层次外籍人才出入境政策，研究区域优化高层次外籍人员出入境政策。加大对符合创新发展需求的国内外高端人才的吸引力度，形成人才集聚体系。建立健全良好的用人机制和激励机制，树立公平、公正、竞争的优良作风，营造尊重知识、尊重人才的良好氛围，努力为这些人才的集聚和知识的发挥创造有利条件，达到吸引高端人力资源和防止人才流失的目的。从长远角度来看，在陕西高教资源丰富的背景下，应树立牢固的"优先发展教育"的思想，加大教育投资力度，加强陕西现代化产业体系保障人才储备。

5.5.5 坚持协调发展理念，促进区域、军民协同发展

关中地区工业基础雄厚，科技、人力资源丰富，交通运输发达，关中平原城市群正式成为我国第8个国家级城市群，作为关中平原城市群的核心，西安跻身为第9个国家中心城市，这些因素使得关中地区具备在全省率先发展的优势和辐射带动整体发展的能力。陕南地区水资源、生态资源和矿产资源丰富，应重点发展绿色产业，整合旅游资源，突出绿色生态主题，延伸关中地区旅游链。陕北地区能源资源丰富，应重点搞好能源重化工产业布局。在三大区域发展过程中，要从顶层设计区域产业链条，实现协同发展。

陕西地区军工企业及科研院所众多，军工实力雄厚。依托军工实力形成的航空、航天、兵器三大产业基地成为军民融合产业"孵化器"，构建以整机制造为主，机载装备、航空大部件、航空新材料为分支，航空改装维修、零部件加工等

为配套的全产业链体系。构建以航天运载动力、卫星应用和航天特种技术产业为主的国内最大的民用航天产业基地。构建以装备制造、光电信息、新材料与新能源为主的兵器产业基地，实现努力使国防建设与经济社会建设同步设计、同步运筹、同步落实、同步推进，努力形成二者互为一体、相得益彰的发展格局。

第6章 建设统一开放、竞争有序的现代市场体系

6.1 陕西现代市场体系的内涵与构成

6.1.1 现代市场体系内涵

现代市场体系主要是指由市场主体、市场要素、各类重要市场、市场监管等组成的一个相互联系和相互影响的整体。

其中,市场主体是指市场的参与者和管理者。市场要素是指构成市场体系的基本元素,包括劳动力、资金、商品、信息等,要素的自由流动是构建现代化经济体系的必要条件,也是判别现代化经济体系的重要标识。

市场准入畅通、市场开放有序、市场竞争充分、市场秩序规范是建设统一开放、竞争有序现代市场体系的根本要求和实现标准。

市场准入畅通包括三方面内涵:首先是开放行业准入,凡是法律法规未明确禁入的行业和领域都应该鼓励民间资本进入,凡是我国政府已向外资开放或承诺开放的领域都应该向国内民间资本开放。其次是简化行政审批,精简涉及民间投资管理的行政审批事项和涉企收费,规范中间环节、中介组织行为。最后是拓展融资渠道,民营企业特别是中小企业、小微企业融资渠道狭窄,民营企业资金链紧张,在进入一些风险性较高、资本需求较大的行业时面临先天困难。健全完善金融体系,为中小企业融资提供可靠、高效、便捷的服务,有助于实现中小企业的市场准入畅通。

市场开放有序，一方面，意味着深化行业的有序开放，实行准入前国民待遇加负面清单管理制度，加强创新能力开放合作，扩大服务业对外开放；另一方面，意味着优化区域的有序开放，加大陕西开放力度。赋予自由贸易试验区更大改革自主权，探索建设自由贸易港。此外，"引进来"与"走出去"是对外开放的一体两翼，"一带一路"建设对构建有序开放的市场也具有重要意义。

市场竞争充分应注重统一市场的构建。在区域层面消除地方保护主义的隔阂，废除妨碍统一市场和公平竞争的各种规定和做法。在产业层面打破行政性垄断，加快要素价格市场化改革，放宽服务业准入限制，激发各类市场主体，尤其是民营企业的活力，实现产权有效激励、要素自由流动、价格反应灵活、竞争公平有序、企业优胜劣汰。

市场秩序规范应理顺不同主体间的竞争与合作关系。就实体经济与虚拟经济而言，应大力发展实体经济，增强金融行业等虚拟经济服务实体经济的能力，促进多层次资本市场健康发展。就国有资本与民营资本而言，优化国有经济布局，发展混合所有制经济，支持民营企业发展、推动国有资本做大做强做优，激发各类市场主体活力。就传统经济与创新经济而言，既要加强国家创新体系建设，同时也要运用互联网、大数据、人工智能等新技术手段对传统制造业、传统服务业进行改造，注重创新经济对传统经济转型升级的带动作用，提升经济发展质量。

市场准入畅通、市场开放有序、市场竞争充分、市场秩序规范四个方面内容既各有侧重，又彼此联系。市场准入畅通意味着企业具有正常的进入与退出机制，有助于开放有序、竞争充分的市场体系构建。市场秩序规范则是市场准入畅通、市场开放有序、市场竞争充分的重要支撑与保障。正如在构建现代化经济体系过程中要重视各体系间的一体推进、一体建设那样，构建现代市场体系也应注意各方面之间的内在平衡和有机联系，不可偏废。

6.1.2 现代市场体系构成

陕西现代市场体系中各类市场包括商品市场和服务市场。商品市场进一步分为消费品市场和生产资料市场；服务市场分为劳务市场、资本市场、技术市场、金融市场、房地产市场等。这些市场相互联系、相互影响，构成了有机联系的现代市场体系。简言之，现代市场体系就是相互联系的各类市场的有机统一体。生产资料市场是工业体系的基础，为陕西产业体系的发展做好资源配置，消费品市场是满足陕西广大人民群众生活需要的保障，是陕西现代市场体系中增长迅速和发展前景广阔的领域，生产资料市场在上一章的产业体系中已有涉及，故本章研究的商品市场以消费品市场为重点。服务市场以金融市场、房地产市场、技术市场为重点。

6.2 陕西市场体系现状及存在问题

6.2.1 市场体系现状

6.2.1.1 消费市场发展现状

（1）消费品市场平稳较快增长，市场规模持续扩大。从增长速度看，2010~2017年陕西消费品市场持续保持两位数增速，实现平稳较快增长。2017年陕西社会消费品零售总额同比增长11.8%，增速比2016年回落0.2个百分点。从市场规模看，2010~2017年消费市场持续扩大。截至2017年，陕西社会消费品零售总额突破8000亿元，达到8236.37亿元，如图6-1所示。

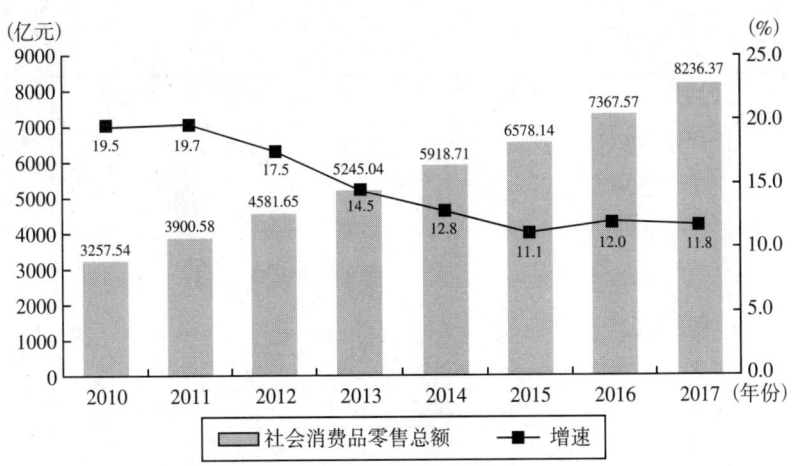

图6-1 2010~2017年陕西社会消费品零售总额及增速

资料来源：历年《陕西统计年鉴》。

（2）乡村市场增速回落，城镇市场增速加快。随着城镇化进程的加快，城镇消费市场发展潜力仍然较大，2010~2017年陕西城镇零售品销售额保持两位数增速。按经营单位所在地划分，2017年城镇消费品零售额7270.55亿元，同比增长12.04%，较2016年提高0.06个百分点，如图6-2所示。乡村消费品零售额965.82亿元，增长10.1%，增速较2016年回落2.23个百分点，如图6-3所示。

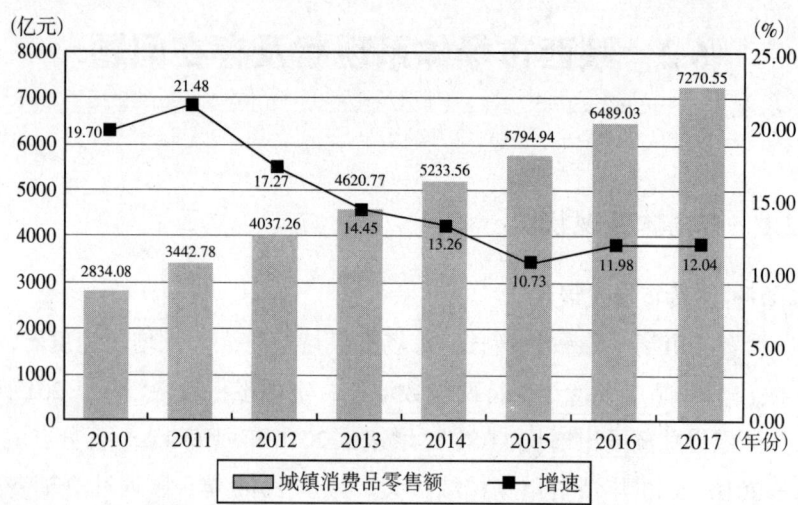

图6-2　2010~2017年陕西城镇消费品零售额及增速

资料来源：历年《陕西统计年鉴》。

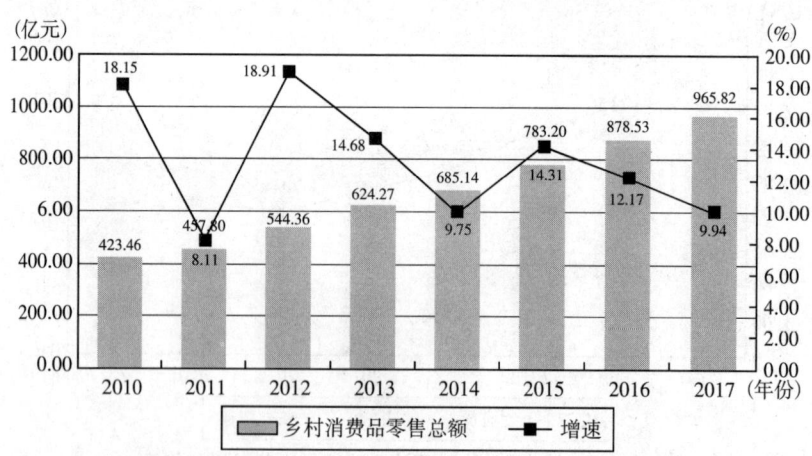

图6-3　2010~2017年陕西乡村消费品零售总额及增速

资料来源：历年《陕西统计年鉴》。

（3）限额以上单位增速有所回升，运行稳中有进。2011~2017年陕西限额以上企业（单位）消费品零售额持续增长，增速从2013年放缓和下降后，自2016年开始反弹，至2017年，陕西限额以上企业（单位）实现消费品零售额5239.94亿元，增长12.3%，增速同比提高8.28个百分点，与上年相比大幅提高（见图6-4）。2017年陕西限额以上企业（单位）消费品零售额分月增速如图6-5所示。

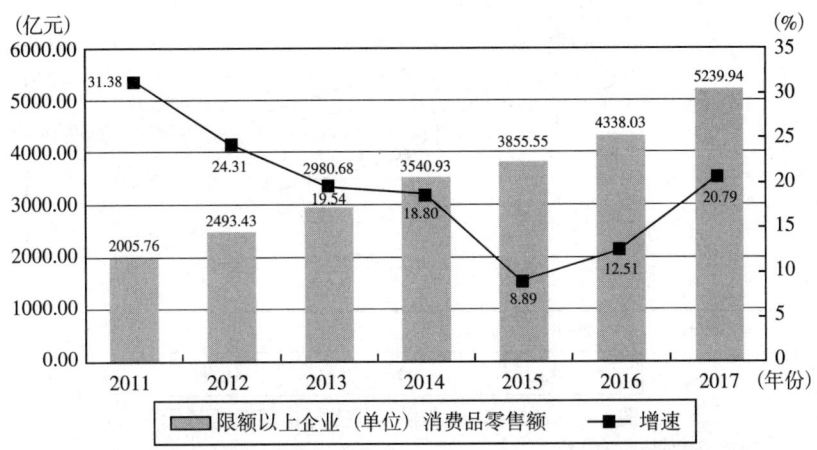

图6-4　2011~2017年陕西限额以上企业（单位）消费品零售额及增速

资料来源：历年《陕西统计年鉴》。

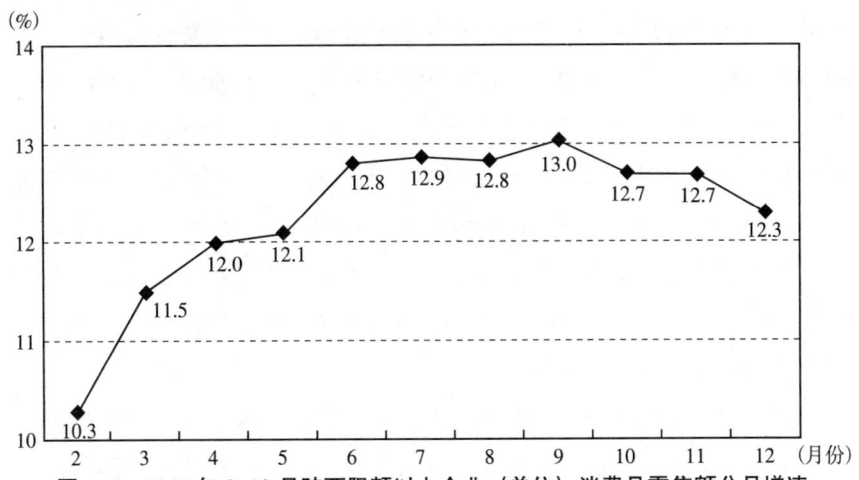

图6-5　2017年2~12月陕西限额以上企业（单位）消费品零售额分月增速

资料来源：陕西省统计局网站。

(4)网上零售规模继续扩大,增速总体趋缓。按卖家所在地分,2016年,陕西省网上零售额突破千亿元,2017年前三季度,实现网上零售额918.1亿元,增长27.0%,虽然增速仍然较高,但总体增势明显趋缓,较2015年、2016年分别回落20个和9.7个百分点,较上半年回落10个百分点,如图6-6所示。

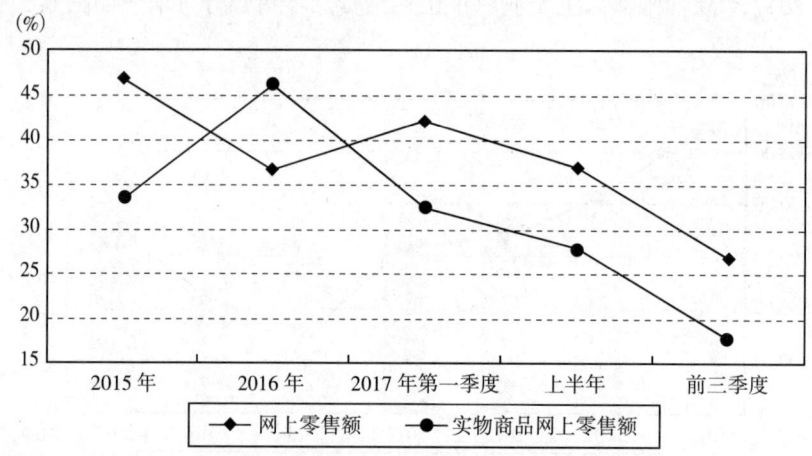

图6-6 2015~2017年陕西网上零售额增速

资料来源:历年《陕西统计年鉴》。

(5)基本生活类商品增长平稳,用类商品表现突出。从限额以上单位商品零售分类看,2011~2017年限额以上单位商品零售额保持增长势头,其中吃类商品从2011年的182.7亿元增至2017年的693.03亿元,穿类商品从2011年的319.8亿元增至2017年的677.59亿元,用类商品从2011年的1503.27亿元增至2017年的3619.09亿元,均保持较快增长,2017年,吃、穿、用类商品分别实现零售额693.03亿元、677.59亿元和3619.09亿元,分别增长15.7%、10.4%和12.2%。基本生活类中的吃类(粮油、食品、饮料、烟酒类)商品增长最快,分别高于穿类(服装、鞋帽、针纺织品类)和用类商品5.3个和3.5个百分点,而用类商品中的18类商品则表现不一,有升有落。

(6)升级类商品增长较快,燃料类和汽车类商品贡献较大。随着生活品质和消费水平的逐步提升,消费升级类商品增长较快,2011~2017年陕西的限额以上单位商品中升级类商品零售增长情况如图6-8所示。2017年,在限额以上单位商品零售中,家用电器和音像器材类、通信器材类、体育娱乐用品类和化妆品类分别增长17.8%、22.5%、59.2%和21.6%,增速较快,同比分别提高4.7个、3.8

个、25.5个和11.1个百分点。

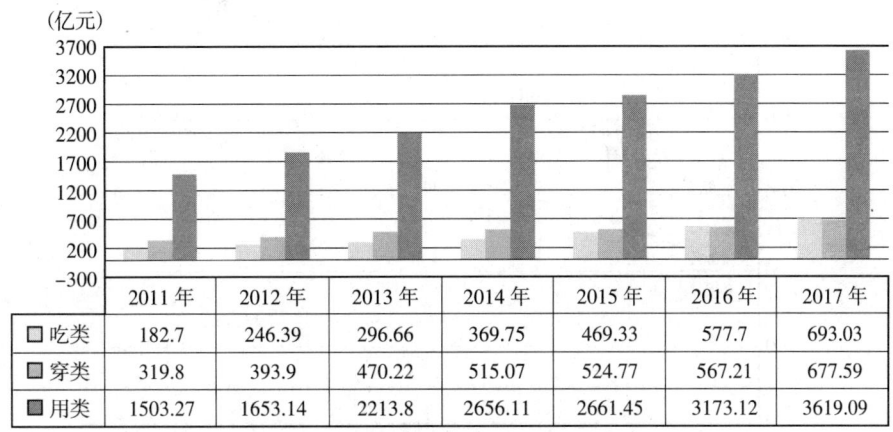

图6-7 2011~2017年陕西限额以上单位商品零售分类及增长情况

资料来源：历年《陕西统计年鉴》。

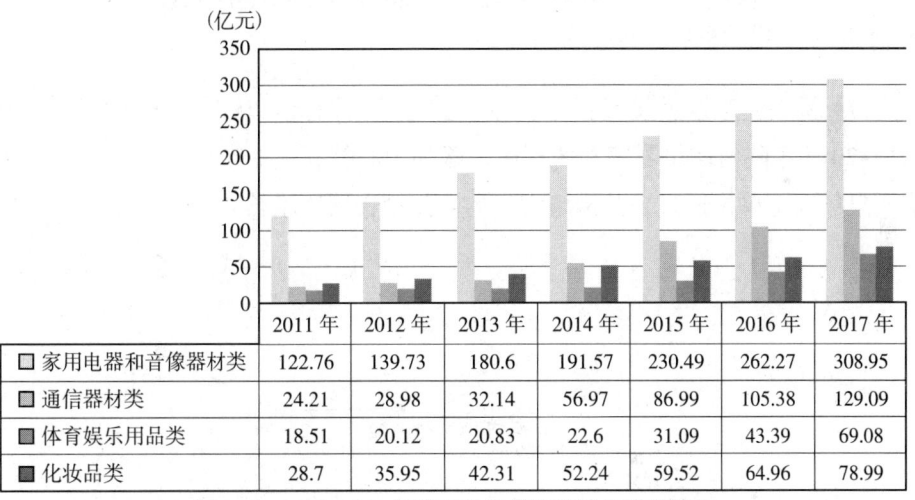

图6-8 2011~2017年陕西升级类商品零售增长情况

资料来源：历年《陕西统计年鉴》。

从2011~2017年陕西整体消费情况来看，燃料类和汽车类商品表现较好，消费增幅大，对拉动整体消费贡献明显，如图6-9所示。2017年，燃料类中的石油及制品类和汽车类等零售额分别增长12.9%和8.5%，较上年同期分别提高8.8个和1.7个百分点，燃料类和汽车类商品对限额以上消费品零售额贡献达到32.4%。

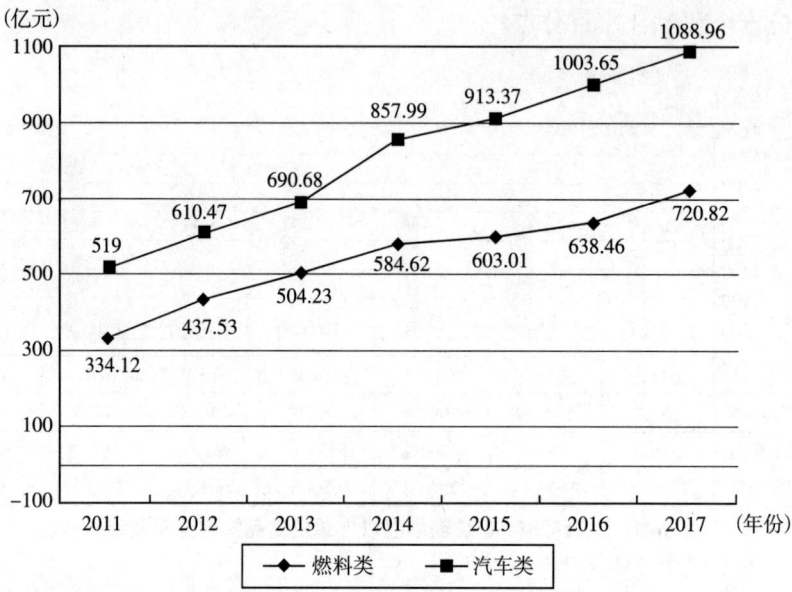

图 6-9　2011~2017 年陕西燃料类和汽车类商品零售增长情况
资料来源：历年《陕西统计年鉴》。

（7）新兴业态蓬勃发展，传统零售业态销售回落。从图 6-10 中可以看出，2012~2017 年陕西网络零售和便利店、购物中心等新兴业态增速较快。2017 年，陕西限额以上单位通过公共网络实现的商品销售同比增长 47.8%，占限额以上消

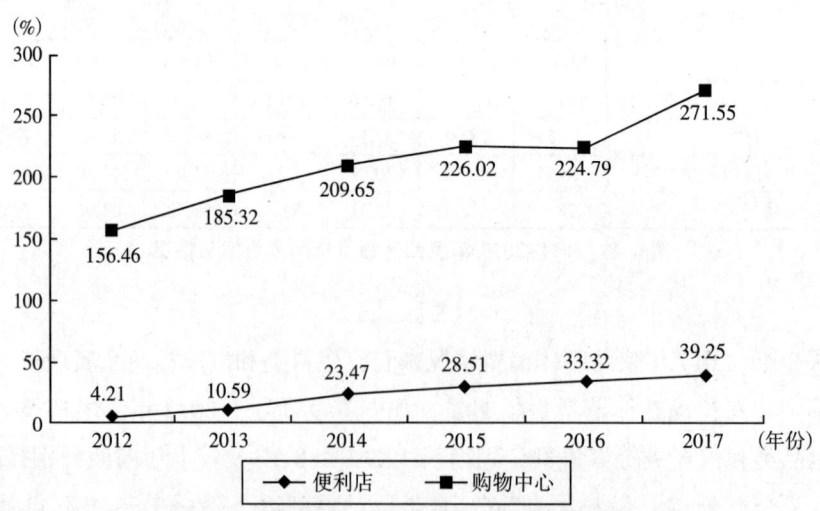

图 6-10　2012~2017 年陕西新兴业态零售增长情况
资料来源：历年《陕西统计年鉴》。

费品零售额比重达到 5.7%，较 2016 年扩大 1.2 个百分点。限额以上零售企业中，便利店和购物中心销售额同比分别增长 17.8%和 20.8%，增速比其他实体零售业态的平均增速分别高出 6.3 个和 9.3 个百分点。

如图 6-11 所示，2012~2017 年随着创新转型升级压力增加，陕西一些传统零售业态虽然保持一定增长，但是增长速度回落。2017 年，限额以上单位中的超市、大型超市和家居建材商店销售额分别增长 16.7%、6.3%和 4.7%，同比分别下降 3.1 个、0.6 个和 4.5 个百分点。三种业态销售额占到陕西限额以上零售业销售额的 16.8%，拉动陕西限额以上零售业销售额下降 1.6 个百分点。

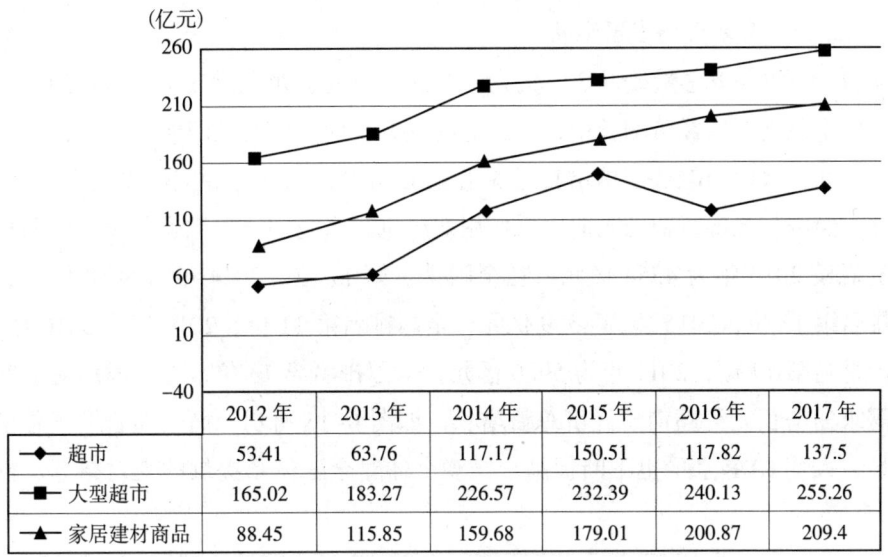

图 6-11　2012~2017 年陕西传统零售业态增长情况

资料来源：历年《陕西统计年鉴》。

（8）服务消费加速发展，住宿和餐饮业增长加快。如图 6-12 所示，2014~2017 年随着生活水平提高和消费升级加快，陕西消费者更加注重提升生活品质，消费内容也从以购买商品为主向更多服务消费转变。2017 年陕西实现餐饮收入 840.09 亿元，同比增长 11.9%，增速高于商品零售增速 0.1 个百分点；线上服务消费加快，2017 年前三季度，陕西网上非实物商品交易额达到 160.2 亿元，同比增长 100%。另外，随着旅游供给侧结构改革进一步强化，旅游投资和消费增长强劲，带动住宿和餐饮业快速增长，2017 年，陕西住宿和餐饮业营业额增速同比分别提高 0.3 个和 0.1 个百分点。

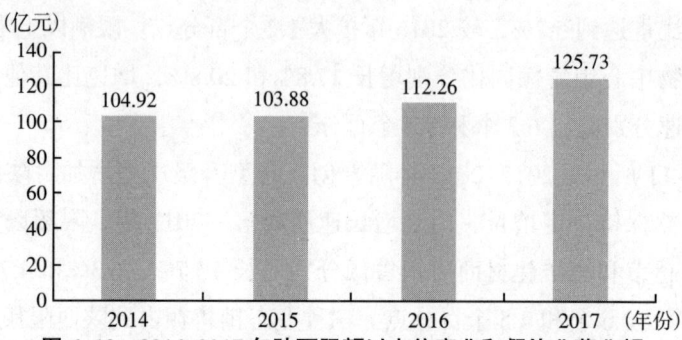

图 6-12　2014~2017 年陕西限额以上住宿业和餐饮业营业额

资料来源：历年《陕西统计年鉴》。

6.2.1.2　金融市场发展现状

（1）陕西经济总量接近 2 万亿元，对强有力的金融支撑提出了迫切的内在需求。资本驱动型的经济增长中，金融业的发展表现为服务经济增长的需要。"十二五"期间，陕西金融业产值增长近 3 倍，在 GDP 的占比已经突破支柱产业 5%的标准，经济与金融行业的正向因果作用效果也越来越明显。数据显示，陕西社会融资规模 2013 年为 4254 亿元，在全国排名第 17 位，2014 年为 4850 亿元，全国排名第 13 位，2015 年为 4539 亿元，全国排名第 11 位，2016 年为 3516 亿元，全国排名第 17 位，2017 年为 5926 亿元，全国排名第 13 位，经济发展对金融融资需求的增长始终超前于经济总量增长，如图 6-13 所示。而且随着经济总量的增长，人均 GDP 水平也不断提高，微观个体对金融体系提供的支付结算、投融

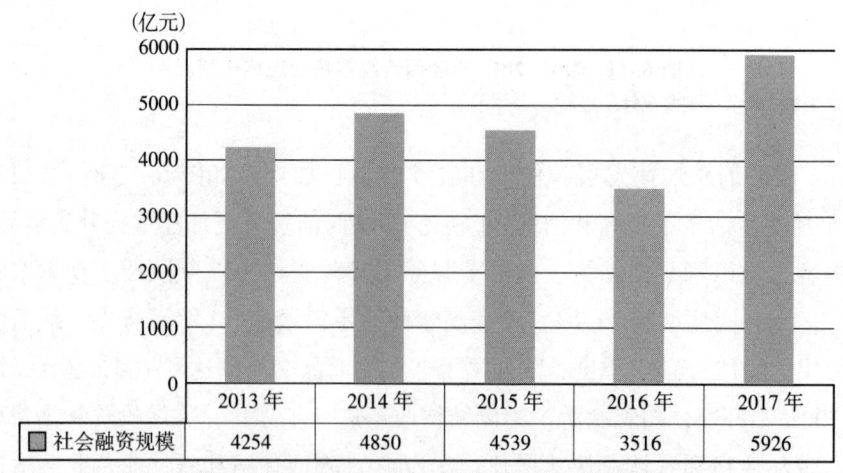

图 6-13　2014~2017 年陕西社会融资规模情况

资料来源：历年《陕西统计年鉴》。

资服务、风险管理的需求也不断增加。陕西现有经济体量及未来可预计的增长，将促使社会经济生活方方面面产生更多的金融服务需求。

（2）金融机构门类齐全。陕西作为西部大开发的桥头堡，吸引了大量的金融企业入驻，地方金融机构历经多年也有了长足发展，形成了以银行、保险、证券、信托为主体，其他多种类型金融机构并存，功能完备的金融体系。截至2017年，陕西地方金融法人机构数量已经达到3010家，除金融租赁公司外，门类已比较齐全。陕西金融业产值占GDP比重在2010年仅为3.8%，2017年为7%，对地方生产总值的贡献不断突出，正逐步成为陕西经济增长的新生力量。

6.2.1.3 房地产市场发展现状

2012~2017年，陕西房地产开发投资、销售和购地速度在调控中回稳，维持高位增长态势；待售面积减少，增速回落；销售资金回笼较快，房地产开发企业到位资金趋宽松。陕西房地产开发规模扩大，总体得到提升。

（1）房地产开发完成投资增长趋稳。2017年，陕西房地产开发企业完成投资3101.97亿元，同比增长13.3%，增速比上半年回落3.1个百分点，比2016年提高3.6个百分点，比全国平均增速高6.3个百分点。2017年以来，陕西房地产开发投资增速高开低走，1~8月回落到低点，之后呈现趋稳回升态势，如图6-14所示。

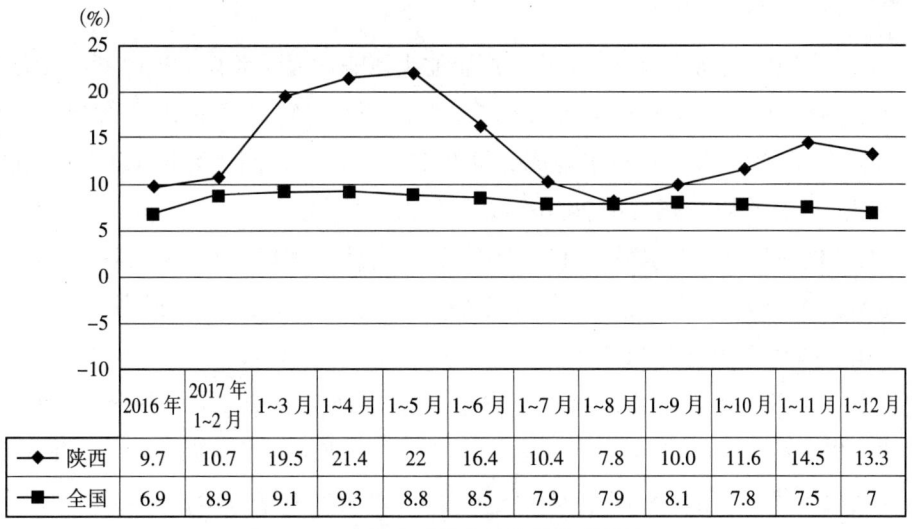

图6-14 全国和陕西房地产投资增长情况

资料来源：课题组根据统计数据整理。

分区域来看，2017年陕西有6个市（区）房地产开发投资增速比上半年有所回落。其中，铜川和宝鸡回落幅度较大，如表6-1所示。

表6-1 2017年陕西各地市房地产投资情况

地区	投资完成额 总量（亿元）	投资完成额 增速（%）	与上半年增速相比升降百分点	占陕西比重（%）
陕西	3101.97	13.3	-3.1	
西安	2333.34	15.0	-4.6	75.2
铜川	24.74	-42.1	-21.4	0.8
宝鸡	165.60	25.1	-21.3	5.3
咸阳	104.50	-0.6	-3.9	3.4
渭南	113.81	17.4	34.1	3.7
延安	63.94	-17.9	-13.0	2.1
汉中	97.61	14.3	-15.2	3.1
榆林	63.25	56.0	15.8	2.0
安康	93.87	-1.3	10.7	3.0
商洛	21.07	5.0	2.6	0.7
杨凌示范区	20.25	84.0	54.1	0.7

资料来源：课题组根据统计数据整理。

（2）土地购置高位趋缓。从房地产企业土地购置情况来看，2017年，土地购置面积560.14万平方米，同比增长56.8%，比上半年回落98.1个百分点，比2016年提高77个百分点；土地成交价款227.01亿元，同比增长191.5%，比上半年回落39.2个百分点，比2016年提高233.7个百分点。

（3）销售面积高位震荡回稳。2017年，商品房销售面积3890.4万平方米，同比增长19.2%，增速比上半年回落8.8个百分点，比2016年提高9.7个百分点，比全国平均增速高11.5个百分点。其中，住宅销售面积3419.84万平方米，增长13.5%，比上半年回落11个百分点，比2016年提高2.7个百分点。其中，现房销售面积607.02万平方米，增长18.7%，增速比上半年提高1.7个百分点，占商品房销售面积的15.6%；期房销售面积3283.38万平方米，增长19.3%，增速比上半年回落10.9个百分点，占商品房销售面积的84.4%。现房销售趋好于期房。商品房销售额2661.08亿元，增长49.1%，比上半年回落6.3个百分点，比

2016 年提高 37.3 个百分点；其中，住宅销售额 2215.17 亿元，增长 39.7%，增速比上半年回落 9.4 个百分点，比 2016 年提高 24.9 个百分点，如图 6-15 所示。

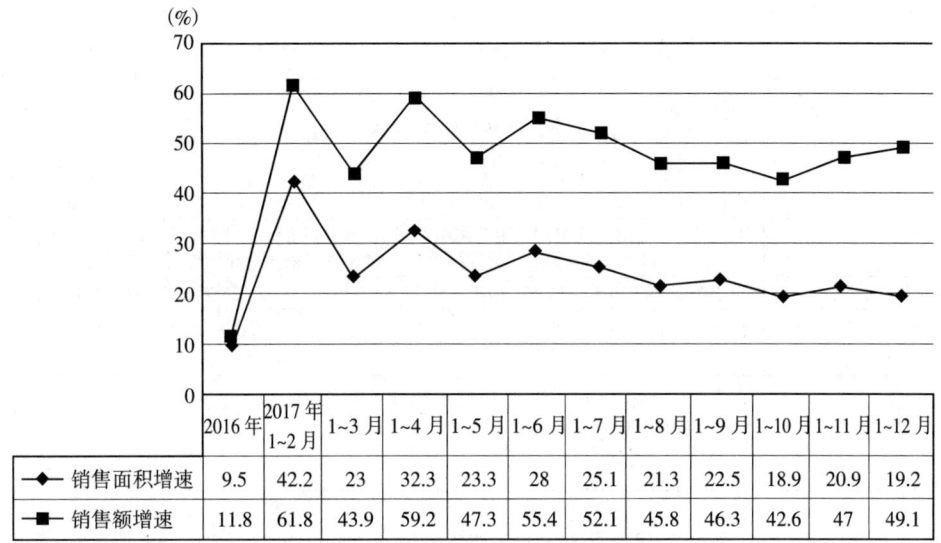

图 6-15　陕西商品房销售增长情况

资料来源：课题组根据统计数据整理。

（4）待售面积减少，增速减缓。2017 年房屋竣工面积 2392.05 万平方米，同比下降 1.6%，比上半年回落 14.2 个百分点，比 2016 年回落 46.2 个百分点。12 月末，陕西商品房待售面积 936.86 万平方米，同比增长 5%，比 6 月末回落 20.8 个百分点，比 2016 年 12 月末回落 24.7 个百分点，比年初 2 月末减少 32.13 万平方米。在现房销售速度加快、竣工面积速度减缓的双重作用下，12 月末商品房待售面积减少明显，同时增速大幅回落，降到近 5 年来的最低点，如图 6-16 所示。

6.2.1.4　技术市场发展现状

技术交易规模能够较好地展示一个省市或者区域的科学技术水平和促进科技成果转化为现实生产力的能力，在一定程度上反映了该地区技术市场的发展水平，陕西也将技术交易规模作为衡量技术市场工作成效的重要指标之一。

2015 年和 2016 年陕西技术合同成交数分别为 22499 项和 21033 项，成交金额分别为 721.76 亿元和 802.74 亿元。2007~2016 年陕西技术交易规模及增长率如图 6-17 和表 6-2 所示，可以看出，陕西技术市场发展迅速，交易活跃度高，技术市场规模大。

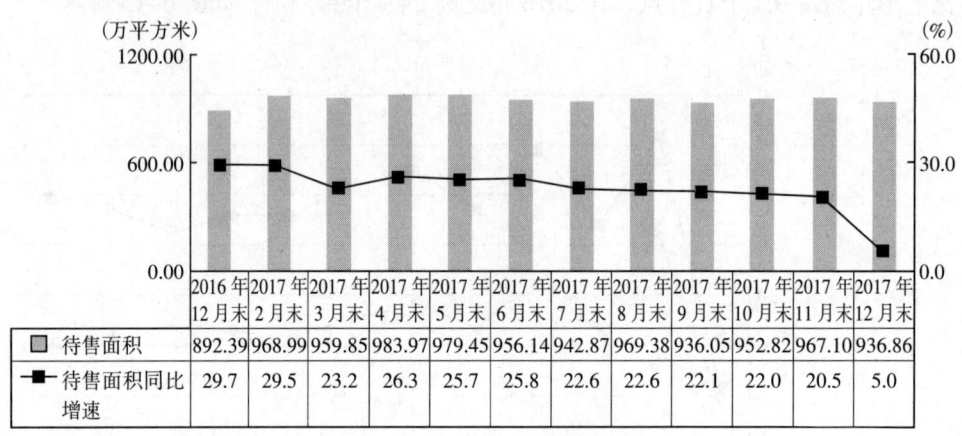

图 6-16 陕西商品房待售面积情况

资料来源：课题组根据统计数据整理。

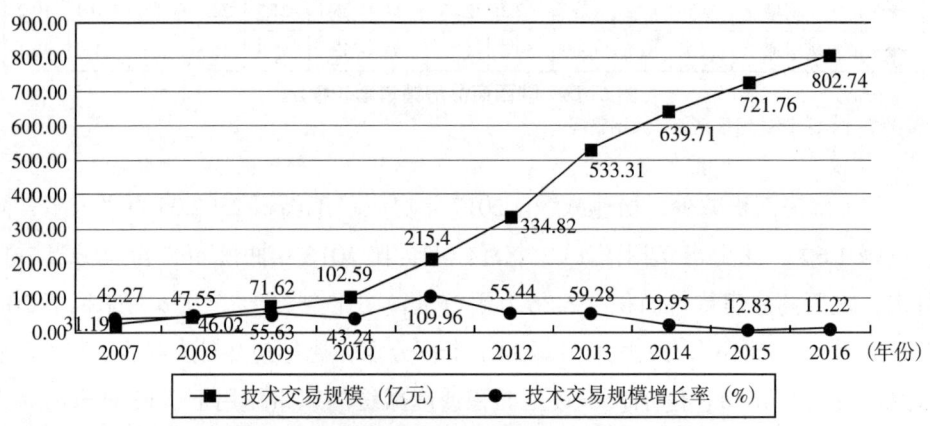

图 6-17 2007~2016 年陕西技术交易规模及增长率

资料来源：课题组根据全国技术市场统计年度报告整理。

表 6-2 2007~2016 年陕西技术交易规模及增长率

年份	2007	2008	2009	2010	2011	2012	2013	2014	2015	2016
技术交易规模（亿元）	31.19	46.02	71.62	102.59	215.4	334.82	533.31	639.71	721.76	802.74
技术交易规模增长率（%）	42.27	47.55	55.63	43.24	109.96	55.44	59.28	19.95	12.83	11.22

资料来源：课题组根据全国技术市场统计年度报告整理。

陕西技术市场在国内占据重要位次，2015~2016年全国各省市技术交易成交额前十位如图6-18所示。

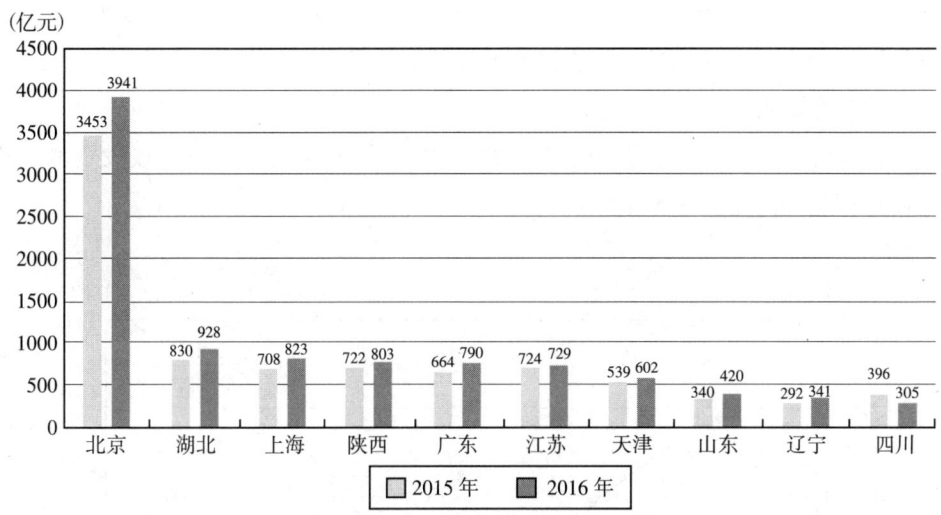

图6-18　2015~2016年全国各省市技术交易成交额前十位
资料来源：课题组根据全国技术市场统计年度报告整理。

2016年全国副省级城市中西安输出技术金额居首位。副省级城市共输出技术99617项，成交额为2554.69亿元，较2015年增长17.58%。输出成交额排前三位的分别是西安、武汉、广州，成交额分别为732.81亿元、544.70亿元和263.76亿元。南京输出技术项数居首位，为22827项，如表6-3所示。

表6-3　2016年副省级城市技术合同成交情况

副省级城市	合同数（项）	成交额（亿元）	排名
西安	19421	732.81	1
武汉	16505	544.70	2
广州	5885	263.76	3
成都	10177	261.83	4
南京	22827	215.73	5
沈阳	5177	187.29	6
长春	5265	108.20	7
哈尔滨	1608	107.58	8
杭州	7886	87.99	9
济南	4866	44.79	10

资料来源：2017年全国技术市场统计年度报告。

6.2.1.5 陕西各类主要市场对外开放现状

2017年4月，陕西自由贸易试验区正式挂牌，进一步实现陕西与"一带一路"沿线国家的经济合作和人文交流。另外，"陆、空、网"三条丝绸之路的形成，为陕西主要市场的对外开放提供了更开阔的平台。

（1）商品市场。

1）商品进出口总值增长迅速。2006~2016年陕西实际外商直接投资额、进出口总额和外向度如图6-19所示。

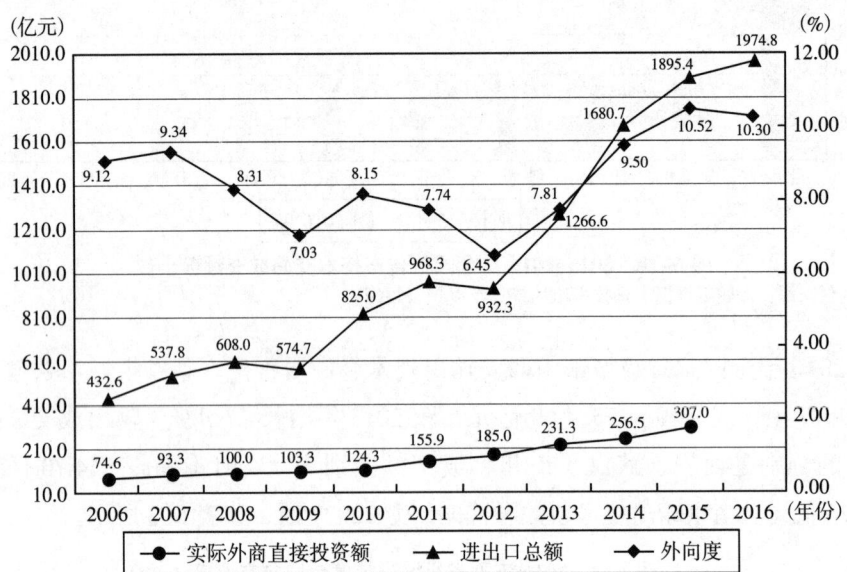

图6-19　2006~2016年陕西实际外商直接投资额、进出口总额和外向度
资料来源：历年《陕西统计年鉴》。

2017年，陕西进出口总值2714.93亿元，较上年同期增长37.4%（见图6-20），高于全国23.2个百分点，高于西部地区14个百分点，居全国第5位，累计实现贸易顺差604.67亿元，较上年增长490.25亿元。

国内经济形势向好，陕西经济稳步增长，为进口发展奠定了基础。2017年，进口1055.13亿元，增长13.3%，较上年止降转升，并提高18.1个百分点，低于全国平均水平5.4个百分点。

国际经济复苏，外部需求回暖。2017年，出口1659.80亿元，增长58.8%，较上年提高45.1个百分点，高于全国48个百分点，居全国第2位。

第6章 建设统一开放、竞争有序的现代市场体系

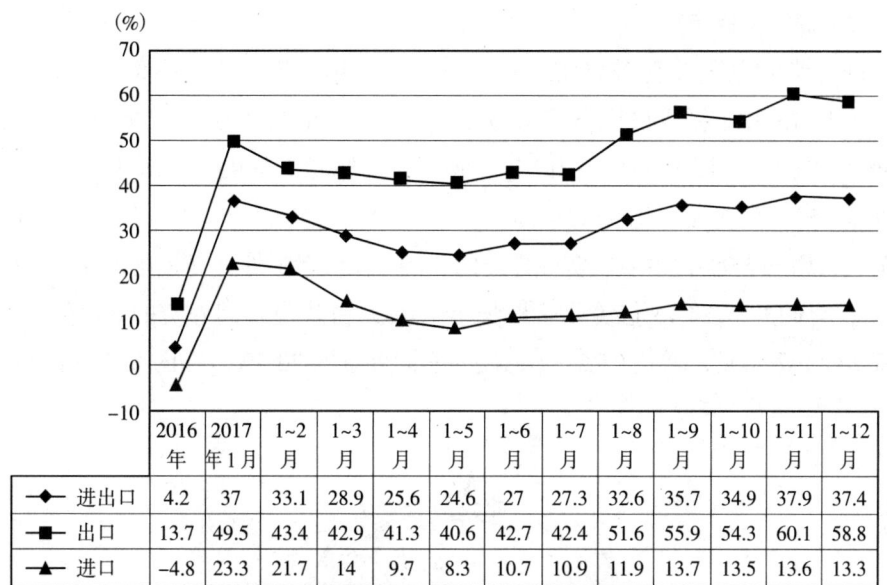

图 6-20 陕西 2017 年 1~12 月进出口累计增速
资料来源：课题组根据陕西省统计局数据整理。

2）自贸试验区各板块商品市场增长迅速。2017 年，西安外贸支撑作用明显。西安实现进出口 2545.41 亿元，增长 39.1%，高于陕西 1.7 个百分点，占陕西进出口总值的 93.8%。其中，自贸试验区所在的西安出口加工区与综合保税区均动力强劲，西安出口加工区实现进出口 1273.83 亿元，增长 38.7%，高于陕西 1.3 个百分点，占陕西进出口总值的 46.9%；综合保税区实现进出口 643.03 亿元，增长 51.9%，高于陕西 14.5 个百分点，占陕西进出口总值的 23.7%，如图 6-21 所示。

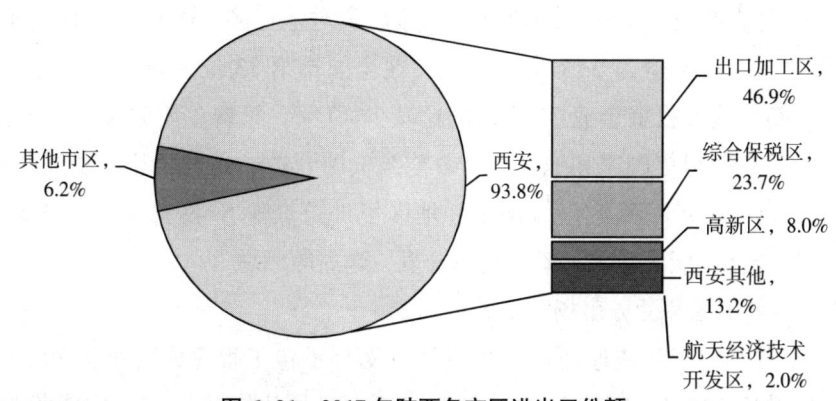

图 6-21 2017 年陕西各市区进出口份额
资料来源：课题组根据陕西省统计局数据整理。

119

(2) 资本投资市场。

1) 合同外资与实际外资实现双增长。2017年,陕西新批外商投资企业203家,增长75.0%;合同利用外资100.29亿美元,增长116.5%;实际利用外资58.94亿美元,增长17.6%。2017年,陕西新批外资企业95家,增长48.4%;合同外资75.91亿美元,增长126.0%,占陕西合同外资的75.7%;实际外资45.32亿美元,增长5.9%,占陕西实际外资的76.9%。新批中外合资企业106家,增长116%;合同外资24.13亿美元,增长107.1%,占陕西合同外资的24.1%;实际外资13.11亿美元,增长91.6%,占陕西实际外资的22.2%,如图6-22所示。

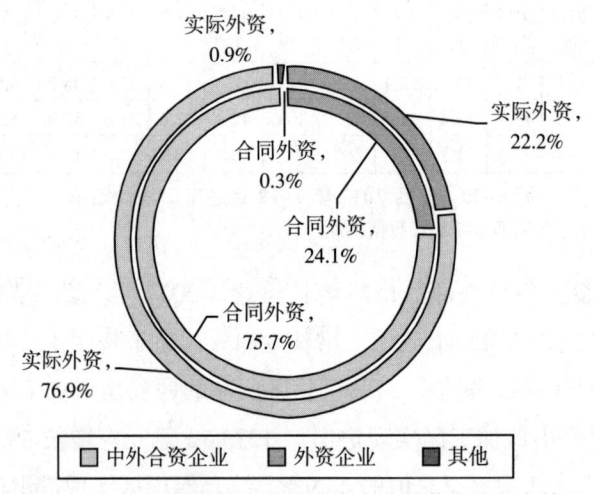

图6-22 2017年陕西省外商投资企业经营方式分布情况

资料来源:课题组根据陕西省统计局数据整理。

2) 对外直接投资下降。2017年,非金融类对外直接投资额6.63亿美元,同比下降5.6%,高于全国23.7个百分点,在全国排第23位,较上年上升2个位次。全年新设境外投资企业35家,同比减少40家。投资主要分布在中国香港、加纳、哈萨克斯坦等国家和地区,涉及能源资源开发、商贸服务、建筑等领域。2017年,在"一带一路"沿线国家和地区境外投资额8943万美元,占总额的13.5%,主要涉及能源化工、矿产资源开发、建材等领域。

(3) 对外工程和劳务市场。

1) 对外承包工程快速增长。2017年,对外承包工程完成营业额39.09亿美元,同比增长60.9%;新签合同额37.07亿美元,同比增长5.0%。完成营业额在全国排第 11 位，居西部地区第 2 位，较上年上升 5 个位次。

从地区来看，亚非地区合计完成营业额 35.89 亿美元，占比 91.81%，其中亚洲地区完成营业额 19.41 亿美元，占比 49.6%，同比增长 57.9%；非洲地区完成营业额 16.48 亿美元，占比 42.1%，同比增长 60.4%。

从项目类型来看，交通运输建设、电力工程和房屋建筑类项目合计完成营业额 34.96 亿美元，占比 89.4%。其中，交通运输建设项目完成营业额 23.44 亿美元，占比 59.9%，同比增长 123.8%；电力工程类项目完成营业额 7.08 亿美元，占比 18.1%，同比增长 39.6%；房屋建设类项目完成营业额 4.44 亿美元，占比 11.3%，同比增长 4.2%。

在"一带一路"国家完成营业额 19.92 亿美元，占总量的 51.0%，同比增长 62.63%；新签合同额 25.23 亿美元，占总量的 67.5%，同比增长 53.8%。

2）对外劳务合作列西部首位。2017 年，派出各类劳务人员 9425 人，较上年同期增加 2677 人，派出人数在全国排第 14 位，西部排第 1 位；期末在外各类劳务人员 14502 人，较上年同期增加 1682 人；雇佣项目所在国人数 37826 人，较上年同期增加 2870 人。对外承包工程项下派出 7858 人，期末在外 9423 人。对外劳务合作项下派出 1567 人，期末在外 5079 人。

（4）旅游市场。2017 年，陕西成为国家创建全域旅游示范省，以发展"旅游+"，积极推进旅游供给侧结构性改革，陕西旅游市场保持平稳增长态势。据旅游部门统计，2017 年，入境游客 383.74 万人次，增长 13.5%；国际旅游收入 27.04 亿美元，增长 15.6%。

6.2.2 市场体系存在问题

6.2.2.1 陕西市场运行的质量和效益低

对国内市场运行的质量和效益的指标进行筛选，通常采用"每 1 元固定资产投资新增生产总值"进行衡量。

2011~2016 年陕西全社会固定资产投资及增长率如图 6-23 所示。

2016 年，陕西生产总值达到 19165 亿元，比 2015 年的 18172 亿元增加 993 亿元；但当年全社会固定资产投资达 20825 亿元，平均每 1 元固定资产投资新增生产总值只有 0.0477 元。2016 年，全国生产总值达到 744127 亿元，比 2015 年的 676708 亿元增加 67419 亿元；当年全社会固定资产投资为 606466 亿元，平均

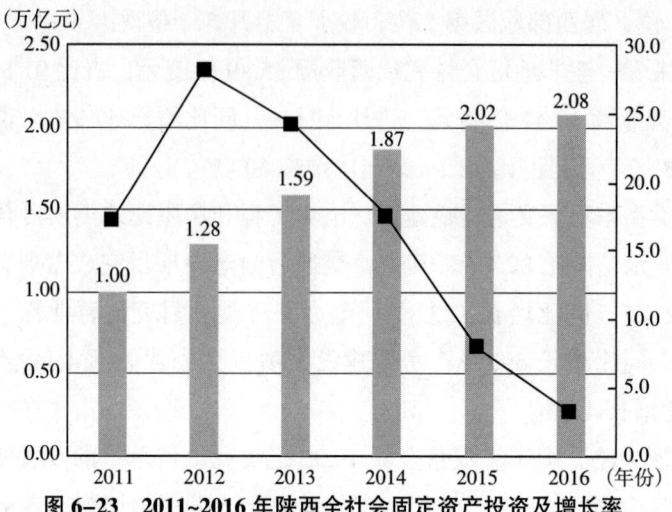

图6-23 2011~2016年陕西全社会固定资产投资及增长率

资料来源：历年《陕西统计年鉴》。

每1元固定资产投资新增生产总值0.111元。陕西还不到全国平均水平的一半。

2016年，江苏生产总值达到76086亿元，比2015年的70116亿元增加5970亿元；当年全社会固定资产投资为49371亿元，平均每1元固定资产投资新增生产总值0.121元。陕西只相当于江苏省的1/3多。

2016年，广东生产总值达到79512亿元，比2015年的72813亿元增加6669亿元；当年全社会固定资产投资为33009亿元，平均每1元固定资产投资新增生产总值0.203元。陕西还不到广东省的1/4。

2016年，上海生产总值达到27466亿元，比2015年的24965亿元增加2501亿元；当年全社会固定资产投资为6756亿元，平均每1元固定资产投资新增生产总值0.37元。陕西只相当于上海的1/8。

以上数据充分说明，陕西的投资效益非常低，反映了陕西市场运行的质量和效益低，经济管理水平非常低。

6.2.2.2 陕西开放型经济规模较小，外贸结构不均衡

近年来，陕西的GDP虽然有较大幅度的增长，但市场对外开放度一直处在较低的状态。市场开放不足仍然是制约陕西发展的瓶颈。

（1）陕西的开放型经济规模较小、开放度较低。2017年，陕西直接利用外资仅占全国直接利用外资的3.5%；2017年，陕西进出口保持两位数快速增长，但总量与全国平均水平相比还存在较大差距，对陕西经济的拉动作用有限，进出口总值全国排名第 22 位，仅占全国的 0.64%；2017 年，陕西经济开放度达 12.4%，较上年提升了 2.1 个百分点，但低于全国平均水平 21.2 个百分点；出口依存度为 7.6%，较上年提升了 2.1 个百分点，但低于全国平均水平 10.9 个百分点；进口依存度为 4.8%，较上年提升了 0.1 个百分点，低于全国平均水平 10.3 个百分点。

（2）陕西对外经贸结构有待提升。2017 年，自贸试验区带动对外经贸新活力迸发，但深层结构问题并没有得到根本性改善。

1）贸易方式较为单一。加工贸易依赖度较高，占对外贸易的比重超过 60%，其余贸易方式发展缓慢，未形成多点多面发展。

2）对部分国家和地区的依赖度较高。在对外贸易中，五大贸易伙伴仅位次发生微调，并没有新伙伴加入，并且，五大贸易伙伴的贸易份额不减反增，较 2017 年提升 1.2 个百分点，反映出对其他国家的吸引力仍较低。在外商投资中，韩国和中国香港在合同外资方面占比 84.0%，较 2016 年提升 15 个百分点；在实际外资方面占比 80.2%，较 2016 年提升 8.8 个百分点。

3）外资利用地域差异大。陕西在利用外资方面不仅利用外资能力差，而且也呈现出地域之间的差异。2017 年，西安合同外资占陕西的 82.07%，实际外资则达到 88.68%，实际利用外资规模是其他本省各市总和的约 7.8 倍。

4）区域开放程度极度不均衡，对西安依赖度高。西安作为陕西政治、经济、文化中心，在人口数量、科技教育资源和企业规模等方面占有绝对优势，进出口总额占陕西的绝对多数。2016 年和 2017 年，西安进出口总值分别为 1113.87 亿元和 1532.15 亿元，分别占陕西的 89.35% 和 91.15%，如表 6-4 所示。而开放型经济发展排名靠后的延安、榆林、铜川和汉中等市，2016 年、2017 年进出口总和分别仅占陕西省的 1.6% 和 1.5%，如表 6-5 所示。这种区域开放程度的极度不均衡，对于陕西整体实现开放型经济战略极其不利。

表 6-4　西安进出口总额及占陕西份额

年份	进出口总额（亿元）	占陕西份额（%）
2016	1113.87	89.35
2017	1532.15	91.15

表 6–5　陕西各市进出口份额占比

单位：%

年份	西安	延安、榆林、铜川、汉中等市
2016	89.35	1.6
2017	91.15	1.5

6.2.2.3　金融与资本市场体系建设缓慢

（1）金融与资本市场发展滞后。从 GDP 总量在全国占比和金融业产值在全国金融业产值占比来看，近年来，陕西 GDP 总量在全国经济总量占比逐年提升，2015 年占比为 2.6%，陕西金融业产值在全国金融业产值占比在 2015 年仅为 1.88%，此前至 2010 年一直徘徊在 1.4% 左右，金融业的发展与陕西经济在全国的地位极不相匹配，金融短板的现实凸显。从地方金融机构看，虽然门类、数量不少，但规模偏小、实力不强，尤其是与相邻的成都比起来差距很大。更主要的是，金融业现行的体系结构和功能还停留在为重工业初期的制造业及固定资产投资服务的阶段，在响应轻资产企业、科创企业的金融需求时，无法实现量体裁衣，有效供给不足。而后者恰恰是新一轮产业结构优化升级的重点，金融服务在这一方面缺位，将有可能导致新的经济增长点难以得到有效金融支撑，进而严重制约未来经济发展。

（2）金融与资本市场服务实体经济能力不强，投资资金瓶颈仍待破解。金融和资本是市场经济中配置资源最重要的手段，对经济增长、结构优化等发挥着重大作用。从陕西来看，投资资金是长期以来制约投资增长的"瓶颈"所在，党的十九大报告提出的"深化金融体制改革，增强金融服务实体经济能力"仍是陕西面临的一项长期而艰巨的任务。陕西投资到位资金情况：一是实体经济到位资金不足。2017 年工业投资到位资金增长 1.9%，而房地产开发投资到位资金增长 26.5%。资金过多投向房地产而偏离实体经济项目，将不利于投资结构的优化和产业结构的转型升级，进而抑制陕西经济增长。二是资金来源结构不佳。根据陕西投资环境调查和 PPP 专项调查显示，融资难、融资贵仍是企业投资发展的最大困扰，特别是在农业企业、轻资产型双创企业以及 PPP 项目等领域的投融资模式仍未实现突破创新。从数据来看，国内贷款占全部到位资金的 10%，债券融资及利用外资占比不足 1%，显示企业贷款难度大，直接融资比重较低，多层次资本市场发展不足。

（3）金融与资本投资发展不平衡不充分的问题依然存在，金融与资本投资结构仍待优化。从产业结构看：一是工业投资比重回落。目前陕西仍处于工业化中后期，工业仍是经济增长的主要动力，但工业投资占陕西投资的比重从2015年的31.9%回落至2016年的27.3%，2017年，占比24.2%，低于同期全国工业投资比重12.6个百分点。二是新兴产业投资仍显薄弱。2017年，陕西战略性新兴产业投资2824.74亿元，增长8.3%；高技术产业投资1351.5亿元，增长4%；二者占陕西投资的比重分别为12%和5.8%，合计较2016年回落1.1个百分点。

从投资主体来看：一是民间投资比重回落。2017年，陕西民间投资实现恢复性增长，但增势相比国有及其他投资领域仍显较弱，民间投资占陕西投资的比重从2015年的45.7%回落至2016年的42.7%，2017年占比仅有41.3%，低于同期全国民间投资比重19.1个百分点。二是民间投资在部分领域仍未实现明显突破。铁路、船舶、航空航天、制造业民间投资下降20.5%，铁路运输业民间投资下降8.1%，信息传输、软件和信息技术服务业民间投资下降10.8%。PPP落地项目中民营企业参与比重仅在三成左右，省内民企参与比重更低。

6.2.2.4 商品市场活力不足

（1）大宗商品销售增势趋缓。2016年第三季度末，原材料等大宗商品价格上涨幅度大，经历近一年增长，2017年上半年呈现震荡，进入第三季度价格增幅缩窄，国内能源类等大宗商品销售增势趋缓，逐步回归理性。2017年，陕西省限额以上煤炭及制品类、石油及制品类、金属材料类商品销售额同比分别增长80.8%、35.4%、30.5%，与前三季度相比，增速分别回落20.9个、21.8个和2.3个百分点。

（2）实体零售企业销售处于困境。零售企业受经济增速减缓、社会环境等因素影响，以及面临同业竞争加剧、运营成本攀升、专业人才缺乏等问题，经营状况未见起色。从2017年数据看，有661家零售企业零售额超过亿元，其中27.8%的企业零售额增长低于5%，近20%的企业零售额呈现负增长。从实体零售企业情况来看，两成左右的实体零售企业的销售额下降，更多的企业利润增长放缓。大型超市销售额增速在个位数水平，个别规模较大的大型百货店和综合店甚至出现收入下降的情况。总体上实体零售企业仍然以传统经营为主，经营仍面临较大困难，亟须破局。

（3）部分商贸企业盈利困难。随着市场形势的不断变化，新业态、新模式大量涌现，部分企业跟不上市场形势变化，盈利困难。从财务数据看，2017年，陕西6712家限额以上企业中，亏损企业1327家，亏损面为19.8%，较前三季度缩小2.7个百分点，亏损额达到48.17亿元，较前三季度增加18.2亿元。

（4）消费潜力有待进一步释放。2017年前三季度，陕西居民人均可支配收入15591元，扣除价格因素实际增长7.8%，高于全国平均水平0.3个百分点。居民收入水平在全国31个省（市、自治区）中位居第17位。与全国平均水平相比，陕西居民收入水平相当于全国平均水平的80.6%。居民收入水平仍相对较低，且增速低于人均GDP增速。同时，不断上扬的房价对居民日常消费不无影响，而CPI水平的上涨和教育、医疗以及养老等费用压力较大也制约了消费潜力的释放。

6.3 陕西现代市场体系方案设计

6.3.1 陕西现代化市场体系整体方案

下面从方案总目的、方案目标、具体方案、拟解决的问题四个方面设计陕西现代市场体系整体方案，如图6-24所示。

6.3.2 建设目标

建立和发展陕西统一开放、竞争有序的市场体系，目标是使市场在陕西资源配置中起决定性作用，要素能够自由流动，提高要素配置效率，实现陕西各类市场规范发展。

6.3.3 建设方案

6.3.3.1 完善重点生产要素市场

（1）大力发展金融市场。

1）借助互联网技术实现金融升级。互联网金融的兴起，是当今我国金融业发展最显著的特征，也是未来发展最具想象力的亮点。打造地方金融升级版，首要是充分利用互联网技术，构建辖内金融信息科技服务大平台。通过系统整合，

第 6 章 建设统一开放、竞争有序的现代市场体系

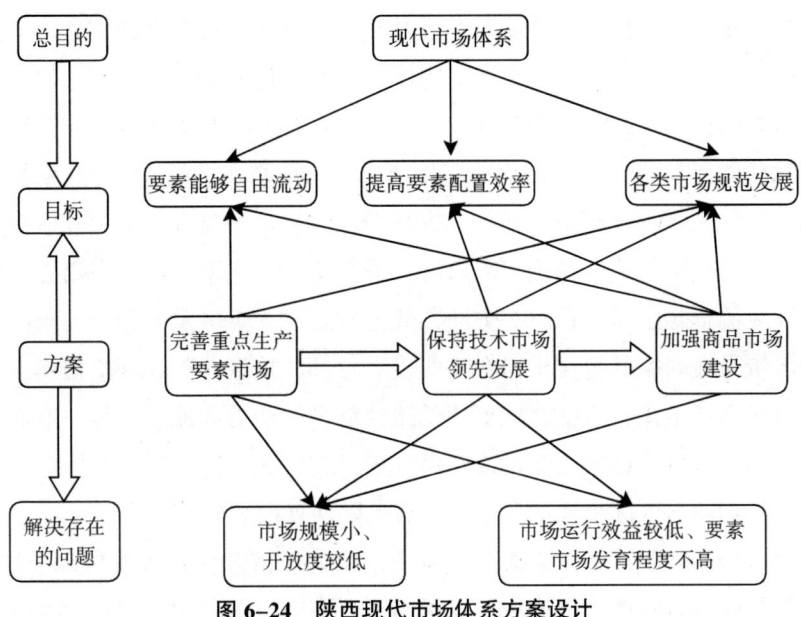

图 6-24 陕西现代市场体系方案设计

构建统一金融业务交易平台；通过数据整合，构建统一金融信息服务平台。这是一项改善区域内部金融产业基础设施的工程，通过这项工程的建设，使辖内金融机构可以利用这个平台共享汇集经济信息，达到互联互通的目的；密切地方金融机构的关系，实现机构间合作交易成本和信息成本的压缩、减免；促进金融机构间资金融通，业务推广工作的开展，提升金融业为实体经济服务的综合能力。这个平台工程的建设要与陕西征信系统相互连接，共同营造合作、健康、向上的区域金融生态环境。

2) 转变财政支持方式，发挥政府导向作用。产业基金模式是政府投资市场化、专业化运作的有效形式，通过积极引入监督、透明信息，更有效地发挥政府投资风向标作用，带动金融机构的配套信贷资金、社会资本的积极跟进，有效地放大财政杠杆的作用，解决产业结构转型中的资金缺口，也使得投资更有效率。同时，要建立健全政府、金融机构和企业之间的沟通协调机制，广泛构建项目开发平台、社会资信平台、投融资平台，帮助金融机构准确把握政府、企业的需求，共同研讨陕资留陕、陕资助陕的途径和通道，打通政府、金融、企业的生态闭环，形成多管齐下，稳健推进地方产业升级、金融业有序发展的良性互动。目前，陕西以财政支出方式设立的产业基金已成立 30 多只，很有必要在此

基础上成立千亿元规模以上的陕西发展基金，统筹各产业基金的成立，全面评估各产业基金的运作效率，持续加大对实体经济的支持力度。

3) 构建开放的金融组织体系。金融组织是金融业支持丝路经济带建设的重要主体和载体。"十三五"规划纲要明确指出，要提高金融机构国际化水平，加强海外网点布局，完善全球服务网络，提高国内金融市场对境外机构开放水平。从陕西推动丝路经济带建设的现实需求看，需要从"请进来"和"走出去"两个方面构建开放的金融组织体系。一方面，放宽外资进入金融服务领域的限制，吸引丝路经济带沿线国家的金融机构在陕西设立总部、地区总部及分支机构，通过不断丰富金融市场主体，增强金融支持丝路经济带的动力和能力；另一方面，引导和鼓励国内金融机构在陕西增设或新设分支机构，积极拓展国际金融业务，增强国内金融机构参与国际市场的竞争力，服务陕西外向型经济发展。

4) 构建开放的金融市场体系。金融市场是经济金融资源配置的重要平台，丝路经济带建设对陕西金融市场开放提出了更高的要求。为此，陕西金融机构应积极参与货币市场，合理调剂资金供求，满足丝路经济带建设主体的资金需求；引导符合条件的企业通过债券市场和股票市场融资，发挥多层次股权市场的融资功能，增强丝路经济带建设主体的资本实力。鼓励有条件的企业在境外发行股票和人民币或外币债券。同时，放开境内债券市场，选择丝路经济带沿线信用级别高和商业环境较好国家的中央银行或金融机构在陕西发行"熊猫债"，专项用于该国丝路经济带的建设项目。

5) 构建开放的外汇管理体系。随着我国丝路经济带战略的稳步推进，陕西企业运用国内外两个市场、两种资源的能力明显提升，对外直接投资和境外融资的金额大幅提高。相应地，外汇管理体系也必须朝着推进金融市场双向开放的方向发展，以进一步服务贸易和投资便利化。陕西外汇管理部门将积极贯彻落实国家外汇管理局的各项改革措施，优化外汇管理流程，拓宽企业融资渠道，为市场主体尽可能创造良好的政策环境，不断提升贸易和投资便利化程度。同时，引导金融机构加大对陕西丝路经济带建设重大项目、重点企业的外汇支持力度，鼓励金融机构创新贸易融资方式和产品，满足境内外融资需求。积极推进跨境电子商务等新业态发展，优化贸易收支企业名录管理，支持跨境电子商务、市场采购贸易、外贸综合服务业等新型贸易业态发展，建立与跨境电子商务相适应的外汇监管体系。

6) 持续激发民间有效投资活力。深入贯彻国务院《关于进一步激发民间有效投资活力促进经济持续健康发展的指导意见》，支持民营企业通过组建招投标联合体、成立产业投资基金等方式参与PPP项目投资。贯彻工信部等十六部委联合发布的《关于发挥民间投资作用推进实施制造强国战略的指导意见》，加快军民融合发展，鼓励民间资本参与制造业企业服务业转型和"互联网+"制造业模式创新。加快推进《陕西省民间投资追赶超越发展行动计划》的贯彻实施，进一步激活民间资本市场潜力，增强经济发展的内生动力。

（2）规范发展土地市场。

1）明确目标，找准政府在土地二级市场中的角色定位。陕西土地二级市场当前迫切需要解决的问题，是活跃度不够和运行不够规范的问题。为了适应经济社会发展的新形势新要求，当前及未来一段时期，应将土地二级市场的发展目标定位如下：规范运行，繁荣发展。而要实现这一目标，既需要市场这只"无形之手"，更需要政府这只"有形之手"。其中，如何充分发挥政府这只"有形之手"的作用，在当前至关重要。党的十八届三中全会对"政府与市场的关系"做了明确规定，即"使市场在资源配置中起决定性作用和更好发挥政府作用"，同时将政府的职责和作用定位为：保持宏观经济稳定，加强和优化公共服务，保障公平竞争，加强市场监管，维护市场秩序，推动可持续发展，促进共同富裕，弥补市场失灵。结合陕西土地二级市场的特点和发展现状，我们认为，当前政府在土地二级市场发展中要实行"有限介入或有限干预"，即既不要管得太多，也不能放任不管。在这个过程中，政府应重点扮演好三重角色：一是要做好公共服务的提供者，推动土地二级市场的快速发展；二是要做好市场秩序的监管者，规范土地二级市场的交易行为；三是要履行好所有权人代表的职责，确保土地的集约高效利用和保值增值。

2）改革土地储备制度，缩小储备范围。针对当前政府土地储备范围过宽、企业自由流转土地空间较小等问题，建议优化完善土地储备政策，土地储备应以调节市场上建设用地余缺和提供公共产品用地为主，进一步控制收购土地范围，扩大土地权利人自行交易的范围。针对部分旧城区改造、城中村改造、旧厂房改造等项目，应制定实施该类项目可以不纳入土地储备范围、允许由土地权利人自行改造或联合开发的政策。

3）推进公开交易，严格限制隐性交易和私下交易。为了防止隐性交易和私下交易等带来的一系列问题,要大力推进土地二级市场的公开交易。为此,建议所有的土地转让行为都必须使用国土资源部门指定的统一交易平台,其中下列转让行为必须到政府搭建的统一交易平台上进行交易:在建工程转让;工业结余用地分割转让;土地出让合同对土地使用权转让有约定的,经出让人同意后的土地使用权转让;土地出让合同约定不得转让,但因破产、重组、撤销等特殊情形确需转让的土地使用权转让;涉及土地司法拍卖的。同时,对于其他类型的交易,也要引导和鼓励其到统一交易平台上交易。为了吸引更多的土地进入统一的交易平台交易,要健全交易规则,加强交易服务,例如,在统一的交易市场内提供税收、公证、登记、拍卖等相关服务,并适当减免相关服务费用。

4) 建立转让审核制度,严格制止违规交易。①对以非市场化方式供应的土地,在转让时要重点加强合法性审查。对于以划拨方式供应的土地,其转让时应由政府先收回,待办理完相关出让手续后才能转让。对于协议出让和定向供应的土地,要履行合同约定的相关义务,经出让人同意并补办相关手续后才能转让。尤其要加强政府优惠方面的审核管理,确保国家的土地收益不流失。对于违规交易的,要坚决制止并予严格处罚。②对以市场化方式供应的土地,要重点加强合约性审核,即审核其是否履行了出让合同的约定。凡是涉及闲置土地、违法用地的,一律不得转让。凡是违反土地出让合同约定,擅自改变土地用途和建设规划条件,擅自改变受让人的出资比例、股权结构或实际控制人以及其他违反土地出让合同约定的,不得转让。土地使用权转让价格明显低于市场价格的,政府享有优先购买权。③对受让人条件要严格把关。特别是对一些工业园区中的产业用地,凡是出让合同中对受让人条件有明确规定的,在转让时,供需双方均需严格遵守。

5) 加强部门合作,规范涉及土地的股权转让行为和司法拍卖行为。对涉及土地股权转让行为的,国土资源部门要加强与工商部门的合作,建立共管机制,防止一些企业通过股权转让规避土地税费和土地利用要求,甚至炒卖土地。凡是土地出让合同对土地使用权受让人的投资比例、股权结构变更有约定的,应经国土资源部门同意后,工商部门方可允许其进行股权变更。对于涉及土地的司法拍卖,法院应与国土资源部门加强合作,建立联合会审机制。法院在强制执行或者通过诉讼程序实现抵押权而对土地使用权进行拍卖或者以其他方式进行变现时,应听取国土资源部门的意见。国土资源部门对于转让土地的情况、转让条件、受让条件等方面要审核把关，以实现土地利用的合理、集约、高效。

6）加强诚信体系建设。诚信体系建设是市场经济条件下约束企业行为的重要手段。国土资源部门要加强土地市场交易诚信体系建设，将二级市场中违规交易等行为纳入诚信体系管理。相关部门应加强项目审批、核准、备案、土地交易以及融资抵押等方面的监管，形成联合监管机制。

7）建立土地交易鉴证制度，加强一二级市场的联动管理。针对土地转让后，有部分企业不按照出让合同的约定利用土地等所带来的问题，应建立土地一二级市场的联动管理机制，确保土地转让后，出让人对土地利用提出的各项要求能落到实处。为此，建议建立土地交易鉴证制度。在签订转让合同时，国土管理部门作为鉴证人，应要求转让方需将出让合同的相关约定纳入转让合同，并在土地转让后继续加强合同履约的跟踪管理。

6.3.3.2 保持技术市场领先发展

（1）宏观引导，健全技术市场发展机制。

1）支持鼓励技术市场创新发展。持续实施实用高新技术转化工程，鼓励陕西省内各市、区开展技术转移专项行动或工程，设立配套专项资金，引导社会资本，支持国家科技计划项目等的技术转移。对技术交易市场、技术转移机构运用市场机制实现科技成果转移转化的，给予财政补贴。积极开展技术市场软科学研究，提升管理能力和工作水平，推动技术市场创新发展。

2）提升技术市场信息化水平。加强技术交易信息服务平台建设，推进各市区域性平台建设，整合发布企业、高等院校、科研院所、科技服务机构的各类信息资源，强化网络平台的信息集散和资源共享功能，探索设立网上技术市场，实现线上线下技术交易协同配合，形成"互联网+"的技术交易新模式。

（2）遵循市场规律，建设现代技术市场体系。

1）规范技术交易秩序。落实技术合同认定登记制度，支持各级科技行政部门按规定设置技术合同认定登记机构，加强对技术合同认定登记工作的管理监督，落实技术交易税收优惠政策。改进技术市场统计和分析工作，健全指标体系，规范统计口径，提高统计分析水平，加强对技术交易活动的指导、管理和服务。

2）改善市场供需关系。鼓励高等学校和科研院所开展技术转移工作，引导各级政府财政资金支持形成的、不涉及国家秘密的公共科技成果在指定的技术交易市场公开交易,增加市场有效供给。强化企业在技术创新中的主体地位,推进技术转移政策、平台、信息、服务与企业对接,培育企业技术经营意识,支持企业设立技术转移机构和专员,加快技术转移转化,扩大技术市场需求。

3) 创新技术交易形态。以技术市场为基础,发展壮大区域性技术交易市场,配套建设网上交易平台。完善市场价格发现机制,引导技术交易主体通过招标、竞价、协议转让、技术产权挂牌交易等方式入场交易。加强对市场主体的管理和服务,科学设计交易流程,减少信息不对称,营造公平竞争环境,降低交易成本和风险,实现技术交易的程序化、规范化、专业化,推进陕西技术交易市场的标准化建设。探索技术产权交易模式,建设陕西统一的技术产权交易市场,搭建科技创新、创业企业股权交易平台,开展技术、股权、资本、保险等综合交易,打造技术交易的高端形态。

4) 建立技术市场信用管理体系。建立技术交易管理征信平台,加大知识产权保护力度,依法查处违规交易行为。开展对技术交易活动的动态监督和信用评价,采集技术交易主体的信用记录,建立信用等级评定数据库。向社会公众开放查询功能,对失信行为严肃惩戒,充分发挥信用监督的约束力量,维护技术市场的正常秩序。委托行业协会开展对科技中介服务机构的资质认定、信用评价等活动,实行行业自律和市场准入,保证技术市场健康发展。

(3) 坚持需求导向,构建科技成果转化服务链。

1) 大力发展技术转移中介机构。以市场需求为导向,推动国有科技服务业企业建立现代企业制度,引导社会资本参与国有科技服务企业改制。对社会力量设立的素质高、业务精、发展潜力大的科技中介服务机构,政府采取购买服务等方式予以大力支持。对在技术转移中做出突出贡献的科技中介机构和个人,陕西给予表彰和物质奖励。

2) 发展相互融合的新型服务模式。积极发展技术成果价值评估、技术标准服务、科技金融服务等现代化服务。探索应用研发、技术转移、创业计划、创业投资相互融合的新型服务模式,联合技术转移机构、高等院校、科研院所、高新技术企业和科技风投基金,建立面向陕西重大科技专项、重点工程、高新园区、战略新兴产业提供服务的技术转移战略联盟,发展为中小型科技企业提供服务的创新驿站网络,促进服务机构之间的业务集成、服务机构与市场主体的供需集成,构建专业化、集成化、网络化的技术转移服务体系。

3）加强技术市场人才队伍建设。实施人才专项计划，加大投入力度，建立技术转移人才学历教育和职业培训体系，选择具有较好条件和基础的高校共建技术转移人才培养基地，开展学历教育、继续教育、职业教育等多层次技术转移人才培养工作。建立和完善技术经纪人培训制度，提高从业人员专业素质和能力水平，建设一支服务型、专业化的人才队伍。

（4）加强组织领导，推动技术市场管理工作创新发展。

1）加强对技术市场工作的领导。强化各级科技行政部门对技术市场的管理职能，建立技术市场跨部门协商机制，加强与发展改革、税务、财政、工商、金融等部门的沟通协调，形成工作合力，使对技术交易的税收优惠政策落实更加便捷，对技术市场秩序的监管更加有力。提高各级政府对技术市场工作的重视程度，鼓励各地区设立技术转移专项配套资金，对技术转移实行单向或双向补贴，对技术转移机构给予适当的财政补助，切实体现鼓励技术转移的政策导向。

2）健全工作评价机制。改革对技术市场工作的陈旧考评办法，引导各级政府部门提高对技术市场工作的重视程度，把发展技术市场、促进科技成果转化工作作为考核各级科技管理部门的一项重要内容，并适当增加权重比例。开展评比表彰活动，营造创先争优干事业的环境，解决不作为问题，切实形成有利于促进科技成果转化的考评激励机制。

3）积极创新工作模式。开展技术市场战略研究，努力把握技术市场新情况、新特点和新规律，对各市、区探索形成的新经验和新模式及时总结，加大成功经验和模式的示范推广，制定并落实激励政策，鼓励各地区技术市场对技术交易和服务模式进行创新，共同聚力陕西技术市场的创新发展。

6.3.3.3 加强商品市场建设

（1）加快市场主体的改革步伐。

1）放开搞活中小流通企业，鼓励民营、私营流通企业发展，积极推进中小流通企业体制创新。

2）推进垄断行业改革，有步骤地放开行业准入限制，促进不同所有者公平竞争。

（2）推进商品市场扩大对外开放。

1）借力"一带一路"国家倡议。借助国家"一带一路"倡议的契机，提高开放型经济水平，通过优化进出口结构，提高对外贸易的经济效益，支持经济的持续增长。提高利用外资水平，重点吸引技术、知识密集型产业投资，鼓励外商投资科技研发、服务外包等领域。创新利用外资方式，优化利用外资结构，发挥利用外资在推动自主创新、产业升级、区域协调发展等方面的积极作用。

2）充分发挥自贸区作用。加强与"一带一路"沿线国家经贸合作，加强对外开放，应以西安为重点发展城市，带动周边市区的产业发展，形成良好的互补共赢，提高对外开放水平。坚定强化三大片区九大功能区不同的战略定位，同类产业在同一区位的集聚，提升区位价值，激发同行业良性竞争，在竞争中学习，使本土企业得到全面提升，同时推动该产业的全产业链发展，多层次、多产业、多地区提升外贸进出口。鼓励本土优质产业、优秀企业开拓海外市场，扩大市场份额，扩大产品影响力，传播企业文化，促进外贸稳定发展，助力陕西经济发展。

3）增加新型产业的外贸额。制造业是陕西的传统优势行业，简单加工贸易已为陕西带来60%以上的增长。制造业的可替代性较强，而电子信息、航空航天、生物医药、新材料、服务贸易等新型产业则更具独立性、未来性。面对复杂的国际经济形势和国内市场环境，在保持传统制造业产业优势的同时，更应拓展思路，注重产业的自主性，用高新技术创新培养竞争力，用工匠精神提升外贸增长质量。

经济的发展应更具合作性，发挥经济带联动，"大西安"城市圈、关中平原城市群、陕北资源经济带、陕南生态环境带，进出口较强区域发挥辐射作用，各区域间优势互补，建立全面的陕西外贸经济。

（3）保持大宗商品销售稳定，助推流通市场平稳发展。陕西作为一个资源型省份，多年来煤炭、石油等大宗商品的生产销售成为带动经济增长的主要动力，而对能源的依赖性过强，大宗商品销售的波动将直接影响到批发业市场的稳定。因此，一方面，要将拓展省内资源的销路作为促进批发业增长的有效途径；另一方面，各地区要结合自身特点，发挥自身优势，合理调整产业结构，均衡各个产业发展，减少对资源的过度依赖，努力确保流通市场的平稳发展。

（4）融入新零售，打造商业新模式。无论是传统的商业模式，还是纯电商时代都很难走得长远，只有新零售会带来崭新的商业模式，要积极推进实体商业模式创新，将"互联网+"作为实体贸易企业的转型方向，引导传统企业与电子商务融合发展，推进线上、线下和物流相结合，建立新的消费模式。调研中发现，企业面临当前的经济形势，正积极关注市场新变化，研究消费者的消费行为，在转型升级中，均在寻求新零售的切入点，以期用新零售引领企业未来，打造实体零售业新模式。

（5）加快企业创新升级，提升商贸企业竞争力。现今的互联网时代，零售企业应根据不断变化的消费需求，对所处的市场和行业环境进行综合分析，厘清企业的核心优势，明确自身的不足，制定完善的企业战略规划，进行创新转型。而政府应不断改善营商环境，进一步加强对商贸龙头企业的政策支持，培育企业服务品牌，引导企业制定适合自身发展的战略规划。通过合适的战略规划，使企业开拓全新的营销渠道、建立专业化经营管理体系、提升企业服务意识，不断进行资源整合，实现规模效益，提升核心竞争力。

（6）改变居民消费观念，释放消费潜能。近年来，虽然陕西居民消费不断提升，但消费观念与经济发达地区相比仍有差距。2016年末，陕西人均存款达到4.49万元，但人均消费支出只有1.39万元，一方面，说明陕西居民短期内消费潜力很大，尚待发掘；另一方面，对收入预期的不确定，存在观望心理。要继续增加城乡居民收入，多渠道促进居民增收，积极引导居民改变消费观念，健全社会保障体系，拓宽消费领域，进一步增强居民消费预期，挖掘并释放消费潜能。

（7）深化要素市场价格改革，大力节能降耗，提高能源利用效率。建设资源节约型、环境友好型社会，形成节能、节地、节水、节材的生产方式和消费模式，必须深化生产要素和资源产品价格改革，使它们的价格能很好地反映市场供求关系和资源稀缺程度。

1）要全面贯彻"创新、协调、绿色、开放、共享五大发展理念"，以提高能源利用效率为核心，以转变经济增长方式、调整经济结构、加快技术进步为根本，强化全社会的节能意识，建立严格的管理制度，实行有效的激励政策，充分发挥市场配置资源的基础性作用，调动市场主体节能的自觉性，加快构建节约型的生产方式和消费模式，以能源的高效利用促进经济社会可持续发展。

2）要坚持节能与发展相互促进，坚持开发与节约并举，节能优先，效率为本；坚持把节能作为转变经济增长方式的主攻方向，从根本上改变高耗能、高污染的粗放型经济增长方式；坚持发挥市场机制作用与实施政府宏观调控相结合，努力营造有利于节能的体制环境、政策环境和市场环境；坚持源头控制与存量挖潜、依法管理与政策激励、突出重点与全面推进相结合。积极调整工业结构。严格控制新开工高耗能项目，把能耗标准作为项目核准和备案的强制性门槛，遏制高耗能行业过快增长。对企业搬迁改造严格能耗准入管理。加快淘汰落后生产能力、工艺、技术和设备，不按期淘汰的企业，要依法责令其停产或予以关闭，积极推进企业联合重组，提高产业集中度和规模效益。

3）要优化用能结构。大力发展高效清洁能源。逐步减少原煤直接使用，提高煤炭用于发电的比重，发展煤炭气化和液化，提高转换效率。引导企业和居民合理用电。大力发展风能、太阳能、生物质能、地热能、水能等可再生能源和替代能源，发展绿色经济。

（8）打造优势市场投资环境。市场投资环境建设是加快现代市场体系建设的重要环节，因此，应找准市场环境缺口，弥补自身漏洞，加快推动"放管服"。首先，加大简政放权，降低准入门槛，建立投资负面清单，实现投资多元化，以全球化视角提升企业竞争力；其次，促进公平竞争，加强事后监管，建立完善的营商投资管理机制，紧抓外商投资项目跟进，及时帮助外商解决项目运行中的问题和难点，推动投资项目跟进；最后，营造便利环境，降低市场主体运行的行政成本，用快且优的服务，增强市场主体活力。

6.4 陕西现代化市场体系建设重点

6.4.1 提高经济管理水平

要积极扩大有效投资，引导资金更多投向补短板、调结构、促创新、惠民生的领域。要以创新引领实体经济转型升级。实体经济从来都是陕西发展的根基，当务之急是加快转型升级，深入实施创新驱动发展战略，推动实体经济优化结构，不断提高质量、效益和竞争力。要深入实施项目带动战略，加强政府对投资的规划和监管，用好国家支持西部加强基础设施建设政策，保持基础设施投资强度，加大招商引资力度，积极推动项目落地，加快发展新经济，实现从要素驱动、投资规模驱动发展为主向创新驱动发展为主转变。要进一步加强管理，在保证质量的前提下缩短建设周期，提高固定资产交付使用率，从而提高投资的效益和效率。如果陕西能将每1元固定资产投资新增生产总值从0.0477元提高到

0.10元（还低于全国平均水平），则每年就可以在现在基础上新增加生产总值1000多亿元。

6.4.2 加强市场主体信用体系建设

6.4.2.1 建立市场主体信息归集和公示制度

市场主体信用监管必须建立统一的信用信息数据系统，将政府部门所拥有的信用信息和其他机构所征集的信用信息一起归集到统一的平台，由新组建的信用监管部门负责组建并保证平台的持续运行，实现统一平台的独立公开运营，各信用服务机构通过平台进行信息交换，在一定的规则要求下获取所需的信用信息。同时也必须实现信用信息标准化，制定信用数据标准、信用评级标准、信用报告标准、信用中介服务标准等各类信用标准及标准化的文本格式，以保证信用信息统一平台的信息数据归集和输出。

6.4.2.2 建立市场主体信用积分制度

一是建立市场主体信用积分标准。在市场准入、市场监管、市场退出过程中，按照失信危害程度、信用约束程度等标准建立信用指标并赋值，设置基础分为100分。在市场准入环节，设立提交虚假材料骗取工商登记信用指标，对骗取登记行为进行信用减分制度。在市场监管环节，在消费投诉执法、商标广告执法、合同执法、公平交易执法等执法过程中，对违法行为按照危害程度建立侵犯消费者权益、商标侵权、广告违法、合同违约、涉嫌传销、不正当竞争、商业贿赂等信用指标并分别赋负值。建立"守合同重信用"企业信用指标，对荣获该荣誉的企业进行加分。设立列入经营异常名录信用指标并赋负分，对未按时年报公示、通过住所（经营场所）无法联系的市场主体实行信用减分。对能够及时进行年报公示、即时信息公示的各类市场主体实行加分政策。

二是根据市场主体积分划分信用等级。将100分以上的划为优秀，90~100分以上为良好，80~90分以下为一般，80分以下的为差。在市场主体年报抽查时，提高对信用差的市场主体的抽查比例，作为信用监管的重点对象。鼓励企业通过规章制度、获得荣誉等方式积极修复信用。

6.4.2.3 加强市场主体信用监管队伍建设

全面深化改革是党中央、国务院制定的重要目标，大力推进商事制度改革也是政府各部门全力推动的工作职责，从国务院、各部委下发文件的频率上可以看出政府改革的决心和力度。但要落实这些政策，最终还是要靠基层工作人员。从外部环境看，商事制度改革以来，市场主体情况日趋复杂，市场主体监管形势面临巨大挑战。从监管队伍内部看，市场主体信用监管队伍又面临着人员老化、年龄断层加剧、知识更新慢等现实挑战。所以，陕西及政府各部门均要加大基层工作人员的培训力度，使其转变监管思维，改革监管方式，适应新形势下的新型监管模式，为信用监管体系的建立打下良好的基础。

在组织培训过程中，要注意适时更新学习内容、坚持理论联系实际等问题。要通过统一而连续化的培训克服工作人员知识碎片化、执法方式随意化等弊端，建设一支法治化、现代化、专业化、年轻化的监管队伍。

第7章 建设体现效率、促进公平的收入分配体系

7.1 陕西现代化收入分配体系的内涵与构成

7.1.1 陕西现代化收入分配体系的内涵

收入分配体系,是由收入分配活动过程中各个环节、各个层面、各个领域间组成的相互影响的一个有机系统。建设陕西现代化收入分配体系是新时期全面建成小康社会进而实现全体人民共同富裕的内在要求,也是实现居民收入合理、缩小居民收入差距、实现社会公平正义的迫切要求。

自党的十八大报告提出"初次分配和再分配都要兼顾效率和公平,再分配更加注重公平"的改革思路,到党的十九大报告再次明确"坚持在经济增长的同时实现居民收入同步增长、在劳动生产率提高的同时实现劳动报酬同步提高",其核心内涵,就是在深入贯彻以人民为中心的发展思想下,将效率和公平原则贯穿于收入分配各环节,实现初次分配效率原则的公平性与再分配公平原则的效率性辩证统一。也就是说,现代化经济体系中收入分配体系的原则和标准是在收入分配过程中,体现效率、促进公平。

近年来,陕西收入分配体系在落实收入分配政策时,也是以建设体现效率、促进公平的收入分配体系为标准,来深化收入分配体制改革,逐步缩小收入分配差距,实现收入分配合理。①在宏观层面,陕西在经济快速发展的同时,从劳动者报酬、社会保障、民生和公共服务水平、公平正义的社会环境等方面入手,结

合陕西实际情况，深化收入分配体系改革，努力使整体上与经济和社会财富增长相匹配。②在中观和微观层面，陕西省注重缩小城乡之间、区域之间、行业部门之间以及居民个体之间的收入差距，缩小居民间不合理的收入差距，完善以税收、社会保障、转移支付为手段的二次分配机制。③在收入格局方面，陕西经济发展稳中向好，就业在不断地扩大，大众创业、万众创新持续发力，鼓励勤劳守法致富，扩大中等收入者比重，提高低收入者收入水平，调节过高收入者收入水平，取缔非法收入，推动国民收入分配格局从不稳定的"葫芦形"格局转变为更为稳定的"橄榄形"格局。

7.1.2 陕西现代化收入分配体系的构成

根据党的十八大和十九大确定的收入分配大框架背景，为全面贯彻落实党的十九大和十九届二中、三中全会精神，围绕建设现代化经济体系，对标高质量发展要求，建设体现效率、促进公平的收入分配体系，国家发展改革委办公厅于2018年4月26日印发《2018年收入分配重点工作》。根据《2018年收入分配重点工作》四大方面的20项工作，把现代化收入分配体系概括为三个方面：初次分配效率化体系、二次分配公平化体系、社会保障基本化体系。构建陕西现代化收入分配体系，就是要充分发挥市场机制在要素配置和价格形成中的决定性作用，在初次分配中创造机会公平的竞争环境，维护劳动收入的主体地位，为收入二次分配提供物质基础。同时，更好地发挥政府对收入分配的调控作用，建立以按劳分配为主、多种分配方式并存的收入分配制度体系，完善以税收、社会保障、转移支付为手段的二次分配机制，提高公共资源配置效率，缩小城乡、区域、社会的收入分配差距，规范收入分配秩序。同时，还要加快补齐公共服务短板，将财力向民生保障和扶贫脱贫等薄弱领域倾斜，完善社会保障机制，促进公共资源分配的均等化。陕西收入分配体系如图7-1所示。

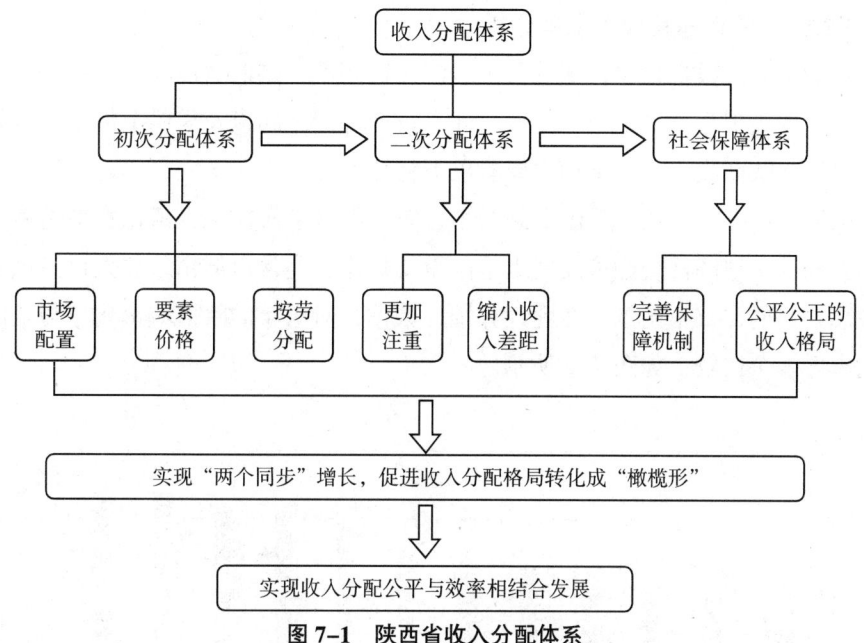

图 7-1 陕西省收入分配体系

7.2 陕西收入分配体系现状及存在问题

7.2.1 陕西收入分配体系的现状分析

在分析陕西收入分配体系时,本书主要从陕西居民收入水平、转移性收入、社会保障情况三个方面分析陕西收入分配体系发展的现状。根据党的十八大和十九大确定的收入分配框架,构建衡量指标,如表 7-1 所示。

表 7-1 衡量指标

目的	目标	衡量指标
构建体现效率、促进公平的收入分配体系	初次分配注重效率	各地区居民人均收入 各行业居民人均收入 居民间人均收入
	再分配注重公平	居民转移性收入
	社会保障健全	人均月保障平均标准 参与保险人数

7.2.1.1 陕西居民收入水平分析

党的十九大报告指出,随着我国经济飞速发展,陕西居民收入一直处于增长状态,主要表现为城乡之间、区域之间、行业部门之间以及居民个体之间的收入增长显著。陕西收入分配格局主要有以下特征:

(1) 城乡居民收入差距比不断缩小,向全国水平靠拢。城镇化水平是衡量一个国家和一个地区社会经济发展水平的重要标志,通常以城镇常住人口占该地区常住总人口的比重来衡量。在此计算统计数据,对历年的陕西城镇化率与全国城镇化率做一个比较,如图 7-2 所示。

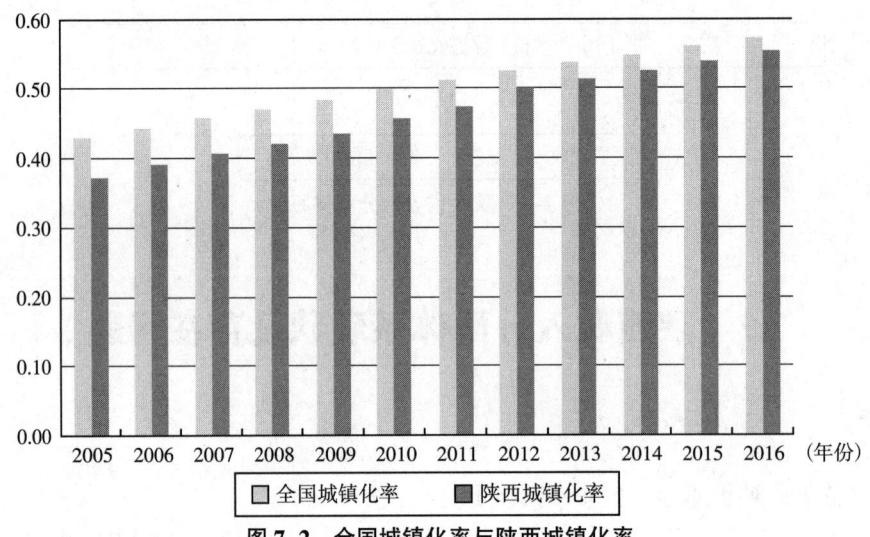

图 7-2 全国城镇化率与陕西城镇化率

资料来源:《中国统计年鉴》(2004~2017 年)。

由图 7-2 看出,陕西的城镇化率逐渐增加,向全国水平靠拢。陕西地处中国西北部,属于欠发达地区,又是以农业生产为主的大省,截止到 2017 年的统计数据,农村人口占陕西总人口的 44.7%。因此,城乡居民收入差距是陕西收入分配中较为重要的一个特征指标。衡量城乡居民收入差距的常用指标有国际常用的基尼系数和城乡居民收入比,在此,根据历年统计数据,用城乡收入比来衡量陕西的城乡差距现状,并与全国城乡差距比进行比较,如图 7-3 所示。整体而言,陕西城乡居民收入比呈现下降趋势,虽然下降趋势缓慢,但一直向全国水平靠拢。

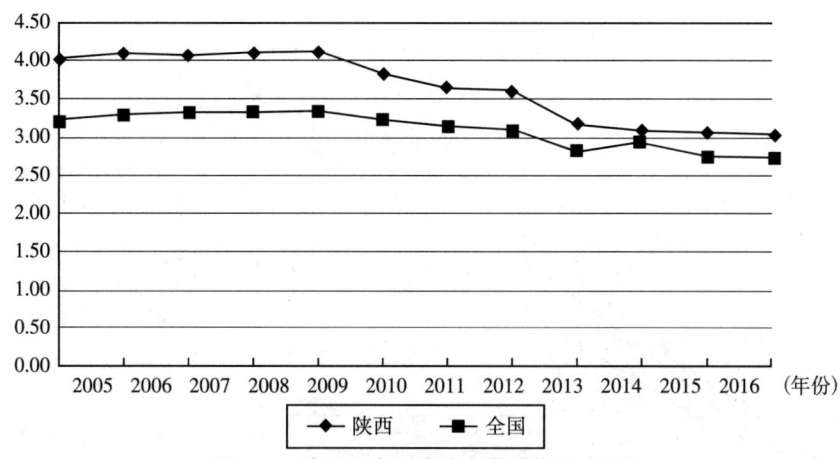

图 7-3　陕西和全国的城乡居民收入差距比

资料来源：《中国统计年鉴》（2004~2017 年）。

（2）不同地区之间居民收入逐年增加。由于自然环境条件的差异、城市规模不等以及各地区之间经济发展水平的不平衡等因素，造成陕西不同级别城市之间居民收入有明显差异，但各地区的居民收入仍处于显著的增长状态。根据陕西的地理位置，一般把陕西划分为三个部分：①把位于陕西中部的渭河平原划分为关中，包括西安、宝鸡、咸阳、渭南、铜川五市及杨凌示范区；②把陕西南部地区划分为陕南，包括汉中、安康、商洛三个地市；③把陕西的北部，也就是中国黄土高原的中心部分划分为陕北，包括榆林市和延安市。

如图 7-4 所示，2005~2016 年，关中地区的城镇居民可支配收入和农村居民人均收入增长最快，收入也最高，其次为陕北地区，最低的是陕南地区。三个地区的增速不同，但表现在图中为，各曲线呈快速上升态势。由此可见，不同地区的居民人均收入增加较快，人均收入逐年增长。

（3）不同行业之间居民收入普遍稳定增长。行业间居民收入是指城镇不同行业从业人员之间的平均收入。从高低收入行业的排序状况来看，收入较高的行业主要集中在支柱产业、技术含量较高或居垄断地位的行业；而劳动力市场竞争激烈、就业门槛相对较低的行业，收入普遍都偏低，但从 2006 年至 2016 年陕西各行业从业人员的平均工资看，均处于稳定增长的状态。由于行业种类较多，很难用一个图表表示全部的行业从业人员的平均工资。在此，根据从属行业和登记注册类型划分，以比较不同行业从业人员的收入差距。

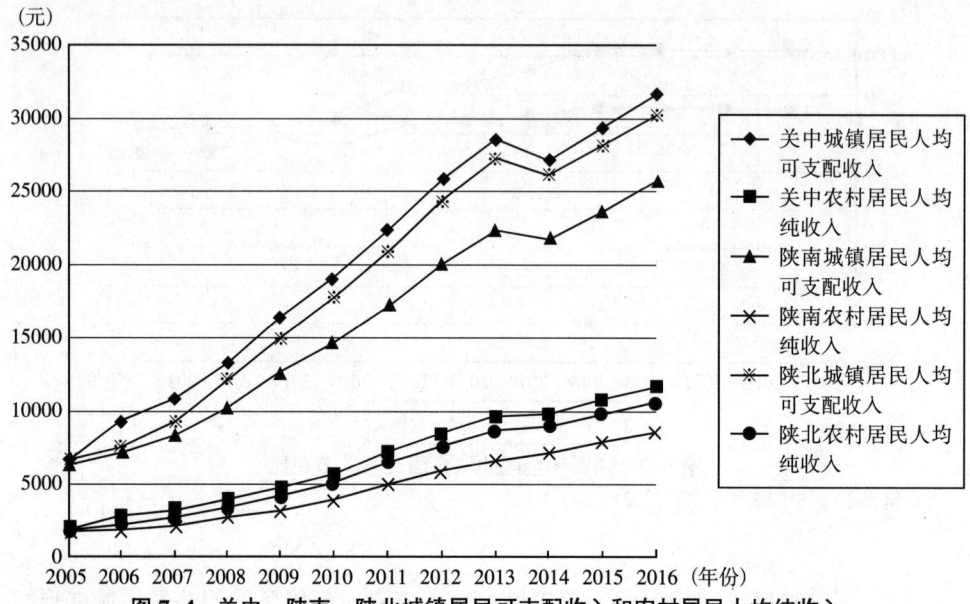

图 7-4 关中、陕南、陕北城镇居民可支配收入和农村居民人均纯收入
资料来源：《陕西统计年鉴》(2004~2017年)。

陕西从事农、林、牧、渔等行业人员的平均工资处于稳定增长状态，从 2006 年开始，截至 2016 年，增长了近 5 倍（见图 7-5）。

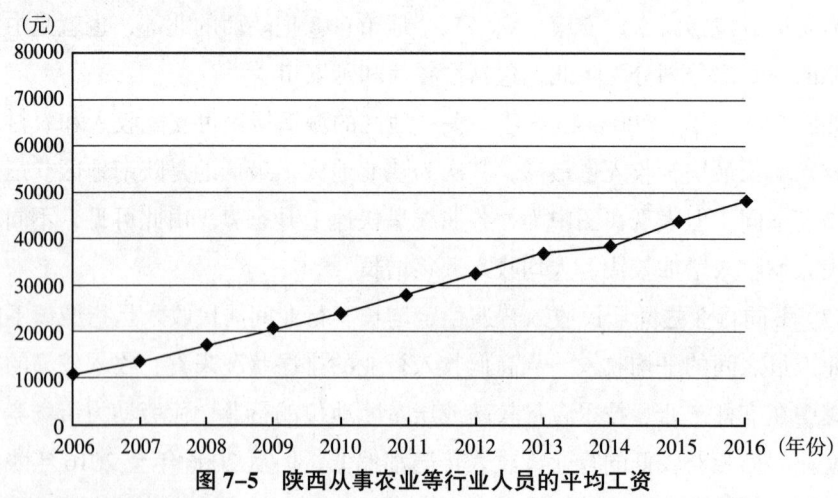

图 7-5 陕西从事农业等行业人员的平均工资
资料来源：《陕西统计年鉴》(2005~2017年)。

陕西从事工业等行业人员的平均工资，整体增长较稳定。从图7-6中可以看出，虽然采矿业，电力、燃气及水的生产和供应业的城镇行业的就业人员的工资一直都高于其他两个行业，但截至2016年，他们的平均工资的增长速度大致相当，均为3.5倍左右。

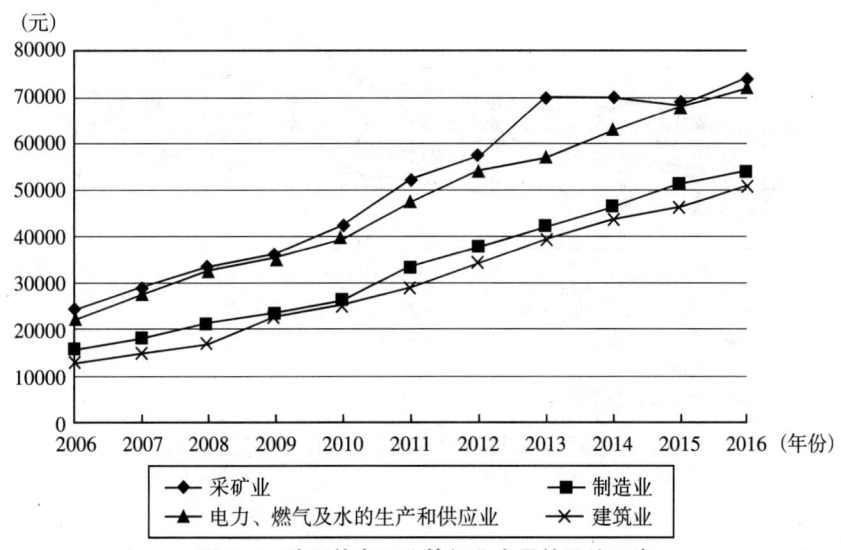

图 7-6　陕西从事工业等行业人员的平均工资

资料来源：《陕西统计年鉴》（2005~2017年）。

对比图7-7和图7-8，可见2006~2016年，从事服务业等行业人员的平均工资虽增长幅度有所变动，但大体上仍处于3~4倍的增长速度，说明从事服务业等行业人员的平均工资处于稳定增长的状态。

按登记注册类型来划分行业，可把城镇单位就业人员平均工资所属于的行业划分为九大类，2006~2016年，各行业人员的平均工资（元）的变化形势如图7-8所示。

由于九大类的行业数量和数据较多，因此，在此采用散点图来表示，从整体而言进行分析。从图7-9中可以明显地看出，各行业的就业人员的平均工资在2006年之后均呈现发散的增长趋势。2006年各行业的就业人员的平均工资处于10000~20000元，2016年，处于40000~80000元，各行业的平均工资增长了近4倍。

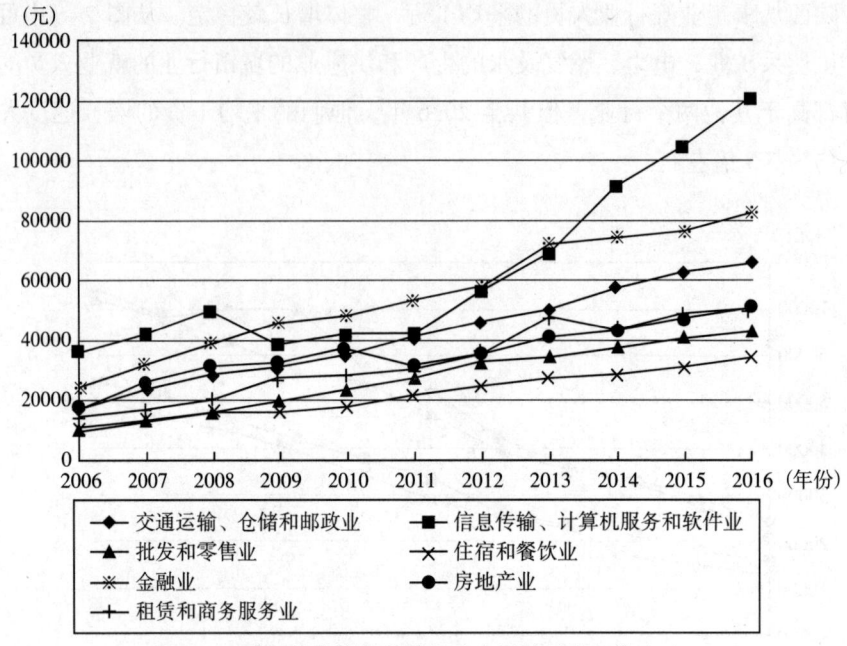

图 7-7 陕西从事服务业等行业人员的平均工资（1）

资料来源：《陕西统计年鉴》（2005~2017 年）。

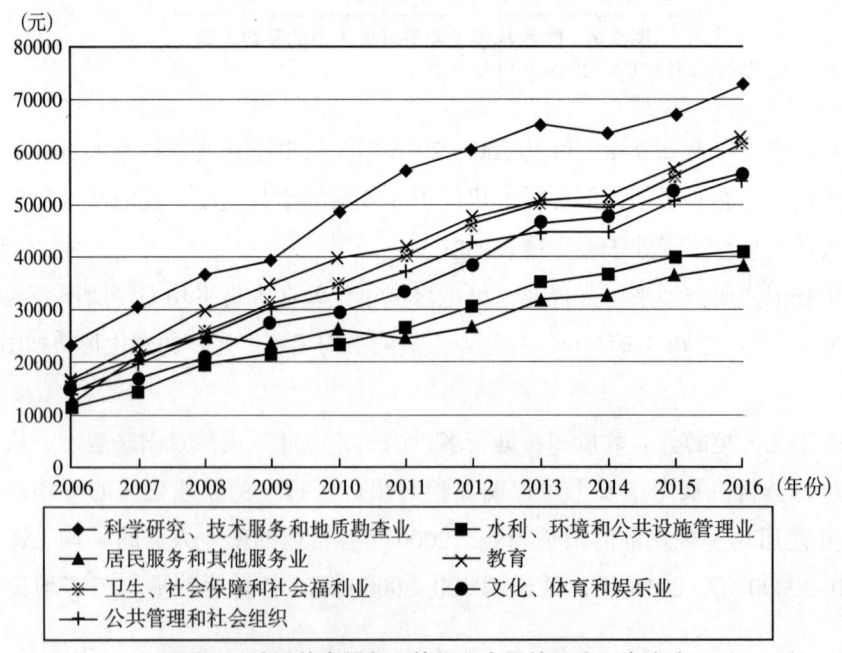

图 7-8 陕西从事服务业等行业人员的平均工资（2）

资料来源：《陕西统计年鉴》（2005~2017 年）。

第 7 章 建设体现效率、促进公平的收入分配体系

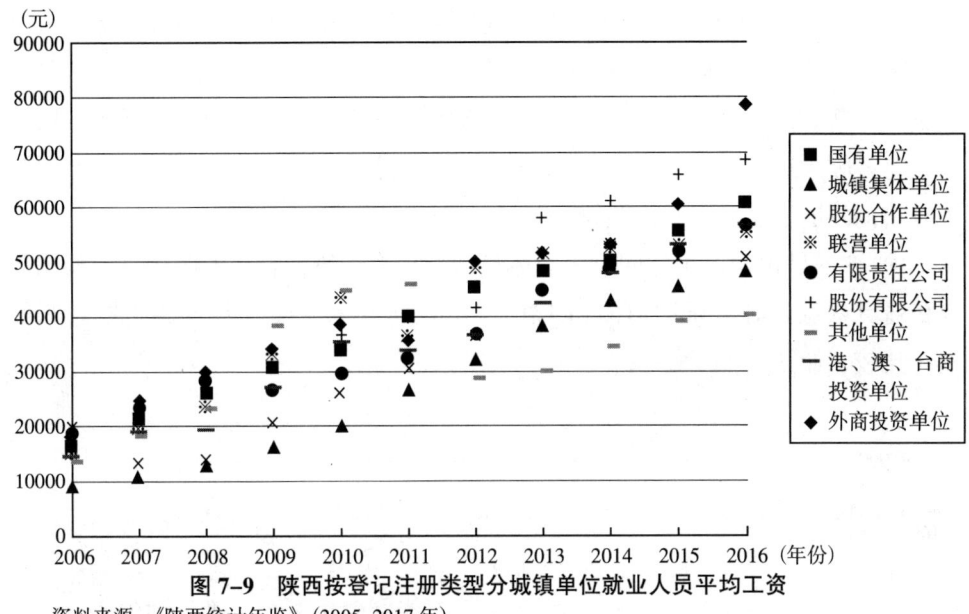

图 7-9 陕西按登记注册类型分城镇单位就业人员平均工资

资料来源：《陕西统计年鉴》（2005~2017 年）。

（4）居民个体间的收入差距呈现平稳的增长趋势。

1）根据人均收入的高低把陕西居民的人均收入（元）五等分，划分为低收入组、中等偏下收入组、中等收入组、中等偏上收入组和高收入组，如图 7-10 所示，各组之间人均收入的增长态势在图中很明显地表示出来了。

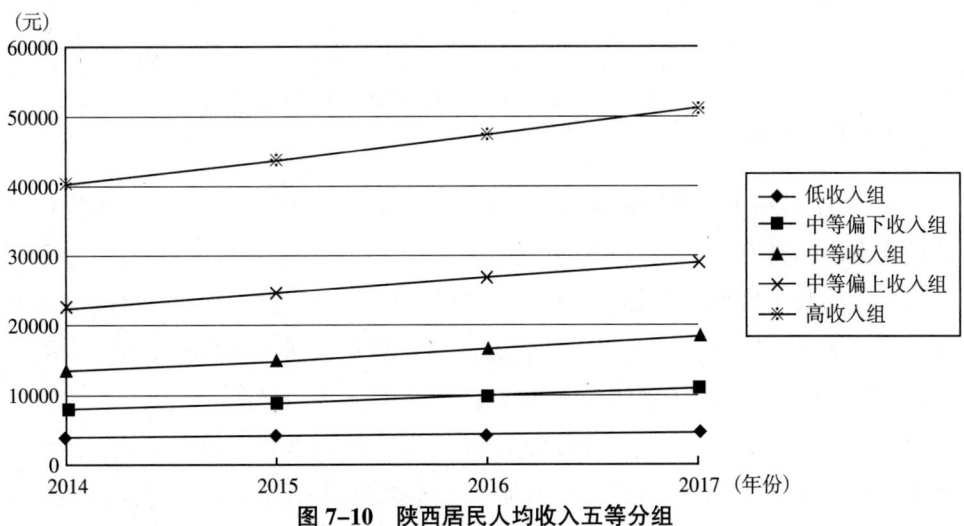

图 7-10 陕西居民人均收入五等分组

资料来源：《陕西统计公报》（2004~2017 年）。

图 7-10 中，2014~2017 年各曲线的斜率不同，高收入组、中等偏上收入组和中等收入组的斜率最大，表示这三组的人均收入增加速度较快。斜率大小排其次的是中等偏下收入组，最低的是低收入组。整体而言，各曲线也呈现发散趋势，且各收入组之间的空隙也在不断变大，说明各收入组的居民间的人均收入随着经济的发展呈现稳定增长态势。

2) 陕西城镇居民个体间收入总体呈增长扩大态势，收入差距较小。根据历年的统计数据，对 2006~2016 年陕西十一市（区）的城镇居民可支配收入（元）进行比较，如图 7-11 所示。

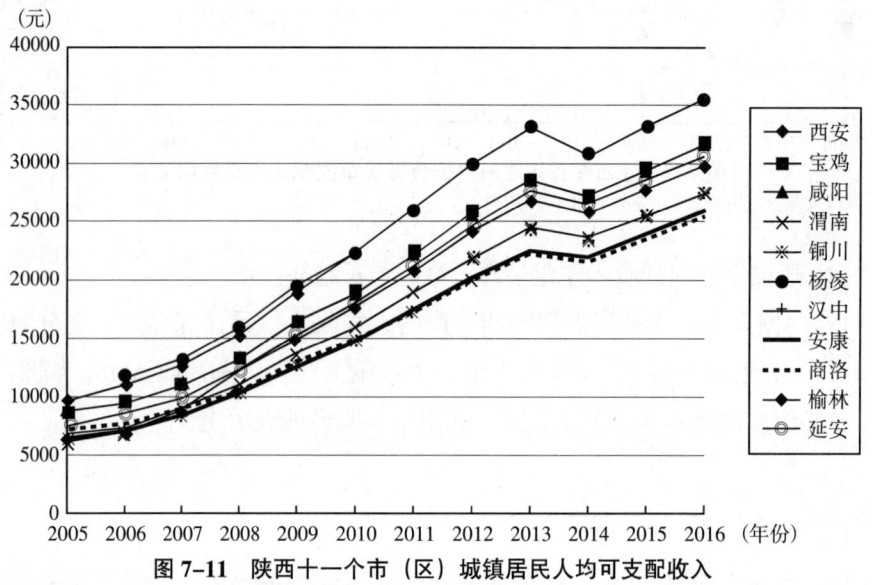

图 7-11　陕西十一个市（区）城镇居民人均可支配收入
资料来源：《陕西统计年鉴》（2004~2017 年）。

图 7-11 显示出，各城镇居民人均可支配收入呈现上涨趋势，也呈现发散增长的状态，2006 年，各城镇居民人均可支配收入均处于 5000~10000 元，处于城镇居民人均收入最高的西安，比处于城镇居民收入最低的榆林高出 4214 元，是榆林城镇居民人均收入的 2 倍。截至 2016 年，各城镇居民人均可支配收入处于 25000~35000 元，且处于城镇居民人均收入最高的西安，比处于城镇居民收入最低的汉中高出 10162 元，是汉中城镇居民人均收入的 1.4 倍。由此可见，各城镇居民人均收入随着经济的发展逐渐增加，虽然各城镇居民人均收入差距呈现扩大趋势，但差距较小，从图 7-11 中可以看出，自 2012 年以来，陕西城镇居民人均

收入增长呈现较稳定的趋势。

3）陕西农村居民个体间收入总体呈增长态势。根据历年的统计数据，对 2006~2016 年陕西十一个市（区）的农村居民人均纯收入（元）进行比较，如图 7-12 所示。

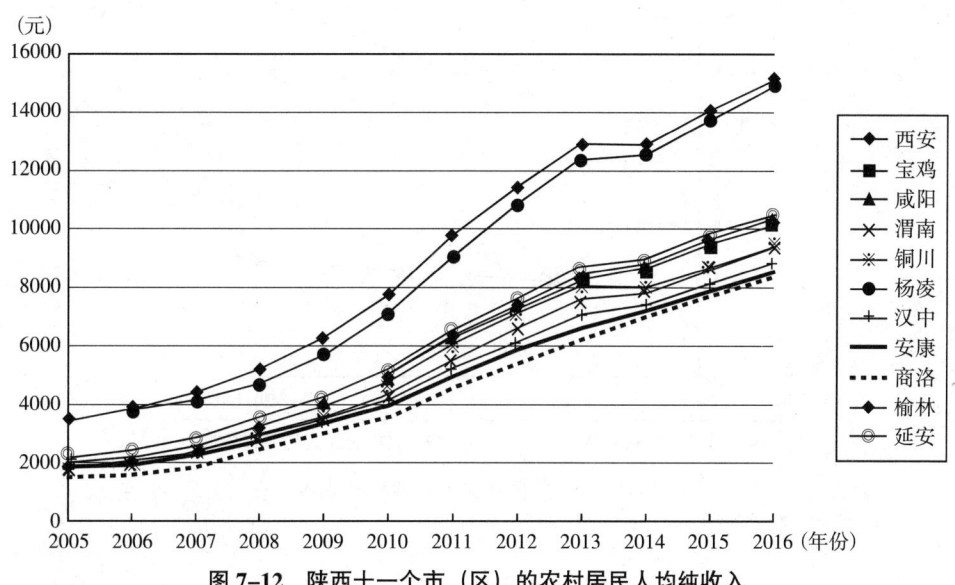

图 7-12 陕西十一个市（区）的农村居民人均纯收入
资料来源：《陕西统计年鉴》（2004~2017 年）。

就整体而言，各农村居民人均纯收入随着经济的发展而变化的趋势非常明显，2006 年，各农村居民人均纯收入处于 2000~4000 元，而在 2016 年，各农村居民人均纯收入处于 8000~16000 元，收入范围扩大了 4 倍。2006 年，处于农村居民人均纯收入最高的西安，是处于农村居民人均纯收入最低的商洛的 2.3 倍，比商洛农村居民人均纯收入高出 1947 元。截至 2016 年，处于农村居民人均纯收入最高的西安，是处于农村居民人均纯收入最低的商洛的 1.8 倍，比汉中农村居民人均纯收入高出 6833 元。结合数据和图形得知，各农村间居民人均纯收入随着经济的发展虽存在差距，但增长速度在 5 倍左右，整体增长速度快，增长稳定。

7.2.1.2　陕西居民的转移性收入水平分析

转移性收入是一种平衡经济发展水平和缩小贫富差距的财务方法，包括政府的转移支付、企业的转移支付和政府间的转移支付。分析陕西居民人均转移净收入水平，有利于我们大体上了解陕西二次分配状况，它是陕西二次分配体系的主要内容。

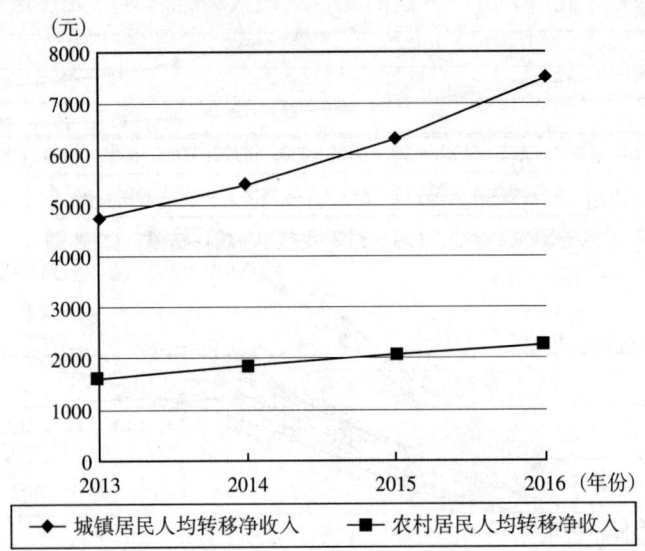

图 7-13 陕西居民人均转移净收入

资料来源：《陕西统计年鉴》（2014~2017 年）。

从图 7-13 中可以看出，陕西城镇居民与农村居民的人均转移净收入均呈现增长态势，与 2013 年相比，2016 年城镇居民的人均转移净收入增长 1.57 倍，农村居民人均转移净收入增长 1.42 倍，说明陕西城镇和农村的居民人均转移净收入增幅大致相当，均呈稳定增长态势。

7.2.1.3 陕西社会保障水平分析

社会保障作为一种国民收入再分配形式是通过一定的制度实现的。我们将由法律规定的、按照某种确定规则经常实施的社会保障政策和措施体系称为社会保障制度。由于各国的国情和历史条件不同，在不同的国家和不同的历史时期，社会保障制度的具体内容不尽一致。一般来说，社会保障由社会保险、社会救济、社会福利、优抚安置等组成。其中，社会保险是社会保障的核心内容。在此，我们用陕西居民人均月保障标准和陕西城镇居民最低生活保障和参保人数来衡量陕西社会保障情况（见图 7-14、图 7-15）。

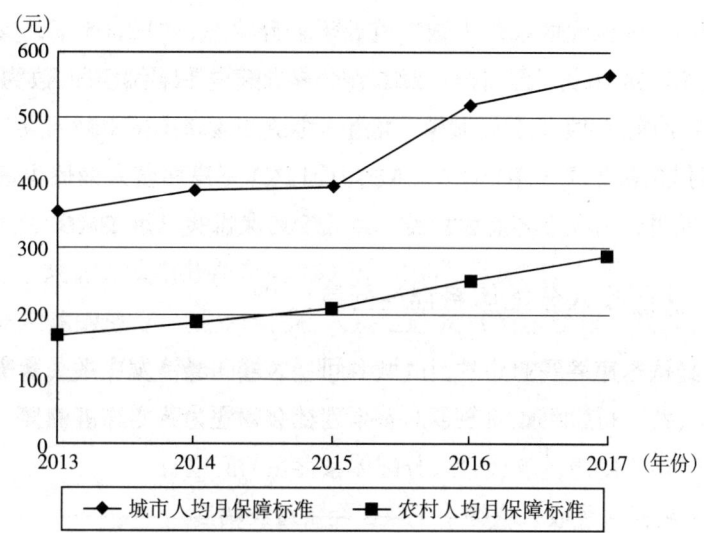

图 7-14 陕西居民人均月保障标准

资料来源:《陕西统计公报》(2013~2017年)。

整体而言,陕西居民人均月保障标准水平,不论是城市还是农村,均处于增长状态,与2013年相比,截至2017年,城市的人均月保障水平一直高出农村约1倍左右,且二者的人均月保障标准均大致呈同样速度增长,是2013年的1.6倍左右。

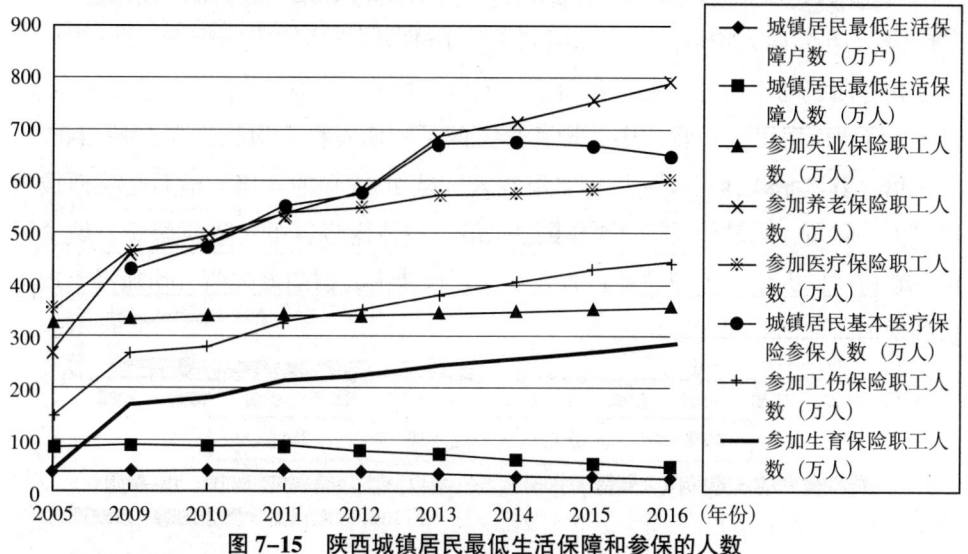

图 7-15 陕西城镇居民最低生活保障和参保的人数

资料来源:《陕西统计年鉴》(2004~2017年)。

陕西参加基本保险的职工人数一直处于上升状态，如 2005 年，参加养老保险职工人数为 268.46 万人，截至 2016 年，参加养老保险职工人数为 789.63 万人，比 2005 年增加 1.9 倍。而城镇最低生活保障户数在逐渐减少，从 2005 年的 33.26 万户到 2016 年的 21.03 万户，减少了 12.23 万户，城镇最低生活保障户数的减少也正说明居民收入的增加，需要最低生活保障的户数在减少。

7.2.2 陕西收入分配体系存在问题分析

在陕西经济迅速发展的同时，由城乡间、区域间经济发展不平衡所带来的收入分配问题日益严重，由此而产生的一系列社会问题为陕西经济的发展以及社会的稳定埋下了诸多隐患。陕西收入分配体系存在的问题有：

7.2.2.1 陕西居民收入增幅小于陕西经济增长幅度

居民收入随经济增长实现同步增长，是体现收入分配公平公正的重要因素。陕西居民的人均收入随着陕西经济增长呈现巨大的增长趋势，根据《2017 年陕西省国民经济和社会发展统计公报》可知，2017 年陕西人均 GDP 为 57266 元，比上年增长 7.3%，2016 年陕西人均 GDP 为 51015 元，比上年增加 7.12%。而 2017 年全省居民人均可支配收入 20635 元，比上年增加 1761 元，增长 9.3%，2016 年陕西居民人均可支配收入为 18874 元，在全国 31 个省（市、自治区）中居第 21 位，同比增长 8.5%。2005~2017 年陕西居民、城镇居民、农村居民人均可支配（纯）收入与陕西人均地区生产总值如图 7-16 所示。

就各曲线随年份的变化增速而言，陕西人均 GDP 的增速最大，是 2005 年的近 5.7 倍，而居民人均收入中，增速最大的是陕西农村人均纯收入，是 2005 年的 5 倍，其次是陕西居民人均可支配收入，是 2005 年的 4 倍，最后是陕西城镇居民人均可支配收入，是 2005 年的 3.7 倍。整体而言，虽然陕西居民、城镇居民、农村居民人均可支配（纯）收入的增长也较大，但随着陕西人均地区生产总值的增加而增加的幅度依然较小。

第7章 建设体现效率、促进公平的收入分配体系

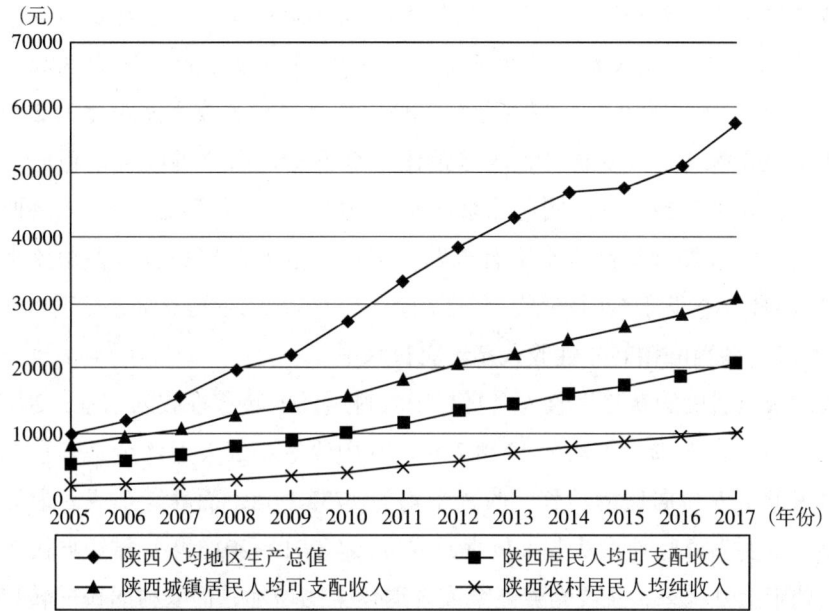

图7-16　2005~2017年陕西居民人均可支配（纯）收入与陕西人均地区生产总值
资料来源：《陕西统计年鉴》（2004~2016）和《陕西统计公报》（2017）。

7.2.2.2　陕西城乡居民收入差距比高于全国水平

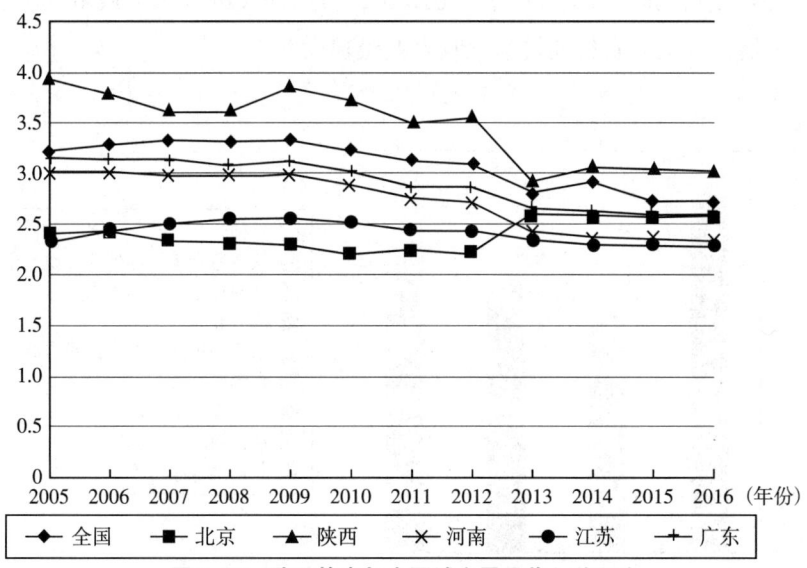

图7-17　陕西等省与全国城乡居民收入差距比
资料来源：《陕西统计年鉴》（2004~2017）。

城乡居民收入差距比是衡量各省城乡收入差距状况的一个重要指标。2005年，陕西城乡居民收入差距比为3.95，而全国城乡收入差距比为3.22，截至2016年，陕西城乡居民收入差距比为3.03，而全国城乡收入差距比为2.72（见图7-17）。虽然陕西城乡居民收入差距比一直下降，向全国收入差距比水平靠近，但一直高于全国水平。同比北京、河南、江苏、广州四省（市），陕西居民收入比也是一直处于最高水平，且该四省（市）的城乡居民收入差距比水平在2005~2016年一直低于全国水平。

7.2.2.3　陕西城镇转移性收入高于农村水平

陕西城镇居民的转移性收入一直高于农村居民的转移性收入水平，2013年，城镇居民的转移性收入平均为5728.7元，其中养老金或者退休金是其重要转移性收入来源，农村居民的转移性收入平均为1752.1元，而养老金或者退休金金额较小，主要靠家庭外出从业人员寄回或带回。2013~2016年，城镇居民的转移性支出处于上升状态，主要是养老金或者退休金的增加，而农村居民的转移性收入处于下降状态，从图7-18、图7-19中可以看出，家庭外出从业人员寄回或带回的数值下降，养老金或者退休金也处于下降状态，并且，农村居民的养老金或者退休金金额一直低于城镇居民，2013年，城镇居民的退休金或者养老金是农村居民退休金或者养老金的11倍，2016年，城镇居民的退休金或者养老金也是农村的11倍，城镇与农村的转移性收入差距很大。

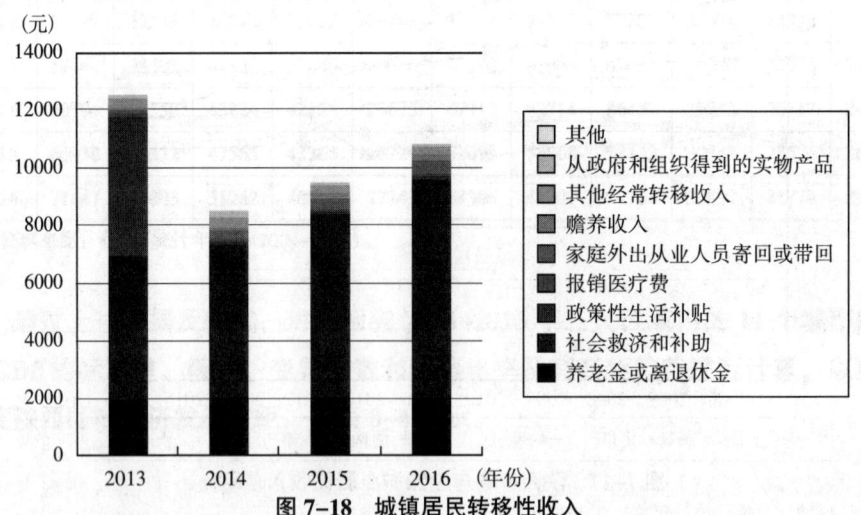

图7-18　城镇居民转移性收入

资料来源：《陕西统计年鉴》（2014~2017）。

第7章 建设体现效率、促进公平的收入分配体系

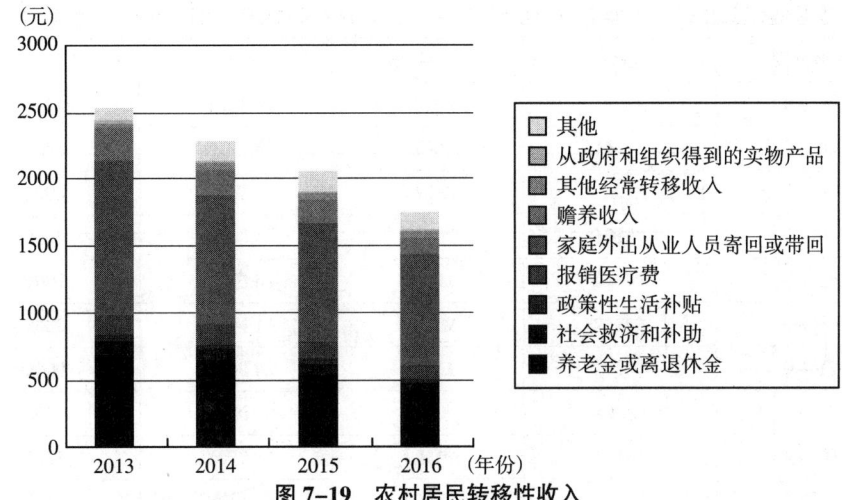

图 7-19 农村居民转移性收入
资料来源：《陕西统计年鉴》（2014~2017）。

7.3 陕西收入分配体系方案设计

建立效率与公平的收入分配体系，需要基于公正平等竞争前提的初次分配效率激发各要素所有者的高效率，实现"两个同步"增长，需要基于科学效率前提的再分配公平在财力约束条件下更有利于民生福祉、社会和谐的真公平，实现收入分配的公平性，需要基于基本化的社会保障体系实现"橄榄形"格局的形成，因此，与此相对应，陕西现在需要通过完善要素价格体系的构建、完善所得税制度、完善社会保障制度来建立效率与公平的收入分配体系，解决目前陕西收入分配体系中所存在的问题。效率与公平的收入分配体系方案设计如图 7-20 所示。

7.3.1 目标

国家发展改革委办公厅于 2018 年 4 月 26 日印发的《2018 年收入分配重点工作》，旨在进一步明确提高质量发展要求，建设体现效率、促进公平的收入分配体系。体现效率、促进公平是收入分配体系的目标，是为了实现更合理、更有序，形成经济增长与居民增收互促共进的良性循环的收入分配格局。当前我国收入分配领域的改革，应该通过收入分配制度的顶层设计形成合理的收入分配格

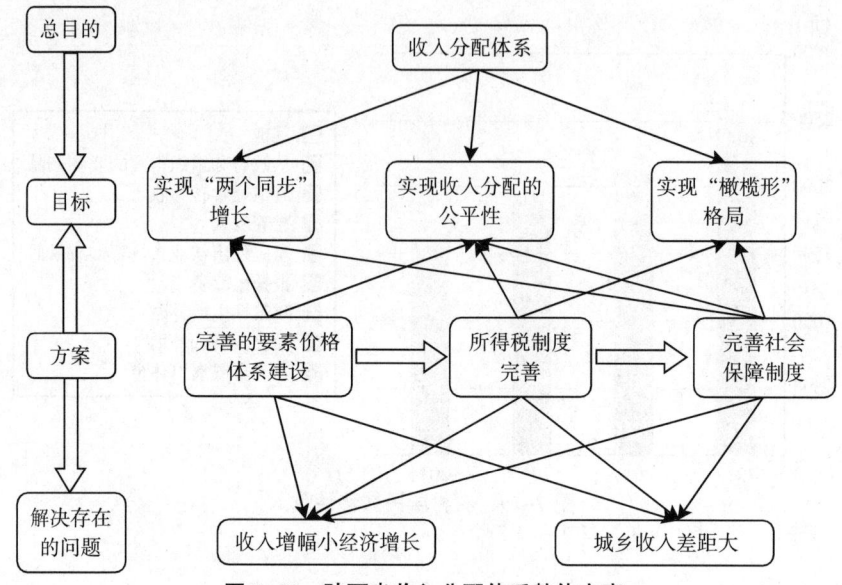

图 7-20 陕西省收入分配体系整体方案

局,通过生产力均衡发展解决城乡居民之间和地区居民之间的收入分配差距,通过户籍制度、税收制度、转移支付和社会保障制度以及农村土地制度的调整逐渐形成良好的收入分配关系,通过处理好效率与公平的关系逐步解决收入不公平问题(韩文龙、陈航,2018),从而形成良好、公平、公正的收入分配格局,促进经济的良性发展。

(1)坚持在经济增长的同时实现居民收入同步增长、在劳动生产率提高的同时实现劳动报酬同步提高。坚持"两个同步"增长,其目的就是要把经济发展水平的提高和个体收入水平有机结合起来,让劳动生产率的提高能有效造福劳动者。党的十九大报告指出,从我国发展所处的历史坐标看,我国仍处于并将长期处于社会主义初级阶段的基本国情没有变。截至 2017 年,陕西人均 GDP 是 2005 年的 5.78 倍,而陕西人均收入只是 2005 年的 3.99 倍,居民收入增长慢于经济增长速度。因此,在初次分配环节,应该以鼓励提高效率、创造财富为主,重在激发投资者、管理者和劳动者的积极性和创造力,增强市场主体的活力和竞争力,使劳动者有更多的"获得感"。

(2)缩小收入差距,建立公平公正的收入分配格局。提高收入分配的公平性一直是收入分配改革体系的重要部分,虽然陕西收入差距比一直呈现下降态势,且不断向全国水平靠拢,但截至 2016 年,陕西的居民收入差距比为 3.03,位于全国第 26 名（全国收入差距比为 2.72，第一名为天津，为 1.85），虽然适度差别推动经济发展水平持续提高，但不正当的收入差距会降低广大劳动者的工作热情。从解决收入分配不公的角度出发来实现收入差距逐步缩小的目标，应该是当前收入分配制度改革的主要任务之一，实现收入分配改革战略，也要紧扣这个目标，缩小不适当的收入差别，也就是促进收入分配体系更公正、更有序，促进收入分配效率与公平的结合，有利于促进经济和社会的全面进步，有利于共同富裕目标的实现。

（3）推动二元特征明显的"葫芦形"格局转变为"橄榄形"格局。2017 年底召开的中央经济工作会议，在总结党的十八大以来我国经济发展取得的历史性成就和发生的历史性变革时，也对中等收入群体给出了一个举世瞩目的判断——中国已"形成了世界上人口最多的中等收入群体"。中国能够在经济转型的重要时刻不出现大的矛盾和问题，与中等收入群体的不断扩大是分不开的。作为社会运行的"稳定器"，中等收入群体持续扩大，可以释放消费潜力、扩大内需。而且，中等高收入群体对产品、服务的质量和性能有较高要求，可以倒逼供给体系加快改革，形成经济增长与居民增收互促共进的良性循环。2014 年，陕西中等收入人数只占总人口的 15.41%，2016 年，陕西中等收入人数只占总人口的 16.50%，因此要推动收入分配格局从不稳定的"葫芦形"格局转变为更为稳定的"橄榄形"格局，就必须以与当前发展阶段相适应的收入差别作为激励，继续保持经济持续中高速增长，大力提高经济发展水平，增加居民收入，特别注重实现居民收入增长和经济发展同步，实现劳动报酬增长和劳动生产率同步。

7.3.2　构建体现效率、促进公平的收入分配体系方案设计

"效率、公平"是陕西收入分配体系的制度准则，是陕西公平公正的收入分配格局形成的关键。根据本书提出的"体现效率、促进公平"的发展思路，结合陕西的实际，体现效率为陕西公平公正的收入分配体系建设提供基础，促进公平为陕西公平公正的收入分配体系提供基础，二者相辅相成，共同协调发展，为陕西经济的良性发展提供动力。具体方案如下：

7.3.2.1　要素价格体系构建方案

坚持在经济增长的同时实现居民收入同步增长、在劳动生产率提高的同时实现劳动报酬同步提高，就是要在初次分配领域构建完善的要素价格体系。在初次

分配方面，要素市场不完善，要素价格扭曲，市场垄断不仅带来资源配置的低效率和无效率，而且导致要素报酬不合理和不公平分配。现代公共经济学理论认为，要素市场的扭曲会带来生产和消费的负外部性、形成市场上的自然垄断、带来信息不对称而导致的逆向选择和道德风险以及社会收入的不公正等影响（杨志勇，2008）。因而，进一步解决要素市场扭曲和垄断带来的收入差距过大和收入分配不公问题，需要着力完善按要素分配的体制机制，这是构建陕西现代化经济体系的基础。

结合前文的分析结果，陕西要素价格体系目前存在的问题是：薪资制度科学性较低、科技人员薪资不匹配、薪资制度基础不完善等。因此，针对这些问题，陕西要素价格体系需要重点推进政府制度基础建设，提高市场配置效率，从而完善要素价格体系建设，确保各行业从业人员收入科学公平。要素价格体系的建设方案如图 7-21 所示。

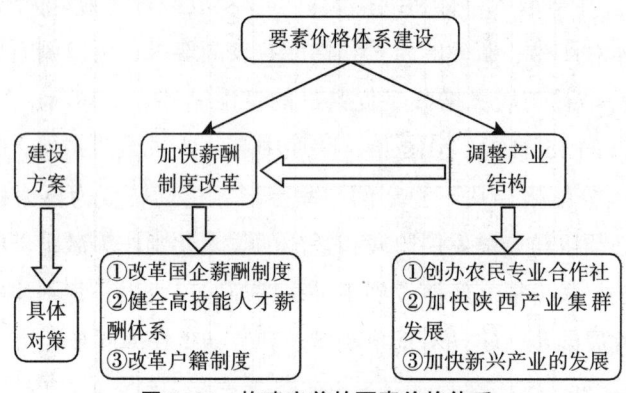

图 7-21　构建完善的要素价格体系

（1）薪酬制度基础建设。

1）加快陕西国企薪酬制度改革。2006~2016 年陕西国有企业就业人员的工资仅低于外商投资单位和股份有限工资，但 2005~2016 年，陕西非公有制增加值占生产总值的比重从 43.3%增加到 53.8%，足以说明非公有制经济的创造活力超过了公有制经济。因此，陕西国企薪酬制度改革是一个突破口，健全科学的工资水平决定机制、正常增长机制、支付保障机制，推行企业工资集体协商制度，能完善最低工资增长机制，激发国有企业的创新活力。

2）加快改革户籍制度，是因为户籍制度能够消除就业选择、收入决定和社保待遇方面的户籍歧视，全面落实"同工同酬"原则，这也是由中国典型的二元经济结构引起的，户籍制度带来的身份歧视、就业歧视、同工不同酬、社保待遇差异、性别歧视，都会导致不同程度的收入分配不公。为深入贯彻落实《国务院关于进一步推进户籍制度改革的意见》（国发〔2014〕25号）精神，结合陕西实际，《陕西省人民政府关于进一步推进户籍制度改革的意见》（陕政发〔2015〕12号）提出根据陕西城镇化建设规划目标，进一步调整户口迁移政策，统一城乡户口登记制度，全面实施居住证制度，加快建设和共享国家人口基础信息库，稳步推进义务教育、就业服务、基本养老、基本医疗卫生、住房保障等城镇基本公共服务覆盖全部常住人口的发展目标。

3）健全高技能人才薪酬体系，提高技术工人待遇。陕西共有高校108所，2016年全省从事科技活动总计275169人，专利授权总量为48455件，针对陕西省内科技人员多、科研实力强的特点，科技人员作为一种重要的因素参与分配，在制度上要有所倾向，设计机制有效激励科技人员安心从事科研工作以提升技术创新水平，并促进科研人员将科技成果有效地产业化和市场化。

（2）调整产业结构。

1）大力创办农民专业合作社。一是陕西的城镇化率较低，为55.3%，一直低于全国水平，因此要加速二元经济转换，推动持续城镇化，依据工业化和城镇规模的发展需要，尽快使更多的人口转为城镇市民。实现陕西省政府提出的到2020年农业转移人口落户城镇数累计达到1000万人的目标。二是要加快农村农业的发展，特别是通过工业反哺农业、城市带动乡村，支持农村农业发展，降低低收入群体的比重。

2）加快陕西产业集群发展。《陕西省人民政府关于加快产业集群发展的指导意见》（陕政发〔2009〕20号）指出，产业集群是工业化发展进程中的重要经济形态，有利于资源优化配置和生产要素有效集中，提高专业化生产水平，形成具有特色的优势产业。2009~2015年，全省产业集群销售收入和增加值年均分别增长25%和18%左右，产业集群省内配套率由不到30%提高到50%以上。

3）加快新兴产业的发展。战略性新兴产业作为陕西新旧动能转换的"助推器"，2017年一直保持快速增长。新一代信息技术产业发展迅速，2017年实现增加值605亿元，比上年增长12.4%。其中，集成电路设计行业发展突飞猛进，全年保持在3倍以上的增速。三星项目填补了全省芯片生产的空白，同时在华为海思、英特尔西安、航天771所等集成电路设计企业有力推动下，全省集成电路产业链逐步完善。加快陕西新兴产业的发展，对陕西经济的发展有战略性意义。

7.3.2.2 所得税制度建设方案

《2018年收入分配重点工作》明确提出，要履行好政府再分配调节职能，包括推进税收制度改革等。建立陕西现代化收入分配体系，要更好地发挥政府对收入分配的调控作用，建立以按劳分配为主、多种分配方式并存的收入分配制度体系，完善以税收、社会保障、转移支付为手段的分配机制，其中所得税制度完善是二次分配领域改革的重中之重。因此，结合前文的现状分析和税收指导政策，陕西的所得税建设应该从改革个人所得税和做好财产税法的三大配套建设两方面做起。通过改革所得税制度，用好财税等调节功能，着力改变贫穷与富裕的代际传递，为"勤劳守法致富"创造一个公平竞争的环境。

（1）改革个人所得税制度。切实改革个人所得税制度用好财税等调节功能，着力改变贫穷与富裕的代际传递，为"勤劳守法致富"创造一个公平竞争的环境。2012年，陕西地方一般预算收入1600.69亿元，其中个人所得税收入为42.05亿元；2016年，陕西地方一般预算收入1833.99亿元，其中1204.39亿元来自个人所得税收入。个人所得税作为财政政策的重要手段，一方面发挥了筹集财政收入的作用，另一方面也在调节收入分配方面发挥着巨大作用。晋一巍（2018）对分配正义、公共财产法等理论的分析，对财税法调节分配对象的探讨，对调节分配制度变迁的概述，论证了研究财税法调节分配功能一般理论的必要性，财税分配是政府再分配调节的主要手段。降低中低收入群体的税负，尤其是工资、劳务所得的抵扣等，切实减轻中低收入的税收负担；调节过高收入所得，尤其对投机所得加大调节力度，是缩小收入差距的"削峰填谷"之举。值得注意的是，注重公平的同时也要兼顾经济效率，切实避免在调节高收入群体时，挫伤高收入群体的劳动积极性。以此来达到扩大中等收入阶层的目的。

（2）做好陕西财产税法的三大配套建设。这是财产税法持续助力社会收入分配调节的前提。财产税实质上是针对纳税人自身在缴纳税务费用后所获得的聚征税务，带有一定的累进性质，可以缩小财产所有者本身和非财产所有者本身收入层面的差距，达到收入分配强化调节的目的。强化财产税法的收入分配功能，第一，必须完善分税制度财政管理体制。给陕西地方政府一定的税收立法权，有效处理地方财政收支的不平衡情况，保证收入的稳定，致力于公共设施的建设，福利事业的建设。第二，必须完善财产税法应税管理的监督制度。引入预算监督机制、审计监督机制，改革不成熟的诉讼制度，确保政府用税监督管理到位。第三，建立统一的财产登记和清查制度。通过公信财产价值的评估，确定合理的价值评估方法，借助先进的计算机网络技术，加强税收的信息化建设，实现税务部门与财产评估的协同，如图7-22所示。

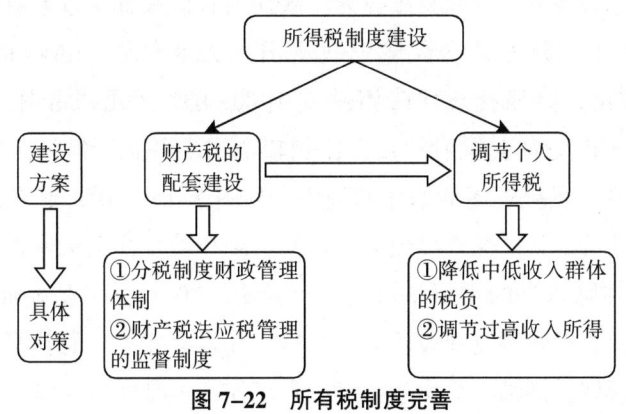

图7-22 所有税制度完善

7.3.2.3 社会保障制度完善

1992年中国改革开放转型后，正式建立社会保障体系改革制度。2017年，习近平同志在十九大报告中指出，要加强社会保障体系建设，全面建成覆盖全民、城乡统筹、权责清晰、保障适度、可持续的多层次社会保障体系。结合前文的现状分析，陕西社会保障制度存在的问题有：城乡社会保障财政投入差距大、城乡保障制度不完善等。因此，陕西社会保障制度的完善应该从以下三个方面着手：

第一，促进公共服务均等化。现阶段陕西乃至我国的基本公共服务还存在不均等现象：城乡之间基本公共服务供给不均等；进城农民工享有的基本公共服务水平远低于城市户籍居民等，这些都是"新矛盾"判断的重要内容。加大子女教育、医疗、养老等公共服务均等化，必然使得中低收入者减少在这方面的支出，使得低收入者增加收入来源。应该尽快按照党的十九大的部署，完善城镇职工基本养老保险和城乡居民基本养老保险制度，尽快实现养老保险全国统筹，完善统一的城乡居民基本医疗保险制度和大病保险制度，并且，完善失业、工伤保险制度。

第二,加快扶贫改革。《关于做好农村最低生活保障制度与扶贫开发政策有效衔接的实施意见》(陕政发〔2017〕3 号)提出,通过完善农村低保制度与扶贫开发政策的有效衔接,形成政策合力,对符合低保标准的农村贫困人口实行政策性保障兜底,确保到 2020 年实现现行扶贫标准下农村贫困人口全部稳定脱贫的工作目标。

第三,缩小城乡社会保障财政投入。陕西一直以来都比较重视社会保障体系的建立,2012 年,陕西社会保障财政支出 3323.8 亿元,占财政预算支出的 12.67%;2016 年,陕西社会保障财政支出 4389.37 亿元,占财政预算支出的 14.93%。虽然政府对社会保障的投入比例较全国水平高,但仍然处于较低水平(王桃清,2013),且呈现逐渐增加的趋势。如图 7-14 所示,城乡保障水平差距过大,是城乡政策的长期倾斜导致的,因此,缩小城乡社会保障财政投入比例是缩小陕西城乡保障水平的重要举措之一(吴婧,2018)。一是要加大资金投入,大力扶持农村社会保障制度建设逐渐缩小城乡在社会保障上的差距。二是要升级社会保障制度管理,加强社会保障制度管理工作。三是要增加农村保障项目,提高社会保障水平。社会保障制度建设方案见图 7-23。

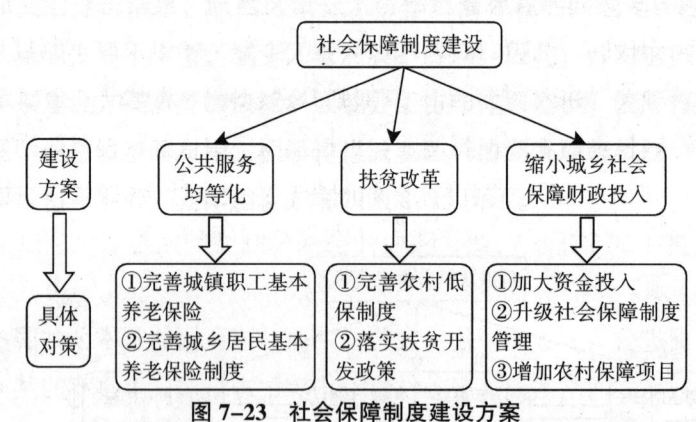

图 7-23 社会保障制度建设方案

7.4 陕西收入分配体系建设重点

根据《2018 年收入分配重点工作》四大方面的 20 项内容和陕西现状,陕西现代化收入分配的建设重点应从以下几个方面着手。

7.4.1 健全有效的岗位绩效工资制度

健全有效的岗位绩效工资制度。《关于深化事业单位收入分配制度改革的指导意见（试行）》（陕政办发〔2003〕100号）就明确提出实行以岗位绩效工资为主的多元化分配制度，逐步建立起重实绩、重贡献，向优秀人才和关键岗位倾斜、形式多样、自主灵活的分配方式，努力形成有利于充分调动事业单位工作人员积极性和创造性，促进人才资源合理配置和社会事业健康发展的管理机制。陕西作为一个科技大省，科技综合实力雄厚，健全与岗位责任、工作能力以及显性的和潜在的贡献紧密联系的岗位绩效工资制度，不仅有利于保障和激励科研人员的积极性和创造力，吸引人才、留住人才，而且有助于建立正确的收入分配导向和秩序，是提高公立科研机构创新绩效的关键制度保障（张义芳，2018）。

7.4.2 扩大农村社会保障的覆盖范围和财政力度

社会保障应该是覆盖全民的保障网，具有公平性和公正性，但由于我国长期以来的城乡二元经济结构，导致城乡社会保障的二元化特征十分明显，虽然陕西财政社会保障水平高出全国总水平，但仍处于较低状态，且财政社会保障支出结果显现不合理状态，社会保障的覆盖面仍需扩大（王桃清，2013）。党的十七大提出要建设"覆盖城乡的社会保障体系"，实现这一目标的关键在于农村。以2016年为例，农村人口1703万人，总人口3813万人，农村人口占总人口的44.66%，然而农村人均月保障标准最低为3015元，城市人均月保障标准最低为5400元。陕西目前农村地区推动养老保险和新型合作医疗保险制度，也是受到资金短缺的严重困扰而障碍重重。所以，陕西应扩大社保覆盖范围，覆盖到城市体制外员工和农村人口，真正实现广覆盖、保基本的全民社会保障。

7.4.3 坚持精准扶贫脱贫，守住社会稳定的底线

发展是解决贫困的根本途径，经济增长是扶贫脱贫的重要前提和有力支撑。陕西坚持开发式扶贫方针，扶贫兼扶志，提高其积极性和发展能力，发挥主体作用。动员全社会参与，发挥制度优越性，构建多层次协同推进的大格局和多元主体的社会扶贫体系。

(1）完善结对，深化帮扶。推动县县精准对接，探索乡镇、行政村之间结对帮扶。以产业带动扶贫，同时增强贫困地区自身"造血"功能、自我发展能力。注重精准扶持对象、项目安排、资金使用、措施到户、因村派人、脱贫成效六个精准全面落实。坚持分类施策，尊重差异，区别对待，具体情况具体解决，广泛动员参与扶贫。

（2）要明确重点精准聚焦，加强考核确保成效。务必要在精准上下功夫，各项措施都要瞄准建档立卡贫困人口精准发力。努力创造增加就业的岗位，完善劳务输出对接机制，认真组织协同。在发展经济的基础上，拓展科教文卫等领域合作。严格监督考核，突出目标和结果导向，注重实效。

7.4.4 营造良好的创新创业环境，创造各收入阶层之间流动的公平机会

社会各收入阶层群体在经济发展中是否被固化，各群体之间是否可以公平流动是衡量分配制度是否公平合理的重要标志。通过全面深化改革，使得市场机制充分发挥资源配置的决定性作用，同时政府更好地发挥宏观调控、市场监管、公共管理、社会服务和环境保护的作用。营造公平公正的市场环境，使得社会各阶层群体的创造力和积极性得到充分释放。

创业是缩小收入分配差距的重要渠道，经济发展新常态背景下，保持经济中高速增长的同时兼顾社会公平正义。首先，要加快转变政府职能，改善营商环境，构建创新创业生态系统，积极鼓励生产性创业，发展创业型经济，提高地区创业水平；其次，因地施策，在创业水平较低和经济发展水平较低的地区制定更加普惠的创业政策，使创新与创业成果更多地向低收入阶层倾斜；最后，要丰富企业家精神的内涵，将"共同富裕、共享发展"的理念融入企业家精神，增强企业家、创新型创业人才的社会责任感，鼓励包容性创新，使创新型创业更具有普惠性、共享性。

第 8 章　构建彰显优势、协调联动的城乡区域发展体系

"构建彰显优势、协调联动的城乡区域发展体系"是习近平总书记在党的十九大报告中的重要精神指示，这对实现区域良性互动、城乡融合发展、塑造区域协调发展新格局有重要影响，更是现代化经济体系发展战略目标实现的关键。本章根据 2017 年中央经济工作会议及党的十九大报告的内容，结合陕西省城乡发展的实际情况，构建了陕西省城乡区域发展体系，阐明了陕西构建彰显优势、协调联动的城乡区域发展体系的内涵与构成、现状与问题、方案设计和建设重点四个方面，以此来促进陕西实现基本公共服务均等化，基础设施通达程度比较均衡，人民生活水平大体相当，最终实现区域均衡发展。

8.1　陕西城乡区域发展体系的内涵与构成

8.1.1　陕西城乡区域发展体系的内涵

中共中央总书记习近平在中共中央政治局第三次集体学习时强调，建设现代化经济体系是我国发展的战略目标，也是转变经济发展方式、优化经济结构、转换经济增长动力的迫切要求。加快建设现代化经济体系，有利于社会主义现代化强国目标如期实现。在现代化经济体系的建设中，习近平强调要建设彰显优势、协调联动的城乡区域发展体系，通过实施好区域协调发展战略，走好乡村振兴这盘大棋来优化现代化经济体系的空间布局战略，推动经济一体化。

城乡区域发展体系是由协调城乡区域发展的各个环节、各个层面、各个领域

的相互关系和内在联系构成的一个有机整体，它与现代经济体系内的其他部分在推进现代化建设中相互作用、共同建设。城乡区域发展体系作为现代化经济体系的有机组成部分，其核心内容是：要建立以工促农、以城带乡的长效机制，形成城乡经济社会发展一体化新格局，实现区域均衡发展。

建设彰显优势、协调联动的城乡区域发展体系是陕西新时期全面建成小康社会进而实现全体人民共同富裕的关键，也是缩小城乡差距、实现社会公平正义的内在要求。其本质是在关中、陕北、陕南三大区域内实现城乡区域优势互补、良性互动及城乡融合发展，培育和发挥区域比较优势，加强区域优势互补，塑造区域协调发展新格局。其内涵主要包括两个方面：一是以加快城乡公共服务基础设施建设、提高城乡居民收入水平、加快城乡交通通达度为主线，以城乡发展的各个环节和领域为重点，推动陕西城乡发展质量及效率水平的提高；二是要缩小区域内部城乡之间的差距，最终实现基本公共服务均等化，基础设施通达程度比较均衡，人民生活水平大体相当，实现区域均衡发展。

8.1.2 陕西城乡区域发展体系的构成

在党的十九大和2017年中央经济工作会议确定的区域协调发展大框架下，未来城乡区域发展将形成三大协调趋势：城乡区域经济日趋一体化、城乡区域分工协作新体系构建完善、区域间均衡发展态势形成并持续。

在中央政策的实施领导下，陕西城乡区域发展体系整体上涵盖三个相互关联的体系：城乡公共服务均等化体系、城乡一体化体系、城乡区域分工协作体系。其中，公共服务均等化是基础，城乡区域分工协作是核心，城乡一体化是表现形式。党的十七届三中全会再次对城乡区域一体化发展做出了明确要求，建立促进城乡经济社会一体化发展制度。近年来，陕西在落实城乡区域发展体系政策的同时，除了注重"量"的提升外，更加注重"质"的优化。在协调区域发展体系时，陕西主要对公共服务均等化、基础设施以及居民生活水平进行优化，建立了更加有效的区域协调发展新机制，并根据陕西实际情况构建了陕西城乡区域发展体系概念模型（见图8-1）。

（1）陕西城乡公共服务均等化体系。城乡公共服务均等化体系是陕西城乡区域发展体系的基础。城乡公共服务均等化体系是指以政府为主体，以农村为重点，在城乡间合理配置公共资源，使城乡居民在享受公共服务质量、数量和可及

第8章 构建彰显优势、协调联动的城乡区域发展体系

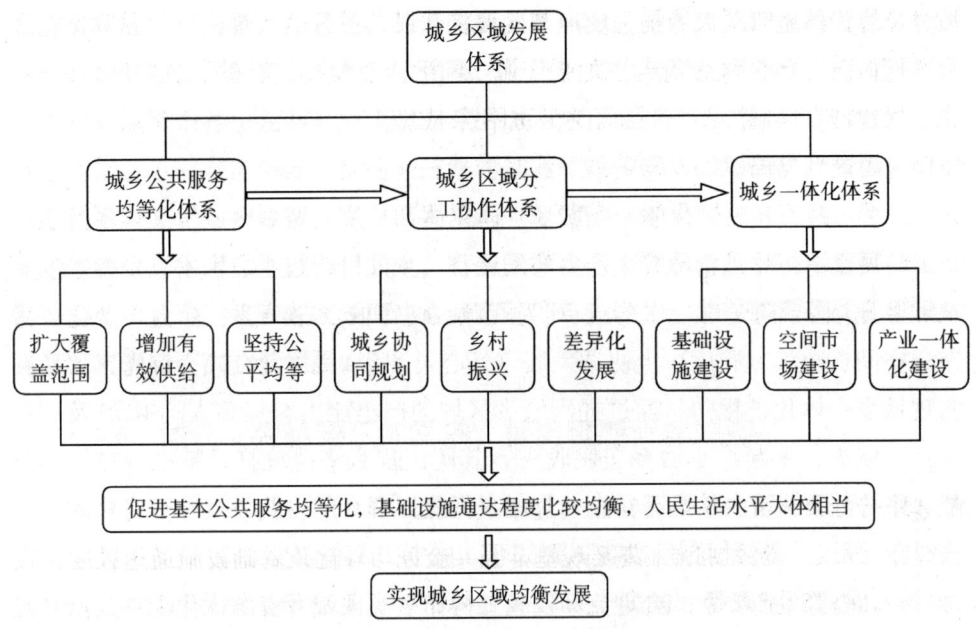

图 8-1 陕西城乡区域发展体系

性方面都大体相当（曾红颖，2012）。目前，陕西在城乡公共服务体系上，存在城乡公共资源配置不均衡、公共服务标准不规范、公共服务主体回应性差等问题。其中，关中地区城乡经济比较发达、公共服务设施比较齐全，但是相比之下陕北、陕南两个地区存在公共服务供给不足、公共服务再分配不均衡等问题。近年来，陕西在推动城乡公共服务均等化建设时，从教育、医疗等群众普遍关心的问题入手，不断深化医疗卫生体制改革，加强基层医疗卫生体系和卫生技术人员队伍建设；深化教育改革开放，建设高素质教师队伍，通过供给侧结构性改革，对不同群体提供有效公共服务，保障城乡居民享有大体相同的公共服务，实现公共资源均衡配置。

（2）陕西城乡区域分工协作体系。城乡区域分工协作体系是陕西城乡区域发展体系的核心。城乡区域分工协作体系是指以城乡功能区域分工为起点，以县域为基本区域单元，构建点、线和面城乡基本功能区域，形成不同形态的、多层次的区域经济单元（张伟琴和孙晓芳，2017）。通过加强区域分工协作既有利于城乡公共服务均等化的完善，又有利于城乡一体化的实现。陕西关中、陕北、陕南三大区域各具优势，但在发展上缺乏区域之间的融合。目前，陕西在构建城乡区

域分工协作体系时,大力加强交通基础设施建设,提升路网规模、质量和运输能力,同时陕西各区域政府着力加强区域之间的产业对接,打破了各种区域障碍,积极构建城乡区域协调发展新机制,加快形成城市农村共兴、各个区域共荣的城乡区域发展新格局。

(3) 陕西城乡一体化体系。城乡一体化体系是陕西城乡区域发展体系的表现形式。城乡一体化是指随着生产力的发展,城乡人口、技术、资本、资源等要素在城乡地域空间上,相互融合,互为资源,使得城乡在经济、社会、文化、生态、空间、政策(制度)上协调发展(韩心灵和华兴顺,2017)。首先,陕西在实现城乡一体化进程中,通过提高城乡区域的产出能力,提高人均GDP及居民的消费能力,不断缩小城乡居民收入。其次,陕西坚持攻打"精准脱贫"攻坚战,坚持分类施策、精准帮扶,通过增强低收入群众的自我发展能力,来缩小城乡差距。最后,陕西加强了基础设施建设和空间市场建设,通过资源、技术、资金、劳动力等生产要素的合理流动及相互协作,实现城乡资源优化配置及城乡经济社会的持续协调发展,在加快城乡一体化的基础上,做到"以城带乡,以乡促城"。

8.2 陕西城乡区域发展体系现状及存在问题

8.2.1 陕西城乡区域发展体系的现状分析

习近平总书记在2017年中央经济工作会议中强调"要缩小公共服务差距,使各地区群众享有均等化的基本公共服务""在推动区域协同发展过程中,基础设施通达程度建设处于优先位置,利用建设内外通道和区域性枢纽,破解区域联动发展存在的障碍,实现区域优势互补""要缩小人民生活水平的区域差距,使人民的收入水平和生活质量在不断提高的过程中趋于一致,实现区域一体化"。

本章根据中央经济工作会议确定的区域协调发展框架及区域协调发展的三大战略目标即"要实现基本公共服务均等化,基础设施通达程度比较均衡,人民生活水平大体相当",从陕西基本公共服务水平、基础设施通达程度、人民生活水平三个方面来分析陕西城乡公共服务均等化体系、城乡区域分工协作新体系及城乡一体化体系，体现陕西城乡区域发展体系的发展现状。在具体评价指标选择方面，本章借鉴了李永红（2015）及张伟琴和孙晓芳（2017）等对公共服务均等化、基础设施通达程度及人民生活水平度量指标的选择，设计出陕西城乡区域发展体系衡量指标，如表8-1所示。

表8-1 陕西城乡区域发展体系衡量指标

目的	目标	衡量指标
构建彰显优势、协调联动的城乡区域发展体系	基本公共服务均等化	每万人拥有的卫生机构床位数
		每万人拥有的卫生技术人员
		每万人拥有的互联网户数
		城市人均道路面积
		城市人均公园绿地面积
		居民用水普及率 居民燃气普及率 公路里程
	基础设施通达程度比较均衡	货运量及客运量
	人民生活水平大体相当	城乡居民人均可支配收入 社会消费品零售总额

注：研究团队根据陕西城乡区域发展实际情况，借鉴李永红（2015）、张伟琴和孙晓芳（2017）等研究中的评价指标，构建陕西城乡区域发展体系衡量指标。

8.2.1.1 陕西城乡区域基本公共服务水平分析

（1）陕西基本公共服务水平整体增长。基本公共服务是最基本的民生需求，范围包括劳动、公共教育、就业创业、社会保险、医疗卫生、社会服务、住房保障、文化体育、残疾人服务九个领域（李永红，2015）。

2013年以来，陕西在推进城乡公共服务一体化方面，密集出台了一系列政策与措施：2014年9月，印发了《陕西省基本公共服务体系规划（2013~2020年）》，在促进基本公共服务均等化、增强公共财政保障能力、创新供给模式等方面均提出了具体要求。2015年3月，印发了《推进户籍制度改革的意见》，实行统一城乡户口登记管理。2017年1月起，陕西实行统一的城乡居民医保政策。

研究使用公共卫生服务、基础教育（利用生师比来衡量各区域师资力量及基础教育程度。其中，生师比是指每一名教师所负担的学生的平均数）、通信服务、居民生活水平设施四大方面分析公共服务水平（见图 8-2 至图 8-10）。结果显示，2011 年以来，陕西基本公共服务水平每年以 3.6% 的速度持续上升。公共卫

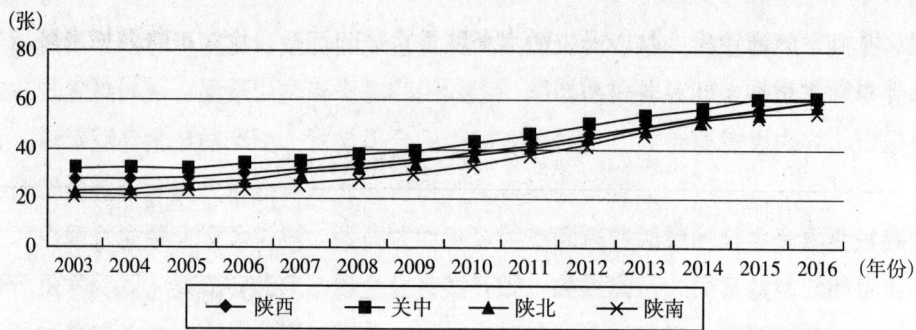

图 8-2　2003~2016 年陕西及内部三大区域每万人拥有的卫生机构床位数
资料来源：《陕西统计年鉴》（2004~2017）。

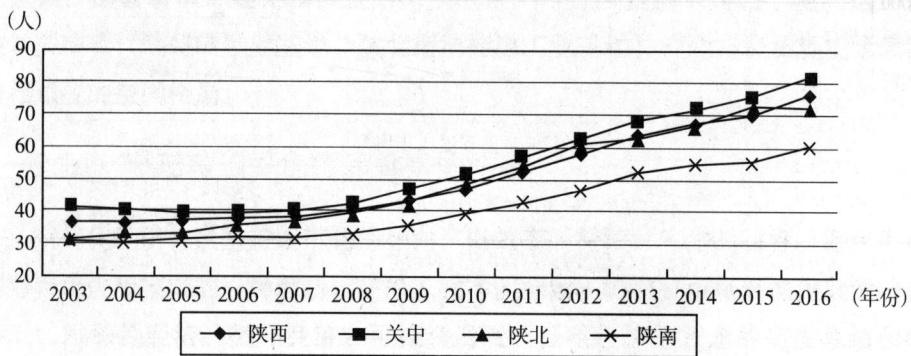

图 8-3　2003~2016 年陕西及内部三大区域每万人拥有的卫生技术人员
资料来源：《陕西统计年鉴》（2004~2017）。

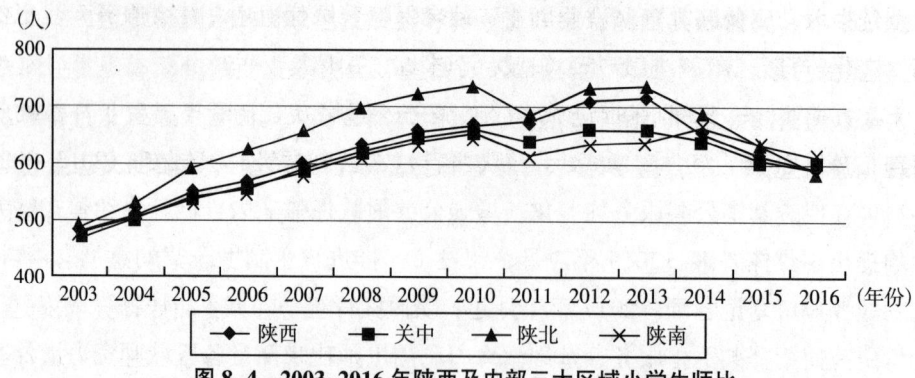

图 8-4　2003~2016 年陕西及内部三大区域小学生师比
资料来源：《陕西统计年鉴》（2004~2017）。

第8章 构建彰显优势、协调联动的城乡区域发展体系

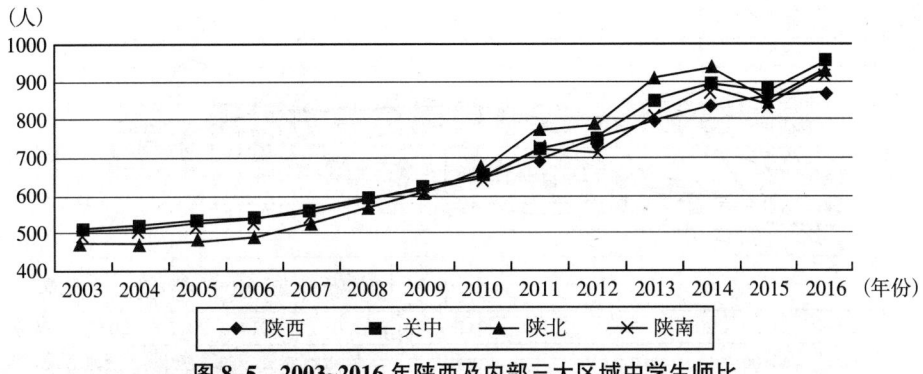

图 8-5　2003~2016 年陕西及内部三大区域中学生师比

资料来源：《陕西统计年鉴》（2004~2017）。

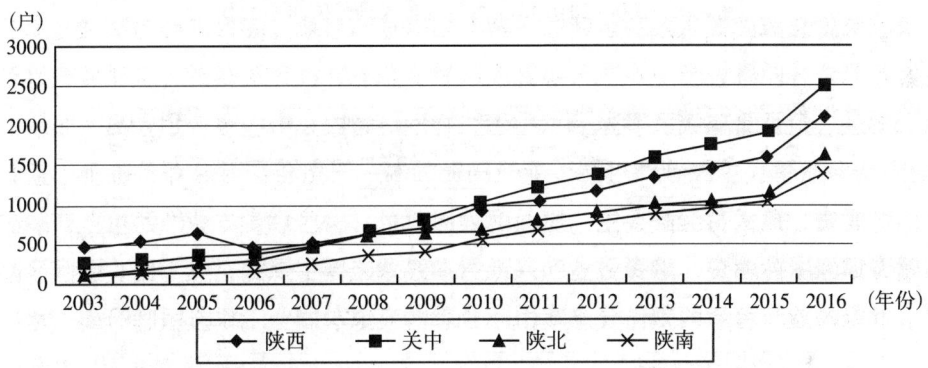

图 8-6　2003~2016 年陕西及内部三大区域每万人拥有的互联网户数

资料来源：《陕西统计年鉴》（2004~2017）。

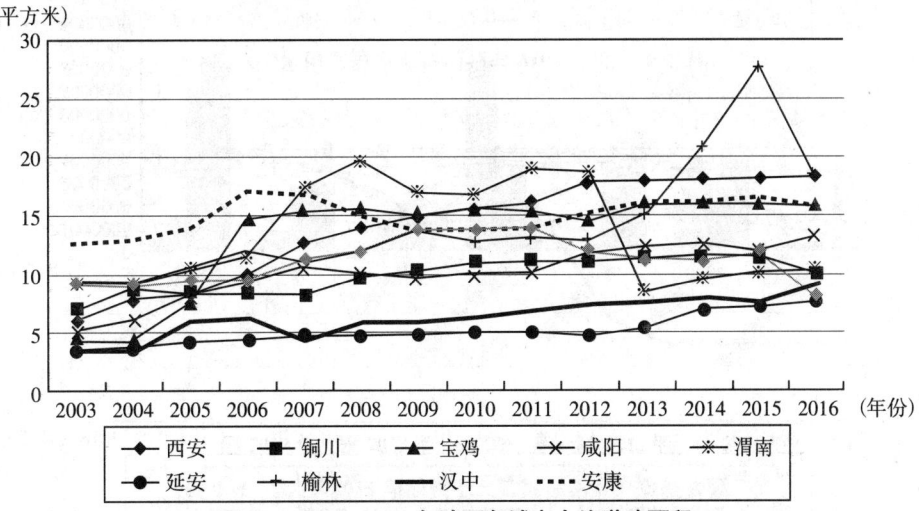

图 8-7　2003~2016 年陕西各城市人均道路面积

资料来源：《陕西统计年鉴》（2004~2017）。

171

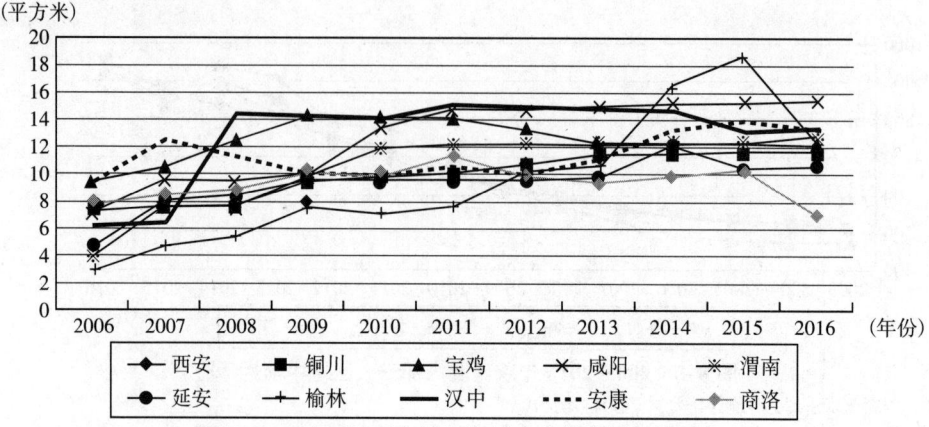

图8-8　2006~2016年陕西各城市人均公园绿地面积

资料来源：《陕西统计年鉴》（2007~2017）。

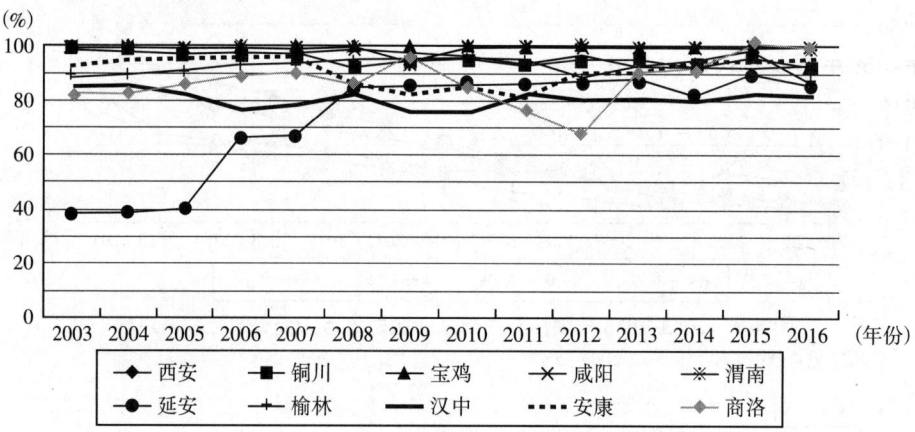

图8-9　2003~2016年陕西各城市居民用水普及率

资料来源：《陕西统计年鉴》（2004~2017）。

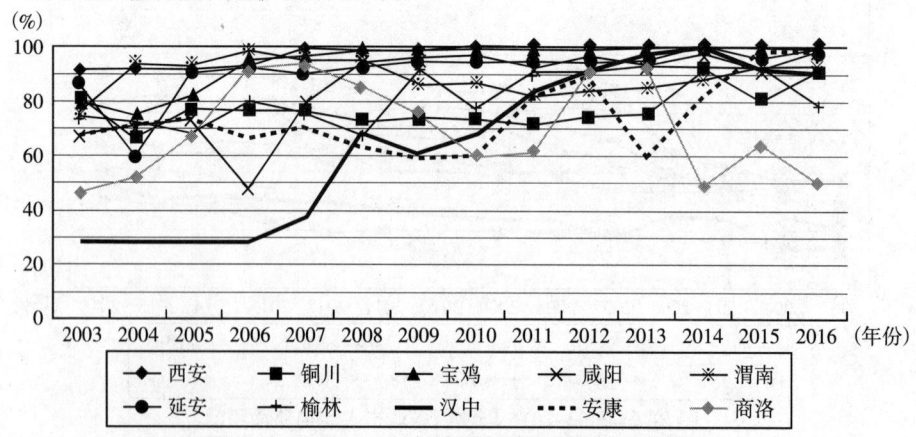

图8-10　2003~2016年陕西各城市居民燃气普及率

资料来源：《陕西统计年鉴》（2004~2017）。

生服务和基础教育方面，陕西及内部三大区域一直呈直线上升趋势。此外，通信设施水平较2003年增长了70%，每年以5.84%的速度持续上升。这在一定程度上说明陕西着力于提高人民生活水平，改善民生的社会发展战略得以实现。

（2）陕西基本公共服务水平内部差异分析。基本公共服务均等化是指全体公民都能公平地获得大致均等的基本公共服务，其实质是"底线均等"（梁功平和刘芳，2013）。习近平总书记在党的十九大报告中明确提出，"要加快推进基本公共服务均等化，完善公共服务体系，保障群众基本生活"。

城乡基本公共服务均等化可以促进城乡之间的协调发展，提高百姓的获得感，还能提升公共资源的配置效率，缩小城乡之间的发展差距。2011年以来，关中、陕北、陕南三大区域都不同程度地投入公共服务，但区域内部公共服务水平发展不均衡。研究主要利用变异系数来衡量区域内部基本公共服务水平的差异。变异系数公式为：

$$V_{UW} = \sqrt{\frac{\sum_{i}^{n}(Y_i - \overline{Y})^2}{\overline{Y}}} \tag{8-1}$$

其中，V_{UW}为变异系数，Y_i为陕西各城市的人均GDP，$\overline{Y}$为陕西各城市人均GDP的均值，n为陕西城市个数。变异系数越大，表示区域相对差异越大。

1）公共卫生。实现公共卫生服务均等化，有利于保障各区域获得较公平的基本卫生服务，缩小区域的服务差距（蔡玉胜，2010）。研究显示，2011年以来，陕西三大区域卫生设施的差距逐渐缩小。三大区域中关中地区的卫生基础设施程度最高，其次是陕北，陕南位于最后。其中，关中地区每万人拥有的卫生机构床位数从2011年至2016年增长了23.3%，陕北、陕南地区分别增长了30%、43.6%；但从增长程度上，陕北、陕南地区超过了关中地区。因而三大区域的公共卫生服务的差距在不断缩小。

从区域内部来看，关中地区内部各大城市的卫生公共服务水平差异较大，差异高于陕西平均水平；而陕北和陕南地区则比较均等，低于陕西平均水平。如图8-11和图8-12所示，自2007年以来，关中地区差距一直大于陕西的整体差距，且其曲线趋势波动较大，说明其内部差距较大。例如，铜川市近年来一直居于首位，而渭南则处于最后一位，两者每年大致相差28%，且咸阳、渭南、杨凌一直低于关中地区的平均水平。陕北、陕南两个区域差距变异系数曲线比较平稳，普遍低于关中地区。

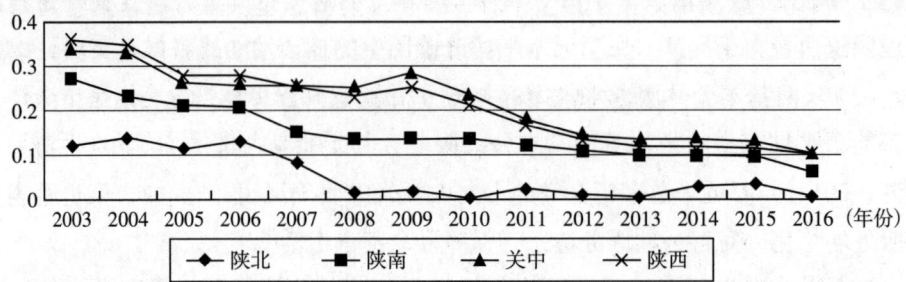

图 8-11　2003~2016 年陕西及内部三大区域每万人拥有的卫生机构床位数变异系数趋势
资料来源：《陕西统计年鉴》（2004~2017）。

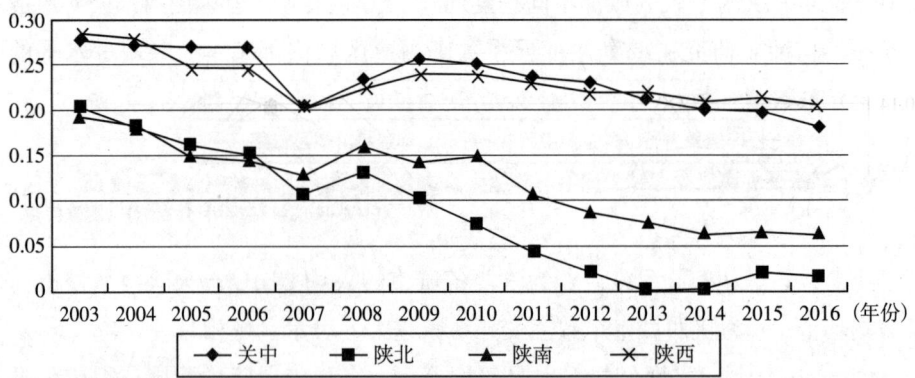

图 8-12　2003~2016 年陕西及内部三大区域每万人拥有的卫生技术人员变异系数趋势
资料来源：《陕西统计年鉴》（2004~2017）。

2）基础教育。在知识经济时代，基础教育作为一种强大的动力，对整个国民素质有着决定性作用（姜鑫和罗佳，2012）。《国家基本公共服务体系"十二五"规划》曾专门对基本公共教育做出规划，提出要建立基本公共教育制度，保障所有适龄儿童、少年享有平等受教育的权利，提高国民基本文化素质。

研究主要利用陕西各城市的中小学生师比变异系数来分析区域的公共教育服务均等化程度。研究结果表明，关中地区基础教育水平高于陕北、陕南地区，但内部差异也高于陕北、陕南地区。其中，小学教育差异波动较小，中学教育差异波动较大，如图 8-13 和图 8-14 所示。

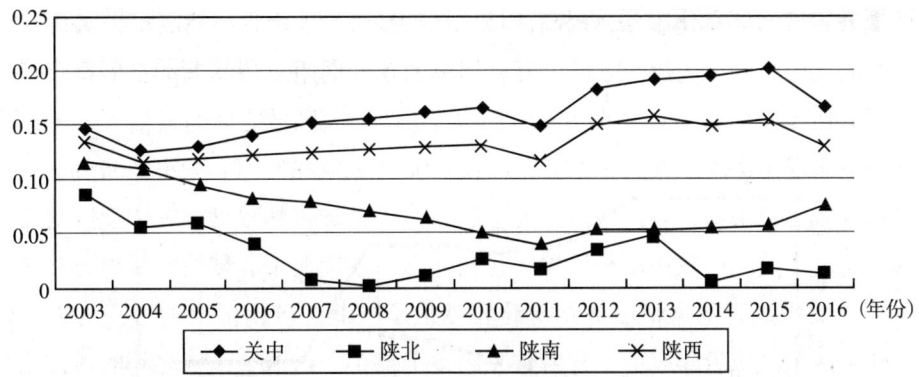

图 8–13　2003~2016 年陕西及内部三大区域小学生师比变异系数趋势

资料来源：《陕西统计年鉴》(2004~2017)。

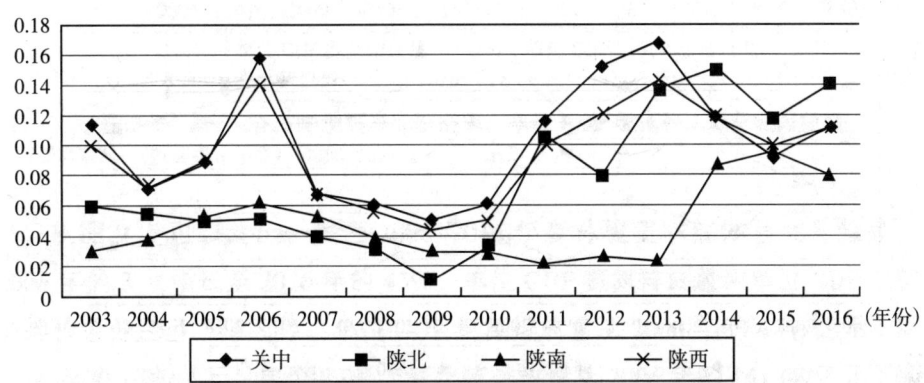

图 8–14　2003~2016 年陕西及内部三大区域中学生师比变异系数趋势

资料来源：《陕西统计年鉴》(2004~2017)。

2003~2016 年，陕西三大区域之间小学生师比的差距逐年扩大，小学基础教育水平波动较小。其中，关中地区的变异系数差异较大，差异高于陕西平均差异水平，且差异一直呈上升趋势；陕北和陕南地区的差距逐渐缩小，且低于陕西平均差异水平，两者在 2013 年差异程度趋于一致，说明这两个区域的小学教育水平比较均等。

2003~2016 年，陕西各区域内部的中学教育波动较大。三大区域之间关中地区的中学教育均等化程度较高。但是，从区域内部来看，关中地区的差距仍然最大。

3）通信服务。基础设施互联互通是建设彰显优势、协调联动的城乡区域发展体系的优先领域。加强区域内基础设施互联互通，利于加大区域之间的通信力度，提升区域的信息化服务，提高区域的城乡经济发展水平（胡丽华，2011）。

2003~2016年，陕西各区域每万人拥有的互联网用户持续上涨，但增长的同时区域差距也持续上升。由图8-15可知，陕西三大区域之间的通信服务差距在不断缩小，变异系数一直呈下降趋势，由2006年的0.537下降至2016年的0.374。

从区域内部来看，各区域内部通信服务水平差异仍然很大。关中地区的变异系数普遍大于陕北、陕南两个区域，且与陕北、陕南两个区域的曲线差异越来越大。可见关中地区的通信服务均等化程度低于陕北、陕南两个地区。另外，陕北、陕南两个区域近年来的变异系数差距逐渐缩小，这两个区域之间的通信服务均等化程度不断得到改善。

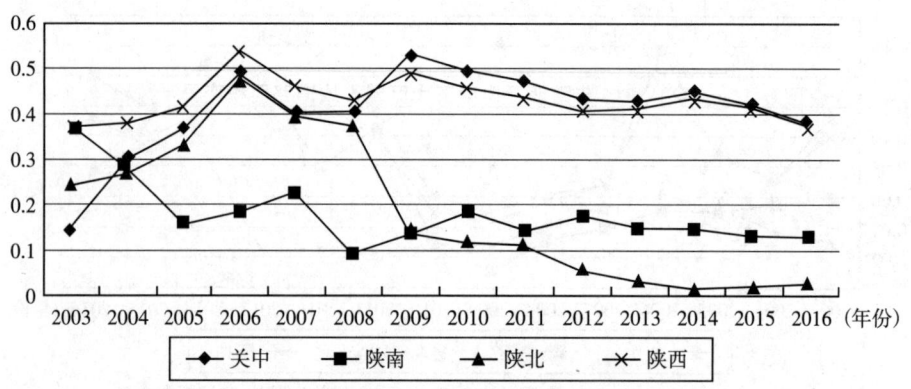

图8-15　2003~2016年陕西省及内部三大区域每万人拥有的互联网户数变异系数趋势
资料来源：《陕西统计年鉴》（2004~2017）。

4）居民生活设施服务。2015年4月，国务院颁布《关于加快推进生态文明建设的意见》，提出到2020年"资源节约型和环境友好型社会建设"的目标要取得重大进展，实现生态文明建设与全面建成小康社会相适应。

陕西各城市在落实可持续发展战略的前提下，以建设绿色生态城市为出发点，增加人均道路面积及人均绿地面积，提高居民的生活环境指数。2003~2016年，陕西各城市人均道路面积和城市人均公园绿地面积呈上升趋势。2016年陕西的人均公园绿地面积达到12.3平方米，较2006年的7.1平方米增长了73.2%，平均每年以6.65%的比率增长。同时，人均道路面积达到15.4平方米，较2006年增长了1.5倍（见图8-16）。

从区域来看，近年来关中地区的人均道路面积及人均公园绿地面积都比较均等，差异在三大区域中最小，且区域间差距普遍低于陕西的平均差异。而陕北、陕南两大地区之间的差异程度较大，在建设绿色城市方面还缺乏相关措施，没有达到建设生态文明城市的标准（见图8-17）。

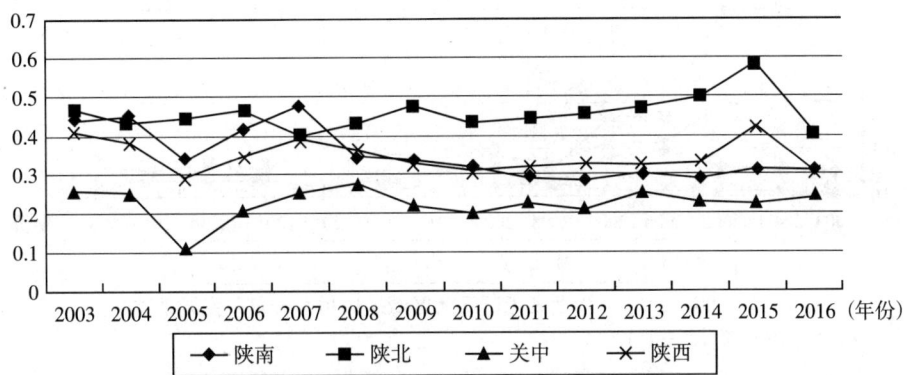

图8-16　2003~2016年陕西及内部三大区域人均道路面积变异系数趋势
资料来源：《陕西统计年鉴》（2004~2017）。

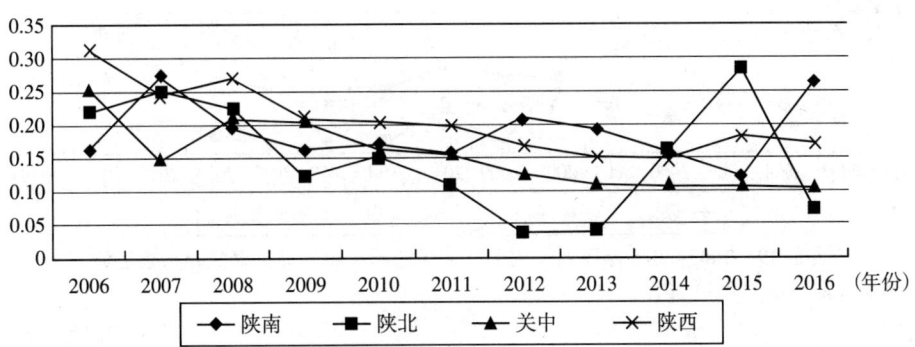

图8-17　2006~2016年陕西及内部三大区域人均公园绿地面积变异系数趋势
资料来源：《陕西统计年鉴》（2004~2017）。

居民的生活设施服务水平与区域的经济发展密切相关。一般来讲，经济越发达的区域，居民生活设施服务水平越高（胡丽华，2011）。

三大区域中，关中地区居民生活设施服务水平差异最小，其次是陕北地区，陕南地区差距最大（见图8-18和图8-19）。居民生活基本设施上，关中地区的用水和用气普及率最大达到100%，陕北地区为86.7%和98.8%，陕南地区为99.75%和98.1%。在区域内部，关中地区2016年用气普及率为100%，而铜川处于最后，为90.5%，相差9.5个百分点；陕北区域，延安市和榆林市用气比率分别为 98.8% 和 77.7%，相差 21.1%，陕南三市分别为 89.9%、98.1% 和 50.1%，相差 39.8%。

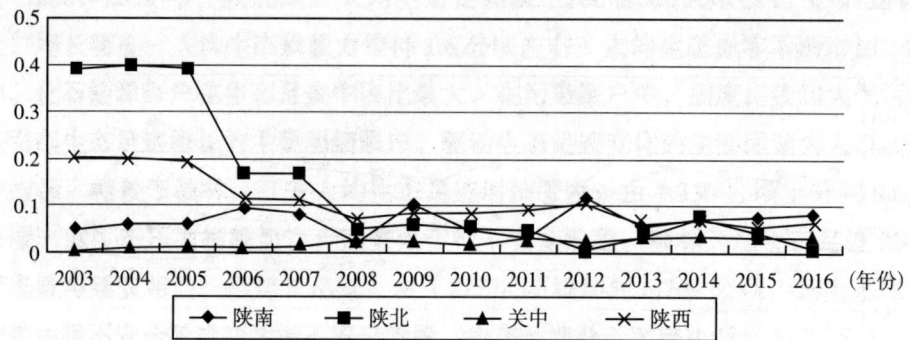

图 8-18 2003~2016 年陕西及内部三大区域居民用水普及率变异系数趋势
资料来源：《陕西统计年鉴》（2004~2017）。

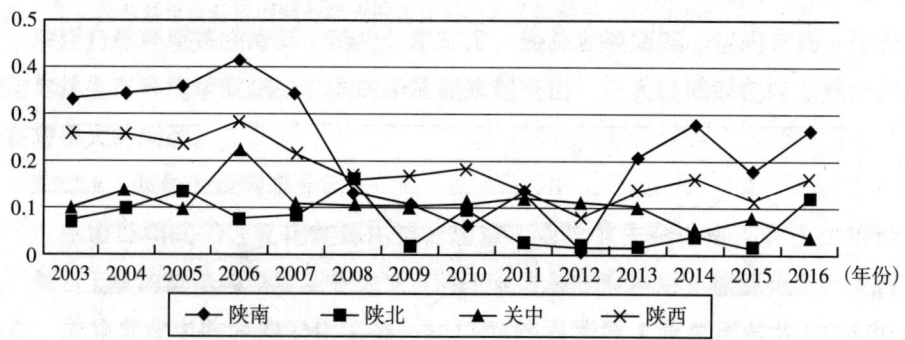

图 8-19 2003~2016 年陕西及内部三大区域居民燃气普及率变异系数趋势
资料来源：《陕西统计年鉴》（2004~2017）。

8.2.1.2 陕西基础设施通达程度分析

基础设施水平的高低往往决定了一个地区贸易成本的大小，各地区内以及地区间贸易成本的不同又决定了产业的空间分布，进而影响各地福利水平与社会总效率，而加快交通基础设施建设能够带动路网规模、质量和运输能力实现大幅提升，对拉动经济增长、促进经济结构调整、服务改善民生等方面发挥了重要作用（李善同和冯杰，2002）。

（1）陕西基础设施通达程度整体增长。2014 年，陕西省人民政府以陕政发〔2014〕4 号印发《关于加强城市基础设施建设的实施意见》，提出加快编制和实施城市综合交通体系规划，加强城市综合交通体系建设，形成快速路、主干路、次干路、支路等多层次、立体化的路网格局,加强中小城市和小城镇与交通干线、交通枢纽城市的连接。

2017年,陕西在落实党的十九大政策的基础上,积极加快基础设施建设,增强了各区域之间的空间关联度,加大了区域经济的流通力度。根据陕西2017年国民经济和社会发展统计公报,陕西2017年货运量16.31亿吨,较2003年(3.53亿吨)增长4.7倍;货物周转量3761.63亿吨·千米,较2003年(1217.04亿吨·千米)扩大了3.1倍。客运量7.11亿人,较2003年(3.22亿人)增长2.21倍。据统计,2016年底陕西拥有公路里程172471千米,其中等级公路156844千米,高速公路5181千米,较2003年增加了3.45倍,如图8-20和8-21所示。

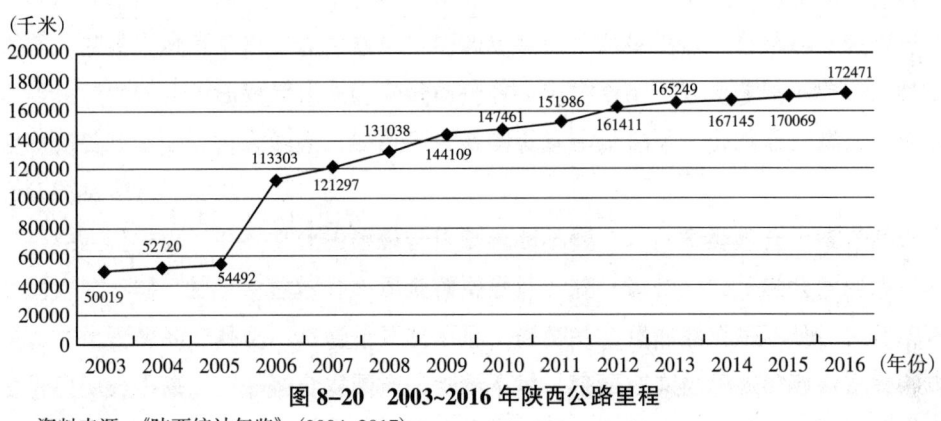

图 8-20　2003~2016年陕西公路里程

资料来源:《陕西统计年鉴》(2004~2017)。

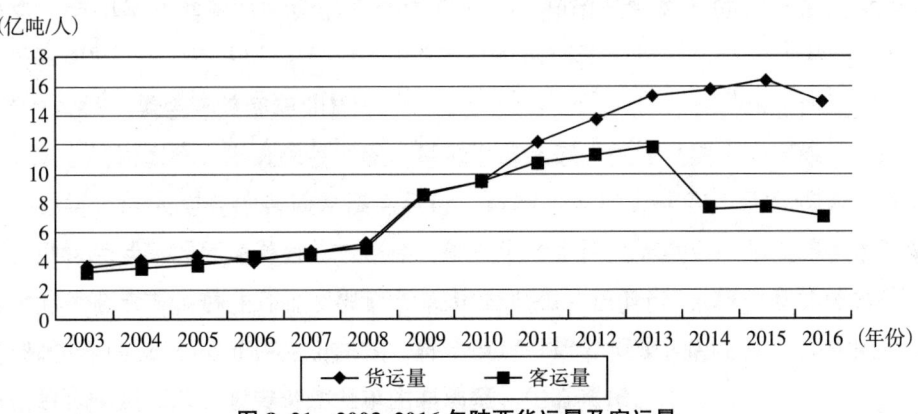

图 8-21　2003~2016年陕西货运量及客运量

资料来源:《陕西统计年鉴》(2003~2016)。

（2）陕西基础设施通达程度内部差异分析。区域内部基础设施通达程度的均衡，有利于促进区域实现公共服务均等化，最终实现区域协调发展（罗鹏飞，2004）。区域的基础设施通达程度与经济发展水平密切相关，基础设施建设的不均衡会导致经济水平的差异（刘学华和张学良，2009）。研究使用区域公路里程衡量区域基础设施的通达程度。2016年，关中地区建设公路68095千米，同比增长1.16个百分点，其中拥有高速公路1935千米，增长了0.67个百分点。陕南地区拥有公路55697千米，同比增长1.2个百分点，陕北则拥有公路里程46747千米，同比增长1.04个百分点（见表8-2）。

表8-2　2003~2016年陕西各城市公路里程

单位：千米

年份	西安	铜川	宝鸡	咸阳	渭南	杨凌	延安	汉中	榆林	安康	商洛
2003	3766	1879	4498	4424	5467		5174	6716	6625	5764	5705
2004	3856	2022	4737	4679	5631		5291	6990	7348	6119	6047
2005	3901	2051	4989	4745	5945		5465	7305	7555	6369	6167
2006	9672	3271	7760	11345	11941		13842	14003	15508	15088	10873
2007	11063	3243	12237	13556	14940		12602	13662	14919	15806	9268
2008	11895	3185	12398	14294	17072		13311	12398	19331	17211	9943
2009	12378	3427	14102	14976	17388		14337	14298	21986	19458	11759
2010	12575	3521	14255	15201	17716		14926	15051	22372	19973	11871
2011	12599	3560	14676	15327	17764		15727	15974	23393	20859	12107
2012	13127	3707	15003	15403	18073	370	16756	17935	25869	22182	12988
2013	13135	3782	15898	15407	18182	370	17057	18462	27176	22543	13237
2014	13251	3767	15936	15511	18402	389	17110	18828	27773	22695	13482
2015	13328	3901	16108	15732	18644	397	17621	19312	28641	22790	13595
2016	13336	3980	16328	15832	19029	398	17805	20062	28942	22981	13776

资料来源：《陕西统计年鉴》（2004~2017）。

随着经济发展水平的提高，陕西省内部基础设施通达程度的不平衡性仍然较大。其中，关中内部公路里程差异较大（高于陕西省平均值），普遍大于陕北、陕南两个地区，且差距逐年上升，区域内部的不均等化程度较高。陕南、陕北地区发展的程度趋于一致，差异较小（低于陕西平均值），区域内部比较均衡（见图8-22）。

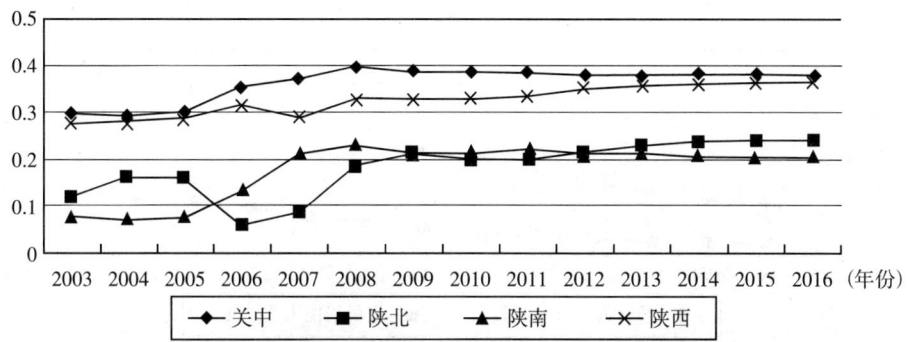

图 8-22 2003~2016 年陕西及内部三大区域公路里程变异系数趋势

资料来源：《陕西统计年鉴》(2004~2017)。

8.2.1.3 人民生活水平分析

（1）陕西人民生活水平整体有所提升。统计数据显示，2017 年陕西城镇人口比重达到 56.79%，较 2011 年提高 9.49 个百分点，与全国的差距由 2011 年的 3.97 个百分点缩小到 2017 年的 1.73 个百分点。2017 年陕西人均可支配收入首破 2 万元大关，达到 20635 元（全国 25974 元），在全国 31 个省（市、自治区）中居第 20 位，较上年上升一位；同比名义增长 9.3%，比全国提高 0.3 个百分点，扣除价格因素实际增长 7.6%，比全国提高 0.3 个百分点。陕西居民收入与全国差距由 2010 年的 20.8% 缩小至 2017 年的 20.6%。

2017 年，陕西城镇居民人均可支配收入突破 3 万元，达 30810 元（全国 36396 元），同比名义增长 8.3%，增速与全国持平，扣除价格因素实际增长 6.4%，低于全国 0.1 个百分点；陕西农村居民人均可支配收入首次突破万元大关，达 10265 元（全国 13432 元），同比名义增长 9.2%，快于全国 0.6 个百分点，扣除价格因素实际增长 8.1%，比全国提高 0.8 个百分点。陕西农村居民人均可支配收入名义增幅居全国第 6 位。全省农村居民人均可支配收入增速连续 8 年快于城镇居民，城乡收入差距逐步缩小，城乡收入比由 2009 年的 4.11 下降到 2016 年的 3.03，如图 8-23 和图 8-24 所示。

近年来，陕西居民消费水平也有了很大提升，且与全国的差距在不断缩小。2016 年，陕西社会消费品零售总额达到 7367.57 亿元，同比增长了 11%，居于全国第 15 位，其中城镇消费品零售额 6428.70 亿元，增长 10.9%；乡村消费品零售额 873.86 亿元，增长 11.6%（见图 8-25）。而同时期全国社会消费品零售总额达到 332316.3 亿元，比上一年增长了 10.4%。在增长比率上，陕西社会消费品零

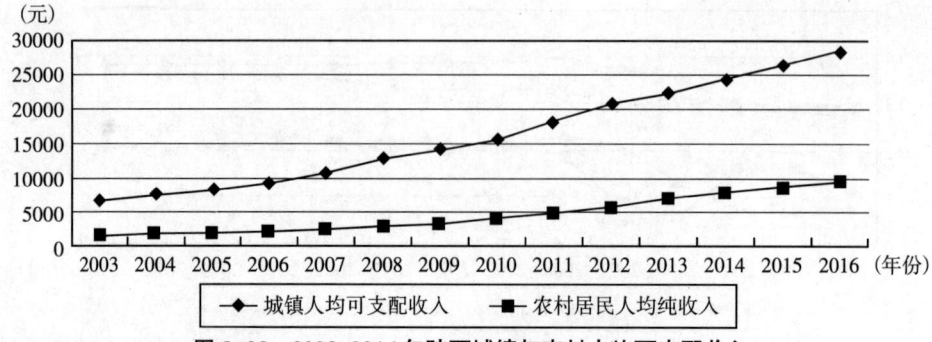

图 8-23　2003~2016 年陕西城镇与农村人均可支配收入

资料来源：《陕西统计年鉴》(2004~2017)。

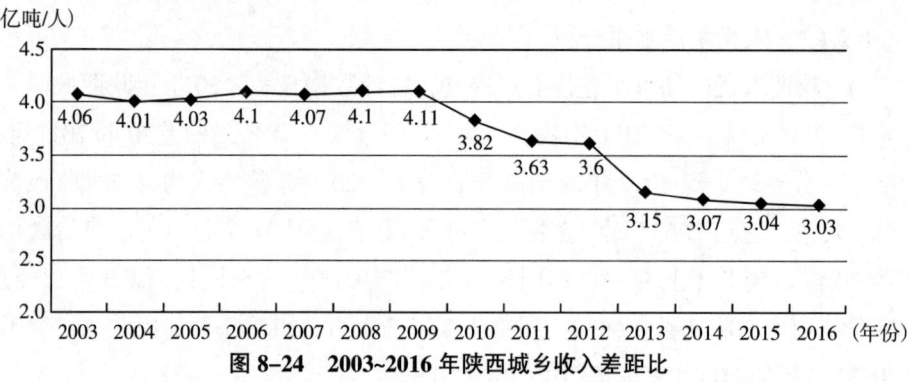

图 8-24　2003~2016 年陕西城乡收入差距比

资料来源：《陕西统计年鉴》(2004~2017)。

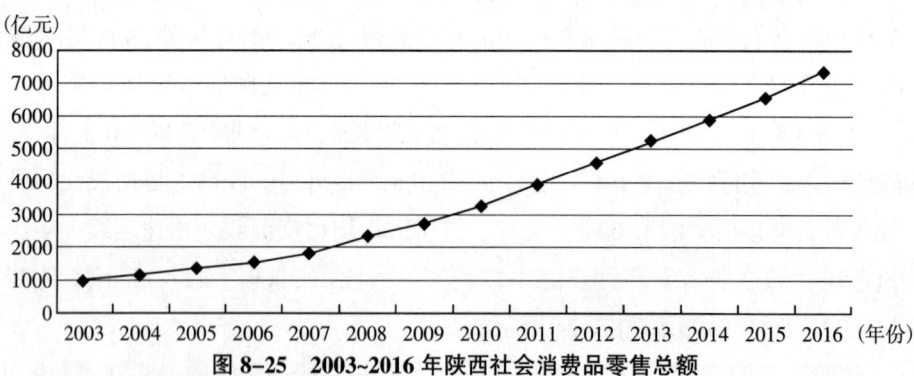

图 8-25　2003~2016 年陕西社会消费品零售总额

资料来源：《陕西统计年鉴》(2004~2017)。

售额增长比率高于全国增长速度，且比全国提高 0.6 个百分点。其中，2016 年陕西人均消费品零售额达到 19322.23 元，同比增长 11.4%，全国人均消费品零售额为 24033.69 元，同比增长了 9.8%，陕西比全国提高 1.6 个百分点，缩小了与全国的差距。

（2）陕西人民生活水平内部差异分析。城乡居民收入水平与经济发展水平高度相关。三大区域中关中地区城乡收入最高、陕北次之，陕南最小；其次，三大区域的城镇居民收入全部高于农村居民收入。2016年，关中地区城镇居民人均可支配收入为31602元，陕北为30237元，陕南为25675元；农村居民人均可支配收入关中、陕北、陕南分别为11369元、10575元和8723元。

经济越发达的地方，城乡居民收入差距越大（张伟琴和孙晓芳，2017）。从区域内部来看，关中城乡收入绝对差距最大，且关中地区各市之间收入差异也较大，陕北、陕南各市收入水平相对较为均衡（见图8-26和图8-27）。

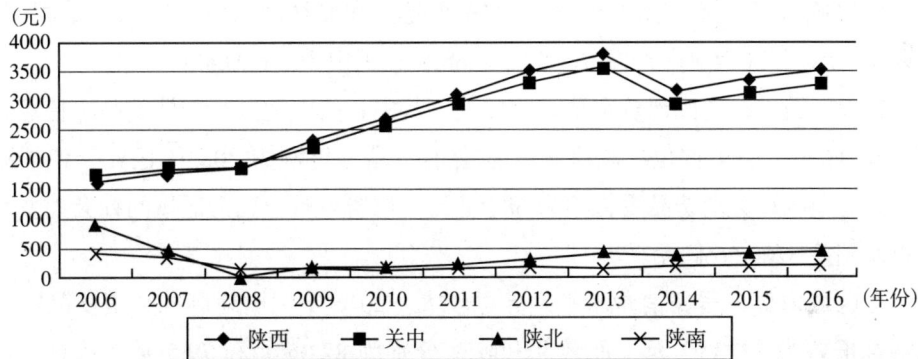

图8-26　2006~2016年陕西及内部三大区域城镇居民人均可支配收入标准差趋势
资料来源：《陕西统计年鉴》（2007~2017）。

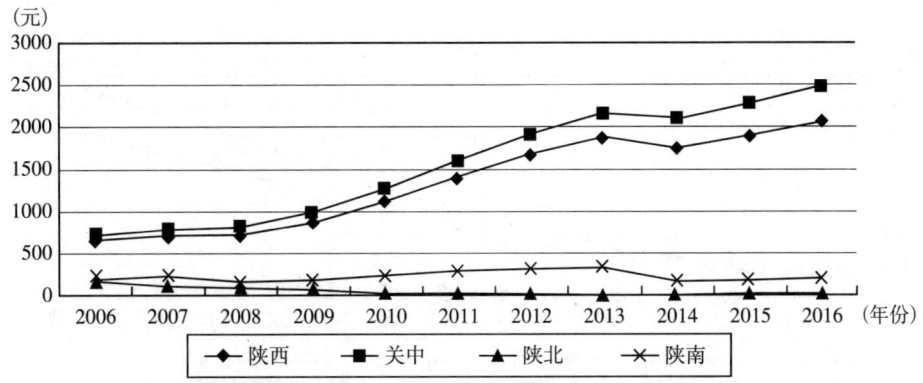

图8-27　2006~2016年陕西及内部三大区域农村居民人均纯收入标准差趋势
资料来源：《陕西统计年鉴》（2007~2017）。

各城市间农村居民收入水平差异程度要小于城镇,陕南、陕北差异要小于关中。经济水平较低地区的各市(区)之间收入水平较为接近。研究使用标准差来表示城乡居民的收入水平差异。标准差公式为:

$$S = \sqrt{\frac{\sum_i^n (Y_i - \overline{Y})^2}{N}} \tag{8-2}$$

其中,S 为标准差,Y_i 为陕西各城市的人均 GDP,$\overline{Y}$ 为陕西各城市人均 GDP 的均值,n 为陕西城市个数。标准差越大,表明区域绝对差异越大。

2016 年,陕南三市城镇居民收入的标准差为 256.53 元,在三大区域中最小;陕北为 644.88 元,居中;关中为 3592.52 元,各市(区)间城镇收入水平差距最大。农民收入标准差,陕北最小,2016 年延安和榆林两地农民收入几乎相同,仅差 14 元;其次为陕南,标准差为 248.68 元;关中为 2699.04 元。

三大区域中,居民消费水平差距较大。其中,关中地区社会消费品零售额为 5883.66 亿元,居于首位;陕南地区社会消费品零售额为 803.91 亿元,位居第二;陕北地区社会消费品零售额为 680 亿元,位居最后。三大区域间社会消费品零售额相差 5203.66 亿元。

在区域内部,居民消费水平差异也较大。2016 年关中地区社会消费品零售总额标准差为 1273.93 元,而陕北和陕南分别为 82.05 元和 79.5 元。从总体上看,关中地区的居民消费水平最高,但区域内部差异却最大,而陕北和陕南分别位于第 2 位和第 3 位,其区域内部差异也如此,如图 8-28 所示。

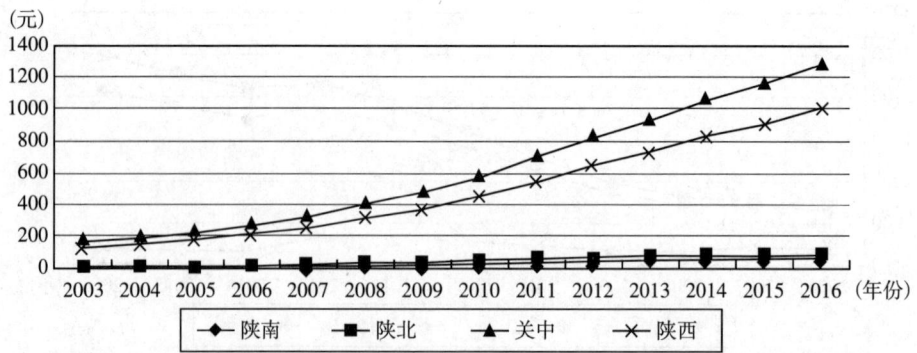

图 8-28 2003~2016 年陕西省及内部三大区域社会消费品零售总额标准差趋势
资料来源:《陕西统计年鉴》(2004~2017)。

8.2.2 陕西城乡区域发展体系存在问题分析

当前区域不协调是新时代发展不平衡不充分的突出问题之一，影响了人民群众的幸福感、获得感。实施区域协调发展战略有利于解决区域不平衡不充分的问题，满足新时代人民日益增长的美好生活需要。

8.2.2.1 城乡收入差距明显

陕西内部城乡间发展差距主要表现在收入差距上，城乡收入相对差距在缩小，绝对差距在扩大。本章利用城镇居民人均可支配收入和农村居民纯收入，分析陕西省 2003~2016 年城乡收入差距之比，并将陕西与全国城乡居民收入差距做比较。

2003~2016 年陕西的城乡收入差距逐渐缩小，并且逐渐缩小了与全国同时期的差距。陕西城乡收入差距之比从 2003 年的 4.06 下降到 2016 年的 3.03，且收入差距的下降比率大于全国的速度。但是，陕西城乡居民的收入差距仍然较大。城乡居民收入比一直都在 3.0 以上，这一比例普遍高于全国人均居民的平均水平，2016 年陕西城乡收入差距之比为 3.03，而全国城乡收入差距之比为 2.72，高于全国 0.31 个百分点，如图 8-29 所示。

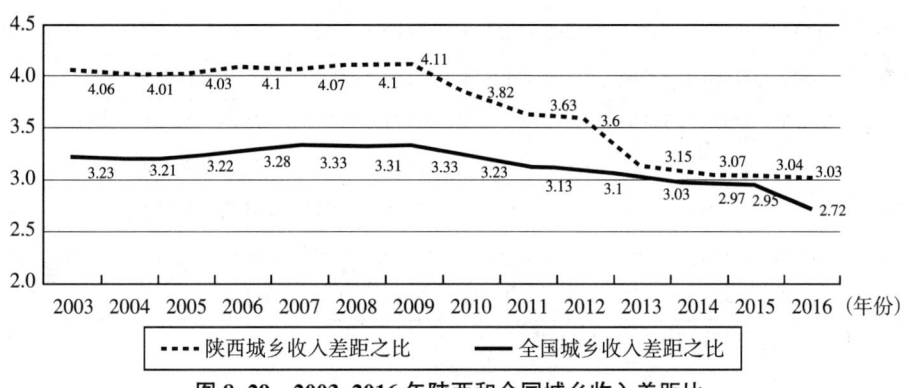

图 8-29 2003~2016 年陕西和全国城乡收入差距比
资料来源：《陕西统计年鉴》（2004~2017）和《中国统计年鉴》（2004~2017）。

8.2.2.2 区域间发展差距没有缩小

"十三五"以来，陕西城镇居民人均可支配收入与农村居民纯收入都有了大幅度提高，但是随着地区经济发展水平差距的扩大，地区间居民收入差距也逐步扩大，而且差距呈现越来越大的趋势。本书利用陕西 2003~2016 年各城市人均

GDP表示各城市经济发展程度（见表8-3）。利用各地区的标准差、极差及变异系数，表示陕西11个城市之间的发展差异（伍正兴和王章豹，2012）。

（1）极差：$R = Y_{max} - Y_{min}$。

其中，R为极差；Y_{max}为当年陕西各区域中GDP最高值；Y_{min}为当年各区域中最低值；极差越大，表明区域绝对差异的极端情况越严重。

（2）极值比率：$I = Y_{max} / Y_{min}$。

其中，I为极值比率，比率越大，表明区域相对差异的极端情况越严重。

表8-3 2003~2016年陕西各城市人均GDP

单位：元

年份	西安	铜川	宝鸡	咸阳	渭南	杨凌	延安	榆林	汉中	安康	商洛
2003	13341	5804	7847	6564	4320	8805	10746	6176	4402	3577	3902
2004	15294	7069	9594	7698	5267	10125	13289	8310	5172	4141	4393
2005	16406	8582	11103	8683	6052	11193	18815	13602	6255	5413	4800
2006	18890	10993	13082	9721	6907	13233	25567	17943	7158	6175	5787
2007	22463	12331	15402	11804	8402	16642	30432	24007	8562	7218	6737
2008	27794	15508	19071	15285	10378	18873	35555	35177	10435	9087	8272
2009	32420	18375	21525	17434	11728	19670	33898	38950	11819	10341	9383
2010	38357	22509	26274	22469	15149	23689	40621	52436	14907	12428	12194
2011	45561	27806	31579	27751	19424	30373	50807	68358	18952	15477	15513
2012	51499	32556	36826	31982	21783	33771	57876	79587	22084	18878	18097
2013	57464	38402	41327	37695	24816	42290	61493	82633	26020	22938	21795
2014	63794	38550	43824	42128	26675	47910	62714	86482	29252	26117	24484
2015	66938	36322	47565	43365	26729	52093	53908	73453	30849	28536	26274
2016	71647	36803	51262	48016	27743	58386	48300	81764	33597	31770	29271

资料来源：《陕西统计年鉴》（2004~2017）。

通过上述数据及公式，对陕西省2003~2016年三大区域内的11个城市的人均GDP的标准差、极差、变异系数和极值比率及其变化趋势进行计算，以此来测度陕西区域经济发展差距，如表8-4所示。

表 8-4　2013~2016 年陕西各城市人均 GDP 标准差、极值比率、极差及变异系数

年份	标准差	极值比率	极差	变异系数
2003	2981.54	3.7297	9764	0.4345
2004	3492.49	3.6933	11153	0.4252
2005	4467.73	3.9198	14015	0.4269
2006	6060.85	4.4180	19780	0.4724
2007	7513.84	4.5171	23695	0.4834
2008	9614.11	4.2982	27283	0.4930
2009	9868.03	4.1511	29567	0.4617
2010	12586.50	4.300	40242	0.4730
2011	16077.82	4.4167	52881	0.4833
2012	18481.96	4.3978	61490	0.4827
2013	18322.89	3.7914	60838	0.4253
2014	18827.28	3.5322	61998	0.4070
2015	15677.82	2.7957	47179	0.3444
2016	17219.85	2.9472	54021	0.3551

资料来源：《陕西统计年鉴》(2004~2017)。

自 2003 年以来，陕西各区域绝对差异和相对差异变化不一致。总体来看，陕西内部城市经济发展水平的绝对差异在扩大，而相对差异在缩小（见表 8-4）。2005 年，陕西内部城市经济发展水平的绝对差距与相对差距比较接近，从 2006 年开始，各城市间经济发展水平的相对差异下降，而区域绝对差异则持续上升，且上升比率较大，这反映出陕西各城市间经济发展水平差异仍然比较大（见图 8-30）。例如，与西安、咸阳、杨凌和宝鸡等区域内较发达地区相比，渭南、铜川、商洛等较为落后地区，由于原有基础差，尽管纵向比较自身获得了较大发展，但是与经济基础较好的其他地区相比，由于区域绝对差异扩大使得社会福利水平下降，在区域发展仍处于不利地位。

2003 年以后，陕西各城市人均 GDP 极差一直呈上升趋势，2009 年以后上升速度明显加快，陕西各城市间的绝对差异越来越大。从区域来看，关中地区的人均 GDP 极差最大，陕北次之，陕南位居最后。2016 年，关中地区中西安的人均 GDP 为 71647 元，位居陕西首位，而渭南人均 GDP 为 27743 元，处于陕西最后一位，人均 GDP 相差 61.2 个百分点，且极差比率为 2.58，差异在三大区域中最

大。陕北地区，延安和榆林人均GDP分别为48300元和81746元，相差40.9%，且极差比率为1.69。陕南地区汉中、安康、商洛三市人均GDP分别为35597元、31770元、29271元，人均GDP相差17.8个百分点，且极差比率为1.22，如图8-31所示。

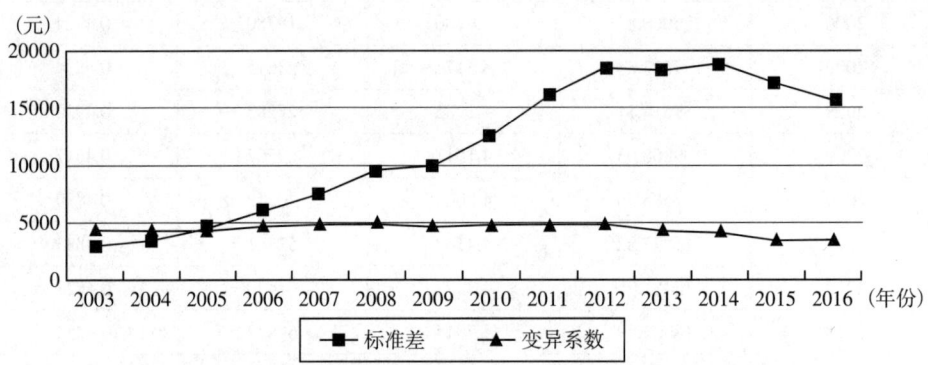

图8-30　2003~2016年陕西人均GDP绝对差异与相对差异变化
注：为了便于比较将变异系数扩大10000倍，标准差反映绝对差异，变异系数反映相对差异。
资料来源：《陕西统计年鉴》(2004~2017)。

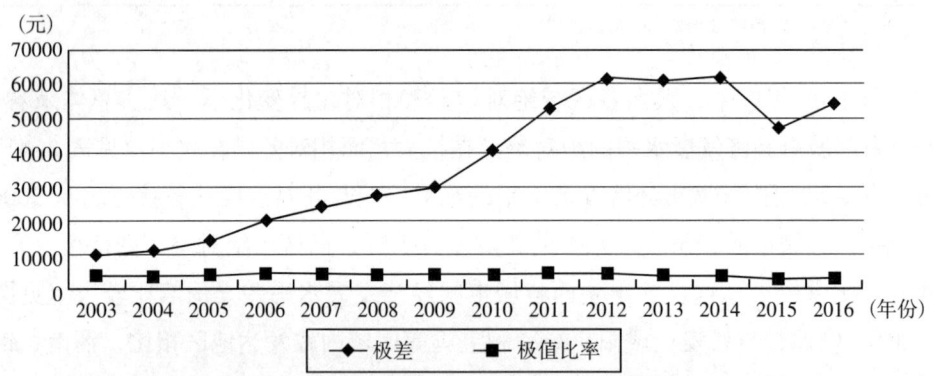

图8-31　2003~2016年陕西人均GDP绝对差异与相对差异极端变化
注：为了便于比较，将极值比率扩大了1000倍。
资料来源：《陕西统计年鉴》(2004~2017)。

8.2.2.3　城乡基本公共服务水平不均衡

目前，国家已初步构建起覆盖全民的国家基本公共服务制度体系，各级各类基本公共服务设施也在不断改善。但是，基本公共服务仍然存在着资源配置不均衡、硬件软件不协调、服务水平差异较大等问题。

（1）医疗卫生支出比重不协调。2007~2014年，陕西卫生支出总费用逐年增加，个人现金卫生支出费用没有全国的稳定。从 2010 年开始，陕西个人现金支出占卫生总费用的比重高于全国均值，陕西省居民在医疗保健方面的个人负担较重（高建民等，2014）。2007~2014 年，全国个人现金卫生支出总费用逐年增加，由 5098.66 亿元增加到 11295.41 亿元，但其占卫生总费用的比重却逐年递减，由 2007 年的 44.06%下降到 2014 年的 31.99%。与全国相比，陕西个人现金卫生支出费用占卫生总费用的比重由 2007 年的 42.15%下降到 2014 年的 34.04%（见图 8-32），但个人现金卫生支出费用占卫生总费用的比重波动较大，没有全国的稳定。2009 年降到最低，2010 年又开始增加且在 2010 年以后普遍高于全国平均水平，这与全国平均水平还有很大差距。

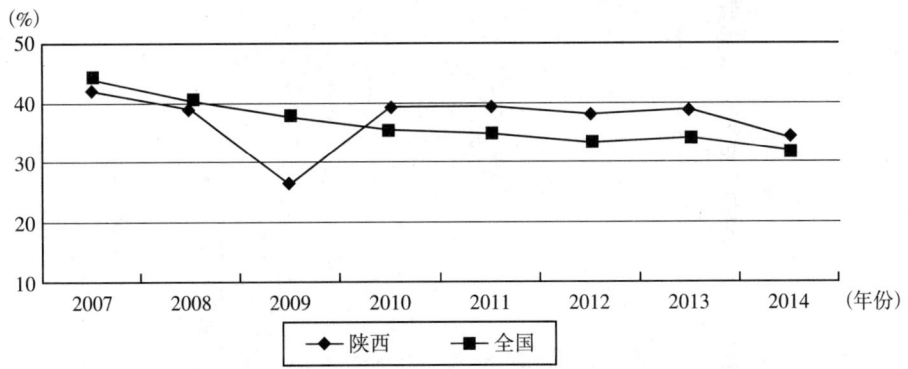

图 8-32　2007~2014 年陕西省与全国个人现金支出占卫生总费用的比重
资料来源：《中国卫生统计年鉴》（2008~2015）及《陕西卫生统计年鉴》（2008~2015）。

（2）在卫生筹资水平上，陕西的筹资比例不协调。2011 年以来，陕西财政在医疗卫生方面的支出逐年增长，且在陕西卫生总费用中，政府卫生支出比重较低，低于全国水平，而个人支出比重较高，高于全国水平，陕西居民在医疗保健方面的个人负担较重。从卫生总费用的构成来看，2014 年在陕西卫生总费用中，政府支出 317.92 亿元，占卫生总费用的 28.28%；社会卫生支出 423.52 亿元，占卫生总费用的 37.68%；个人卫生支出 382.58 亿元，占卫生总费用的 34.04%。而在 2014 年全国卫生总费用中，政府、社会、个人卫生支出占全国卫生总费用的比重分别为 29.96%、38.05%、31.99%。研究分析出，2011~2014 年，陕西政府卫生支出占卫生总费用的比重逐年下降，由 2011 年的 30.8%下降到 2014 年的 28.28%，下降了 2.52 个百分点。但是，在此期间，个人卫生支出占卫生总费用的比重仍然最大，如表 8-5 所示。

表 8-5 2007~2014 年陕西与全国卫生支出比重比较

单位：亿元

年份	陕西							全国					
	卫生费用	个人卫生支出	比重(%)	政府支出	比重(%)	社会卫生支出	比重(%)	卫生总费用	个人卫生支出	比重(%)	政府支出	比重(%)	社会卫生支出	比重(%)
2007	273.28	115.19	42.15					11573.00	5098.66	44.06	2581.58	22.31	3893.72	33.64
2008	347.11	135.33	38.99					14535.40	5875.86	40.42	3593.9	24.7	5065.6	34.85
2009	478.14	126.35	26.43					17541.92	6571.16	37.46	4816.2	27.4	6154.49	35.08
2010	568.47	223.49	39.32					19980.39	7051.29	35.30	5732.49	28.69	7196.61	36.02
2011	723.93	284.26	39.27	222.97	30.8	219.35	30.3	24345.90	8465.28	34.77	7464.18	30.66	8416.45	34.57
2012	860.52	326.91	37.99	257.30	29.92	275.36	32.09	28914.40	9668.57	33.44	8431.98	29.99	10030.7	35.67
2013	995.62	386.3	38.8	287.73	28.9	320.59	32.2	31668.95	10729.34	33.88	9545.81	30.14	11393.79	35.98
2014	1124	382.58	34.04	317.92	28.28	423.52	37.68	35312.40	11295.41	31.99	10579.23	29.96	13437.75	38.05

资料来源：《中国卫生统计年鉴》（2008~2015）及《陕西卫生统计年鉴》（2008~2015）。

8.3 陕西城乡区域发展体系整体方案设计

下面从方案总目的、方案目标、具体方案、拟解决的问题四个方面设计陕西城乡区域发展体系整体方案，如图 8-33 所示。

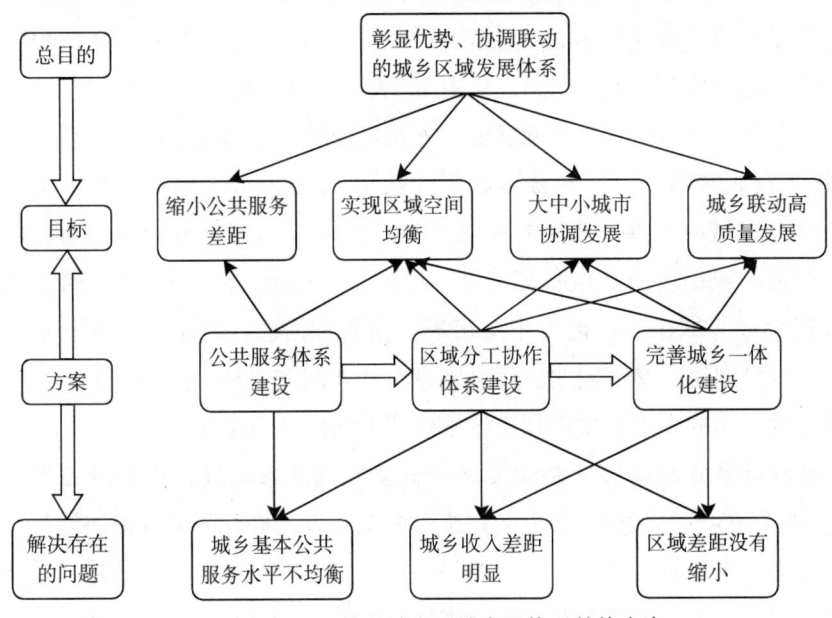

图 8-33 陕西城乡区域发展体系整体方案

8.3.1 建设目标

习近平总书记在 2018 年 1 月 30 日主持中央政治局第三次集体学习时提出，"要积极推动城乡区域协调发展，优化现代化经济体系的空间布局"。缩小城乡区域间发展差距，利于陕西在全省范围内实现经济社会各构成要素的良性互动，促进人口、经济和资源、环境的空间均衡（陈文胜和绍辉，2016），从而加强区域优势互补，塑造区域协调发展新格局，推动陕西实现经济高质量发展。

（1）缩小基本公共服务差距，使各地区群众享有均等化的基本公共服务。促进城乡区域间基本公共服务大体均衡，使贫困地区基本公共服务主要领域指标接近全国平均水平。同时,补齐城乡区域间资源配置不均衡、硬件软件不协调、服务水平差异较大等短板,提升农村公共卫生服务水平及文化设施服务,加快缩小城乡基本公共服务的差距,使各地区群众享有均等化的基本公共服务。

（2）促进人口、经济和资源的空间均衡,缩小城乡区域间发展差距。抓住集中连片特殊困难地区这个重点及农村贫困人口脱贫这个短板,坚决打好精准脱贫攻坚战,2020年实现陕西169万农村贫困人口脱贫、56个贫困县全部摘帽,解决好区域性整体贫困。要最大限度地创造机会公平,调动各地区人民群众的积极性和主动性,共同创造财富,促进各地区人民的收入水平和生活质量在不断提高的过程中趋于一致,实现到2020年陕西农村居民人均可支配收入达到15000元,城乡居民收入比达到3.0以下,最终实现国民收入分布与人口地理分布基本吻合。

（3）大中小城市和小城镇协调发展。加快农业转移人口市民化的速度,实现2020年陕西农业转移人口落户城镇数累计达到1000万人。提升中小城市承载力。增强关中区域内宝鸡及渭南的辐射功能,使其到2020年建设成百万人口城市,加快陕北、陕南中心城市基础建设,将延安、安康、商洛打造成50万人口以上的地区性中心城市。协调关中城市群、沿黄和沿汉江城镇带,优化城镇格局。按照"规划同筹、交通同网、信息同享、产业同布、环境同治"的思路,构建以城市群为主体的大中小城市和小城镇协调发展的城镇格局。

（4）推动城乡联动高质量协调发展。科学规划区域建设,提高城镇发展质量,推进35个重点示范镇和31个文化旅游名镇建设,提升区域发展协调性,使城乡联动覆盖全省所有区域。同时,加强重点开发区域、限制开发区域、禁止开发区域等需要支持地区的特色产业,实施特色农业产业化经营。建设陕西农产品加工贸易示范园区等一批农产品深加工基地,到2020年实现农产品加工率达到70%,使陕西完善城乡对接平台,拓宽发展空间,最终做到有序、有节奏、有效率地发展。

8.3.2 建设方案

陕西构建城乡区域发展体系,是加快转变经济方式、协调区域均衡化的重要战略（艾米杰,2017）。在增强陕西整体协调性方面,实现城乡协调发展一体化体制、城乡空间要素合理配置、空间市场一体化,是加强全省城乡经济、资源空间均衡,增强区域整体性发展的前提条件。在缩小陕西区域内部差距方面,深化城乡区域协作体系，明确区域和城市功能定位，是健全区域实现公共服务均等化，最终促进大中小城市协调发展的重要保障。因此，为践行陕西城乡区域发展体系的实施，陕西可以将整体协调性发展与区域内部差异化发展结合起来，实现城乡优势互补。具体方案如下：

8.3.2.1 公共服务体系建设方案

结合前文的分析结果与李永红（2015）的研究结论，陕西公共服务体系目前存在的问题是：城乡公共服务供给不足、公共资源配置不均衡、公共服务再分配作用弱、公共服务标准不规范、公共服务主体回应性差等。因此，针对这些问题，公共服务体系建设方案需要重点推进公共服务体系建设，促进城乡基本公共服务均等化发展，提升公共服务均等化水平，确保城乡居民都能享受结果的均等。具体建设方案如图8-34所示。

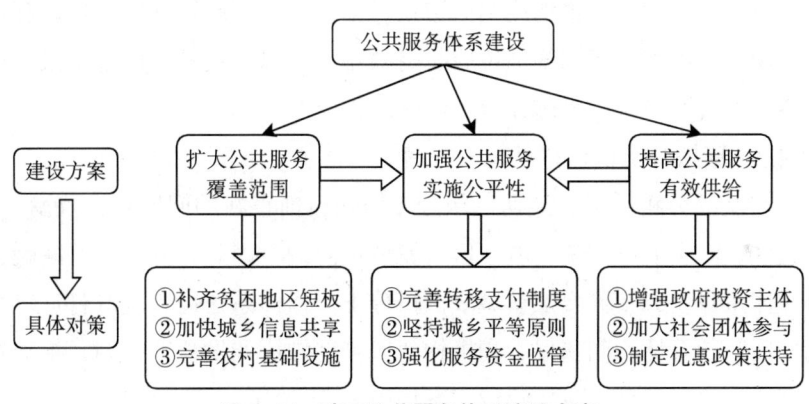

图8-34 陕西公共服务体系建设方案

（1）扩大公共服务覆盖范围。陕西促进公共服务体系建设要以贫困地区和贫困人口为重点，着力扩大覆盖范围、补齐短板。要集中利用资金、人力资源、设备、设施，加快农村中小学教育、社会保险、医疗卫生、文化体育、交通建设等领域的基础设施建设。要建立健全服务标准体系，加快城乡区域之间的信息共享，促进服务项目和标准水平衔接，以提高公共服务质量，缩小与城市的差距。

（2）加强公共服务实施公平性。第一，加大财政对农村的转移支付力度，要进一步完善转移支付制度，增加一般性转移支付、规范专项补助（娄峥嵘，2011）。同时，加强财政资金转移支付重点向县乡级政府倾斜，特别是向欠发达地区县乡政府倾斜（安体富和任强，2010），着力解决县乡财政困难，增强基层政府提供公共服务的能力，缩小城乡和区域之间公共服务的差距。第二，坚持城乡平等的原则，把城市与乡村作为有机整体，平等发展城乡公共服务，建立覆盖城乡、惠及全民的公共财政和由公共财政所支撑的公共服务供给机制，逐步实现农村公共服务均等化。第三，强化农村公共服务资金的监督管理，提高农村公共服务的质量和效率。要完善农村公共服务资金的使用和管理制度，对公共资金的使用情况进行全过程的管理和监督，增加资金使用的透明度。

（3）提高公共服务有效供给。第一，强化政府投资主体地位，加大省、市财政对基层公共服务的投入，推动城市社会管理向农村的延伸（薛艳丽，2011）。要增加对教育、卫生、文化等社会事业的投入，健全各级财政对农村公共服务投入的稳定增长，让公共财政的支出更多地惠及广大农民。另外，广泛动员和利用社会资源，充分发挥党政机关、企事业单位、社会团体等社会力量，加强对农村公共基础设施建设的社会捐赠或结对帮扶。第二，发挥政策导向作用，制定特殊的财政政策。可以综合运用国债税收、财政贴息、以奖代补等政策手段，充分调动社会各界投资城乡基础设施建设一体化的积极性。

8.3.2.2 区域分工协作体系建设方案

结合前文的分析结果，陕西区域分工协作目前存在的问题是：陕南、陕北、关中三大区域间发展不均衡，城乡区域发展不协调。因此，针对这些问题，区域分工协作体系建设方案需要加快城乡区域分工协作体系建设，统筹打造"三大区域协同发展"的总体空间布局，积极构建城乡区域协调发展新机制，推动陕西城乡区域高质量协调发展。具体建设方案如图 8-35 所示。

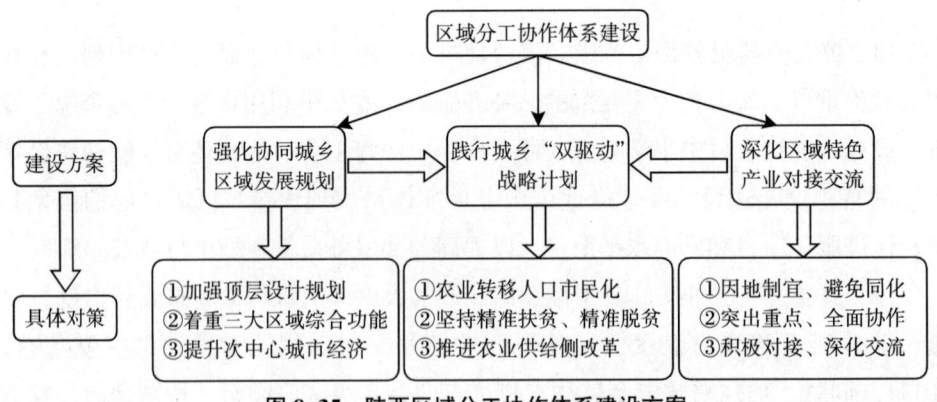

图 8-35 陕西区域分工协作体系建设方案

(1)在城乡区域发展规划上强化协同。第一，政府应从顶层设计上进行合理规划，以陕西整体功能的最大化作为目标制定协同发展规划。建立"以工促农，以城带乡"的长效机制，充分发挥城市在区域经济社会发展中的辐射和引领作用。第二，着重加强关中、陕北、陕南三大区域的综合功能，强化三大区域中心城市的聚集和扩散功能，尽快形成辐射带动力强的中心城市及县域中心城镇，形成分工协作、优势互补、集约高效的城镇群。第三，提升次中心城市的经济水平，增强次中心城市在各自范围内的聚集和扩散功能，促进城市特色的相互衔接，实现城市经济"点线面"结构的优化，加快建立各具特色的大、中、小城市和小城镇协调发展的城镇体系。

(2)坚持城镇化建设和乡村振兴计划"双驱动"。第一，实施多元化城镇战略，有序推进农业转移人口市民化，推进新型城镇化建设，实现陕西政府提出的到2020年农业转移人口落户城镇数累计达到1000万人的目标，提升城市化水平（曾震，2012）。第二，践行乡村振兴计划。首先，加强精准扶贫，精准脱贫，解决贫困人口问题。陕西应坚持实行"一户多策、一人一策"精准帮扶，建立全面覆盖农村低收入群体的大数据库，加强农村低保与扶贫制度有效衔接。其次，要集中力量解决长期困扰农业发展步伐的"产业链短、营销力弱、价格低廉"等问题，深入推进农业供给侧结构性改革，继续提升农业产业的集约化发展水平，使农业增收的方式从增产为主转变为提质为主（赵一茗和袁建华，2016）。最后，扩大农业产业的国际交流与合作，促进农业产业链的国际延伸，提升农产品整合营销能力和附加价值，形成产业城乡融合发展模式。

(3)构建区域特色产业，深化区域对接交流。第一，陕西各区域应按照"错位竞争、差异发展"的要求，做到因地制宜，避免布局的同质化。产业布局以区域所处的空间功能为基础。必须严格按照重点开发区域、限制开发区域、禁止开发区域的功能区定位，依据资源环境承载能力、开发强度和发展潜力，区分地区不同国土空间的主体功能。各区域可依据各自的资源优势、地域优势和发展过程中积累的比较优势，形成能够充分利用自身资源并符合市场需要的产业结构和特色产业（廖云云，2016）。第二，陕西应按照全面协作要求，创新载体、突出重点，搭建完善城乡、区域的对接平台，积极开展全方位的互助协作。在明确定位各类城市具体功能的基础上，以产品、资源为纽带，整合各城市产业资源，实现区域产业资源的优化配置，从而带动区域协同发展。

8.3.2.3 城乡一体化体系建设方案

结合前文的分析结果，陕西城乡一体化体系目前存在的问题是：陕西省内部城乡间居民收入、城乡基础设施条件差距较大，且存在严重的要素市场分割。因此，针对这些问题，城乡一体化体系建设方案需要尽力完善城乡一体化体系建设，通过资源、技术、资金、劳动力等生产要素的合理流动及相互协作，做到"以城带乡，以乡促城"，实现城乡资源优化配置，加快城乡区域融合发展。具体建设方案如图8-36所示。

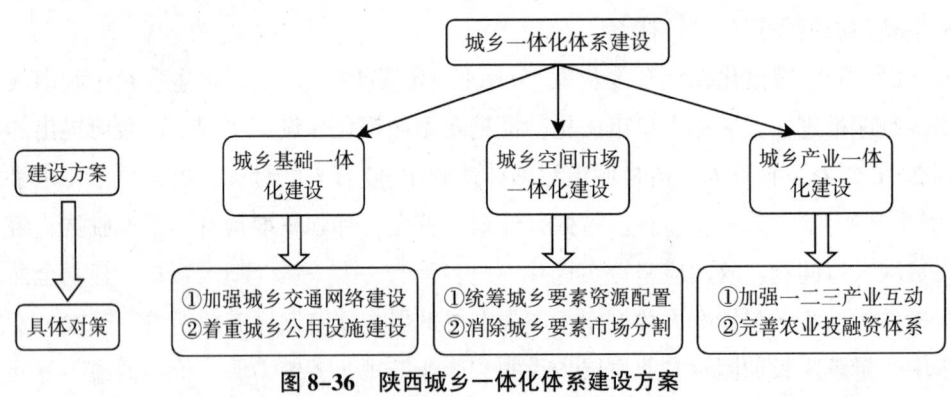

图 8-36 陕西城乡一体化体系建设方案

（1）推进城乡基础一体化建设。城乡基础设施一体化属于硬件条件建设，主要是构建将各种各类不同规模层次的居民点之间有效连接的多层次的交通通信网络一体化体系。要集中力量抓好交通、水利、电力、通信、城镇等基础设施建设。第一，政府应加强城乡交通公路网络建设。一方面，要利用国家的优惠政策，加快县乡公路、乡级公路、乡村道路的建设步伐；另一方面，要加强对现有公路的改造、管理、提升和养护。同时，加快农村公路建设的改革，科学合理地搞好城乡公路网络规划，改善城乡交通条件，形成覆盖全域的综合交通体系（刘勇，2016）。第二，应加强城乡公用设施建设。加快供城镇排水、供热、供气、公交等公用设施建设，鼓励城市公用设施向有条件的农村延伸。同时加大对农村通信设施的投入，加强对城乡电网的建设和改造，提高乡、村两级农村基础设施建设的信息化，解决"最后一公里"问题，形成完整的通信网络系统，缩小城乡之间的数字鸿沟。

（2）加强城乡空间市场一体化建设。空间市场一体化属于软件条件建设，主要涉及产品和要素两类市场一体化，主要包括产品和要素技术标准、交易规则以及贸易物流监管体系等。其中，要素市场一体化是重中之重。第一，陕西应进行要素市场建设，统筹城乡生产要素资源配置，让城乡劳动力、土地、资本、技术、人才、信息等生产要素资源优化组合，从而促进城乡要素市场一体化，确保城乡一体化发展。第二，构建城乡公平统一的空间市场。解除对要素市场的各项限制，消除城乡和区域的要素市场分割，推进城乡和区域要素平等交换等。

（3）推进城乡产业一体化建设。陕西省应从规划、体制、政策上解决区域城乡产业分割的矛盾，顺应城乡经济社会发展不断融合的趋势，统筹规划和整体推进城乡产业发展。第一，加强一二三产业互动，促进城乡各产业有机联系、协调发展。首先，以现代工业物质技术装备改造传统农业，以现代农业的发展促进二三产业升级，以现代服务业的发展推动产业融合（廖云云，2016）。其次，积极推进农业专业化生产、集约化经营和区域化布局，引导农村工业向城镇集聚，鼓励乡镇企业转型升级，加快农村服务业发展步伐。第二，完善农业融资及投资体系，完善城乡金融服务一体化体系。首先，要逐步建立和完善农村金融体系，鼓励社会资本参与设立村镇银行、农村资金互助社和小额贷款公司等新型农村金融机构。其次，建立多元投资体制，采取股份合作制的方式实行资金共筹、利益共享、风险共担的经营体制。要注重动员社会力量，让社会资产、外来资金和非公有制经济成分来充当资本运营的主体。

8.4 陕西城乡区域发展体系的建设重点

8.4.1 大力发展现代化交通，打造"三个经济"高质量现代化区域发展体系

实现高质量的城乡区域发展体系离不开发达的交通基础设施。发达的交通基础设施利于加强区域之间的基础设施通达程度，促进区域之间"1小时经济圈"的形成（张光南等，2011）。陕西在大力发展现代化交通体系时，要充分发挥西安国家中心城市功能，提高西安的影响力。在建设现代化综合交通运输体系时，

要强化以西安为中心的"米字形"高铁网。要加速完善"2367"高速公路网、关中城际铁路网和大西安地铁网，形成以大西安为核心的城市群1小时通勤，实现2~3小时到达周边省会城市，4~6小时到达京津冀、长三角、珠三角的交通圈。应构筑"枢纽经济、门户经济、流动经济"全方位、立体化开放大通道，加快构建现代化综合交通运输体系，实现陕西区域内各类交通无缝对接，实现陕西区域之间的多元流动。

8.4.2 强化区域新型产业顶层设计，夯实主体功能区定位

陕西应该按照"重点开发区域、限制开发区域、禁止开发区域"夯实主体功能区定位，坚持以"强关中、稳陕北、兴陕南"的发展理念，做到"关中协同创新发展、陕北转型持续发展、陕南绿色循环发展"。关中地区应以关天经济区为开发重点，围绕"一轴一环三走廊"的城镇群发展模式（"一轴"即沿陇海铁路陕西段的城镇绵延带，"一环"是以西安都市圈为核心的关中环线城镇带，"三走廊"为彬县—长武—旬邑城镇带、咸阳—铜川城镇带、渭南—韩城城镇带），借助自身优势发展现代农业、新型服务业、装备制造业及战略性新兴产业等。陕北地区应围绕国家级能源化工基地建设，大力开发煤炭及矿产资源，着力推进长城沿线和210国道"人"字形城镇带发展，构建集群化的能源化工产业体系。陕南地区应立足汉丹江生态功能拓展带，借助良好的农业基础及气候资源优势，开展生态旅游，大力发展高效农业和生态农业（张晨，2012）。同时，陕西省政府可以将关中地区的科技资源与陕南、陕北地区的特色农产品结合起来，通过先进的加工技术，制造农作物新产品。

8.4.3 做强省域中心城市，提升区域综合竞争力

加强省域中心城市人口、要素和产业集聚，利于优化城市综合服务功能，增强城市经济综合实力（朱俊成和杨益明，2010）。陕西在加强城市建设时，应着力关注各区域内部的中心城市，同时积极支持有条件的县级市成为区域中心城市，加快地级市内部发展速度。建议西安应发挥省会城市的优势，借助高新技术开发区及"引进人才落户"的优惠政策，大力发展战略性新兴产业，增强区域综合服务功能和创新引领功能，打造西安国际化大都市。咸阳应该发挥对外开放门户和区域性交通枢纽作用，借助地处西咸新区及关中—天水经济区的地理优势，

发挥机场的门户功能,加强经济的外向度及影响力,提升咸阳产业的特色化和品牌化。延安应发挥历史文化和产业优势,将历史文化与产业相结合,打造陕西历史文化名城和旅游宜居城市。韩城应利用地处关天经济区发展的"东大门"、丝路经济带、陕甘宁经济带、黄河金三角的地理优势及得天独厚的矿产资源,打造工业能源与文化旅游城市。汉中市要发挥生态优势,建设绿色农产品、特色制造业基地和生态休闲养生旅游目的地,打造国家生态文明示范区和陕南重要的区域性中心城市。通过提升各区域内中心城市的综合竞争力,加快陕西现代化建设的速度,实现经济高质量发展。

8.4.4 加快欠发达地区的发展,保障区域内部均衡

陕西在建设高质量的城乡区域发展体系时,应均衡区域内部的经济发展,着力关注欠发达地区的发展情况。首先,可以深入实施"结对帮扶"工程(苏伟,2010)。陕西可由杨凌示范区及各市科技局等联合实施,发展现代农业。同时,充分发挥各市农业科研院所的技术优势,对片区贫困户进行定向技能培训,增强贫困群众自我"造血"功能。其次,要坚持脱贫攻坚,做好区域移民安置。在实行区域移民安置时,陕西政府应以陕北、陕南地区大规模移民搬迁为重点,统筹兼顾秦岭北麓、渭北旱塬地区移民搬迁和延安扶贫避灾搬迁。在集中安置率上按照陕西政府精准扶贫文件的指示:关中不得低于90%、陕北不得低于85%、陕南不得低于80%(陕南地区城镇安置率不得低于60%,其他地区不得低于65%)的原则,保障陕西政府2018年公布的56个国家扶贫开发工作重点县和片区县内的"三无"贫困户的住房安全。最后,应加快区域通道畅通工程。全面加快推进绥德至延川、平利至镇坪、安康至岚皋、山阳至柞水等国家高速公路建设,同时积极推动通州区高速公路建设,实现贫困县区通达高速公路、贫困地区低等级普通国道提级改造,加快区域之间的交流对接。

第9章 建设资源节约、环境友好的绿色发展体系

9.1 陕西建设绿色发展体系的内涵与构成

9.1.1 陕西建设绿色发展体系的内涵

绿色发展体系是现代化经济体系的有机组成部分，与经济体系内的其他部分在相互作用中一体建设、一体推进。在现代化经济体系中，资源节约、环境友好是绿色发展体系建设的核心内容，对实现从生态开发到生态建设、从生态赤字到生态盈余的转变起到关键作用。绿色发展体系的内涵包含两个方面：一是经济增长与资源环境负荷脱钩，即经济活动要遵循自然规律，增强资源环境的可持续性；二是使资源环境可持续成为生产力，促进经济增长。绿色发展的目的是实现可持续发展，具体来说是经济发展与资源环境可持续的协调发展。绿色发展不仅要讲速度、讲效益，更要在发展与保护、局部与整体、当前与长远之间找到最佳平衡点。坚持绿色发展就是牢固树立和践行"绿水青山就是金山银山"的理念，坚持节约优先、保护优先、自然恢复为主的方针，形成节约资源和保护环境的空间格局、产业结构、生产方式、生活方式，实现循环低碳发展、人与自然和谐共生的现代化建设新格局。

现代经济体系和绿色发展体系是相互依存的辩证关系。保护生态环境就是保护生产力、改善生态环境就是发展生产力。建设现代化经济体系，必须处理好经济发展与生态环境保护的关系。现代化经济体系是应对新时代我国经济发展阶段

性变化，实现转换经济发展方式、优化经济结构、转换经济增长动力的重要依托和建设绿色发展体系的必然选择。绿色发展体系与现代经济体系在辩证中走向统一。

资源节约和环境友好是陕西绿色发展体系的两大标准。建立资源节约和环境友好的发展体系，就是以提高资源利用效率、降低污染排放和生态损耗强度为核心，以节能节水节材节地、资源综合利用和有效保护、改善环境为内容，以最少的资源消耗和环境代价获得最大的经济利益和社会效益。

以绿色发展政策为依据，强化陕西省从生产到消费领域的全生命周期过程的绿色技术创新，实现智能化、绿色化转型升级，提供满足人民日益增长的优美生态环境需要的生态产品和绿色产品。以技术扶持、资金扶持、循环经济园区建设等方面为主促进陕西建设完善循环经济发展体系。引导各区域依托资源禀赋、产业基础，加强新型工业化和科技的深度融合，打造陕南新兴材料、生物医药基地，关中现代装备制造业基地，陕北清洁能源工业基地，构建与资源环境承载能力相适应的空间格局。

9.1.2 陕西建设绿色发展体系的构成

现代化经济体系坚持以市场为导向，以效率、持续、和谐为目标，绿色发展是对传统发展模式的一种创新，在以人为本、全面、协调、可持续的发展观的指导下，对绿色经济、循环经济、可持续发展、低碳经济等概念的高度总结和概括，强调科技含量高、资源消耗低、环境污染少的生产方式和勤俭节约、绿色低碳、文明健康的消费生活方式。根据国家发展改革委、国家统计局、环境保护部、中央组织部制定的《绿色发展指标体系》并结合陕西实际情况，本书认为陕西绿色发展体系包括产业绿色化、生活方式绿色化、绿色环境、绿色制度建设、区域绿色发展五个方面。人与自然和谐共处是全面建设小康社会的落脚点。大力推进生态文明建设，坚持践行绿色发展理念，才能尊重自然、顺应自然、保护自然。

9.2 陕西绿色发展体系现状及存在问题

9.2.1 绿色发展体系现状

9.2.1.1 绿色产业现状分析

绿色产业以健康环保为宗旨，以可持续发展为出发点，以构建资源节约型与环境友好型社会为目标。绿色产业是以环境保护和可持续发展为理念发展起来的新兴产业形态，将资源节约与环境友好理念贯穿于产业生产过程的各个环节，从而保证产品或服务在生产、销售和回收过程中对环境零污染或低污染，是集经济价值、生态价值和社会价值于一体的朝阳产业。绿色产业的主力军是环保产业。环保产业包括产业本身绿色化、垃圾回收和处理。主要是经济发展、资源利用和循环利用方面，经济发展主要选取战略性新兴产业投资额、资源利用选取资源产出率、循环利用选取工业固体废弃物综合利用率来分析陕西绿色产业的现状，如图9-1、图9-2所示。

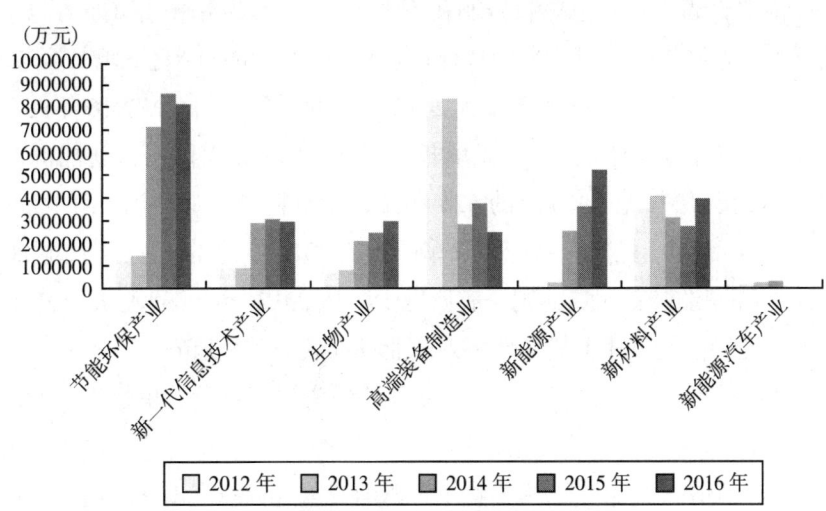

图9-1　2012~2016年陕西七大战略性新兴产业投资额

资料来源：《陕西统计年鉴》（2013~2017）。

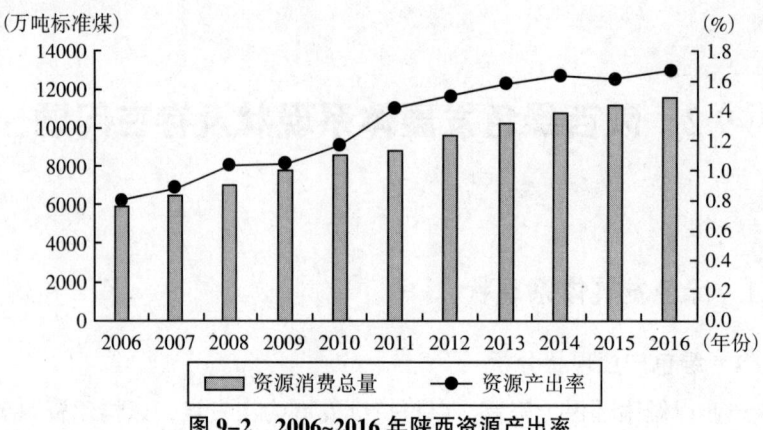

图 9-2 2006~2016 年陕西资源产出率

资料来源：《陕西统计年鉴》（2007~2017）。

（1）战略性新兴产业投资额。战略性新兴产业是以重大技术突破和重大发展需求为基础，对经济社会全局和长远发展具有重大引领带动作用，知识技术密集、物质资源消耗少、成长潜力大、综合效益好的产业。战略性新兴产业是产业结构调整和转型升级的方向。2012~2017 年，产业规模不断壮大，2017 年，陕西战略性新兴产业完成增加值 2360.3 亿元，占 GDP 比重 10.8%，比上年增长 12.5%，高于陕西 GDP 增速 4.5 个百分点。从图 9-1 中可以看出，除高端装备制造业外，战略性新兴产业总体投资额在不断上升，2012~2016 年增长了 1.76 倍，年平均增长率达到 15%，其中节能环保产业从 2012 年的 119 亿元增长至 2016 年的 821 亿元，新一代信息技术产业从 2012 年的 86 亿元增长至 2016 年的 295 亿元，生物产业从 2012 年的 66 亿元增长至 2016 年的 295 亿元，新能源产业从 2012 年的 8 亿元增长至 2016 年的 526 亿元，新材料产业从 2012 年的 353 亿元增长至 2016 年的 393 亿元，新能源汽车产业从 2012 年的 14 亿元增长至 2016 年的 32 亿元，而高端装备制造业则是有所减少，从 2012 年的 838 亿元下降至 2016 年的 246 亿元，但是整体上战略性新兴产业投资额呈上升趋势。

（2）资源产出率。资源产出率是指主要物质资源实物量的单位投入所产出的经济量，其内涵是经济活动使用自然资源的效率。计算公式为：地区资源产出率=地区生产总值（不变价）/主要物质资源消费量。资源产出率越高，表明资源利用率水平越高，陕西资源产出率从 2006 年的 0.8% 增长至 2016 年的 1.67%，年平均增长率达到 10.9%，即陕西资源产出率持续升高，资源利用效率不断提高。

(3)工业固体废弃物综合利用率及增长率。开发利用工业固体废弃物是实现可持续发展的重要措施,已成为建设节约型社会的重点和难点工作之一。工业固体废物综合利用率指工业固体废物综合利用量占工业固体废物产生量的百分率。2006~2016 年工业固体废弃物综合利用率呈不断上升趋势,2006~2016 年增长了 2 倍,年平均增长率达到 10%,从 2006 年的 38%增长至 2016 年的 77%。努力做好工业固体废弃物的综合利用,可以充分利用资源、节能、利废和环保,有着广阔的发展空间,对促进陕西社会经济发展具有十分重要的意义。

9.2.1.2 绿色生活现状分析

绿色生活的产生主要以资源节约、环境友好为基础,依托可持续发展的价值,与之相辅相成,协调共生,倡导的是一种新型的、绿色的、低碳的生活模式。形成绿色生活的理念,民众不仅可以依靠自己的习惯和直觉选择理性的生活方式,而且可以根据合理的限度来控制该选择在合适的范围内,让自身处于一种可控的、协调的、舒适的生活状态之中,同时又能有益于社会。

绿色生活主要表现在人们的居住出行,主要选取建成区绿化覆盖率、城镇生活垃圾无害化处理率和万人公交车拥有数量来分析陕西绿色生活现状,如图 9-3、图 9-4 所示。2006~2016 年,整体上建成区绿化覆盖率和城镇生活垃圾无害化处理率都呈上升趋势,建成区绿化覆盖率从 2007 年的 37.65%增长至 2016 年的 40.14%,城镇生活垃圾无害化处理率从 2007 年的 52.43%增长至 2016 年的 98.53%,万人公交车拥有数量也是整体上呈上升趋势,从 2010 年的 2.94 标台/万人增长至 2016 年的 3.76 标台/万人,年均增长率为 4.67%。

根据国家统计局西安调查队对市民进行绿色生活方式认知和践行情况的调查结果显示,84.4%的受访者认为"绿色生活方式很重要"。同时,59.4%的受访者所居住的社区有过绿色生活方式的宣传,40.6%的受访者表示没有或者不清楚。在绿色生活方式信息的获取途径上,"电视、广播、互联网等媒体宣传报道"居首位,占 91.9%。93%的市民表示愿意将绿色生活习惯向身边的人宣传推荐。高学历人群节约意识更强,在"一纸两用""废水利用""不要铺张浪费"等问题上,研究生及以上的平均得分 4.26,大专及本科的平均得分 4.08,高中及中专的平均得分 3.93,初中及以下的平均得分 3.68。城市居民更注重环保生活,从受访者的环保生活方式践行程度上看,其中居住在城市的受访者比农村的受访者得分高 0.24。积极发展分享经济、信息经济、消费经济等新业态,新增国家地理标志保护产品8个、陕西名牌产品88个、国家电子商务进农村综合示范县19个,海航现代物流总部、京东全球物流总部等一批千亿级龙头项目落地。节约、文明、健康、绿色的消费模式正在成为社会的共识。

(1)建成区绿化覆盖率和城镇生活垃圾无害化处理率。

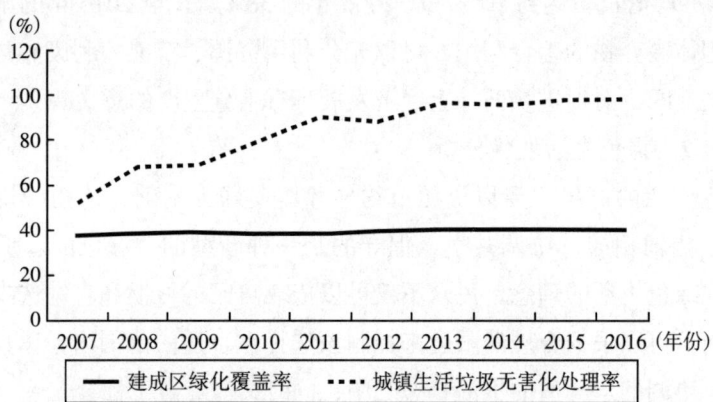

图9-3 2007~2016年陕西建成区绿化覆盖率和城镇生活垃圾无害化处理率
资料来源:《陕西统计年鉴》(2008~2017)。

(2)万人公交车拥有数量。

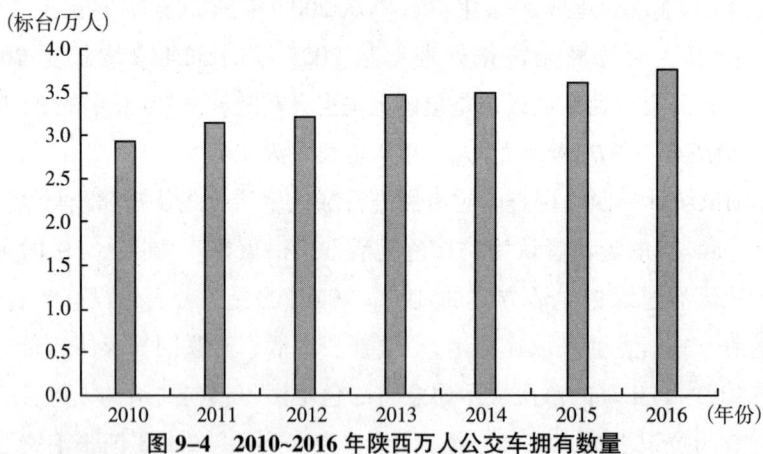

图9-4 2010~2016年陕西万人公交车拥有数量
资料来源:《陕西统计年鉴》(2011~2017)。

9.2.1.3 绿色环境现状分析

绿色环境即绿色生态环境,主要包括环境质量方面(保护空气达标、控制噪声达标)和生态质量方面(保护耕地、绿化覆盖率)。环境质量方面选取了单位

GDP 氨氮排放量和单位 GDP 二氧化硫排放、生态质量方面选取了森林覆盖率来分析陕西绿色环境现状，如图 9-5 所示。

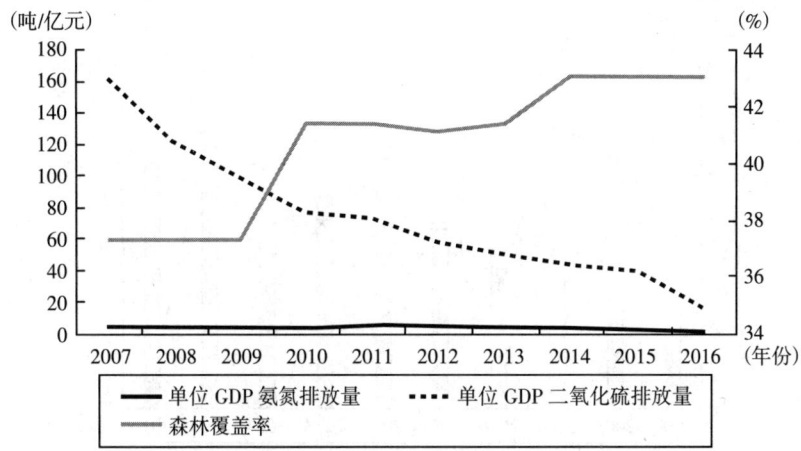

图 9-5　2007~2016 年陕西森林覆盖率、单位 GDP 氨氮和二氧化硫排放量
资料来源：《陕西统计年鉴》(2008~2017)。

从图 9-5 可以看出，陕西 2006~2016 年森林覆盖率整体呈上升趋势，从 2006 年的 37%增长至 2016 年的 43%，单位 GDP 氨氮排放量和单位 GDP 二氧化硫排放量分别呈下降趋势，单位 GDP 氨氮排放量从 2006 年的 4 吨/亿元下降至 2016 年的 1 吨/亿元，单位 GDP 二氧化硫排放量从 2006 年的 161 吨/亿元下降至 2016 年的 16 吨/亿元，下降了 10 倍。目前，陕西实施重大水利工程，昆明池、渼陂湖、卤阳湖恢复建设初见成效，国家湿地公园增至 43 处、总面积达 84.9 万亩。夯实四级河长责任，加大水污染治理力度，渭河干流水质持续改善，汉江、丹江、嘉陵江流域水质保持优良。建立土壤污染防治联合调度制度，扎实开展土壤污染状况详查与治理修复工作。深入实施退耕还林、天然林保护、三北防护林建设，完成营造林 719.5 万亩，治理沙化土地 105.4 万亩。

9.2.1.4　绿色制度现状分析

绿色制度主要体现在资金保障和机制体制两方面。为此，从节能环保支出和城镇环境基础设施投资来分析。陕西节能环保支出呈逐年增长趋势，占财政支出的比例越来越大。城镇环境基础设施建设投资也呈现逐年增长的趋势，省政府对促进绿色发展极度重视（见图 9-6 和图 9-7）。节能环保支出整体呈上升趋势，从 2007 年的 47 亿元增加至 2016 年的 127 亿元，增长了 2.7 倍，年平均增长率高达20%。城镇环境基础设施投资除2011年和2012年有所下降外,整体也呈上升趋势,从2007年的29亿元增加至2016年的190亿元,增加了6倍,年平均增长率高达54%。

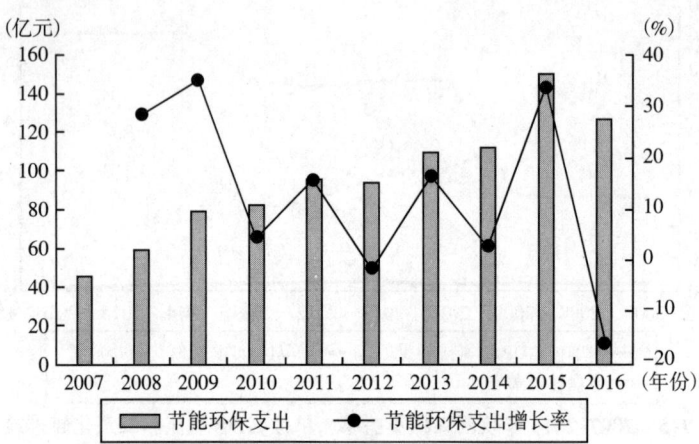

图9-6　2007~2016年陕西节能环保支出

资料来源:《陕西统计年鉴》(2008~2017)。

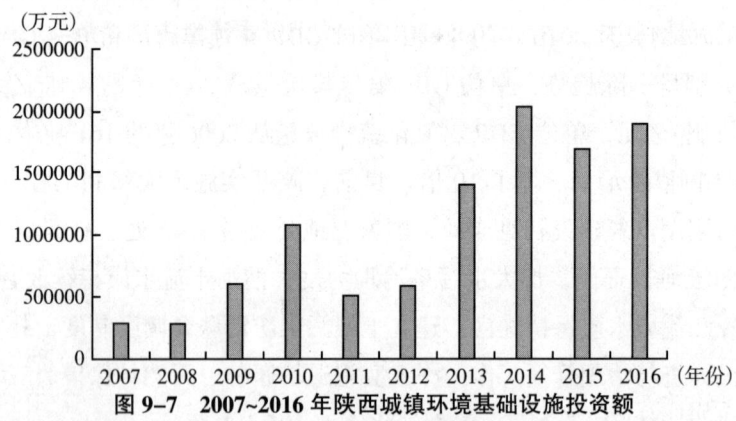

图9-7　2007~2016年陕西城镇环境基础设施投资额

资料来源:《陕西统计年鉴》(2008~2017)。

《陕西省"十三五"生态环境保护规划》提出,要牢固树立和贯彻落实新发展理念,围绕"新动能、新高地、新活力、新生活、新形象"战略任务,强化生态建设基础性、战略性地位,坚持走生态优先和绿色发展之路,以全面改善生态环境质量为核心,以大气、水、土壤污染防治为重点,加强污染防治和生态保护联动协同,强化"山河江坡塬"系统保护,实施最严格的生态环境保护制度,提高生态环境管理系统化、科学化、法治化、精细化和信息化水平，促进生态环境质量不断改善，开创陕西生态文明建设新局面。

9.2.1.5　陕西三大区域现状分析

（1）陕南绿色发展现状。陕南自然资源丰富，文化遗产众多，发展基础良好。陕南位于关中—天水、成渝、江汉三大经济区交会地带，沟通丝绸之路经济带和长江经济带。水资源占陕西省的71%，汉江、嘉陵江、丹江流经陕南，水能以及药、果等生物资源丰富，是全国最大的富硒资源区。陕南矿产资源丰富，金长石、钾长石储量亚洲第一，镇巴区块油气潜在储量达132万亿立方米。拥有国家自然保护区12处，国家森林公园13个，是秦巴生态多样性功能区的重要组成部分和南水北调中线工程重要水源涵养区。

2005~2012年，陕南始终处于生态盈余状态，2013年足迹深度首次突破1，这意味着城镇化过程中陕南生态压力持续增大，资本流量已不足以支撑经济社会发展，而需要依靠存量资本的消耗来维持。但2013~2015年，陕南足迹深度出现微幅下降，说明资本存量消耗速度得到了较好控制，涵盖"治污碧水""降尘护蓝"农村清洁、生态修复等内容的系统生态环境政策取得了成效。从资本流量占用率和存量流量利用比来看，2005~2012年陕南资本流量占用率从43.89%增长到55.06%，年均增长1.60%，对资本流量的占用水平逐步提高，生态供给也逐步接近饱和。2013~2015年，存量流量利用比保持在0.85左右，但始终未突破1，说明资源需求仍由流量资本来满足，流量资本仍是陕南自然资本的主要来源。

（2）关中绿色发展现状。区内集聚了丰富的科技资源，以电子信息、软件、医药、生物技术、光机电一体化、新材料、环保等为代表的高新技术绿色产业发展迅速。2005~2015年，关中城市群人均生态足迹除2007年、2014年有所下降外，均呈上升趋势，年均增速为5.04%，而生态承载力几乎没有发生变化。值得注意的是，近4年来GDP增速呈下降趋势，生态足迹年均增速波动较大。经济下行压力短期内也许不会得到改善，二者增速差距可能逐渐缩小，生态压力问题将逐渐突出。假设确实存在倒"U"形的环境库兹涅茨曲线（Environment Kuznets Curve），则目前关中城市群处于加速接近生态阈值的进程中，流量积累致存量外部性或接近上限，存在着"经济—环境"子系统崩溃的隐患。

（3）陕北绿色发展现状。陕北位于陕甘宁蒙晋交界地区，地处呼包鄂城市群和关中平原城市群的中间地带。延安和榆林是典型的资源城市，煤炭、金属镁等矿产资源和油气资源丰富,工业基础较好,是陕西重要的能源化工基地。延安红色文化资源丰富。榆林市作为陕西第二大经济体,在陕西经济中占有较大比重。

2001~2015年,陕北地区人均生态足迹从1.266公顷/人增加到5.299公顷/人,增长明显,人均生态承载力维持1.6公顷左右,人均生态赤字不断增加。其中,化石能源账户在生态足迹中占比最大,在污染账户中,固废污染和大气污染是引起生态足迹增长的主要明细账户。驱动生态足迹变化的主要因素为人口和经济指标。相较于榆林,延安人均生态足迹增长缓慢,由1.330公顷上升到3.057公顷,就生态压力指数而言,延安处于稍不安全阶段。榆林人均生态足迹2001年基数与延安相当,但增长迅速,由1.227公顷增加到6.769公顷,其生态压力指数由很不安全阶段变为极不安全阶段,生态环境处于破碎边缘。

9.2.2 绿色发展体系存在问题

陕西自然环境基础薄弱、历史欠账较多,经济发展规模、空间布局、增长速度与自然生态环境承载能力之间的矛盾越来越突出,三大区域绿色体系建设依然存在着很大的问题。

9.2.2.1 绿色产业问题分析

工业增长模式仍为重化能源主导。轻重工业比重失调,重工业占比接近八成,陕西工业内部结构以重工业为主,轻工业发展相对落后;能源化工产业占比偏高,主导行业半数为能源化工类,2017年陕西能源工业总产值为7534.80亿元,累计增长25.9%,在工业增加值中,重工业累计增长7.4%,能源工业累计增长5.5%,能源化工工业在重化工业中的比重达40%以上,明显偏高,近年来虽有所下降,但仍远高于全国水平,受日益强化的资源环境约束,增长压力显著加大;能源化工产业结构单一、层次低,以初级产品开采为主,能源化工产业结构高端化不足,仍以附加值低的资源开采行业为主,加工转化类占比较低,导致产业竞争力在价值链中处于低端环节。

企业创新活力有待释放,新产品产出效率有待提升、科技供给和实际需求不匹配、陕西企业创新的主体地位尚未明确等问题依然存在,技术创新动力和能力不足正日益成为制约工业转型升级的突出因素。

战略性新兴产业中高端装备制造业竞争力不强,陕西高端装备制造业发展态势良好,总量不断增加,但总体规模依然偏小,竞争力不强,产业层次水平不高。

9.2.2.2 绿色生活问题分析

主要表现在：一是居民的环保生活方式践行度低。根据国家统计局西安调查队对市民进行绿色生活方式认知和践行情况的调查结果显示，受访者的环保生活方式践行程度得分仅为 3.72，在问及"对绿色生活方式方面有什么好的想法和意见"时，62.5%的受访者提到了"低碳出行、节约资源、废物利用"等，但是各项实践度得分却处于中间水平，知行偏差较大，绿色生活行动滞后于观念。二是市民对绿色产品认知度不高。调查显示，受访者在节约资源、健康生活等方面得分较高，但在购买环保产品、支持绿色生产企业上的态度有所保留，在"以较高费用购买环保产品"和"因厂商的环保行动而购买较多该公司产品"上，受访者平均得分较低，说明人们乐于进行简单方便的环保行为，但是不愿意为环保投入资金。三是区域不平衡。农村绿色生活和消费模式总体仍然十分落后，城市绿色生活和消费模式相比较发达地区和城市仍有一定的距离。四是政策不完善。缺少政府相关政策的支持和约束，绿色平台基础设施建设仍然十分落后，现代绿色观念认同感和践行度低。

在旅游方面：一是文化旅游融合体制机制不健全。从资源整合上推进融合发展的力度不够，缺乏总体规划布局及顶层设计、统一运作。二是融合发展水平不高。文化资源的产品化、市场化开发不足，旅游的文化内涵提炼不足，文化的旅游价值提升不高。三是融合发展模式创新不足。陕西在文化和旅游融合发展模式上，多复制、少创新，特色化、差异化体现不强。四是融合发展的支撑体系尚不完善。带动融合发展的市场主体培育不足，金融政策支撑不够，专业人才相对缺乏。

9.2.2.3 绿色环境问题分析

结合陕西实际，推进绿色发展、降低生态足迹，关键是要大力实施"生态立市"战略，以人与自然和谐发展为目标，以转变发展方式和生活方式为主攻方向，以绿色低碳循环发展为基本路径，推进生产生活生态融合，切实将生态资源转化为生态资本，将生态"负资产"转化为生态"正资产"，将生态优势转化为发展优势。坚定不移守住生态底线。科学设定并严守资源消耗上限、环境质量底线、生态保护红线，着力构建全域生态系统、生态格局。

三维生态足迹模型由 Niccolucci 建立，足迹深度表征了人们对超出生物承载力部分资源的累积需求，具有时间属性；足迹广度表征了人们对生物生产土地的年际需求，具有空间属性。足迹深度和足迹广度分别代表了人们对自然资本存量的消耗程度和人们对自然资本流量的占用程度。

2000~2016年陕西的足迹深度、广度和三维生态足迹见表9-1，结果显示，2000~2016年的足迹深度逐年上升，从2000年的1.648公顷/人上升到2016年的2.876公顷/人；足迹广度2007年较2006年有轻微下降，2016年开始下降，其余年份都在上升；三维生态足迹与足迹广度变化轨迹相同，整体从2000年的1.192公顷/人上升到2016年的2.718公顷/人。由此可以更清晰地反映出足迹深度、足迹广度、三维生态足迹2000~2016年的变化，3个指标都是随着时间的推进增大的，陕西自然资本产出已经无法满足其消费需求，资本存量开始消耗，资本流量占用上升。

表9-1 2000~2016年陕西的足迹深度、广度和三维生态足迹

年份	指标		
	足迹深度（公顷/人）	足迹广度（公顷/人）	三维生态足迹（公顷/人）
2000	1.648	0.723	1.192
2001	1.705	0.727	1.240
2002	1.795	0.758	1.361
2003	1.894	0.779	1.475
2004	2.050	0.836	1.714
2005	2.169	0.850	1.844
2006	2.277	0.869	1.979
2007	2.291	0.861	1.973
2008	2.414	0.887	2.141
2009	2.439	0.898	2.190
2010	2.491	0.918	2.287
2011	2.622	0.935	2.452
2012	2.732	0.945	2.582
2013	2.806	0.951	2.669
2014	2.906	0.958	2.784
2015	2.958	0.960	2.840
2016	2.876	0.945	2.718

生态环境问题归根结底是经济发展方式和经济结构调整的问题。经济发展已进入新常态，面对资源短缺的短板，首先，要转变高投入、高污染、低产出的传统生产方式，树立节约集约循环利用的资源观，发展绿色经济、循环经济、低碳经济。其次，调整经济结构。供给侧结构性改革是经济结构调整的重点。经济增速显著下降的原因是"供给失灵"，即传统产能严重过剩，资源配置效率低；居民的有效需求得不到满足，导致消费与生产间脱节。因此，要加大供给侧结构性改革的力度，合理配置能源资源，积极解决传统产业过剩产能的问题，淘汰落后产能，促进产业结构的优化重组。

一是工业能源消耗总量不断攀升，采矿业总量占比均提高。陕西单位GDP能耗虽然持续下降，但能源消耗总量仍在不断提升。2017年，陕西规模以上工业综合能源消费量9001.61万吨标准煤，累计增长1.6%，比2016年的8840.26万吨标准煤增加了161.35万吨标准煤。其中，采矿业增长4.3%，煤炭开采和洗选业增长0.6%，石油和天然气开采业增长9.8%，资源环境约束进一步加剧。二是工业节能环保技术能力亟待提高，配套环境亟待改善。绿色制造发展的配套环境也亟待改善，机械装备及产品的绿色设计能力及其软件支持工具薄弱，废旧家电、汽车、工程机械等机械装备资源再利用率较低，导致了较为严重的二次污染。

9.2.2.4 绿色制度问题分析

虽然陕西在节能环保支出和城镇环境基础设施建设方面投资比较多，但是涉及领域比较少，污水处理、垃圾处理，水资源重复利用等环境保护技术不达标，创新动力不足导致技术不达标，造成资金浪费严重，资源利用率不足导致大量资源浪费。政府在农村可再生资源经费等支出不足。陕西绿色制度建设仍有待提升。缺少对节能环保性产业（高效节能产业、先进环保产业、资源循环利用产业、节能环保服务业等）专项资金的设立，应该以实施大气污染防治和水环境综合整治为重点，以燃煤锅（窑）炉淘汰改造、清洁生产审核、水环境综合整治、生态创建、能力建设等工作为抓手，加大投入，更好地完成环境保护与生态文明建设工作目标任务。

9.2.2.5 三大区域问题分析

作为一种评价可持续发展的研究方法，生态足迹方法使可持续发展从一个抽象的理念变为可操作的实践，通过引入"均衡因子"和"产量因子"将区域范围内资源与能源消费转化为能够提供这种物质流所必需的生产性土地面积，然后同区域内所能够提供的生产性土地面积进行比较,通过计算生态承载供需差额,在保证生存和发展的前提下判别生产消费活动是否处于生态系统承载力范围内。人均生态足迹是全部的生物生产性土地与人口数量之比,生态承载力是指区域内所能提供给人类的生物生产性土地的面积总和,人均生态盈亏是指人均生态承载力与人均生态足迹之差,当人均生态盈亏小于0时显示为生态赤字,表明生态环境已超载;反之,则为生态盈余。由此,从资源消耗与生态承载力的角度来分析陕西经济所面临的资源环境问题,对陕西的绿色可持续发展具有很大的参考价值。

通过测算,2005~2015 年,陕西三大区域人均生态足迹均呈增长趋势,陕北人均生态足迹由 2005 年的 2.132 公顷增长至 2015 年的 4.481 公顷,增长幅度达到 110.1%,年均增长率为 10.0%。关中人均生态足迹由 2005 年的 1.755 公顷增长至 2015 年的 2.845 公顷,增长幅度为 62.1%,年均增长率为 5.6%。陕南人均生态足迹由 2005 年的 1.362 公顷增长至 2015 年的 2.217 公顷,增长幅度为 62.8%,年均增长率为 5.7%(见表 9-2)。

表 9-2 2005~2015 年陕西三大区域人均生态足迹、人均生态承载力、人均生态赤字

单位:公顷

	年份	2005	2006	2007	2008	2009	2010	2011	2012	2013	2014	2015
陕北	人均生态足迹	2.132	2.448	2.593	2.945	3.209	3.502	3.852	4.227	4.329	4.541	4.481
	人均生态承载	2.696	2.730	2.710	2.699	2.692	2.671	2.669	2.665	2.655	2.645	2.629
	人均生态赤字	0.564	0.281	0.117	−0.246	−0.516	−0.831	−1.183	−1.562	−1.674	−1.897	−1.852
关中	人均生态足迹	1.755	2.014	1.967	2.153	2.221	2.456	2.523	2.618	2.702	2.778	2.845
	人均生态承载	0.540	0.537	0.535	0.533	0.532	0.537	0.535	0.533	0.531	0.530	0.527
	人均生态赤字	−1.215	−1.477	−1.431	−1.620	−1.689	−1.919	−1.988	−2.085	−2.170	−2.248	−2.318
陕南	人均生态足迹	1.362	1.484	1.359	1.525	1.714	1.866	1.960	2.117	2.238	2.235	2.217
	人均生态承载	2.109	2.106	2.102	2.097	2.138	2.140	2.142	2.139	2.135	2.131	2.126
	人均生态赤字	0.747	0.623	0.743	0.572	0.424	0.274	0.182	0.022	−0.103	−0.104	−0.091

2005~2015年，陕北、关中、陕南人均生态承载力分别在2.62公顷至2.70公顷、0.52公顷至0.54公顷、2.10公顷至2.13公顷范围波动。

2005~2015年，陕北人均生态赤字由0.564公顷减少为-1.852公顷，关中人均生态赤字从-1.215公顷减少为-2.318公顷，陕南人均生态赤字从0.747公顷降低至-0.091公顷（见表9-2）。结果显示，三大区域人均生态赤字均不断增加。

陕南绿色体系建设面临着三大问题：一是陕南经济发展动能不足。陕南经济总量偏小，2017年实现地区生产总值3108.77亿元，约占陕西的14.2%。产业结构不合理，产业结构比为13.28∶51.14∶35.58，第二产业占比过高。要素制约明显，基础设施落后，人才、资金、技术短缺。产品附加值低，产品加工处于价值链低端，高附加值产品较少。二是陕南生态保护压力巨大。生态矛盾突出，陕南有23个县为限制开发区（重点生态功能区），28个县（区）中绝大部分属于南水北调中线水源涵养区，经济发展与生态保护矛盾日益显现。生态问题突出，汉江、丹江、嘉陵江流域水土流失面积加大，水体污染不容乐观。生态空间受限，城镇建设、工业开发与耕地保护矛盾加剧，生态功能区建设和生态空间受到限制。三是陕南脱贫任务繁重。区位劣势明显，陕南属秦巴山国家连片特困区和川陕革命老区，其中，27个县（区）属于国家级集中连片特殊困难县（区）及扶贫开发工作重点县（区），贫困人口总数百万以上，贫困深度和攻坚难度进一步加大。乡村振兴任重道远，农村土地较少，贫困分布广泛，劳动力、人才、技术短缺。这些都制约了陕南绿色体系的发展，阻碍了陕南现代化经济体系的建设进程。

关中绿色体系建设面临着多样化的问题：一是生态系统相对脆弱，资源环境约束加剧。关中重化产业比重较大，导致大气污染问题依然突出，电力、水泥、焦化等产业较多。人均水资源量不足全国平均水平的1/3，空间分布不均。渭河流域部分区段水质污染严重，地下水超采问题突出。二是中心城市辐射带动作用不强，城市数量总体不足。西安与东部特大城市相比，经济发展水平尚有差距，城市功能不够完善。城市群中大城市数量少，中小城市发展又相对偏弱，城镇分布较为稀疏，分工协作不够紧密。三是创新潜力有待发挥，成果就地转化水平不高。城市群协同绿色创新机制不健全，各类科研机构力量未能有效整合，军民科技资源共享程度不够，创新创业服务体系不完善，科技与经济、成果与产业对接不畅，科技成果就地转化率不到30%，创新能力不足，严重阻碍了绿色经济的发展。四是绿色开放合作层次不高，体制机制灰色障碍尚未完全破除。发展观念和竞争意识不强，对外开放程度不够，开放型经济体系不够健全。市场环境不优，民营经济发展滞后，市场主体不多不大不强，对于高端要素吸引能力不强。

陕北绿色体系建设也面临着三大问题：一是区位劣势突出。陕北大部分地区位于黄土高原，北部紧挨长城和毛乌素沙漠，自然环境较为恶劣，生态环境脆弱。黄土区域，沟壑纵横，降水季节分布明显，水土流失严重，自然灾害频发。粗放型的农业发展方式有待提升，农村居住环境差和农民收入低的局面未得到根本改观。离关中平原城市群和呼包鄂城市群较远，辐射带动效应有限。高铁、航空港等现代化交通网络尚未正式建立。生态环境脆弱。典型的高原地形，基本地貌类型是黄土塬、梁、峁、沟，北部靠近毛乌素沙漠，处于温带大陆性气候和季风气候交汇地带，洪涝、干旱、沙尘暴等自然灾害频发。二是资源矛盾及经济矛盾突出。陕北水资源短缺，以榆林为例，"十三五"开局之时，全市共有水资源总量约32亿立方米，人均水资源865立方米，远低于陕西和全国平均水平。水体污染突出，延河、无定河等河流水质距离56%以上的优良比例目标相去甚远。黄河流经地区水土流失严重。煤炭油气资源开采易造成地质灾害，受破坏、受污染环境的可修复性低。经济发展空间受限。经济增速低于陕西平均水平，产业转型升级缓慢。产业结构比为6.3∶61∶32.7，工业占比过高，产业发展不协调。资源依存度较高，以榆林市为例，工业中能源化工产业占比达到79%，产业结构过度依赖能源化工产业。三是乡村建设滞后。贫困人口基数大，贫困深度和分布广度较大，制约了经济社会发展。

9.3　陕西绿色发展体系建设方案设计

9.3.1　陕西现代化绿色发展体系建设框架

坚持质量第一、效益优先，以供给侧结构性改革为主线，实施创新驱动发展战略，实施"中国制造2025"陕西行动计划，在资源和环境允许的条件下，既要实现绿色发展方式，也要构建绿色生活方式，勤俭节约、绿色低碳、文明健康的绿色生活方式是我们的最终目标；建设绿色生态环境是中国推进生态文明建设的本质特征，是对中国现代化建设提出的新要求；坚持节约资源和保护环境基本国策，坚定走生产发展、生活富裕、生态良好的文明发展道路，建设资源节约型、环境友好型社会，形成人与自然和谐发展的现代化建设新格局，推进绿色生态环境建设，为陕西生态安全做出贡献；提供资金保障并完善法律保障机制、绿色考评决策机制等。

为了实现资源节约、环境友好的陕西绿色发展体系，制订出实现绿色发展的建设方案，如图9-8所示。

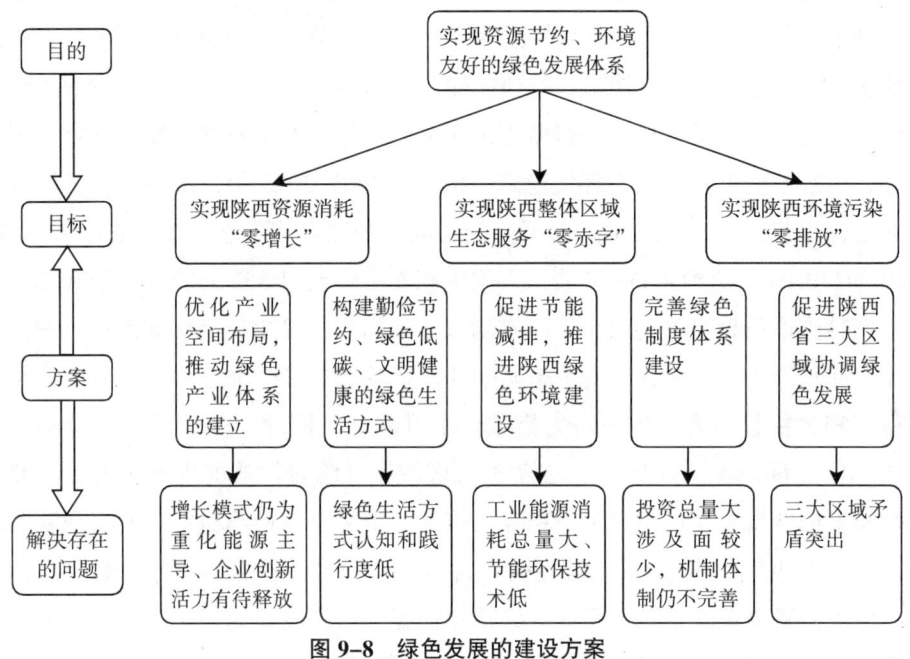

图9-8　绿色发展的建设方案

9.3.2　陕西现代化绿色发展体系建设目标

首先，实现陕西资源消耗"零增长"。"零增长"是指一个地区或国家经济发展与资源消耗实现彻底脱钩，即随着经济发展和财富增加，资源消耗呈现"零增长"或"负增长"，通过利用较少的资源，创造更多社会财富，实现资源利用效率的4倍，乃至10倍的跃进。陕西是资源大省，拥有十分丰富的矿产资源，陕西在产业结构升级过程中，依据不同区域资源禀赋的异质性，基本形成了以"陕南绿色产业、陕北能源化工、关中先进制造业"为特色的区域性产业格局。但是,陕西在经济发展过程中,也存在着"三高两低"粗放的经济增长方式,资源综合利用效率偏低。实现绿色发展必须在生态承载力和资源有限的范围内,伴随着改革开放和生产全球化的大背景下,加快产业结构优化升级,对资源利用效率提出了更高的要求,利用有效的科技资源和技术优势,尽可能促进全省资源的有序开发和合理利用,达到少投入、多产出;少浪费、多利用的成效,提高资源的利用效率,是实现陕西省绿色发展体系的一个重要目标。

其次,实现陕西整体区域生态服务"零赤字"。陕西由北向南可分为陕北、关中和陕南三大区域,具有鲜明的地域特征及经济差异性。形成这一差异的主要原因是地理区位与自然资源禀赋。陕北多为山地和黄土高原,自然环境差,生态系统脆弱。关中处于平原地带,交通便捷,区位条件好,是陕西经济发展最快的区域。陕南自然资源丰富,生态多样,为秦巴山区生态多样性功能区的重要组成部分,生态地位重要,生态环境稳定。但是,2005~2015年,陕西三大区域人均生态足迹逐步上升,人均生态赤字持续超载。陕北人均生态足迹增长幅度最大,增幅为110.1%,达到4.481公顷,人均生态赤字降至-1.852公顷。关中和陕南人均生态足迹增长趋势差别较小,分别增长了62.1%、62.8%,至2015年分别达到2.845公顷、2.217公顷,人均生态赤字分别降至-2.318公顷、-0.091公顷。从区域生态相关指数来看,生态压力指数呈上升趋势,陕北、关中及陕南分别增长1.156倍、0.662倍、0.615倍,表明三大区域正面临着严峻的生态压力。陕北生态足迹多样性指数变化相比关中和陕南较低,生态系统最不稳定。要实现陕西整体区域生态服务"零赤字",就要树立自然价值和自然资本的"绿色财富"价值观,因此,坚持发展是第一要务,必须保护森林、草原、河流、湖泊、湿地、海洋等自然生态。深入实施大气、水、土壤污染防治行动计划,筑牢生态安全屏障,坚持保护优先、自然恢复为主,实施山水林田湖生态保护和修复工程,开展大规模国土绿化行动,完善天然林保护制度,开展蓝色海湾整治行动。

最后,实现陕西环境污染"零排放"。改革开放以来,陕西经济迅速发展的同时也带来了很多环境问题,2006年之前,陕西主要的排放物集中在关中地区,随着经济技术的发展,关中经过产业重组和结构优化,排放物的主要污染物二氧化硫已经大幅减少。陕北煤、石油等资源丰富,很多重化工业集中在陕北,造成大量的污染排放物。因此建立起一种新形态的生态经济,就是要按照生态环境的容量和排放量进行革命性的重组和调整，使人类的活动和自然生态系统在物质循环过程中和谐相处，进一步强化节约资源和保护环境基础性战略性地位，以提高能源利用效率和改善生态环境质量为目标，按照政府主导、企业主体、市场驱动、社会参与的节能减排工作格局，加快推进节能减排各项工作。到2020年，全省万元国内生产总值能耗比2015年下降15%，能源消费总量控制在1.39亿吨标准煤以内。全省化学需氧量、氨氮、二氧化硫、氮氧化物、挥发性有机物排放总量分别控制在44.0万吨、5.0万吨、60.3万吨、51.4万吨、64.1万吨以内，比2015年分别下降10%、10%、18%、18%和5%。

9.3.3 建设方案

9.3.3.1 精心培育绿色产业，推动绿色产业体系的建立

（1）发展现代生态农业。第一，扩大优质农产品生产规模。推进无公害、绿色和有机农产品的种植，为城乡居民提供优质、安全的农产品，切实保障"米袋子""菜篮子"的有效供给和质量安全。第二，发展生态农业。充分发挥陕西高校科技人才优势，加快发展设施农业、生态农业、生物农业、智能农业和加工农业，重点培育生物种业、生物农业用品、生物食品、生物能源和生物环保、生物信息等产业，不断提高农业劳动生产率、资源利用率、土地产出率和综合效益。同时，积极发展农业生态旅游等特色农业。第三，推进农业清洁生产。全面推广测土配方施肥，鼓励使用有机肥或有机无机复混肥，实施农药化肥减施工程，减少农药化肥使用量，推广生态种植模式和使用高效、低毒、低残留农药及生物农药。第四，发展农业循环经济。加强农作物秸秆综合利用，提高农业废弃物综合利用率，探索农业废弃物资源化利用等生态循环农业模式等。

（2）实现工业绿色化发展。第一，加快工业转型升级。结合经济发展的新常态，促进创新驱动，重点培育和发展六大类战略性新兴产业，形成以新兴产业为主导的技术领先和市场优势。对于传统制造业，将工业化和信息化有效结合，用高新技术改造提升传统制造业，推动石化、汽车、钢铁等支柱产业和纺织、建材、食品等传统产业优化调整、转型升级，向高端、绿色、低碳方向发展。加快发展技术先进、清洁生产、附加值高的先进制造业，把陕西打造成以科技研发为依托，以高端制造、智能制造、绿色制造为主体的先进制造技术中心。第二，持续淘汰落后产能。以化工、建材、冶金、涉及重金属排放等重化工行业为重点，

加大对"三高两低"和"两高一资"企业整治力度，关停并转污染大、能耗高、效益差的工业企业。第三，全面提升清洁生产的水平。加强对冶金、化工、建材等行业和重化工企业的清洁生产审核，提高清洁生产改造方案的实施力度。第四，大力发展循环经济。传统行业中（钢铁、电力、石化等）的龙头企业，应该更加做好循环经济的表率，合理利用资源，以循环经济为主导，提高资源利用和废弃物的循环利用水平。

（3）加快发展现代服务业。提升现代服务业发展水平。积极开展国家服务业综合改革试点工作，以节约资源、减少污染、绿色消费和绿色服务为目标，优先发展以软件、金融、电子商务为代表的现代服务业和集约高效、绿色低碳的生产性服务业，实现服务业跨越式发展，形成服务经济为主的产业结构。

（4）培育支撑绿色产业发展的服务体系。完善的服务体系能为绿色产业发展提供良好的外部环境，有利于绿色产业成长和发育。支撑绿色产业发展的服务体系包括绿色技术创新体系、绿色金融和绿色产业信息平台等。绿色技术是绿色产业的核心要素，包括清洁生产技术，废弃物利用技术等；绿色金融是绿色产业发展的发动机，是绿色产业发展重要的融资通道；绿色产业信息平台的搭建能够为绿色产业提供及时的信息。

9.3.3.2 构建绿色低碳、文明健康的绿色生活方式

绿色生活方式指以通过倡导居民使用绿色产品，倡导民众参与绿色志愿服务，引导民众树立绿色增长、共建共享的理念，使绿色消费、绿色出行、绿色居住成为人们的自觉行动，让人们在充分享受绿色发展所带来的便利和舒适的同时，履行好应尽的可持续发展责任的方法。要实现广大人民按自然、环保、节俭、健康的方式生活，应该做到：

（1）强化生活方式绿色化理念。①充分认识生活方式绿色化的重要性。当前，经济增速放缓、能源资源消费增速下降，国家加大对落后产能的淘汰力度，产业结构不断升级，公众环境意识显著提升。限制粗放、奢华式发展和不合理的需求，既为加快推动生活方式绿色化提供良好的外部条件和机遇，同时可极大地促进绿色化融入生产领域和消费领域，减少资源严重浪费与过度消费现象，遏制攀比性、炫耀性、浪费性行为，实现生产方式和生活方式的绿色转型。②准确把握生活方式绿色化理念的实践要求。个人自律是生活方式绿色化理念的主线。时刻秉持节约优先，力戒奢侈浪费和不合理消费，通过日常生活中的自律，从小

事着手，逐步培育生活方式绿色化的习惯。绿色消费是生活方式绿色化理念的支撑。强化生活方式绿色化意识，在衣、食、住、行、游等各个领域，加快向绿色转变，通过绿色消费倒逼绿色生产，为全社会生产方式、生活方式绿色化贡献力量。③推动生活方式绿色化理念深入人心。强化对生态文明建设重大决策部署的宣传教育。大力传播人与自然和谐发展、"环境就是民生、青山就是美丽、蓝天也是幸福"等价值理念，切实增强全民节约意识、环保意识、生态意识，牢固树立生态文明理念。引导绿色消费。环境保护贯穿于生产、流通、分配和消费等各个环节，涉及工业、农业、交通运输、建筑等各个领域，要通过有效的宣传教育和舆论引导，增强全社会自觉保护环境的意识，让绿色消费成为人们的自觉行动，培育绿色市场，进一步倒逼企业在开发绿色产品和服务方面加大投入。

（2）倡导绿色生活和消费，推行低碳消费模式。①引导使用绿色标识产品。引导消费行为，倡导绿色消费，减少一次性用品的使用，鼓励使用再生产品、绿色产品、能效标识产品、节能节水认证产品和环境标志产品。推广绿色包装，制止过度包装等浪费资源的行为。用法律手段推动公共机构节能，逐步实行政府机构绿色采购。全面推行能源审计和对标活动，强化能效标识产品、节能节水认证产品和环境标志产品、绿色标志食品和有机标志食品管理。领导者要顺应绿色经济时代，从绿色发展理念出发，形成绿色领导思维，大力加强绿色发展能力建设，把绿色发展落实到经济社会发展的各项事业之中。②优化绿色生活、消费环境。要为绿色生活提供更多的空间、场所和设施。可采取将自行车慢行系统纳入城市交通规划、帮助共享单车企业完善管理体系、提高公共交通工具的乘坐舒适度等措施，提高公众的绿色出行率。支持发展共享经济，鼓励个人闲置资源有效利用，有序发展网络预约拼车、自有车辆租赁、民宿出租、旧物交换利用等。可探索建立布局合理、管理规范的废旧物品回收体系，为废旧手机、电动车电池等废物的回收利用创造便利条件。

9.3.3.3 促进节能减排，推进陕西绿色环境建设

党的十八届五中全会报告明确指出，要推动低碳循环发展，建设清洁低碳、安全高效的现代能源体系，实施近零碳排放区示范工程。通过碳汇基地建设、零碳产业、零碳企业、零碳机关、零碳乡村、零碳社区、零碳学校等示范工程建设任务，以点带面，试点示范，实现零碳排放，最终实现整个区域环境污染的"零排放"的宏伟目标。

（1）降低资源过度消耗。以提高能源利用效率和改善生态环境质量为目标，推进节能减排各项工作。开展农业节水、工业节水，提高水资源利用效率，推动节水型社会建设。采用先进适用技术，降低单位产品能耗、物耗和废物排放量，提高单位资源的产出水平。要树立节约集约循环利用的资源观，用最少的资源环境代价取得最大的经济社会效益。在水泥、钢铁、有色金属等高耗能行业，鼓励利用余热、余压、余能生产电力和热力。在电力、纺织、造纸等高耗水行业，鼓励水资源梯级利用。在石化、化工等行业，鼓励回收余气、尾气及残液中的化工产品。

（2）减少废物垃圾产生。强化污染预防和全过程控制，加强对废物的循环利用，推进企业废物"零排放"。在冶金、电力、煤炭、建材等固体废弃物排放量较大的行业，鼓励利用废渣生产新型建材产品、铺路和回填等。在造纸、食品等废水排放量较大的行业，加强废水深度处理，提高水循环利用率。加快城市生活垃圾、河道污泥的资源化利用，推进秸秆、废旧农膜、禽畜粪便的综合利用，发展农村沼气，改善农村能源结构和环境面貌。

（3）促进再生资源循环利用。健全回收网络体系，引导再生资源回收利用向规模化发展，形成再生资源综合利用产业链。以废旧家电、电子产品、废旧机电产品、废旧轮胎、有色金属等为重点，实施绿色再制造和回收利用工程。建立垃圾分类收集和分选系统，探索建立生产者和消费者合理分担处理费用的责任制度。全面推动园区循环化改造，加强城市废弃物规范有序处理，促进资源循环利用产业提质升级，统筹推进大宗固体废弃物综合利用，加快互联网与资源循环利用融合发展。

9.3.3.4 完善绿色制度体系建设

政府加大对环境保护和资源节约的资金支持力度，拓宽资金投入的领域，尤其加大农村的环境基础设施建设和环境治理力度，做好环境治理专项资金，为陕西绿色发展提供可靠的资金保障。推进绿色发展体制改革，建立完善自然资源资产产权、开发保护、生态补偿、污染物防治等制度，强化源头严防、过程严管、后果严惩，有效约束资源环境开发行为，促进绿色、循环、低碳发展，用严格的制度保护生态环境。

在节能减排、环境保护等工作的推动下，重要的是要加强绿色陕西的制度建设，建立法律保障机制、绿色考评决策机制等，为推进陕西绿色发展提供重要的制度保障。立足陕西实际情况，结合绿色发展的目标，健全法律法规体系，促进绿色发展、资源节约和环境保护，将绿色发展纳入法制化轨道，同时，坚持依法行政，加大执法力度，加大对环境违法行为的监督和处罚力度，建立环境问责制等。将绿色发展纳入经济社会发展规划，促进经济和环境的协调发展，将资源消耗、环境损害和生态效益纳入经济社会发展评价体系，全面反映GDP的真实发展水平，"十三五"期间陕西政府实施与污染物排放总量挂钩的财政政策，健全绿色考评体系，完善环境责任追究制度。健全多元化投入机制、建立生态补偿制度和推进环境资源税费改革。

加快自然资源资产产权制度、国土空间开发保护制度、空间规划体系、资源总量管理和全面节约制度、资源有偿使用和生态补偿制度、环境治理体系、环境治理和生态保护市场体系、生态文明绩效评价考核和责任追究等制度建设，编制自然资源资产负债表，夯实属地监管、行业监管和企业主体责任。加强信息公开，推进公益诉讼，强化绿色金融等市场激励机制，进一步理顺生态环境保护与建设的体制机制，增强动力活力，形成政府、企业、公众共治的治理体系。

9.3.3.5 促进陕西区域间绿色协调发展

结合陕西三大区域的资源禀赋、区位环境、产业集聚等实际，陕西三大区域生态差异性已经显现。因此，针对三大区域不同的生态环境状况及产业发展结构，应进一步完善区域协调发展的体制机制和政策体系，促进区域协同联动目标，推动生态资源和生态容量在三大区域的优化配置，以不触及生态保护红线作为约束标准，加强地区合作，提升产业结构，提高产业集约化水平，壮大县域经济，支持县域特色产业发展，培育一批中小城市，建设集生产、生活、生态于一体的特色小镇，分散区域生态压力。

在陕北地区可持续发展进程中，需要调整产业结构，审查产业项目，淘汰高消耗、高污染项目和产业。结合榆林矿产资源丰富但资源利用不充分现象，在土地承载力基础上，限制煤炭、石油、天然气及岩盐的开采规模；推进榆林煤炭资源就地转化，利用现有保水采煤、智慧矿井、地下气化等新技术，生产环保型洁净煤；减少化石能源消耗，持续推动生态建设和生态修复工程，加快延安、榆林资源型城市转型的步伐，将榆林建设成为鄂尔多斯盆地中心城市。

关中应以协同创新、绿色发展为目标，优化产业结构和发展模式，推进关中产业与生态协同发展，减少工业企业能源消耗，提高关中环境质量及生态功能，将西安建设成为国家中心城市，增强宝鸡、渭南聚集辐射功能，将杨凌农业高新技术产业示范区建设成为世界知名农业科技创新城市，提升关中城市群整体实力，发挥"大西安"对全省经济的支撑引领作用。

陕南应依托丰富的生态资源，发展循环经济，促进生态农业与旅游业的融合，通过发展"绿色化""生态化"农业，提高特色农业生产效率，将生态移民工作和加强空间治理、资源管理有机结合，加快安康、商洛、汉中城市基础设施建设，建设生态宜居城市，建立资源总量管理制度，形成区域生态补偿机制，实现陕南绿色可持续循环发展。

9.4 陕西现代化绿色发展体系建设重点

陕西绿色发展体系建设按照创新发展、协调发展、绿色发展、开放发展、共享发展的发展理念，坚持强关中、稳陕北、兴陕南基本思路，全面深化改革，发展循环经济，加强绿色建设，加大政策支持，增强三大区域发展协调性，切实保障现代化经济体系目标的实现。

9.4.1 坚持节约资源和保护环境的基本国策

坚持节约资源和保护环境的基本国策，坚持节约优先，保护优先，自然恢复为主的方针，这是推进生态文明建设的基本政策和根本方针。建设生态文明，就是要超越和摒弃粗放型的发展方式和不合理的消费模式，使人类活动控制在自然环境可以承受的范围内。因此，必须通过开源节流，节约集约，增强经济社会发展的资源保障能力，促进发展方式转变。正确处理经济社会发展与生态建设、自然保护与合理利用及开发、生活与生态之间的关系，要以保护生态环境为基本前提，将区域资源环境承载能力作为开发建设活动的约束条件，严格环境准入，控制人为活动的不利影响。尤其对水源涵养、水土保持、气候调节等生态功能极为重要的敏感区域，必须加以保护，建立长效机制。在生态系统保护和恢复中，要把利用自然能力恢复生态系统放在首位。利用自然能力恢复是最直接、最经济、最有效的做法。

9.4.2 增创绿色优势，加强生态环境建设

努力推进绿色体系建设，当前，首先，要继续推进生态环境建设，扩大绿色版图，增强环境承载能力。其次，要加大产业结构调整力度，转变发展方式，推进绿色发展，循环发展，低碳发展，优化国土空间布局，促进生产空间集约高效，生活空间宜居适度、生态空间山清水秀。再次，要加大自然生态系统和环境保护的力度。坚持预防为主，保护优先，综合治理，强化水、大气、土壤等污染防治工作，解决好群众最关心、最直接的环境问题。最后，要强化生态文明制度建设，把资源消耗、环境损害、生态效益纳入经济社会发展评价体系，建立体现生态文明要求的目标体系、考核体系、奖励机制。

9.4.3 构建绿色产业体系，实现生态循环低碳发展

构建绿色产业体系，实现生态循环低碳发展。近些年，陕西总体上还呈现出资源依赖型和投资拉动型特点。追赶超越的全新定位，重点是加快产业结构转型升级，推动生产方式绿色化，形成经济社会发展新的增长点。工业方面，积极向低碳循环经济转型。建设清洁低碳、安全、高效的现代能源体系；发展绿色矿业，推进绿色矿山建设，夯实陕西工业发展基础；发展循环产业，对传统制造业进行绿色改造。农业方面，推动传统农业的绿色高效发展。包括加强农业生产的绿色、安全；构建现代农业生产方式，建设循环型农业和服务业，提高农业的绿色比重和生产效率；围绕"关中高效农业、陕北有机农业、陕南生态农业"定位发展绿色农业产品体系。服务业发展方面，以西安为中心打造金融、物流、商贸、会展等区域中心和旅游服务集散地。倡导绿色生活，改变消费习惯，实现经济社会的绿色良性互动。

9.4.4 绿色发展与美丽陕西建设有机结合

把绿色发展与美丽陕西有机结合，这是绿色发展的具体体现。美丽陕西要通过建设资源节约型、环境友好型社会这样一个重大举措来实现。核心问题就是要正确处理经济发展与环境保护的关系，要尽快改变目前我们现实生活中存在的重经济增长、轻环境保护，环境保护滞后于经济增长，以及单纯依靠行政手段保护环境的倾向。探索中国环保新道路，其指导思想是坚持在发展中保护，在保护中

发展，把环境容量和资源承载力作为发展的基本前提，充分发挥环境保护优化经济增长的综合作用，加快构建节约环保的国民经济体系。

营造优美宜居的生态环境，整体提升发展质量和水平。陕西生态环境保护应以大气、水、土壤污染防治为重点，紧紧抓住山、河、江、坡综合治理，坚持一体保护、一体修复，强化国土绿化。今后，应按照《陕西省"十三五"环境保护规划》，继续加大对陕北长城沿线风沙区人工修复力度；加大对陕南秦巴山区等生态功能区、生态脆弱区的保护力度；推进"百万亩森林"建设，争取建立秦岭、桥山和黄河国家公园，巩固"两屏三带"生态安全屏障；继续实施"治污降霾·保卫蓝天"行动计划，到2020年，努力实现全省森林覆盖率超过45%的目标。

第10章　建设多元平衡、安全高效的全面开放体系

习近平总书记在党的十九大报告中提出"多元平衡、安全高效的全面开放体系",这将对中国全面对外开放的广度拓宽和深度落实,产生积极的影响。陕西通过构建高水平的自由贸易体系、开放的金融体系和全面的人文交流体系,推动全面开放体系建设,使陕西成为西部开放中心和经济增长极,成为"一带一路"的重要节点。本章结合陕西开放体系实际,就陕西建设全面开放体系的构成及现状、存在问题、方案设计和重点措施四方面予以研究。

10.1　陕西全面开放体系的内涵与构成

全面开放体系旨在形成全方位、宽领域、低风险、高质量的对外开放格局。陕西全面开放型经济从扩大进出口规模,到利用国外贷款和吸引外商直接投资,从双边经济贸易关系发展到多边贸易、自由贸易试验区,从外商在陕西举办独立、合作、合资企业到兴办保税区,从贸易、工业到商业、旅游、交通、金融等领域,从经济到文化、教育、科技、体育、艺术等领域,对外开放水平不断提升,全面开放体系逐步形成。

10.1.1　全面开放体系内涵

全面开放体系是一种根植于开放型市场经济的制度性开放体系。其发展伴随着出口导向型经济到外向型经济再到全面开放型经济的演进,开放经历从出口导向型体系、外向型体系再到全面开放体系的发展历程。全面开放型体系使区域经

济在全方位、多层次和宽领域开放的基础上，与市场经济体制有机结合、相互促进。

当前全球面临经济下行压力增大、开放度下降和价值链成本上升的外部环境，在"一带一路"倡议和西部大开发战略实施的内部环境下，结合陕西自身的开放状态，提出陕西（内陆型）全面开放体系的内涵：为推动陕西经济增长，以国际国内市场需求为导向，以贸易、制度和文化交流的对外开放为中心，产业行业、企业全面参与全球价值链，而建立的开放型经济运行体制。"全面开放体系"建设将把陕西开放型经济进一步构筑成有活力、有凝聚力和有协同力的经济整体。

10.1.2 陕西全面开放体系构成

全面开放将在贸易开放、制度开放和对外交流方面，大大提高陕西对外开放的深度和广度。在全面开放型经济体系下，陕西不仅要推动货物贸易的进一步扩大，还要发展服务和要素流动等多种贸易形式，形成产业开放多元、行业开放协同和企业开放共赢；不仅要进一步改革全面开放制度，重视引进外资发展出口导向型经济，还要重视到国外、境外去投资提升进口的规模和质量，兼顾区域开放平衡；不仅要抓住"一带一路"带来的对外交流的良好机遇深化向西和向东开放，也要积极实施自由贸易试验区的主动交流战略，注重防范国际经济风险，实现对外开放通径安全的对外交流。总之，全面开放型经济体系的根本在于贸易开放下的产业多元化开放、产业结构协同开放；制度开放下的市场共赢开放、区域平衡开放；文化交流下的文化融合开放、通径安全开放。具体体系如图10-1所示。

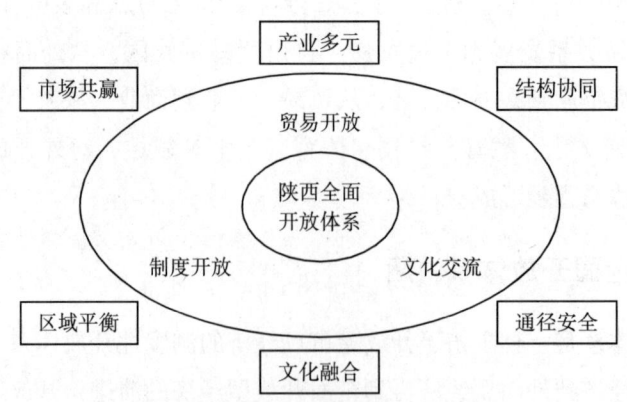

图10-1 陕西全面开放体系构成

（1）产业开放——多元。从全面开放的领域看，全面开放体系是现代化农业、智能化工业和智慧化服务业的全面开放。陕西产业开放主要集中于第二产业，第一产业和第三产业的开放还处于较低水平。然而，随着农业现代化的不断推进和第三产业成为助推经济发展的主要动力之后，第一产业和第三产业的"两智"发展成为陕西经济可持续发展的基石。尤其是第三产业中的生产性服务业，更为第二产业的持续升级提供支撑和引领。因此，扩大第一产业和第三产业的开放，尤其是第三产业中的生产性服务业的开放，不仅能进一步巩固陕西第二产业的发展，提升陕西第二产业的附加值，更能提升陕西三次产业的结构比例，为陕西经济朝着更高效率和更合理结构的方向演进。

（2）结构开放——协同。从全面开放的方式来看，全面开放体系是跨行业竞合、异质行业合作的组织结构开放。当前陕西商品对外经济贸易的重点还是以发达国家和发达经济体为主，这符合开放初期的经济发展规律。但是随着全球经济的调整，国际经济格局和陕西产业布局发生了深刻的变化，单纯依靠与发达经济体的劳动密集型经贸合作会产生巨大的经济风险，为陕西经济的持续稳定发展带来隐患。因此，陕西必须积极融入"一带一路"建设，在巩固与发达经济体经贸往来的基础上，积极拓展同发展中国家的资本密集型经贸往来，为陕西对外贸易注入新的活力。

（3）市场开放——共赢。从全面开放的微观发展来看，各类要素市场的开放对企业发展作用巨大。企业在开放前期主要是引进外资和技术，为本土经济发展获得必要的稀缺要素，而在后期主要为管理和创新，资本积累到一定程度后，外向型经济发展水平的方式则变为"走出去"。在全球分工的体系中，主动利用海外资源、拓展海外经济发展空间、实现资本在全球范围内的有效配置成为对外经济发展的必由之路。陕西在"引进来"方面已经积累了很多经验，也取得了很大的成绩，然而陕西在"走出去"方面还存在经验不足和规模不大的情况，应该在坚持高质量"引进来"的同时，不断扩大"走出去"的步伐。

（4）通径开放——安全。从全面开放的产业安全来看，多通径开放是降低宏观经济风险的主要手段。产业通径安全，既要防止国际大宗商品价格波动对陕西产业造成冲击和损害，又要拓展外资的使用空间和渠道。产业通径开放安全，要引进优质技术和资金资源，促进工业产业转型升级，坚持内外资同等待遇，维护公平竞争，提高陕西内资企业效率；还要防止战略性产业受到过分冲击，影响产业整体发展安全。金融通径安全，既要积极引进外资，促使陕西服务业结构转型升级，又要防止开放带来系统性金融风险。

（5）区域开放——平衡。从全面开放的空间特性来看，开放扩散和政策溢出需保持均衡。陕西的对外开放具有空间不均衡的发展特征。相比之下，关中地区作为先进制造业和现代服务业的聚集地，其开放水平和开放区域均处于陕西开放的前沿。陕北和陕南虽然也有自己的特色产业，但其开放水平却处于低端水平。近几年，陕北和陕南也在大力培育和拓展外向型经济并取得了一定的成效，但局部开放洼地的现状并没有从根本上得到解决。陕西区域开放布局的不平衡性为陕西区域经济协调发展提出了要求，从一个侧面说明其开放发展具有相当的潜力和空间。

（6）文化开放——融合。从全面开放的软约束来看，文化开放是实现陕西域内外经济、社会融合的关键。陕西是中国古人类和中华民族文化重要的发祥地之一，文化开放、文化融合使得陕西成为中国历史上多个朝代政治、经济、文化的中心。陕西是"一带一路"倡议的文化核心，连接东西部和"一带一路"沿线国家，是丝绸之路经济带的文化交流纽带。陕西文化开放增强自身安全的同时，要谨防核心价值观的"文化侵蚀"。陕西是中国共产党的发源地、国家政策的重要策源地之一，中国与"一带一路"国家的政治交流活动，陕西是先行先验区。文化安全，既要提高海外文化的规模和效益，又要保证陕西文化特色的安全。

总之，陕西全面开放体系建设必须坚持"多元平衡"和"安全高效"。全产业开放需与区域经济、社会发展均衡；不同深度的行业企业开放需与文化交流效率协同。"多元平衡"掌控关乎陕西开放经济的命脉领域，"安全高效"把握经济发展的主导权。

10.2 陕西全面开放体系现状及存在问题

10.2.1 陕西开放体系现状

下面从对外贸易产业类型、产业结构、市场状况、开放来源国家、开放布局和文化融合六方面，具体分析陕西开放体系的现状。

10.2.1.1 产业多元开放

陕西是西北地区经济中心、交通中心，对外交流活动丰富，其人员流动加强了陕西与"一带一路"国家的经济联系，推动中国优势资源与"一带一路"国家便捷的连接，是中国对"一带一路"全面开放的前沿。

陕西通过构建开放体系成为"一带一路"前沿。对外开放需要分步骤分区域逐步实现，带动西部地区全面发展，陕西就是重要节点实施过程中的着力点。开放体系需要对外交流，陕西构建全面开放体系会加速陕西与"一带一路"国家的对外交流，形成双向的人员流动，增进双方理解，实现陕西文化与"一带一路"文化的融合。陕西多元开放型经济的发展，是内陆对"一带一路"的经济实践，将促成西部对外开放的政策修订，促进陕西对"一带一路"的外向型经济发展。

陕西对外开放的测度指标主要包括：外资依存度（引进外资额、对外投资额比经济总量）、外贸依存度（商品、服务贸易额比经济总量）、加工贸易依存度（加工贸易额比进出口总额）、国际人员交流度（入境人数比总旅游人数）等。陕西开放的优势在于人员交流和吸引外资，均超过国家水平；但商品、服务贸易和对外开放度是陕西的短板，综合达成度仅14.54%，如表10-1所示。

表10-1 陕西产业开放度

单位：%

指标名称	陕西测度	中国测度	陕西的相对水平
对外开放度	2.16	111.40	1.94
外部投资开放度	1.59	1.14	139.47
商品贸易开放度	2.73	221.65	1.23
"一带一路"人员交流度	45.37	21.74	208.69
合计	51.86	356.73	14.54

资料来源：中国国家统计局和陕西统计局网站公布的2017年数据（下同），根据"一带一路"国家统计整理。

其中，外资对陕西贸易、资本开放的贡献逐步升高，表明陕西吸引高质量外资的能力增强，带来陕西对外开放程度逐步提升；各项贡献指标的增长速度震荡上升，表明外资企业逐步成为陕西对外开放的核心，如表10-2所示。外资企业带来的贸易效应尤其显著，2010年、2013年、2014年在资本投入保持平稳的情况下，贸易量产生跨越式增长。

表 10-2　外资对陕西开放的贡献

年份	2006	2007	2008	2009	2010	2011	2012	2013	2014	2015
外贸依存度	0.119	0.168	0.171	0.186	0.300	0.270	0.255	0.407	0.612	0.697
出口依存度	0.060	0.091	0.090	0.081	0.128	0.113	0.126	0.182	0.267	0.309
投资贡献度	0.188	0.172	0.112	0.119	0.107	0.095	0.129	0.136	0.152	0.172
注册贡献度	0.106	0.099	0.066	0.071	0.065	0.058	0.073	0.078	0.082	0.094

注：外资注册数据缺少 2016 年后数据，便于比较统一截至 2015 年。
资料来源：国泰安数据库。

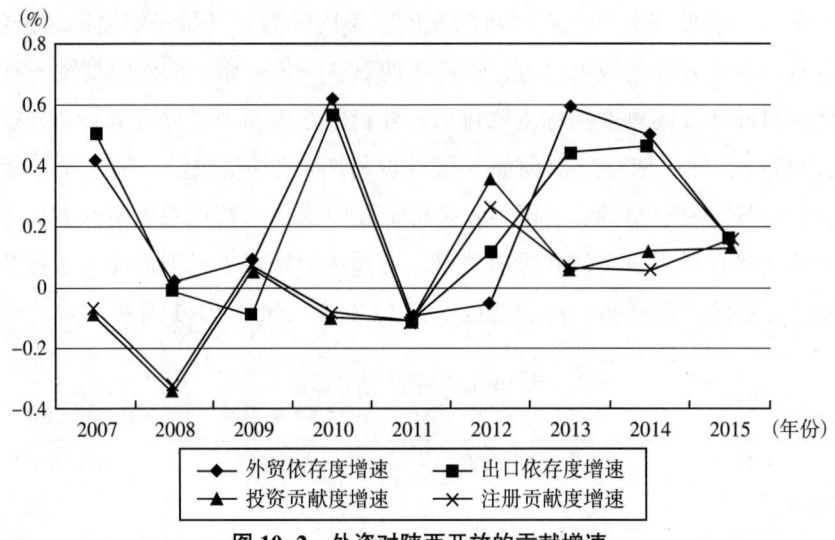

图 10-2　外资对陕西开放的贡献增速

10.2.1.2　结构协同开放

（1）陕西对外贸易行业结构。2017 年，陕西外向型经济的发展势头良好，出口增长尤为显著，优于全国平均水平。其中按行业分，高技术和装备行业占全省进出口的九成，高技术行业和矿产品业增速近 50%，说明陕西的外向型经济中重工业的贡献突出，但在全国的统计货物进出口数据中的比例普遍偏小，不及理论平均的 1/3；按贸易类型分，加工贸易增速要大于一般贸易，总量接近一般贸易的 3 倍；按企业性质分，外资企业增速优于国有企业增速，国有企业优于私营企业，外资企业的贡献占全省的 3/4，全国的 1/5。整理得陕西外贸增长产业结构，如表 10-3 所示。

表 10-3 2017 年陕西对外贸易行业结构

单位：%

指标名称	全省			按行业区分					
	进出口总值	出口	进口	机电产品进出口	高新技术产品进出口	文化产品进出口	矿产品进出口	农产品进出口	纺织品进出口
同比增长率	26.97	42.72	10.71	27.05	49.54	27.17	92.45	11.93	8.28
占全省外贸比重	100	57.10	42.90	68.43	23.62	0.12	4.97	2.10	0.76
占全国货物进出口比重	5.33	5.52	5.11	1.00	0.62	—	1.24	0.32	0.18
相对水平	177	184	170	33	21	—	41	11	6

指标名称	按贸易类型分		按贸易企业性质分			对"一带一路"国家		
	加工贸易进出口总值	一般贸易进出口总值	外商投资企业进出口	私营企业进出口	国有企业进出口	进出口	出口	进口
同比增长率	36.65	27.05	30.46	13.66	23.34	13.80	15.63	7.87
占全省外贸比重	76.69	26.58	74.53	14.42	10.99	11.08	15.06	5.77
占全国货物进出口比重	1.62	0.43	19.63	6.66	5.31	0.81	1.14	0.40
相对水平	54	14	654	222	177	27	38	13

资料来源：陕西统计局网站公布的 2017 年数据。

（2）陕西贸易结构水平。陕西通过全行业对外开放，发展外向型经济，构建全面开放体系。陕西客运和货运行业对外开放度平均超国家水平15%，其他行业开放度则平均偏低80%，金融领域开放度和市场活跃度差距较大，具体如表10-4 所示。

表 10-4 2017 年陕西对外贸易水平

指标类型	指标名称	指标定义	陕西测度	中国测度	相对水平（%）
生产行业	第三产业分工度	（地区二三产业就业人数/地区三大产业就业人数）/（全国二三产业就业人数/全国三大产业就业人数）	0.6398	1.02	-36.02
	区内货运依存度	地区货物运输量/全国货物运输量	0.0364	0.03	21.33

续表

指标类型	指标名称	指标定义	陕西测度	中国测度	相对水平（%）
服务行业	区际劳动力流动度	地区国内旅游收入/地区GDP	0.0061	0.03	−79.67
	区际客运活跃度	地区客运量/全国客运量	0.0337	0.03	12.33
	国际旅游依存度	地区国际旅游收入/GDP	0.0002	0.03	−99.33
	观念开放度	地区第三产业年末从业人员比例	0.2968	0.40	−25.80
市场活跃度	区际市场活跃度	地区社会商品零售总额/地区GDP	0.0133	0.40	−96.68
	外贸依存度	地区FDI/地区GDP	0.0026	0.10	−97.40
金融行业	信息开放度	地区互联网普及率	0.4774	1.01	−52.26
	货物贸易依存度	地区进出口总额/GDP	0.0038	0.10	−96.20

资料来源：中国国家统计局和陕西统计局网站公布的2017年数据。

（3）加工服务贸易。加工贸易占总进出口比例不同，外向型经济发展状态不同。对外贸易中加工贸易所占比重，主要表明来料加工状况，其进口料件不进入国内市场，而是经加工装配后直接出口。加工贸易对GNP产生影响的只是进出口差额部分，不应当把它同一般贸易做同样处理。因此，分析进出口为导向的外向型经济需具体分析加工贸易所占比例。加工贸易出口创汇能力强，出口加工贸易增长空间大。对外承包工程和进料加工绝对数额大、增长速度快，是陕西服务加工贸易的关键，如表10-5所示。

表10-5 陕西服务加工贸易及增长率

单位：%

年份	2014	2015	2016	r	年份	2014	2015	2016	r
进口来料加工装配贸易	30731	27765	40203	10.27	出口来料加工装配贸易	35836	42437	41181	4.97
进口进料加工贸易	4371260	4934811	5613786	9.47	出口进料加工贸易	4986599	5797881	7300299	15.47
进口来料加工装配设备	0	2054	0		出口对外承包工程货物	90771	141899	122526	11.66
进口出料加工贸易	286	59	1216	108.39	出口出料加工贸易	65	5	733	342.56
合计（万元）	4402277	4964689		9.49		5113271	5982222		15.33

资料来源：陕西统计局网站公布的2017年数据。

10.2.1.3 市场共赢开放

(1) 市场集聚的经济贡献。在经济新常态下,市场要素集聚区为陕西经济结构的调整和加快陕西与世界经济接轨,开拓全面开放经济新领域起到了积极的作用。市场要素集聚区的典型代表是集合人才、资本、土地、技术、政策于一体的开发区。陕西有着较为完整的工业体系,这就决定了陕西全面开放经济对外部资源输入和外部市场容量有着双重需求,产业集聚区是全面开放经济的发展主体,其中全省经开区的贡献超过七成;出口创汇、吸引投资的贡献超过六成,经开区承担超过九成。全省要素市场集聚区已成为经济发展最具活力的区域,对陕西经济发展发挥了示范、辐射和带动作用,国家级经开区是推动陕西全面开放经济发展的关键,如表10-6所示。

表10-6 2017年陕西集聚区对外开放分析

单位:%

指标名称	工业总产值	规模以上工业增加值	新批外商投资项目	实际到位外资金额	出口总额
开发区对GDP的贡献	1.60	5.13	39.29	59.51	75.66
国家级经开区对GDP的贡献	1.09	3.54	38.40	57.01	75.05

资料来源:陕西统计局网站公布的2017年数据。

(2) 外资市场对陕西GDP贡献。外资市场主要包括外商独资、外商投资、中外合资和中外合作四种类型企业。外商独资和外商投资形成的企业进口、出口对陕西GDP的贡献连年上升,2012年后增长尤为显著,2015年后对拉动陕西经济发展的贡献超过1/3;但进口比例普遍超过出口比例,表明外资的贸易贡献促进了陕西经济发展,还带来陕西周边区域的经济增长。中外合资产生的企业进口、出口对陕西经济的贡献份额小且基本平稳。中外合作企业贡献很小,如表10-7所示。

表 10-7　四类外资对 GDP 的贡献

单位：%

年份	外商独资		外商投资		中外合资		中外合作	
	出口贡献	进口贡献	出口贡献	进口贡献	出口贡献	进口贡献	出口贡献	进口贡献
2006	2.19	1.37	7.04	6.80	4.81	5.39	0.05	0.04
2007	2.63	1.95	10.61	8.98	7.95	6.98	0.03	0.05
2008	2.91	2.10	10.53	9.38	7.59	7.24	0.03	0.03
2009	3.03	6.07	9.50	12.16	6.45	6.05	0.02	0.03
2010	8.15	13.29	14.91	20.09	6.75	6.78	0.02	0.02
2011	8.09	12.78	13.11	18.26	5.00	5.49	0.02	0.00
2012	10.45	12.59	14.72	15.06	4.26	2.47	0.02	0.00
2013	17.89	18.03	21.27	26.25	3.36	8.18	0.01	0.04
2014	27.49	28.67	31.18	40.31	3.68	11.64	0.01	0.00
2015	32.80	41.57	36.04	45.22	3.23	3.65	0.01	0.00
2016	36.19	33.05	38.97	37.52	2.77	4.47	0.01	0.00

资料来源：陕西统计局网站公布的 2017 年数据。

10.2.1.4　通径安全开放

陕西通径开放主要体现在贸易伙伴国和旅游来源国的分布状况。陕西国际贸易和旅游来源的合作伙伴众多，但前十位主要进出口国家和地区占比较高，对外贸易和文化交流的多元化发展需要进一步推进，如图 10-3 和图 10-4 所示。

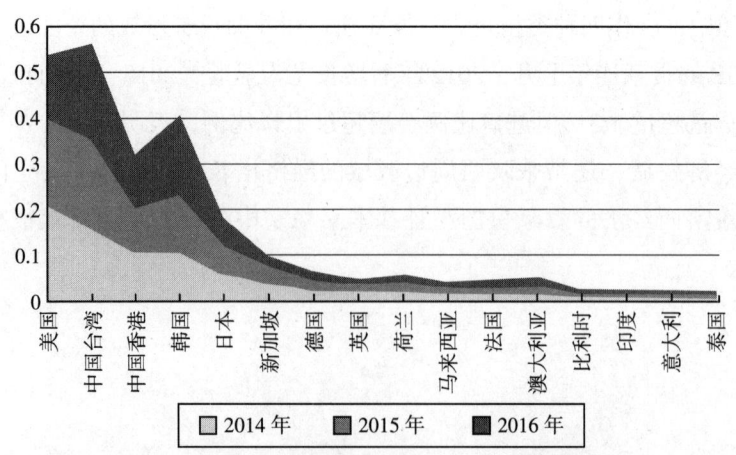

图 10-3　陕西主要贸易伙伴进出口份额累计情况

资料来源：陕西统计局网站公布的 2017 年数据。

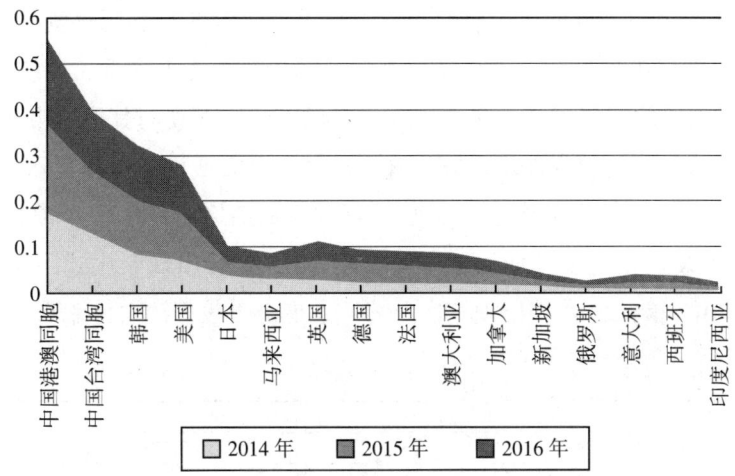

图 10-4 入陕旅游主要来源地人员比例累计情况
资料来源：陕西统计局网站公布的 2017 年数据。

陕西进出口排名前十位的国家主要为发达国家和地区，其占比总和达到陕西进出口总值的 79.56%。与陕西有外贸往来的国家和地区达到 200 多家，因此可以看出，陕西进出口国家和地区集中度偏高，这对防范国际金融危机以及其他贸易风险很不利。陕西是"一带一路"的重要节点省份，随着"一带一路"倡议的实施和推进，陕西应积极发展同"一带一路"沿线国家的贸易往来。而根据《陕西统计年鉴》(2017) 的数据，陕西同"一带一路"沿线国家进出口贸易往来 10 亿元以上的国家只有南非、阿联酋、马来西亚、印度、泰国和巴基斯坦 6 国，但 6 国贸易总和不及同年陕西与日本的贸易总量。由此可以看出，陕西还应该不遗余力地推进贸易多元化发展，增强与"一带一路"沿线国家贸易往来，促进陕西对外贸易多元化发展。

10.2.1.5 区域平衡开放

陕西各城市对外贸易发展主要体现在与外商新签订协议合同数、实际利用外资额、单个项目平均投资额指标（见图 10-5、表 10-8、图 10-6、图 10-7）。整理结果发现，西安、渭南是外商新签订协议合同数最多的两个城市，渭南在 2009 年后引进外资项目迅速增长；各城市实际利用外资额全省排名前两位的是西安、咸阳，西安占到全省的 80%以上；渭南在 2006~2012 年经历迅猛投资后迅速下滑；宝鸡占比在 2009 年后逐步回升；延安于 2008 年出现一次突发性增长，其后几乎没有外资进入；榆林 2009 年和 2015 年出现外资进入期。结合各城市外资进入增速图进一步说明了上述情况。总体上看,西安是利用外资的核心城市,其他城市仅偶然出现外资进入。从单个项目的投资额度上来看,在统计年限内,陕西单个项目的投资额度整体呈现逐年上升的态势。西安与其他城市波动放大的现象不同,单个项目额度稳步上升,进一步结合西安项目数量和实际利用额度信息,发现西安既是外资集中区,又是外资效率最高区。咸阳单个项目利用额在2012年后连续三年呈现几何级数上升,但2015年后出现断崖式下降。商洛在2011年、2012年、2014年出现三次凸峰,发展潜力较好。总体来看,陕西2014

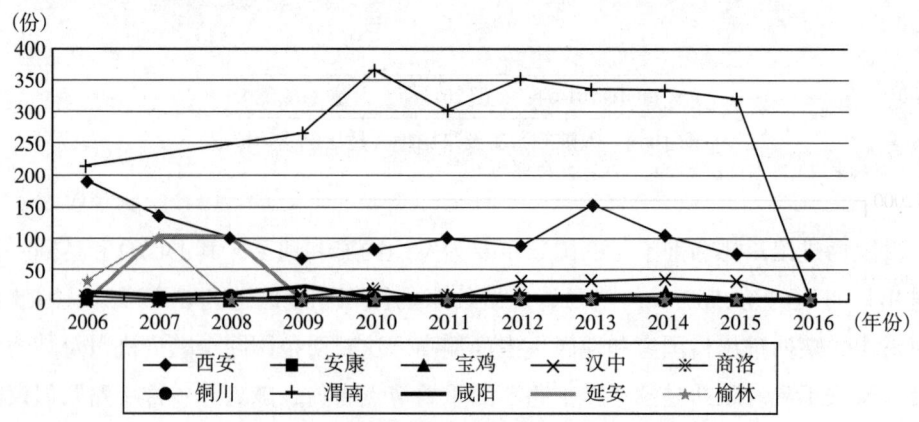

图10-5 陕西各城市外商新签协议合同数

资料来源:陕西统计局网站公布的2017年数据。

表10-8 陕西各城市实际利用外资份额

单位:%

年份	2006	2007	2008	2009	2010	2011	2012	2013	2014	2015	2016
西安	90.69	88.35	64.36	83.54	84.99	84.46	85.67	89.63	76.66	93.66	99.77
安康	0.26	1.63	1.56	0.39	0.31	0.36	0.24	0.86	0.62	0.02	0.00
宝鸡	2.21	1.99	1.74	2.47	1.14	2.32	2.08	2.01	16.57	0.13	0.00
汉中	0.21	0.51	0.43	2.01	0.87	1.12	1.04	0.89	0.83	0.25	0.00
商洛	0.00	0.56	1.36	2.75	7.60	4.58	3.62	1.33	0.99	0.04	0.00
铜川	1.09	0.32	0.19	0.34	0.28	0.88	1.04	0.86	0.43	0.00	0.00
渭南	2.02	2.73	2.83	3.06	1.66	2.11	2.14	1.43	0.25	0.28	0.10
咸阳	2.71	3.40	1.94	2.78	1.90	2.64	2.45	2.17	2.14	3.14	0.13
延安	0.09	0.45	25.41	0.25	0.20	0.66	0.69	0.23	0.00	0.00	0.00
榆林	0.72	0.06	0.18	2.41	1.06	0.88	1.04	0.60	1.50	2.49	0.00

资料来源:国泰安区域经济数据库。

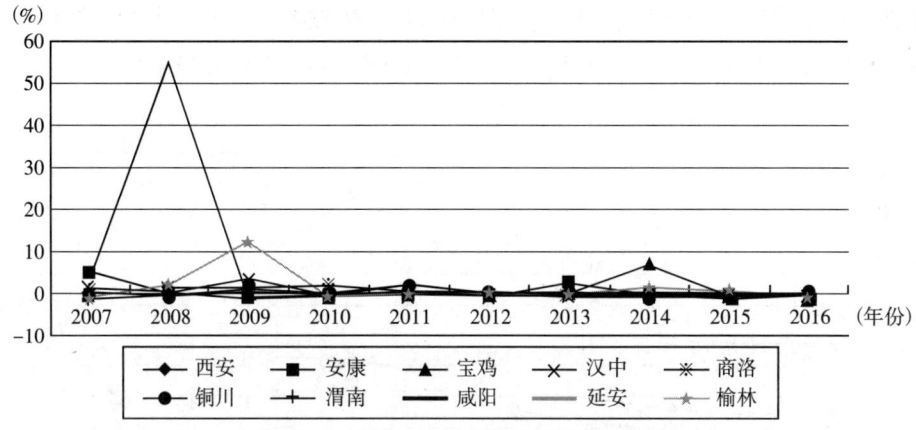

图 10-6　陕西各城市实际利用外资增速

资料来源：陕西统计局网站公布数据。

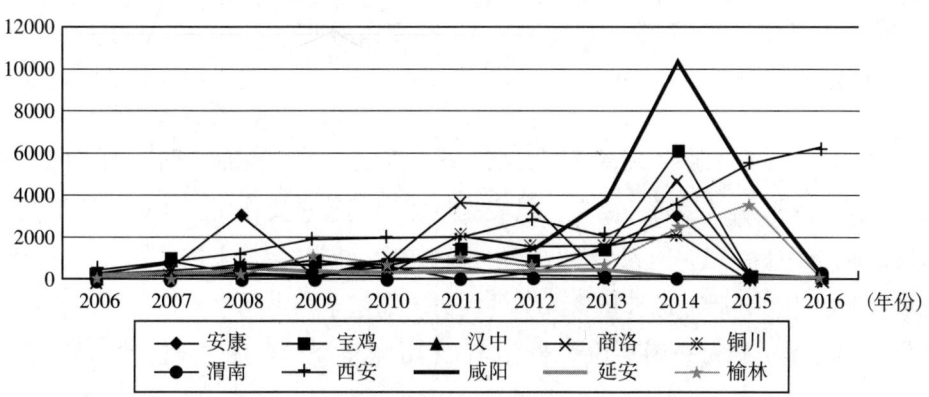

图 10-7　陕西各城市单个外资项目平均投资额

资料来源：陕西统计局网站公布数据。

年经历了一次整体性外资发展期。

10.2.1.6　文化融合开放

文化融合核心是人员流动推动的文化交流、融合。陕西是文化交流大省，具有文化融合的地方基因，且与"一带一路"国家的历史联系紧密。因此，陕西文化融合开放的主要表现为人员交流的效益及对"一带一路"国家的人员交流贡献度。

（1）人员交流效益。人员交流效益的典型指标是国内外旅游收入，2006~2015年陕西国内旅游收入的比重逐步接近10%，远超过全国平均水平；同时陕西入境人数稳步上升，占到全国的2%，低于全国平均水平；在入境外国人数比例上，从 2013 年开始出现下挫（见图 10-8）。表明陕西人员交流收入的提升并非人员数量的提升导致，而是陕西人员交流的深度和广度提升带来的效果。

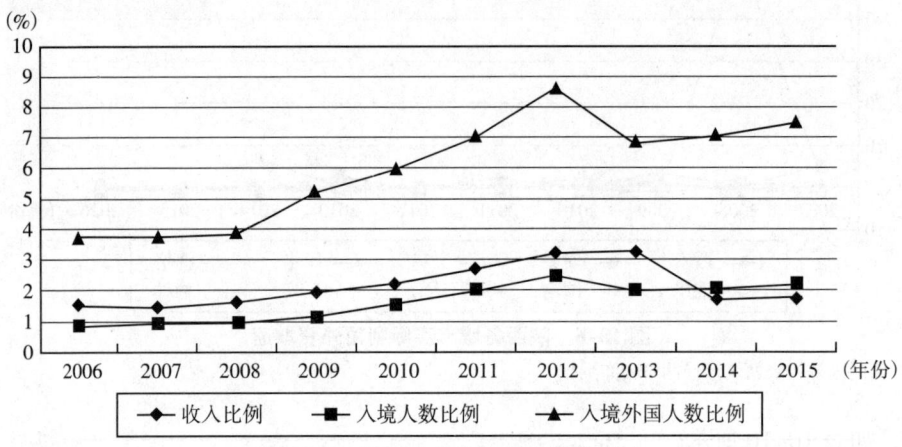

图 10-8　陕西人文交流在全国的比重

资料来源：陕西统计局网站公布数据。

（2）对"一带一路"人员交流贡献。进一步分析与"一带一路"国家的人员交流，陕西在吸引"一带一路"人员交流过程中起着重要作用。陕西开放型经济的发展对"一带一路"国家，不仅产生拉动作用，同时会带来技术外溢和社会交流。陕西吸引"一带一路"国家人员的能力，超过全国平均水平近一倍，达到重要节点的标准（超过全国平均水平）。且 2010 年至今，来陕交流的"一带一路"国家人员数量不断上升，与此形成鲜明对比的是全国吸引"一带一路"人员数量基本保持稳定，甚至出现小幅萎缩，如表 10-9 所示。

表 10-9　陕西与"一带一路"人员交流情况

年份	2011	2012	2013	2014	2015	2016
全国入境总人数（万人）	2995.99	2986.42	2900.6	2918.7	2909.6	2815
全国增速（%）	4.07	-0.32	-2.87	0.62	-0.31	-3.25
陕西入境人数（万人）	135.1857	169.2409	171.6441	139.78	172.1382	195.3709
陕西增速（%）	37.07	25.19	1.42	-18.56	23.15	13.50
陕西占全国的比重（%）	4.51	5.67	5.92	4.79	5.92	6.94

资料来源：历年《陕西统计年鉴》。

10.2.2 陕西开放体系存在问题

陕西全面开放体系的现状表现出整体开放、地区开放、开放集中度和开放效益四方面的问题，具体分析如下：

10.2.2.1 整体开放水平较低

2005~2016年陕西开放水平最高出现在2015年，其值为6.06%，最低开放度水平出现在2012年，其值只有3.87%。大多数年份在五省市中名列第四，甚至在2011~2013年，陕西的对外开放度水平名列五省市的最末端，这充分说明陕西的对外开放度水平整体处于较低水平。不仅和全国平均水平差距较大，和内陆自贸五省开放度较高的重庆相比，也从2010年开始拉开了距离，且重庆在2010年之后，其对外开放度快速提升，甚至在2014年超过全国平均水平1.75个百分点，如表10-10所示。

表10-10 2005~2016年全国与内陆5省市的对外开放度

年份	2005	2006	2007	2008	2009	2010	2011	2012	2013	2014	2015	2016
全国	32.62	33.36	32.02	29.24	22.48	25.32	24.95	23.25	22.31	21.09	18.39	16.92
陕西	5.48	5.35	5.48	4.79	4.15	4.69	4.49	3.87	4.62	5.48	6.06	5.95
四川	5.05	5.84	6.09	7.41	6.85	7.90	9.26	9.19	8.96	8.71	6.43	5.84
重庆	5.67	6.55	7.23	7.80	6.23	8.10	13.16	17.61	19.51	22.84	16.50	13.93
湖北	7.06	7.86	7.39	7.72	5.51	6.41	6.45	5.33	5.49	5.72	5.75	5.09
河南	3.50	3.95	4.13	4.36	3.20	3.51	5.25	6.75	7.18	7.03	7.51	7.22

资料来源：根据历年《中国统计年鉴》相关数据计算得到。

究其原因，陕西外商投资的重点行业主要分布于制造业和房地产业，其中尤以制造业占比最高，而在批发零售、交通运输、信息服务、金融业、科学研究、卫生和文化体育等产业投资较少。从出口商品的分类来看，陕西2016年出口商品超过10亿元的主要包括水果制品，化学品，贵金属，钢铁制品，金属陶瓷制品，机械设备，电机、电气设备，车辆，光学仪器等，在98类细分商品中只有15类商品出口超过10亿元，说明在出口商品多元化发展方面还需要继续努力。进一步分析陕西开放度水平较低的原因发现，陕西的外贸依存度虽然不断上升，但上升的幅度较小，且其外贸依存度整体在低位徘徊。因此陕西开放度较低的原因可以归结为两个：一是外贸依存度上升缓慢；二是外贸依存度一直在低位徘徊。

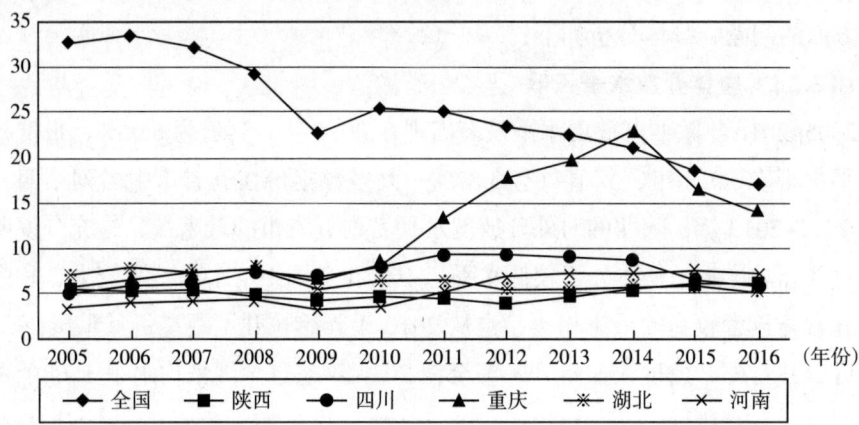

图 10-9　2005~2016 年全国与内陆 5 省市对外开放度变化趋势
资料来源：陕西统计局网站公布数据。

10.2.2.2　地区开放不平衡

将陕西城市划分为陕南、陕北和关中三个部分，利用泰尔指数及其分解技术（Calo-Blanco & Garcia-Perez，2014），对区域开放的均衡状态分解为组内均衡、组间均衡和整体均衡，即分析开放不均衡原因：区域间开放程度差异、区域内差异和整体差异。具体公式为：

$$T = \sum_{K=1}^{K}\left\{\left(\frac{N_k}{N}\frac{\bar{y}^k}{\bar{y}}\right)T^k\right\} + \sum_{K=1}^{K}\left\{\frac{N_k}{N}\left(\frac{\bar{y}^k}{\bar{y}}\right)\ln\left(\frac{\bar{y}^k}{\bar{y}}\right)\right\} = T_W + T_B \quad (10\text{-}1)$$

$$T^k = \frac{1}{N_k}\sum_{K=1}^{K}\left\{\frac{y_i^k}{\bar{y}^k}\ln\left(\frac{y_i^k}{\bar{y}^k}\right)\right\},\ k = 1,\ 2,\ \cdots,\ K \quad (10\text{-}2)$$

式（10-1）中，T 为全样本分布的泰尔指数；T^k 为第 k 个群组分布的泰尔指数，式（10-2）为其计算公式；N_k 为第 k 个群组的样本个数，$N = N_1 + \cdots + N_k + \cdots + N_K$；$\bar{y}^k$ 为第 k 个群组的平均值，$\bar{y}$ 为全部样本的平均值；y_i^k 为第 k 个群组的第 i 个个体的数据，$i = 1,\ 2,\ \cdots,\ N_k$。T_W 界定为同一群组具有相同的外部机会，每一组内部的不平等归因于自身的差异；T_B 界定为组间差距反映区域间的差异。一般认为，泰尔指数处于 0~0.3 均衡，0.3~0.5 低失衡，0.5 以上存在严重失衡。

收集区域和产业数据计算结果表明，陕西地区内失衡程度逐步放大，地区间失衡总体平稳；陕西整体失衡且逐步加大。地区内部失衡是导致整体失衡的关键原因。陕西各城市划分为三大区域后，组内平衡度逐渐增大，2016年更是超过1，出现严重失衡；组间平衡度往复波动，具有缓慢上升趋势；泰尔指数均超过1，出现严重失衡。2015年，前三大区域间的差异是开放失衡的主要原因，但2015年之后陕西同一区域内的开放失衡正逐步成为陕西开放不平衡的主要原因；这也从侧面说明陕西城市活力的释放，逐步打破区域约束。具体结果如表10-11、图10-10、图10-11所示。

表 10-11　陕西开放平衡测度

年份	2006	2007	2008	2009	2010	2011	2012	2013	2014	2015	2016
组内平衡	0.319	0.376	0.407	0.397	0.519	0.518	0.569	0.607	0.621	0.755	1.545
组间平衡	0.787	0.883	0.572	0.795	0.839	0.810	0.829	0.900	0.719	0.901	0.540
泰尔指数	1.106	1.259	0.978	1.192	1.358	1.328	1.398	1.507	1.340	1.656	2.085

资料来源：历年《陕西统计年鉴》。

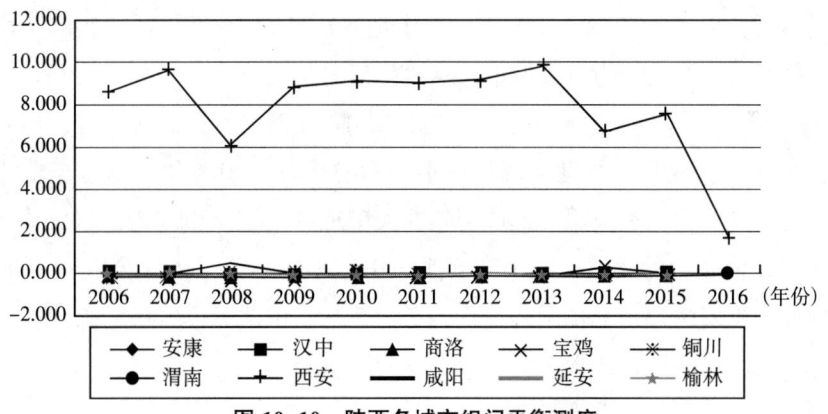

图 10-10　陕西各城市组间平衡测度

资料来源：陕西统计局网站公布数据。

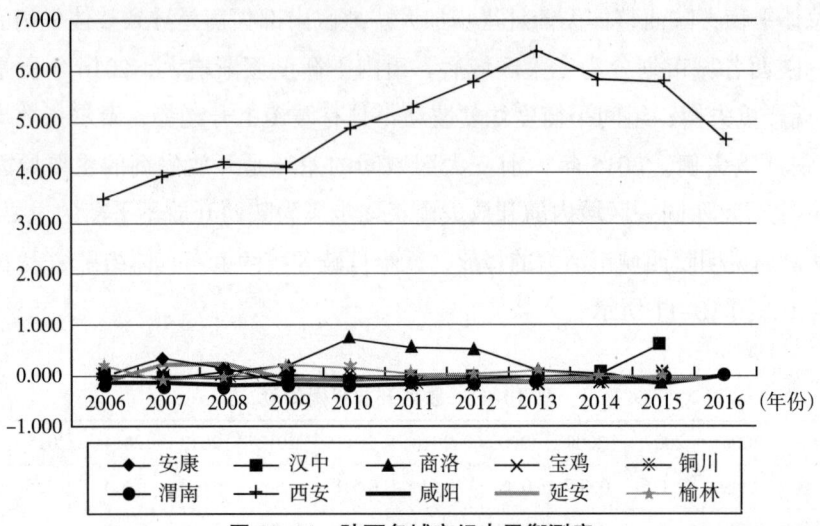

图 10–11 陕西各城市组内平衡测度

资料来源：陕西统计局网站公布数据。

进一步结合前述产业数据分析：以农业和能源化工为主的陕南和陕北开放程度远远落后于以工业和服务业为主的关中地区。从 2016 年陕西所属的十市一区进出口总值看，西安作为省会城市，其进出口总值是排在第二位的宝鸡进出口总值的 28.8 倍，是排在末位延安进出口总值的 1250 倍，这种巨大的进出口总值差异表明陕西各区域开放程度呈现出极不平衡的状态。2016 年进出口总值排在前三位的是西安、宝鸡和咸阳，都位于陕西关中地区，这三市的进出口总值达到全省的 97%，而陕南的商洛、汉中和安康三市进出口总值只占到全省的 1.2%，陕北的榆林和延安进出口总值只占到全省的 0.56%。由此可以看出，关中、陕南和陕北三个地区的区域开放程度呈现极不平衡的状态。

10.2.2.3　开放安全局部失调

开放体系中与合作国家的集中度可反映开放安全水平。参照 19 世纪末 20 世纪初意大利经济学家帕累托发现的二八原则（在任何一组东西中，最重要的只占其中一小部分，约 20%，其余 80%尽管是多数却是次要的），开放安全水平定义为 20%的国家完成 80%的贸易、人员交流量。陕西贸易和人员流动国家数量的 20%，第一阶段安全状态下应完成 80%经济贡献的理想值，第二阶段 4%的重要国家应完成 64%经济贡献的理想值，第三阶段 1%的核心国家完成约 50%经济贡献的理想值。据此，根据实际数据，对陕西开放的安全水平进行测度。

结果表明，陕西第一阶段国家逐步合理，贸易集中度超安全水平的理想值12%且逐步扩大，人员交流集中度超安全水平的理想值10%且逐步降低；第二阶段重要国家贸易集中度超安全水平的理想值15%且逐步扩大，人员交流集中度超安全水平的理想值2%且逐步缩小；第三阶段核心国家贸易集中度逐步超安全水平的理想值4%且逐步扩大，人员交流集中度低于安全水平的理想值12%且逐步加大差距。具体数据如表10-12所示。

表10-12　陕西省开放安全情况

单位：%

指标	2014年		2015年		2016年		安全基准水平
	对外贸易	人员交流	对外贸易	人员交流	对外贸易	人员交流	
第三阶段 hr3	47.26	38.85	51.41	45.65	52.32	44.30	50
第二阶段 hr7	69.66	56.03	73.33	67.85	74.56	65.79	64
第一阶段 hr25	90.71	75.63	90.89	89.02	91.75	88.02	80

注：2014年前的贸易国家变动较大，统计期仅选择2015~2017。
资料来源：《陕西统计年鉴》(2015~2017)。

10.2.2.4　开放效益较低

开放效益反映地区单位开放度所产生的GDP。整理2005~2016年与陕西具有类似地理位置、发展水平的四个地区（四川、重庆、湖北、河南）开放度和GDP数据，计算开放效益。发现：五个地区整体开放效益上升，但远低于全国水平；陕西2012年前开放效益上升，之后缓慢下降，如图10-12所示。

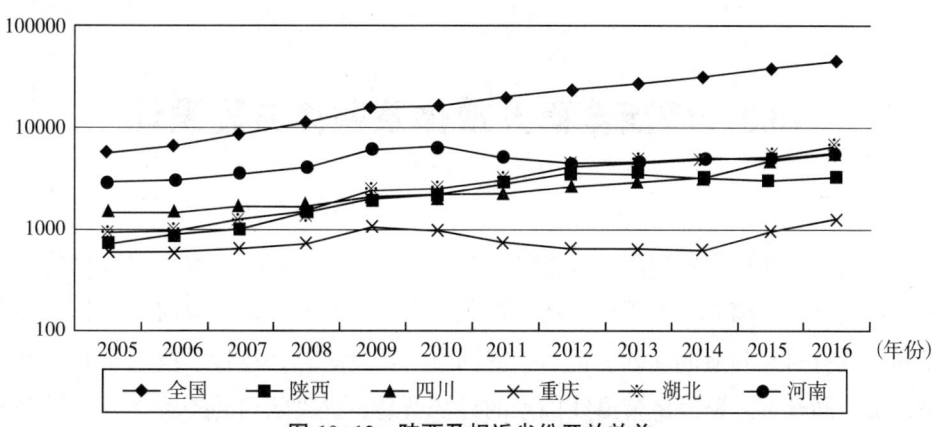

图10-12　陕西及相近省份开放效益

资料来源：陕西统计局网站公布数据。

从开放效益的产业结构来看，陕西对外出口商品集中在劳动密集型的一般工业品，具有高附加值的资本密集型和技术密集型产品占比偏少。陕西 2016 年出口的高新技术产品总金额占比 7.1%，主要出口商品超过 10 亿元的商品包括纺织纱线织物及制品、钢材、自动数据处理设备及其部件、自动数据处理设备零件、通断保护电路装置及零件、二极管及类似半导体器件、汽车、机电产品、苹果汁、存储器等商品。从贸易方式来看，陕西 2016 年的进料加工贸易总值比 2015 年增长 25.9%，相比之下其一般贸易只增长了 2.7%，进料加工贸易总值是一般贸易总值的 2.54 倍，进料加工贸易占到总出口值的 69.86%。由于进料加工贸易比一般贸易的贸易附加值低，因此陕西的对外贸易总体还处于价值链的低端水平。

从开放效益的企业布局来看，陕西知名品牌主要以国有大中型企业为主，其规模和实力较强，但经济效益偏低。知名企业中的民营企业较少，且民营企业实力偏弱，国际竞争力不够。截至 2017 年底，陕西的省级名牌产品有 191 个分布于 182 家企业，然而陕西中国 500 强和世界 500 强企业分别只有 7 家和 2 家，7 家中国 500 强企业中就有 5 家国有企业，而 2 家世界 500 强企业全是国有企业。从经营情况来看，2016 年陕西国有企业亏损率达到 19.59%，同期陕西的私营企业亏损率只有 10.47%，几乎只有国有企业的一半。从具体的产值规模来看，97 家国有企业的平均工业产值为 13.63 亿元，2150 家私营企业的平均工业产值只有 1.88 亿元。因此，陕西国有企业占主导地位和国有企业亏损率偏高的情况使得陕西企业总体经济效益不佳，加之陕西国际知名品牌较少，使得陕西外向型经济整体水平处于低位。

10.3　陕西全面开放体系整体方案设计

全面开放体系需要全面开放经济支撑。以"一带一路"建设为契机形成陕西东西双向开放、南北区域开放经济协调联动发展的局面。东西双向开放要求陕西必须在现有对外开放的基础上努力扩展同海上丝绸之路经济带沿线国家的经济往来，加强同丝绸之路经济带沿线国家的经济贸易，提高陕西的外贸水平，形成多元平衡、安全高效的全面开放体系。

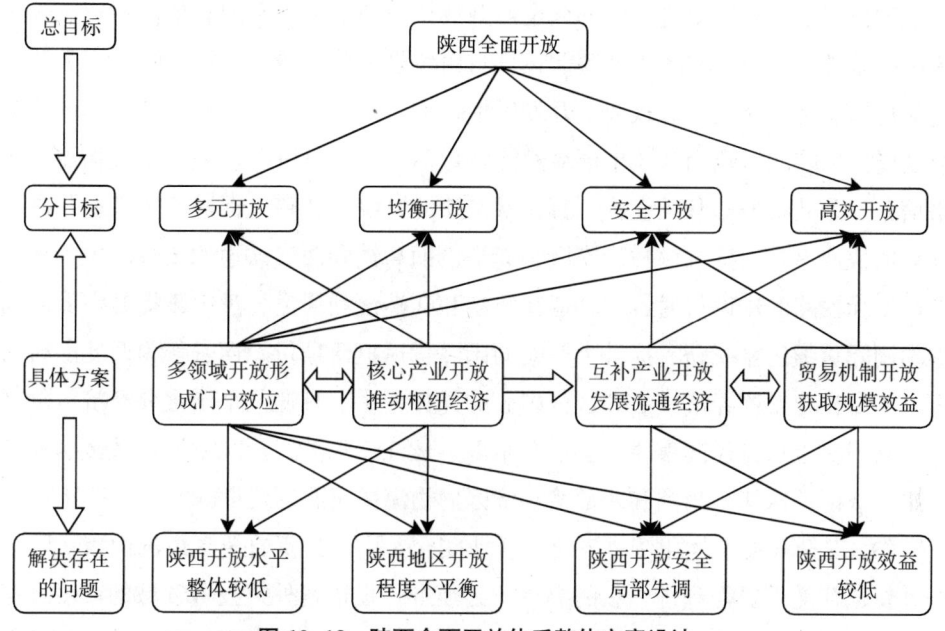

图 10-13 陕西全面开放体系整体方案设计

10.3.1 分目标

（1）多元开放：产业全面开放。陕西产业全面多元化开放，化解市场集中度过高风险，降低国际金融危机带来的影响，带动陕西全面开放水平提升。多元开放包含两层含义：第一，在现有产品的基础上扩大产品的出口渠道，提高产品出口国家的数量，降低对单一或者几个国家的依赖，防止由于过度依赖少数几个国家而形成的市场风险。陕西在重点吸引外资在制造业的投资数量的同时，也要积极拓展外商在陕西投资产业的范围，重点围绕现代化农业、智能制造、生物医药、电子信息、现代金融、批发零售、交通运输、卫生文化等方面加大外资引进力度，尤其是扩大农业和服务业的外资引进力度。第二，在现有产品的基础上增加出口产品的种类，提高出口产品的附加值。陕西在食用水果、塑料橡胶制品、化学纤维、玻璃、铜制品、铝制品、航空航天零部件、家具等产业具有一定的优势，可以在未来产业布局中努力提高出口产品的质量和数量，培育新的产业增长点。尤其要提高出口产品的附加值，努力扩大新材料、航空航天、电子信息、电气机械类产品的出口比例。

（2）均衡开放：区域均衡开放。陕西开放宜在不同城市设立开放功能分区，

247

以地理位置上的分散促进区域均衡全面开放体系的形成。在现有陕西自贸试验区建设的基础上，争取在陕南和陕北设立自由贸易试验分片区，促进陕西三大区域全面均衡发展。在现有省级以上开发区地理分布基础上，促成各具特色的产业开放功能区。陕北、陕南和关中区域经济特色明显，通过进一步完善交通物流、网络信息、公共服务等基础设施，打通陕南陕北开放大通道。促进"市市通"高铁规划的快速落实，推进榆林、安康和商洛借助高铁和西安联通的步伐。关中地区通过城际铁路的建设打通各市县通往空港和陆港便利通道，进一步提升空港和陆港的国际货物运输线路，提升大西安的国际货运枢纽地位。西安作为西北的桥头堡，需要充分发挥经济中心和区位中心的优势，尽快打通同全国主要经济区的联系，其中应重点打通同京津冀、山东半岛、长江三角洲、长江中游经济区、海峡西岸经济区、珠江三角洲和北部湾经济区的物流快速通道建设。

（3）安全开放：优化资本安全。产业安全是引入外资首要考虑的因素。陕西的外贸依存度需要得到进一步的提高，必须进一步拓宽外资投资领域的广度和深度。目前陕西出口市场的70%集中于美国、日本、韩国以及中国香港、中国台湾，过于集中的出口市场使得陕西的出口风险加剧，一旦美国、日本、韩国与我国出现贸易摩擦，将对陕西的出口形成致命的打击。陕西应该积极拓展新的国际市场，降低出口市场的集中度，尤其是要把握"一带一路"倡议和陕西自贸试验区建设的政策机遇，推动陕西外贸市场的多元化。提高陕西出口商品到新加坡、德国、法国、英国、荷兰等国家的份额比例，更要积极拓展同"一带一路"沿线国家的贸易合作，在促进陕西外贸发展的同时，积极开拓发展中国家的出口和外资。当前陕西利用外资的主要形式为直接投资的外资企业和中外合资企业，下一步应进一步研究外商投资股份制形式的约束，降低外商股份制投资形式的限制条件，提升外商投资股份制的投资形式和投资金额。

（4）高效开放：提升开放效益。提升开放效益的根本是破解陕西外向型经济发展存在的产业结构矛盾和产业粗放型发展方式。首先，通过大力提升民营企业和外资企业在陕西经济发展中的份额，消除非国有企业发展的隐形制度壁垒，提高市场开放透明度，形成更加适应外向型经济发展方式的制度、规则和标准。其次，拓宽货物贸易开放，提升贸易便利化水平和货物通关效率。通过扩大服务领域开放，增加陕西市场服务多样化供给，提高服务业市场化、国际化水平。通过研究国民待遇、准入清单等国际投资规则的通行做法，深化涉外投资体制改革，营造更加稳定、透明、高效的投资环境。最后，陕西全社会固定资产投资国有成分占比过高，产业发展过度依赖国有企业固定资产投资是导致陕西经济效率和经营管理水平较低的原因。在当前市场下，陕西国企从外资企业中学习生产技术和管理经验，提升经营效率和管理水平是关键。

陕西实现对外开放从规模扩张向质量效益转型，从依赖域外动力向挖掘域内动力转变，从扩展市场广度向挖掘市场深度跨越，从发挥低端生产要素优势向形成高端生产要素新优势转型，以形成全面开放的政治、经济和社会的有效体系。

10.3.2 具体方案

"多元、平衡、安全、高效"对陕西全面开放体系意义重大。依据中心边沿和集聚发展理论，陕西需抓住全面开放体系建设的核心，多层次、大范围逐步构建。多元、平衡为陕西全面开放体系建设提供平台，安全、高效为陕西全面开放体系建设提供基础，两者协同发力，带动陕西全域经济发展。

10.3.2.1 多领域交叉开放，形成门户效应

多产业领域交叉开放是门户经济的基础。在国内成本攀升、国际金融危机和贸易保护盛行引发外需下滑的多重压力下，陕西外贸主力工业品出口增速明显回落，多行业交叉创新扩大出口迫在眉睫。国际环境恶化，对陕西出口型产业的经济增长和就业稳定造成较大冲击，本地外贸企业转型升级的意愿明显增强；综合生产成本上升以及汇率变动，以"制造成本"优势为核心的陕西传统优势行业比较优势减弱。结合陕西传统产业优势和现代产业发展前沿，实现产业交叉成为打造陕西竞争新优势的选择。高科技产业与现代农业交叉形成智慧农业设施产品出口；文化产业与对外贸易服务交叉形成知识贸易和文化设备行业贸易；工业生产与现代服务业交叉形成现代生产服务业，新旧产业优势交叉的出口转型，促成陕西经济的门户效应。

产业交叉需要抓住市场对不同地区出口优势提升的正向作用和对组织要素的负向作用。从改善陕西市场秩序和交易环境角度出发，转变陕西外贸产业发展方式，形成新的出口优势，要求提高陕西自由交易生产要素的投入数量（市场交易效率）和改善组织要素投入质量（企业并购效益）。一是由于市场要素对陕西域内外出口优势偏低，应加强陕西各地市市场要素的供给数量和质量，并重视优化关中的市场交易环境为外贸企业减负。同时，提高各地市城区企业间契约的执行

效率，理顺上下游企业的协作关系，打破地区空间分割和行业壁垒垄断；并通过加强非正式契约市场制度建设，避免各地市产业资产专用性带来的中间品交易效率损耗。二是激发组织要素对各地市出口优势的积极效应，对企业自主并购等资产交易实行有效监管，降低外贸企业垂直一体化集聚的市场风险，增强陕西商品的国际竞争力。在此基础上，配合关中国家级西部创新中心自主创新布局优化，营造市场要素和组织要素有机结合、良性互动的制度环境，释放企业转型升级的活力，从而充分挖掘各地市、不同行业的出口潜能。

生态环境技术与传统产业全面交叉融合，提升外贸产品质量。在产业集聚较高的关中地区，对污染密集型行业、利润率较高的资本密集型行业，加大生态环境规制的强度和广度，提高企业自身清洁生产的能力和意愿，以促进陕西生态环境技术与传统产业交叉融合，提高工业品国际竞争力，实现陕西外贸经济转型发展。关中地区的环境规制强度越高，其制造业企业交叉发展的水平就越高，污染物治理能力和综合利用率就越高，进而生产技术、产品和生产过程革新改进的速率就越快，且产品出口到国际市场上所面临的技术性壁垒就越少，从而出口贸易就越具有优势。鉴于陕西不同地区和行业对环境规制的反应不尽相同，可以通过有区别、有针对性、有梯度地推进产业转型，重点抓两方面：①加强污染密集型和资本密集型行业的节能减排，促进企业落后产能淘汰，开展绿色经济，加快清洁生产技术市场以及污染物和碳排放权交易市场建设，同时控制劳动密集型行业在产业升级过程中的污染性投资，防止其成为新的污染密集型行业。②在保证关中工业品出口竞争力和环境污染程度"一升一降"的同时，加大对生态相对脆弱的陕北地区的环保力度，避免产业梯度转移中的污染转移。

以陕西优势产业与其上下游产业的开放共生，及与所在地区社会资源之间协同发展，构建陕西全面开放的门户效应。产业开放对其所在城市的经济贡献巨大，伴随产业开放的拓宽，将带来更多的就业、房地产建设和社会服务，对于城市化建设的作用和贡献越来越大，同时也造成生产性投入过高而对生活性投入过低的问题。因此，产业交叉开放必须使产业集聚区向城市综合功能区转变，使先进制造业和现代服务业实现集群、协同、交叉发展，把产业集聚区建设成为引领新型工业化和城市化高端智能的集聚门户，进而形成陕西全面开放经济的协同发展，如图10-14所示。

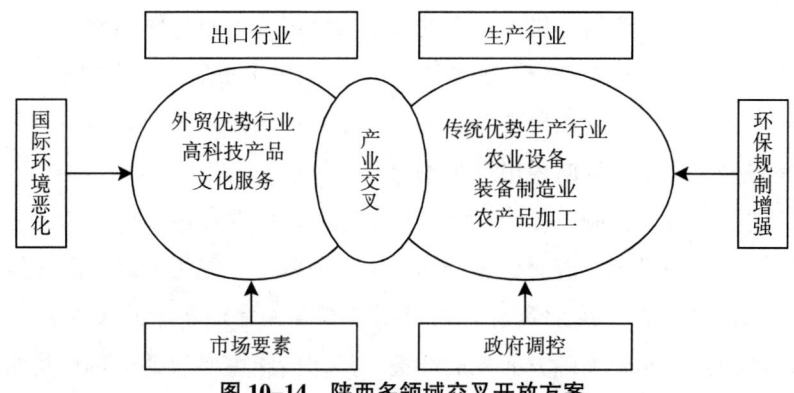

图 10-14　陕西多领域交叉开放方案

10.3.2.2　核心产业开放，推动枢纽经济

核心产业集聚开放形成区域经济枢纽。推动陕西人口红利、土地红利、政策红利等传统贸易优势转向创新、价值链等现代经济枢纽优势：从产业集聚区向创新集聚区转型，科技创新引领，集聚核心企业产业链，布局民营企业，绿色发展，支撑陕西全面开放经济发展；依托丰富的科技资源，摆脱通用生产要素（人力、自然资源等）依赖，转向依托高端和专用性的创新要素，参与国际分工，逐步实现向创新集聚区转型的目标，成为全国创新经济开放的引领区和示范区。总之，依托创新要素的集聚，打造陕西先进制造业和现代服务业的集聚优势，带动上下游制造企业升级，形成西部经济枢纽。

"南药北矿"产业开放，形成陕西枢纽经济新动能。促进陕北能源、矿产行业与陕南医药、军转民行业融合交叉，通过政府桥梁作用，催生现代能源化工业、矿物医药业、民用能源军工业、民用军工矿物加工业等，具有局部优势行业交叉特性的新行业开放融合。高科技企业接触、改造、吸收部分陕西能源、矿产产业链中的产品和服务，加快陕西高新技术产业和新兴产业的有效融合。把握高科技企业向全产业链扩张的趋势，在管理体制机制上创新，发挥高科技企业的技术优势，通过技术交易平台使技术民营化，形成陕西能源、矿产经济发展的新动能。

"军民产业"开放，形成陕西枢纽经济新源头。创新由多方主体构成的市场体制，构建军民融合型陕西科技创新体系。在构建军民融合型陕西科技创新系统过程中，倡导"军转民""民参军"或"军民两用技术开发"等理念与做法是对现有产业开放体系及功能的延伸，但还需在军民融合型科技创新体系的整体认知和构建方面加大创新。主要从三个方面着手：①健全主体、完善体系，关键是要使构成军民融合型陕西科技创新体系的各个主体成为创新主体,激发他们的创新热情和创新活力;②理顺企业、研究所、管理部门间的关系,建立既有分工又有合作的协同关系;③打通阻碍陕西军民融合创新的关键环节和瓶颈制约,减少或消除军民融合及技术"双向溢出"的障碍。

　　开放的能源合作机制,保障枢纽经济。能源是陕西经济发展的命脉之一,逐步构建陕西内部的资源、能源行业合作框架,争取在"一带一路"沿线清洁能源等领域的国际主导权。南北资源合作机制需要在人才储备、政策准备、制度设计、市场能力建设四个基础方面积极准备。具体措施主要包括:建立陕西碳排放市场,广泛推行清洁发展机制;鼓励清洁能源技术创新,提高能源利用效率;保障稳定的资源供需,保持低耗能资源价格的稳定;吸引国际相关能源、资源科技机构和组织落户陕西,政府要始终对这些国际组织给予稳定的支持,包括合作发展所需的经费支持,利用这些国际机构的影响力、辐射力、创造力推动陕西利用国际人才和国际舞台;设立资源教育的国际奖学金,培养和吸引全世界最优秀的资源管理、能源金融、资源贸易人才来陕、为陕工作;陕南陕北轮流举办国际、国内科技节和科技展览,尤其是与陕西优势资源科技史相关的活动,构建强调科学普世性和共同文化利益的有效平台。如图10-15所示。

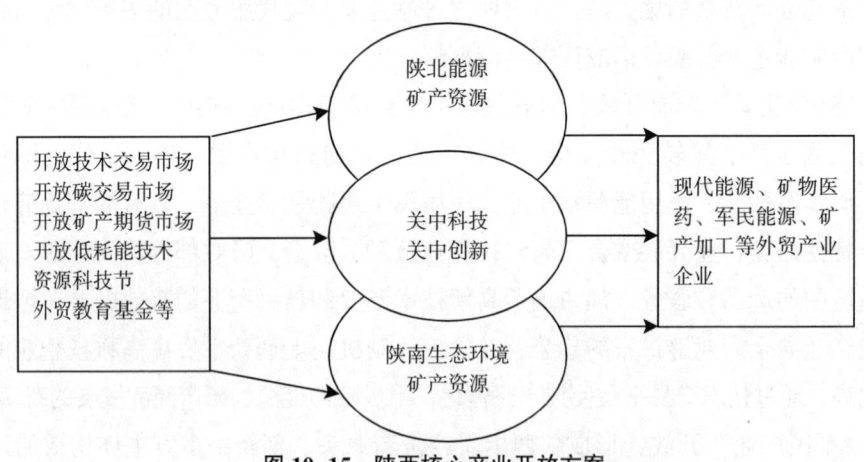

图10-15　陕西核心产业开放方案

10.3.2.3　互补产业开放,发展流通经济

　　开放互补产业,完善中间品贸易和产业生产中间环节,发展流通经济抑制陕西开放产业两极分化。加强高科技企业与一般工业企业之间合作、新兴展会产业

与传统制造行业合作、民营轻工业与国有重工业合作、产业集聚区与城市生活区合作，利用"一带一路"科技、劳动资源，将融合的科技进步成果在互补产业推广。对于部分优势产业要集中力量培育其向民生方面的创新，引导和促进各城市企业逐渐向专业化、差异化开放。同时，通过对边缘企业提供针对性、专业化的技术辅导、服务帮扶，提高陕西整个产业链的流通开放水平。

以流通产业促进峰会产业互补传统产业发展。当前产业边界日趋模糊，服务业逐步渗透并融入制造业，融合服务业和制造业特征的产业新业态已经成为产业经济发展的新形式。借助西洽会、亚欧论坛等重要经贸文体峰会平台，促进陕西传统产业外向型经济发展。传统产业集聚区充分发挥其政策优势，借鉴吸收国内外自贸区、保税仓库、港务区、开发区、高新区的运营机制和先进管理经验，构建保税物流中心、电子口岸等国际贸易平台，吸引外部资本来陕投资；把握"一带一路"历史机遇，推动陕西不断加大开放。依托峰会搭建贸易平台，合理规划陕西资源产业出口。陕西矿产资源种类繁多、蕴藏量丰富，但在国际贸易过程中，陕西出口占比较大的初级资源的外汇创造能力差，且对区域经济发展不具有可持续性。在市场紧缺资源领域（如钛、钼），提升产品技术含量，逐步实现能源深加工产业链的升级和陕西在国际产业链分工的地位提升。

发挥民营企业与陕西国有企业的互补作用。从陕西的产业结构不难看出，轻工业比重偏低。全国轻工业产品多为民营企业生产，陕西的轻工业不发达，反映出民营经济的不发达和经济整体活跃度不高。借鉴广东、浙江、福建等省民营制造业最为活跃繁荣的经验，以民营企业为主形成五金、家电、陶瓷、小商品、服装、精密零件加工等产业集群。消费品制造业产品价值虽小，但其形成集群规模可以提升"陕西制造"的市场占有率和品牌影响力。激发民营制造业的活力，是弥补"陕西制造"的"体制短板"、提升创新能力的快捷途径。

发挥科技文化与陕西产业的互补优势。利用人才、金融等政策，吸引符合关中功能定位的国际高端创新机构、跨国公司研发中心、国际科技组织落户关中，鼓励国内企业与国际知名科研机构联合组建国际科技中心，努力使关中成为国际科技组织总部聚集中心。面向"一带一路"引进世界级顶尖人才和团队来关中发展，吸引"一带一路"高端科技成果落地，形成面向"一带一路"的技术转移集聚区。创立国家（杨凌）农业技术标准创新基地，承担农业技术标准的制定工作；推进国际旱作农业交流与合作，组建面向"一带一路"沿线国家的高端农业合作联盟和全球农业智库联盟，打造陕西农业领域国际合作交流新平台。加强陕西重点产业知识产权海外布局和风险防控。通过高端产业集聚，以产业链为纽带，促进西部地区在研发设计、生产销售和物流配送等环节的协同配合，支持西部地区企业通过跨区域兼并重组实现产业转型升级。

以模块化为基础推动制造业"走出去"。陕西产业发展突出核心优势、结合比较优势，可以将一些附加值相对较低、非核心的制造业模块外包给"一带一路"沿线国家，充分利用沿线国家的劳动力优势和市场潜力，提高生产效率，促进陕西产业结构优化升级；通过模块分解，陕西制造业应致力于开发核心技术模块，增加核心模块的附加值，不断强化和巩固核心模块的控制地位，占据价值链的高端环节，形成陕西"智"造优势。同时，陕西可以在充分了解沿线各国资源优势、生产制造能力的基础上，协调陕西优势商品的价值链成员国共同提供更加多样性的产品服务组合，集合所有成员国的力量吸引更多的全球客户，增加每个经济体的业务量，促进其形成规模经济，推动工业化进程，实现互利共赢。最终以陕西流通经济为基础，通过区域价值链的紧密分工合作，深化陕西和"一带一路"沿线国家间的经济关系，进而形成利益共同体，如图10-16所示。

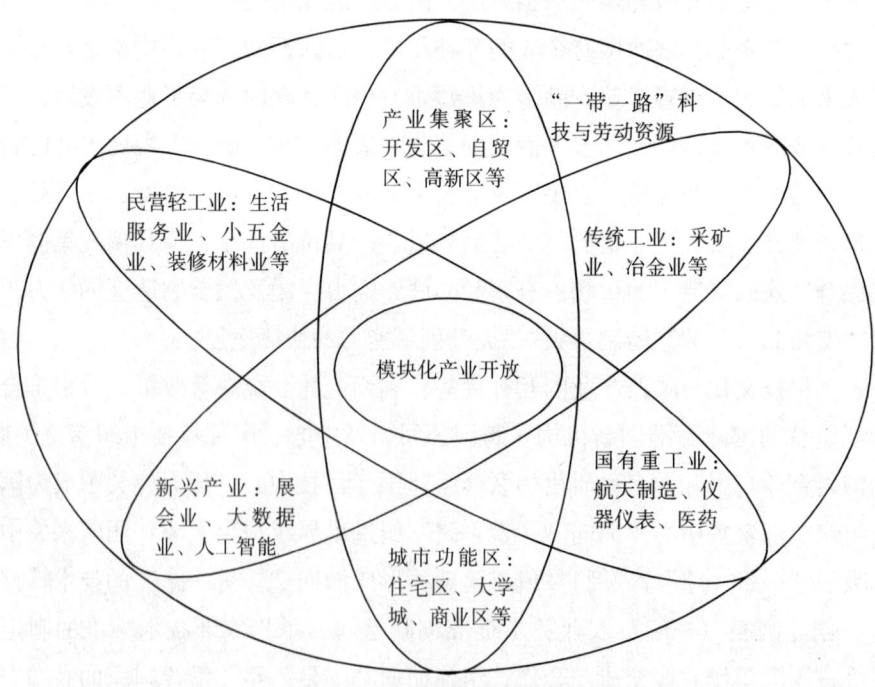

图10-16 陕西互补产业开放方案

10.3.2.4 贸易机制开放，获取规模效益

规模效益获取，需要贸易机制开放的新模式。以大西安为中心，发挥陕西经济带的资源禀赋优势，向西与宝鸡融合发展现代林业、畜牧业，向东与渭南、华阴融合发展现代文化旅游业和高等教育业，向南与汉中融合矿产开发产业链，向北与铜川、榆林融合延长能源产业链，关键是创造以关中为核心的文化与科技融合发展模式。文化与科技融合创新模式的复杂性与多样性，与陕西各地的文化、科技、产业和政治环境相关，更受到城市创新能力、技术革命、市场变迁、政策环境等因素的影响。

贸易机制开放，存在"业态新创""产业跨界""企业协同"三种模式。新兴产业推动的"业态新创"模式，是在新技术、新产业的推动下，文化与科技在新兴业态中以关中为枢纽融合东西部地市发展优势，而形成的一种创新模式。产业融合实践下的"产业跨界"模式，是陕西的优势文化产业和科技产业实践过程中，与其他产业及二者之间不断跨界的过程，实现文化与科技要素通过互动聚合，带动宝鸡、渭南等城市对原有产业形成转型或升级的一种融合模式。多元主体参与下的"企业协同"模式，是在省政府、地市企业、高校、科研机构等多主体的协同下，使关中的文化资源与科技资源与宝鸡、渭南等城市有效互动和溢出，突破创新主体间的壁垒，充分释放宝鸡、渭南等城市的创意、技术等创新要素，实现关中城市经济带深度合作的一种模式。

以"负面清单"贸易机制为核心的服务体系，保障陕西获取规模效益。建立一批具有项目对接、海外市场拓展、技术共享等功能的服务贸易公共服务平台。大力发展生产性服务贸易，引导出口企业从生产型企业向生产服务型企业转变，推动金融、保险、物流、信息、研发设计等资本和技术密集型服务出口。推进企业依托海关特殊监管区域开展面向国内外市场的高技术、高附加值的检测维修等保税服务业务。巩固提高旅游、航空运输等传统服务业竞争力，大力促进文化艺术、数字出版、动漫游戏开发、软件开发测试、中医药、技术等服务贸易发展。打造服务外包产业集聚区，培育一批领头企业和国际品牌，提高服务外包产业国际竞争力。支持知识产权服务业集聚发展，完善挂牌竞价、交易、信息检索、政策咨询、价值评估等功能，推动知识产权跨境交易便利化。

科研院所与西部文化企业合作的新思路，构成陕西获取规模效益的路径。吸取全面创新改革及知识产权保护的经验，推动有条件的地区建设创新型城市和区

域创新中心，培育一批知识产权试点示范城市和知识产权强市、强县。建立重点产业专利导航工作机制，建设国家知识产权服务业集聚区。积极推动国家军民融合知识产权运营工作，依托国家知识产权运营军民融合特色试点平台，探索国防专利横向流通转化、国防专利解密与普通专利跟进保护有机衔接、普通专利参与军品研发生产等机制，促进军民科技成果共享共用。推动西部地区军民技术相互有效利用，开展军民两用技术联合攻关，推动产业化发展。

企业科技与文化的融合开放机制，开拓"一带一路"沿线市场。当前，"一带一路"区域许多发展中国家运用政策、法律等手段逐渐强化国内企业对资源的控制力，实行国内企业联手国外企业合作开发资源的模式。陕西也应强化本省企业与东道国企业的合作举措，坚持"资源增量共享"和"淡化政治"原则，尽可能地利用东道国优势。在开发"一带一路"相关国家市场时，陕西企业可以考虑与当地企业和发达国家企业建立利益共同体，探索与发达国家尤其是"一带一路"沿线的发达国家在开拓市场中的合作模式，从而保障陕西"一带一路"价值链的顺利打造。

总之，文化与科技的融合，带来的是陕西贸易机制开放的重构。在重构进程中，文化与科技两大要素均可互为主次，从而形成不同的产品群。陕西东部地区发展以文化为主的产业链，科技助力文化腾飞；陕西西部地区发展以科技为主的产业链，文化为科技注入内核，提升科技品位，如图10-17所示。

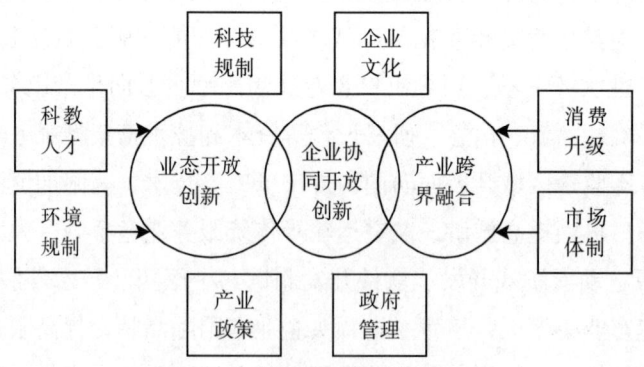

图10-17 陕西贸易机制开放方案

10.4 陕西全面开放体系建设重点

陕西"多元平衡、安全高效"的全面开放体系建设需要注意：①全面贯彻省委省政府做出的决定，鼓励自贸区、经开区在新的经济环境下发展新动力、上新的台阶、创造新成效；②促进自贸区管理体制的创新，推广"托管模式"，降低现有体制弊端对新一阶段发展的影响；③加强经开区产业的统一规划和协调，解决目前产业布局混乱的问题，提升行政效能。具体应做好以下工作：

（1）建立全产业链，形成万亿产业群。扶持陕西装备制造、飞机、军工、汽车制造业的核心技术优势，对接国际资本市场、国家战略、国际消费市场，形成以陕西核心技术为基础的产业集群。充分发挥陕西在科研、人才方面的优势，打造多个万亿级产业集群。利用国际港务区和陕西自贸区优势，把握"一带一路"的历史机遇，在西安建立以贸易为核心的世界级大数据处理、期货交易及服务贸易中心，打造一个具有国际标准的产业集散基地，重塑陕西在世界贸易中的经济地位。

（2）选择性引资，形成出口导向产业。在招商引资中，各区县与开发区不仅要看项目的大小，而且需要注重区域支柱产业的优势，充分发挥产业链合作的集群招商模式，对境内的企业给予务实的关注与扶持，而不是以招商为目的的短期行为。

（3）培育特色企业出口，突破商品贸易发展。招商项目大固然重要，但培养已有的企业做大做强是陕西经济突破的根本。综观中国500强民营企业，均是在当地政府的扶持下发展壮大的，并不是天生的强大或者时代机遇突出。改变陕西企业"墙内开花墙外香"的窘境，需要借鉴发展成熟地区的优秀经验，同时重视陕西企业自身的特长、优势、长板大力扶持，打通其参与全球分工的中间障碍。

（4）以服务留项目，在外向型经济实现突破。陕西需秉承"重商、亲商、安商、扶商"的理念，优化政府服务软环境。将"店小二"的五星级服务，不仅落实在港务区、自贸区等窗口部门，还要切实落实在政府服务的各个部门和各个岗位，政府对企业的贴心服务直接关系到项目的落地与继续投资的实现。

(5) 科技计划吸引人才，构筑人才引进机制。找准科技抓手，稳步提升发明专利转化质量。全面引导和推动落实已有的科技人才政策措施，有效激发创新主体的积极性，梳理陕西创新优势，对接国际创新前沿，发现陕西产业科技亮点，通过政府制定专利推进计划和人才引进机制，以民营科技金融合作为试点，开发国际国内两个转化市场，使全省科技企业核心竞争力实现快速提升。逐步探索一条具有陕西特色的知识产权保护、人才开发、产业升级的道路，最终形成系统的创新创业和人才引进机制。

(6) 应用科技创新，完善科技转化制度。陕西特别是西安需要掌握自主知识产权和核心技术，加强与国际经济组织的合作，参与全球化分工，发挥技术的竞争优势。完善科技成果转化运行机制，建立完善科技成果信息发布和共享平台，重点扶持科技领先的创新项目落地西安。在科技小巨人项目评审中，需要充分调研论证，扶持科研领先的项目落地西安。

第 11 章 建设充分发挥市场作用、更好发挥政府作用的经济体制

11.1 陕西经济体制的内涵与构成

11.1.1 经济体制的内涵

经济体制指一个社会经济体为了自身的存在和发展而实行的一整套制度和机制的总和。其中，制度指经济主体共同承认和普遍遵守的关系规范和行为规则，规定着经济主体的行动范围；机制指各经济主体行为方式的相互作用关系，决定着经济主体究竟如何行为，制度和机制一起作用于经济主体，决定经济运行的结果。不同国家有不同的经济发展模式，因而经济体制也存在不同。中国的社会主义市场经济体制，要求政府不断调整优化行政管理、市场监管、公共服务、社会管理、保护环境等管理制度，保证政府在不过多干预市场的基础上有效弥补市场失灵，使得市场机制对资源配置起决定性作用。

在一个现代化的经济体系里，微观的企业背后是一个完整的产业体系，而要保证企业和产业正常健康持续发展，就必须有一个游刃有余的外部环境，这就是由市场、政府"两只手"很好结合而形成的经济体制。陕西要建设现代化经济体系，其现代化主要体现在经济发展的协同性、系统性以及可持续性，而经济体制作为陕西现代化经济体系发展的制度环境，对于保障陕西现代化经济体系的高效运行具有重要意义。综上，陕西现代化经济体系所要求的经济体制可理解为，陕西为其经济发展的协同性、系统性以及可持续性而实行的一整套制度和机制的总

和，如图 11-1 所示。

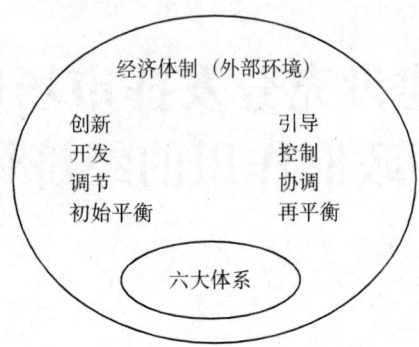

图 11-1　六大体系与经济体制的关系

11.1.2　陕西经济体制的构成

党的十一届三中全会以来，陕西开展了卓有成效的经济体制改革，从传统的计划经济逐步过渡到社会主义市场经济。目前，陕西已经确立了社会主义市场经济体制的基本框架。同时，继续深化改革，向完善的社会主义市场经济体制迈进。2018年1月30日，习近平在中共中央政治局第三次集体学习建设现代化经济体系中强调，要建设充分发挥市场作用、更好发挥政府作用的经济体制，实现市场机制有效、微观主体有活力、宏观调控有度。为应对陕西建设现代化经济体系的新任务、新挑战和新形势，陕西经济体制改革需要从理顺政府和市场的关系出发，建立充分发挥市场作用、更好发挥政府作用的经济体制。具体来说，陕西经济体制改革需要紧紧围绕使市场在资源配置中起决定性作用和充分发挥政府的宏观调控职能来推进，建立高效的市场基础制度和公平竞争的市场监管制度，建立科学权威的政府管理制度。

图 11-2 是从市场和政府职能的角度出发，对陕西建立充分发挥市场作用、更好发挥政府作用的经济体制的基本构成要素的描述。

11.1.2.1　对资源配置起决定性作用的市场机制

陕西要建立充分发挥市场作用的经济体制，核心是市场机制在资源配置中起决定性作用。市场机制能否有效发挥其配置资源的作用，取决于三个环节：一是价格市场化的形成环节。价格是供求法则与市场竞争作用的最直接体现，价格市场化一定是多元经济主体参与市场竞争的结果。二是有效的市场秩序环境。市场

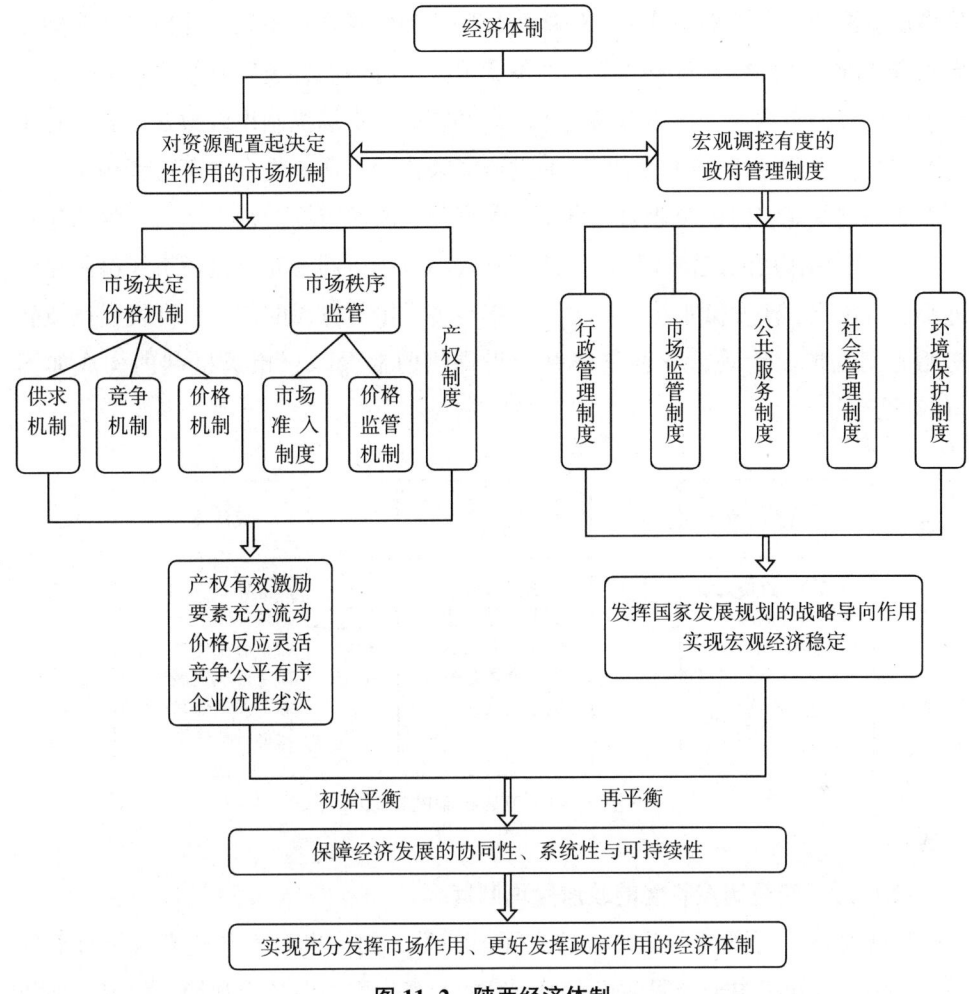

图 11-2 陕西经济体制

能够自由决定生产什么、如何生产和为谁生产，垄断、地方保护主义以及妨碍各种市场主体平等进入市场交易的行政性审批制度等都会影响到市场对资源有效配置的程度。三是产权制度。产权制度是社会主义市场经济体制的基石，是市场秩序的基础，同时，也是保障市场主体活力的基础。

有效的市场机制主要通过市场自发调节资源配置，达到五个目标：一是产权有效激励。实现产权有效激励，有效调动所有参与主体的积极性，依法维护其合法权益，进而实现要素配置最优化和各方收益最大化。二是要素自由流动。要素自由流动、平等交换是市场机制激发微观主体活力的内在要求或必然选择。三是价格反应灵活。供求影响价格，价格信号反映和体现供求关系，并使要素流动方向和资源配置比例得到自发调节。四是竞争公平有序。各类所有制企业都在统一市场中进行公平竞争，各类市场主体活力都能通过市场机制得以激发。五是企业优胜劣汰。企业经营管理好坏都要通过市场来检验，适者生存，不适者淘汰，优胜劣汰的过程能够促使企业强化自身经营管理，激发市场的创新活力。陕西建立充分发挥市场作用的经济体制，即建立有效的市场机制，充分发挥市场机制在促进要素市场化、激发微观主体活力、提高经济质量等方面的创新、开发、调节和初始平衡功能，为现代化经济体系建设提供前提保障，市场机制的构成如图11-3所示。

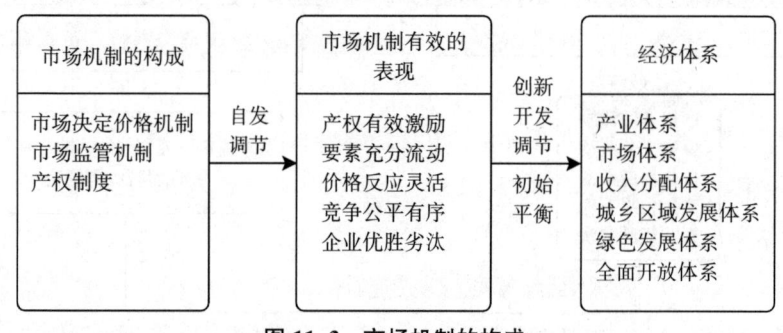

图 11-3　市场机制的构成

11.1.2.2　宏观调控有度的政府管理制度

现代经济运行既离不开市场这只无形的手，同样也离不开政府这只有形的手。党的十八届三中全会明确指出了政府的职责作用：保持宏观经济稳定，加强和优化公共服务，保障公平竞争，加强市场监管，维护市场秩序，推动可持续发展，促进共同富裕，弥补市场失灵。政府职能的实现具体可通过行政管理、市场监管、公共服务、社会管理、保护环境五项制度来保障。

陕西建立宏观调控有度的政府管理制度，即灵活运用财政、货币、产业、区域等经济政策，发挥政府在微观主体公平竞争、产业与区域充分平衡发展、经济结构转型升级等方面的引导、控制、协调和再平衡功能。在确保经济平稳运行的同时，努力使社会有机体达到整体协调和动态平衡的运行状态。具体来讲，宏观调控有度的政府管理制度包括：有限的政府职能，即协调好政府对市场干预过多和监管不到位的两难处境；透明的政府权力，即政府对权力清单之外的事项应交由市场自行调节；高效的政府治理，即政府通过相机抉择的财政政策和货币政策调整社会总体供需平衡。政府管理制度主要通过出台相关政策措施，实现有限的政府职能、透明的政府权力，以及高效的政府治理，从而对经济发展起到引导、控制、协调、再平衡的作用，为现代化经济体系建设提供制度支撑，如图11-4所示。

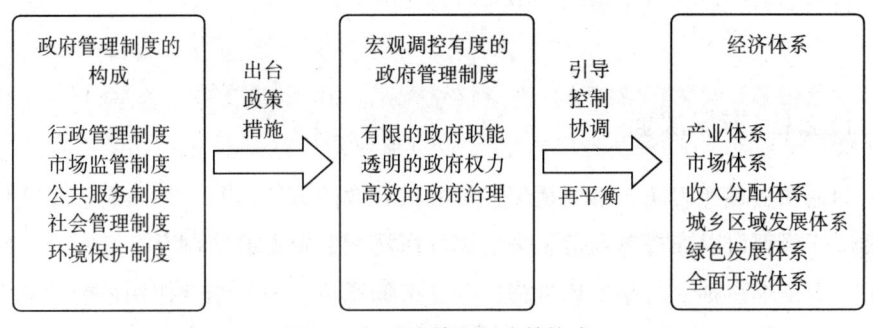

图 11-4 政府管理制度的构成

11.1.2.3 市场机制与政府管理制度的关系

充分发挥市场机制在资源配置中的决定性作用、更好发挥政府作用，要求政府在保证市场发挥决定性作用的前提下，管好那些市场管不了或管不好的事情。政府与市场的关系可以看作是分工与合作的关系。从分工的角度看，市场总是在给定条件下发挥作用，而这些条件总处于动态变化过程中，市场无法依靠自己来完善其发挥作用的前提条件，只能依靠政府来实现。另外，单靠市场无法实现社会公平与正义，需要政府承担重要职能。从合作的角度看，市场从效率角度发展生产力，政府则从创造市场条件、维护社会公平正义角度完善社会生产关系，两者在合作中共同推进陕西经济向更高阶段、更高水平、更高质量演化。

协调好市场机制与政府管理制度的关系，需要从以下几点入手：其一，在维持市场秩序方面，市场的角色是"运动员"，而政府要当好裁判员，公正执法不吹"黑哨"，以身作则为社会树立诚信榜样。其二，在调整经济结构方面，经济结构尤其是产业结构调整主要依靠市场来调节，通过打破地方保护，利用市场机制有效淘汰落后的和过剩的产能，而产业结构的转型升级需要国家的产业政策来引导，尤其是前瞻性培育战略性新兴产业需要政府的引导性投资。其三，在提供公共服务方面，政府要创新宏观调控方式，更多地利用市场机制而非行政手段来提供公共服务，如通过向私人部门购买服务的方式可使公共服务更为有效，更有质量。

11.2 陕西经济体制的现状及存在问题

11.2.1 市场层面

理论和实践都表明，市场是配置资源最有效的方式。每一种具有帕累托效率的资源配置都可以通过市场机制来实现。市场配置资源的机制有三个：一是市场规则，即供求法则；二是市场价格；三是市场竞争。三者结合作用才能达到对资源配置的效率最大化的目标。市场配置的资源涉及劳动、资本、技术、管理及自然资源。各种资源都有供求关系和相应的价格。资源的配置方向由各个资源市场的供求关系所形成的要素价格所调节。要素使用者依据由市场决定生产要素的价格对投入要素进行成本收益分析，以最低的成本使用生产要素，要素的供给者则根据要素价格来调整自己的供给，各个生产要素都进入市场，各种生产要素的价格都在市场上形成，并准确反映各种要素的稀缺性，调节要素的供给。最终，劳动力工资、资金价格、技术报酬和企业家报酬都在市场上形成，反映各种要素的市场供求关系。

市场能否有效发挥其在资源配置中的决定性作用是陕西现代化经济体系建设的重点关注内容。本书从陕西省商品市场的市场化程度、要素市场的发育程度、市场秩序管理以及产权市场的建设方面对陕西市场机制是否有效运行进行描述。

11.2.1.1 商品市场的市场决定价格机制基本建立

价格市场化可以实现市场机制有效的两个效率目标：其一，市场能够借助价格信号，引导生产者和消费者做出选择，实现要素的自由流动与优化配置。其二，在竞争机制的作用下，市场可以通过优胜劣汰，促进企业效益的提升和结构的优化。市场决定价格机制就是要让价值规律、竞争规律和供求规律等市场经济基本规律在资源配置中发挥决定性作用。

根据2018年4月修订公布的《陕西省定价目录》，陕西最大限度地放开了一批竞争性领域和环节的价格管理权限。凡是能由市场竞争形成价格的都交给市场。将再生水销售价格、气象（防雷）服务收费标准、房产测绘收费标准、天然气用户安装工料费等定价事项退出定价目录，实行市场调节价；取消天然气用户设施维护费；放开非居民数字电视基本收视维护费和非普通住宅小区前期物业服务收费标准，由供需双方协商确定价格。截至2018年6月，陕西省政府定价项目由83项缩减为28项，减少约66%，政府定价范围主要限定在重要公用事业、公益性服务和网络型自然垄断环节；市场调节价比重由2012年的94.88%上升至2016年的97.75%，略高于全国平均水平（发改委2017年7月发布公告称2016年我国商品价格的市场化程度达到97.01%），竞争性领域已经基本由市场定价，商品市场的市场决定价格机制基本形成。

11.2.1.2 要素市场的市场化配置滞后，除技术市场外，要素市场的发育程度普遍较低

要素的市场化配置是市场决定资源配置的基本特征，也是实现市场决定资源配置的前提条件。与商品价格市场化相比，陕西要素价格市场化相对滞后，资本、劳动力、土地等要素价格仍存在双轨制，要素市场仍然存在价格扭曲现象。长期存在的户籍制度造成劳动力市场的分割，劳动力的市场价格因城乡户籍的不同而存在差异，无法形成真实的市场均衡价格。水、电、油、天然气等资源能源的价格形成机制不合理，其价格不能充分反映市场供求关系和资源使用造成的外部性成本，大量的资源能源配置由政府决定。以下结合陕西实际情况，从资本、土地、劳动力、技术四大生产要素的建设上说明陕西市场机制运行的效率。

（1）资本市场羸弱，上市公司整体竞争力不强。上市公司是资本市场的基石，代表资本市场的发育程度。陕西上市公司数量较少，整体质量不高，资本市场和上市公司羸弱一直是陕西的短板。据Wind数据库，截至2017年8月，陕西共有上市公司46家，居全国第18位，比GDP排名落后两位，数量不及新疆（见图11-5）。而新疆的GDP为9617.23亿元，只相当于陕西的52.16%。同期，全国共有590家正常排队审核IPO企业，其中，排名第一的是广东，排名第二的是浙江，而陕西排队在审IPO企业数量排第17名，数量也比新疆要低。

从控股股东构成来看，陕西的46家上市公司中央企控股和国资控股占据半壁江山，民营企业活力较弱。除中航飞机、中航动力、中国西电等央企控股公司外，不论是地方国资还是民营控股公司，大多市值较低，竞争力不强。截至

2017年底，陕西上市公司总市值6394亿元，占比GDP 29.20%，而浙江上市公司总市值为42072亿元，占到GDP超过八成，陕西上市公司对经济的带动力有限（见图11-6）。

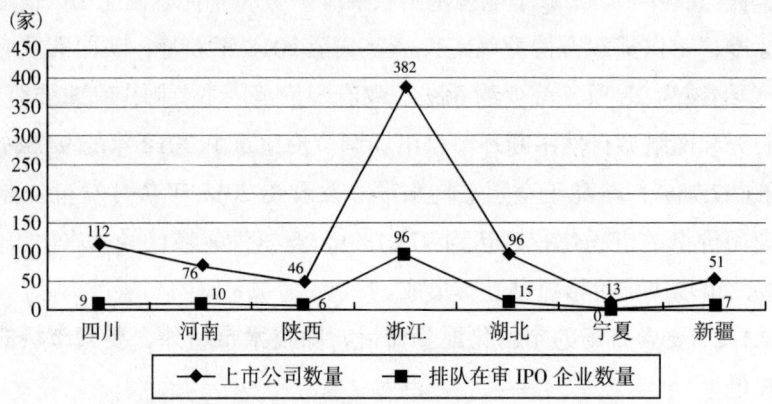

图11-5　截至2017年8月分省份上市公司数量及排队IPO企业数量

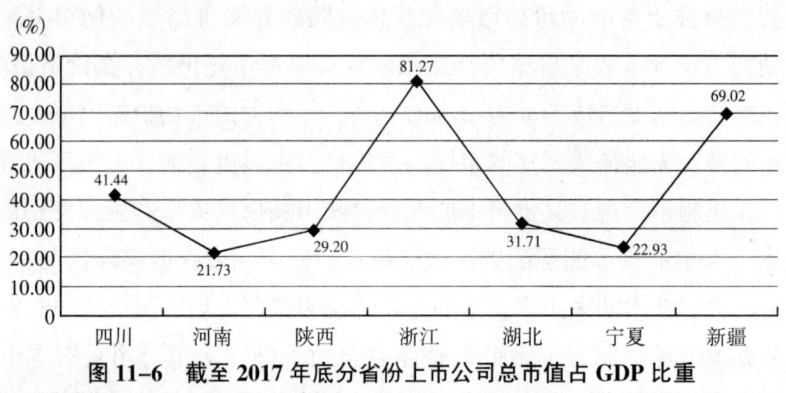

图11-6　截至2017年底分省份上市公司总市值占GDP比重

（2）农村土地流转政策初见成效，但农村土地市场流转效率不高。陕西已有94%的县建立了农村土地流转服务中心或土地仲裁委员会，使土地流转由民间自我交易走向规范交易，创造了规模生产和集约经营的条件，解决了单家独户群众无技术、无资金难题，降低了机械、水电、人力等生产成本。在"依法、自愿、有偿"原则下，陕西通过实施"十百千万"新型经营主体培育工程，截至2016年底，全省农村土地流转面积达1218万亩，全省农业部门认定家庭农场9237家，农民合作社4.42万家，各级农业产业化龙头企业2680家。其中，农业企业、农民专业合作社、家庭农场流转土地几乎占总流转面积半壁江山，各类新型经营主体已成为带动农村土地流转、发展现代农业、带领农民增收的重要载体。全省70%以上的流转土地，用于收益较高的设施农业、特色种植、规模养殖和休闲观光农业等。

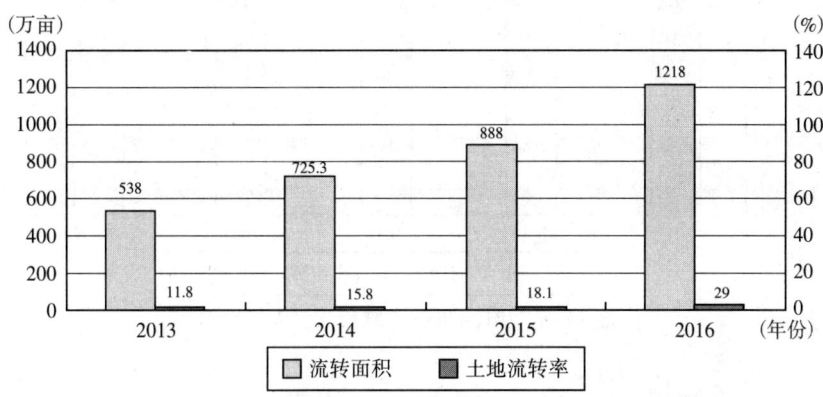

图 11-7 陕西农村土地流转面积及土地流转率

由图11-7可知，陕西农村土地流转面积逐年增加，但是农村土地市场流转效率不高。2016年，陕西农村土地流转率（农村土地流转面积占家庭承包耕地总面积比率）为29%，低于全国平均水平（40%）。土地流转涉及国土、农业、林业、水利等多个职能部门，目前尚未形成完善的、市场化运行的土地流转机制，导致土地流转行为不规范，效率低，实现土地增效、农民增收的作用还有待提高。

（3）劳动力市场的城乡一体化程度逐年提高，但劳动力就业的市场化程度较低。劳动力市场建设的重点是解决劳动力的自由流动问题，提升劳动力市场的供求匹配能力。目前，陕西通过深化户籍制度改革，打破城乡地缘行业的分割和身份性别的歧视，实现劳动力在城乡之间自由流动，实现城乡发展的深入融合。并持续推进住房、教育、社会保障等制度改革，消除制约劳动力流动就业的体制机制障碍，并通过完善失业登记办法，建立健全公共就业服务提供机制，保障城镇常住人员享有与本地户籍人员同等的劳动就业权利。从图11-8可以看出，2012~2016年，陕西常住人口逐年增加，由2012年的3753万人增加到2016年的3813万人，扣除每年人口的自然增长，陕西从2015年开始实现人口的净流入。在常住人口中，城市人口的比重逐年下降，乡村人口比重逐年上升。2012~2016年，城市人口从49.98%逐步提升到55.34%，实现人口从乡村向城市的稳步流动，劳动力市场的城乡一体化程度逐步提高。

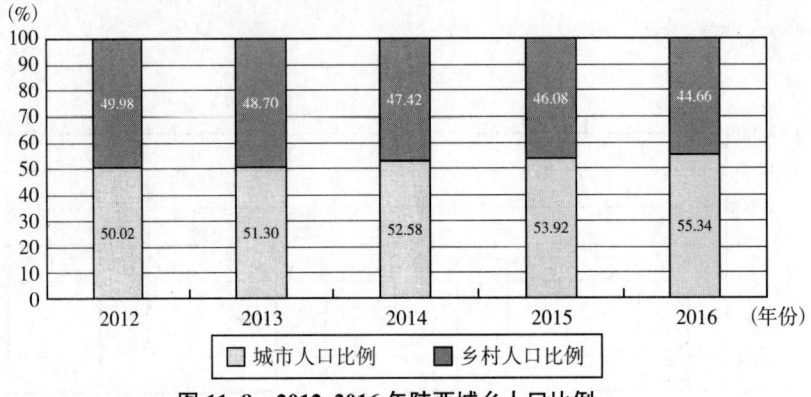

图 11-8 2012~2016 年陕西城乡人口比例

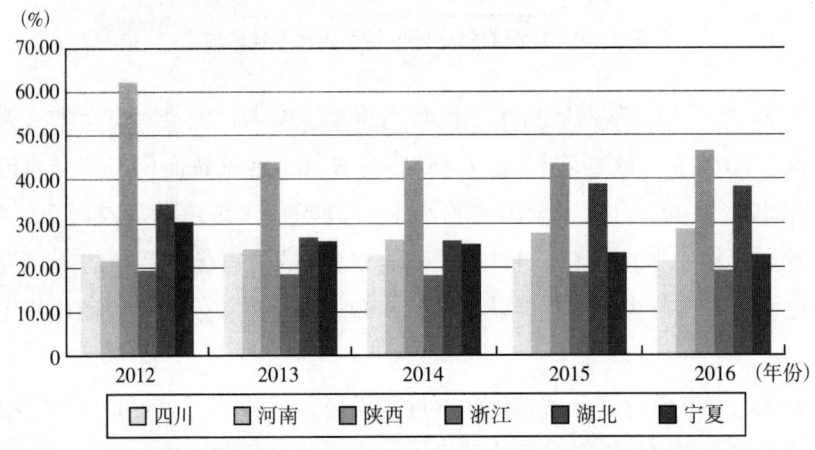

图 11-9 2012~2016 年分省份城镇国有单位职工比例

陕西劳动力就业在不同所有制经济主体的分布不平衡，主要分布在国有企业。从图 11-9 看出，在 6 个省份中，陕西城镇国有单位职工比例（城镇国有单位职工/地区城镇从业人员）一直比较高，该比例在 2012 年最高（62.31%），虽然该比例从 2012 年开始逐年下降，但在 2016 年仍达到 46.50%。与浙江不到 20% 的比例相比，陕西差距仍然很大，市场化程度仍处于较低水平。

（4）技术市场活跃，科技成果转化率稳步提高。技术市场的功能在于激发企业创新活力、促进科技成果转移转化。陕西技术市场一直比较活跃。从图 11-10 可以看出，2012~2016 年，陕西技术市场成交额连续上升，在参照省份中仅略次于湖北。2016年，陕西全年累计登记技术合同21033份，技术合同交易额达到802.74亿元，全国排名第4位。从图11-11可以看出，陕西每人产生的技术交易额（技术交易额/本地科技人员数）在参照省份中居首位，2016年达到176万元/人。近三年来，陕西转化的技术合同成交额持续增加，2017年就地转化金额为304.89亿元；就地转化率也从2015年的41.83%攀升到2017年的48.83%，科技成果转化率稳步提高。

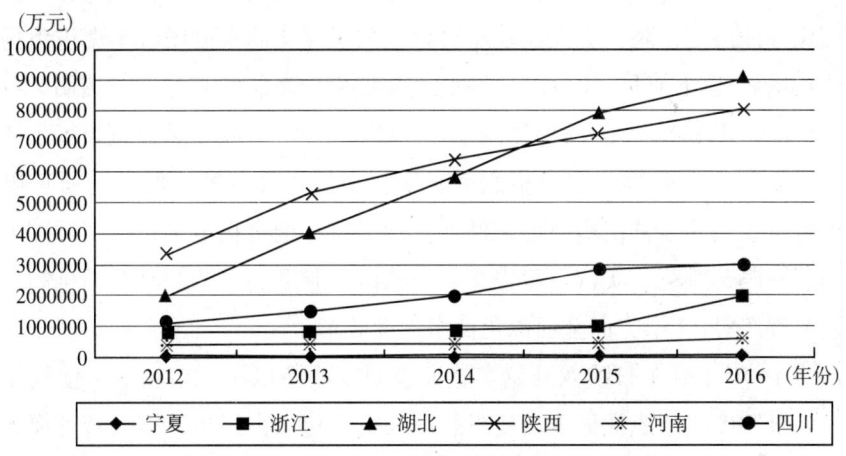

图11-10　2012~2016年分省份技术市场成交额

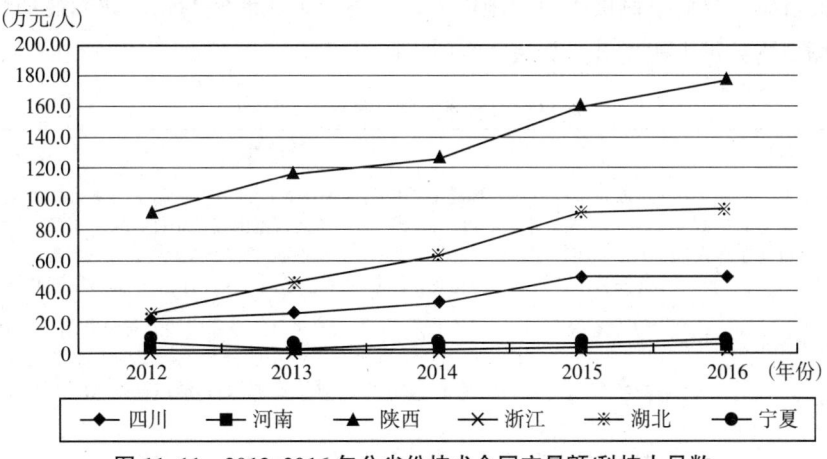

图11-11　2012~2016年分省份技术合同交易额/科技人员数

11.2.1.3　市场秩序监管

习近平总书记在党的十八届三中全会上指出："中国的市场经济是由计划经

济转型而来,市场体系和市场秩序的混乱现象更为严重,难以实现市场配置资源的有效性。"以市场配置资源的有效性为目标,首先需要解决的是市场秩序问题。相应的市场监管体制涉及对政府行为和市场行为的监管及规范。有效的市场秩序监管,无论是对政府行为还是对企业行为,都以市场竞争的公平有序和企业的优胜劣汰为衡量标准。以下从市场准入制度和对市场垄断的监管情况两方面入手考察陕西市场机制是否实现了竞争的公平有序以及企业的优胜劣汰。

(1)市场准入便利化程度有所提高,但尚未实现统一的市场准入。从市场准入便利化方面出发,陕西省人民政府出台《关于深化商事制度改革促进市场主体发展的意见》(以下简称《意见》)。深化商事制度改革,打造稳定、透明、可预期的营商环境,实现市场准入的宽松便捷。根据《意见》,陕西从放宽市场主体名称登记条件实行企业名称自主申报制度、实行市场主体住所(经营场所)申报制度、放宽市场主体经营范围登记条件、实行工商登记全程电子化、实行"多证合一、一照一码"改革、实行"双告知、一承诺"制度、完善简易注销机制、简化登记注册程序等17个方面全面深化商事制度改革。

从2014年1月1日陕西开始实施商事制度改革以来,市场准入便利化有所提高,商事制度改革成效显著。商事制度改革简化了市场主体准入管理模式,有效提高了政府行政效能和社会运行效率,达到了市场主体和政府职能部门"双减负"的目标。自商事制度改革实施以来,工商登记注册便利化步伐明显加快。陕西市场主体数量大幅攀升,如表11-1所示。

表11-1 商事制度改革及实施效果

政策	实施及效果
2018年5月,省政府出台《关于深化商事制度改革促进市场主体发展的意见》	从放宽市场主体名称登记条件实行企业名称自主申报制度、实行市场主体住所(经营场所)申报制度、放宽市场主体经营范围登记条件、实行工商登记全程电子化、实行"多证合一、一照一码"改革、实行"双告知、一承诺"制度、完善简易注销机制、简化登记注册程序等17个方面全面深化商事制度改革
2017年国家企业信用信息公示系统(陕西)正式上线	50个省级部门、586个市级部门、3509个县级部门接入省公共信用信息平台。目前国家企业信用信息公示系统(陕西)已公示各类市场主体登记备案信息3464.44万条、动产抵押信息4.91万条、企业经营异常名录信息12.79万条,抽查检查信息7.62万条
2014年1月1日开始实施商事制度改革	截至2017年12月25日,陕西累计实有市场主体235.53万户,同比增长11.49%,注册资本(金)总额达到7.15万亿元,同比增长36.49%。2017年,陕西省新登记各类市场主体55.19万户,同比增长42.79%,创2014年商事制度改革以来新高,高于全国新登记市场主体平均增长水平26.22个百分点,在全国排第15位,与上年同期相比上升1个位次

从打破各类垄断，实现统一市场的角度出发，陕西在市场准入制度方面还存在较大的改进空间，主要表现在外商投资的市场准入制度不够开放，政策执行层面存在"隐形障碍"。当前陕西利用外资的主要形式为直接投资的外资企业和中外合资企业，外商股份制投资形式和投资金额都比较少。而且，陕西服务业的对外市场开放度不够，金融、教育、文化、医疗等服务业领域市场并未完全放开，育幼养老、建筑设计、会计审计、商贸物流、电子商务等服务业领域也存在外资准入限制。从图11-12可以看出，陕西外商投资企业注册企业数近年来没有明显变化，每年新增外商投资企业注册数基本在6000家左右，与四川、湖北、河南相比均存在较大差距。

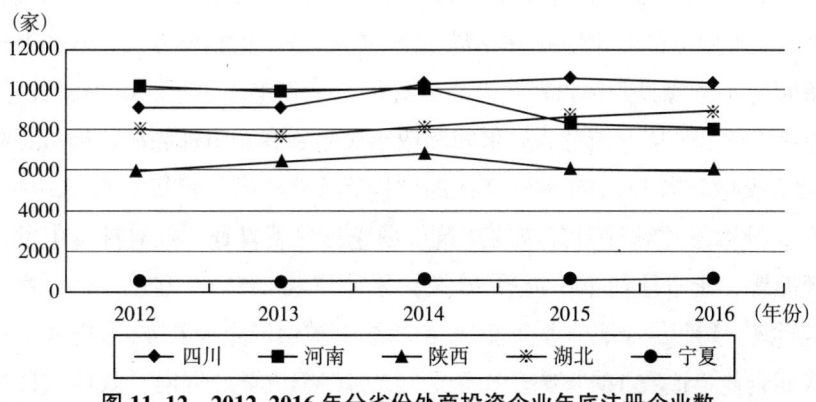

图11-12　2012~2016年分省份外商投资企业年底注册企业数

（2）建立省公平竞争审查联席会议制度，行政垄断行为得到纠正；反垄断执法水平不断提高，但仍存在价格垄断、价格欺诈等市场垄断行为。2016年6月14日，国务院印发《关于在市场体系建设中建立公平竞争审查制度的意见》（国发〔2016〕34号，以下简称34号文）。34号文明确提出，政策制定机关在政策制定过程中，都要进行公平竞争审查。根据34号文，陕西积极建章立制。2016年12月，陕西省政府发布实施《陕西省人民政府关于在市场体系建设中建立公平竞争审查制度的实施意见》。2017年初，建立省公平竞争审查联席会议制度，指导和督促全省公平竞争审查制度实施工作。从实际开展审查情况看，陕西积极部署展开审查工作，对政府部门实施的地方保护、指定交易、强制交易等含有排除和限制竞争内容的规定等违反《反垄断法》的行为进行查处。2016年10月，陕西物价局依法对榆林市环境保护局行政垄断案开展调查，对其滥用行政权力、排除限制竞争的违法行为进行了纠正。2018年1月，陕西省物价局依法对西安市房管局在房屋维修资金使用方面滥用行政权力的行为进行了处罚。2018年6月，省物价局对西安市国土资源局指定特定测绘机构实施土地测绘、房产测绘行为进行了调查，依法纠正西安市国土资源局滥用行政权力排除、限制竞争行为。此外，陕西还将公平竞争审查工作纳入绩效考核，建立公平竞争审查工作考核、督查和责任追究制度。公平竞争审查制度的落地和实施成为确保政府依法行政、营造公平竞争的市场环境和培育催生经济发展新动能。

除了对政府部门行政垄断进行规制外，陕西积极监管自然垄断和竞争性领域的垄断行为，不断提高反垄断法治化水平。2018年3月，陕西省物价局印发《关于进一步加强垄断行业价格监管的实施方案》。该方案指出，对于垄断行业没有提供实质性服务的经营性服务收费一律不得收取。根据该方案，陕西及时清理规范垄断行业经营服务性收费，严厉查处燃气、供电、供水、电信、黄金饰品、乳粉等民生领域价格垄断行为，保障和改善民生。在竞争性领域和环节，陕西严厉打击招投标环节和采购环节存在的"围标""串标"等扰乱市场秩序行为。2017年，陕西省住建厅对各市的建筑市场进行专项督查，针对排查中发现的违法违规问题，全省注销企业资质86家，累计罚款4551.85万元；针对西安地铁"问题电缆"事件，监督排查全省86家电线电缆生产企业和42家电线电缆生产许可获证企业，追究10个涉案单位及122名涉案人员。同时，陕西对商品流通环节的价格垄断行为进行整治。2016年4月，陕西省物价局对陕西机动车辆检测协会及西安、商洛、杨凌三市（区）的31家机动车检测机构达成并实施价格垄断协议的违法行为依法做出行政处罚，罚款576万元。2017年末，陕西13家人防企业涉嫌价格垄断被罚220万元。陕西通过严厉打击垄断行为的各项行动，达到了震慑违法者、净化市场环境、维护市场公平竞争的目的。

11.2.1.4 产权市场建设

市场经济是契约经济，契约经济的核心是保护产权。产权是市场交易的基础，产权制度涉及产权界定、产权流转、产权保护等问题。党的十八届三中全会明确了混合所有制是基本经济制度的实现形式。结合陕西发展实际，以知识产权市场的建设与省属企业的混合所有制改革情况对陕西市场经济体制是否实现了产权的有效激励进行衡量。

（1）知识产权强省建设卓有成效，但与发达省份还有较大差距。在经济发展的动力转向创新驱动后，产权保护不只是保护物质资产产权，还要保护知识产权。知识产权保护是创新的动力，也是核心要素和制度保障。2016年，经省政府和国家知识产权局审议通过，陕西成为国家第一批知识产权强省建设试点省。陕西严厉打击侵犯知识产权和制售假冒伪劣商品违法行为，加强知识产权行政执法与司法衔接，2016年出动执法人员16.36万人次，检查各类生产经营主体单位3.76万户次，检查超市、商店等批零市场、集贸市场4.18万个（次），查处案件1.08万件，移送司法机关立案134件，涉案金额2685万元。2018年，国家知识产权局批复设立中国（西安）知识产权保护中心，2018年2月设立西安知识产权法庭。但是，陕西知识产权建设与发达省份还存在较大差距。从图11-13中可以看出，陕西专利申请受理量与浙江差距明显。2016年，陕西专利申请受理数不足7万件，而浙江申请专利受理量超过39万件。

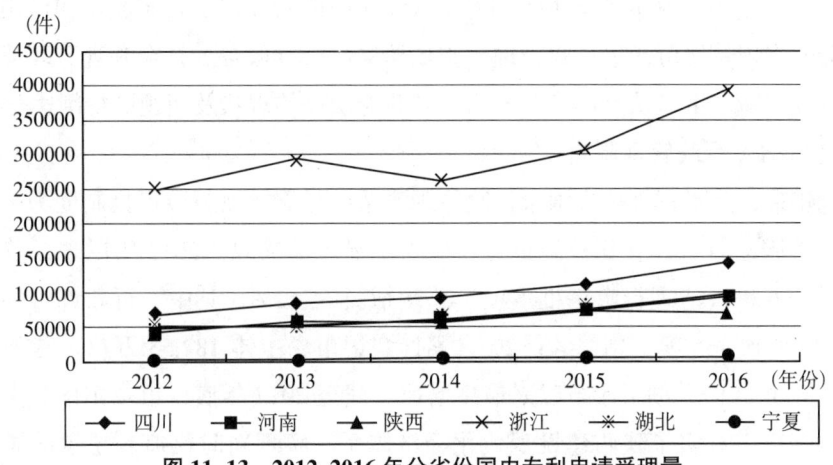

图11-13　2012~2016年分省份国内专利申请受理量

（2）省属企业混改比例稳步提升，国有企业资产规模不断扩大。通过混合所有制改革，建立国有资本退出机制，国有资本在产权流转中提高了效率，在顺畅流转中实现保值增值。目前，陕西属企业混改比例稳步提升，资产规模不断扩大，改革红利逐渐释放，初步形成了国有经济和其他所有制经济相互促进、共同发展的良好局面。为确保混合所有制改革不断深入，陕西省政府先后于2014年、2016年出台了两份指导性文件，省国资委也相继印发了多份操作性文件。2017年8月，陕煤集团新型能源公司完成了工商变更登记，116名员工出资入股，陕西首个混合所有制暨员工持股改革试点企业正式诞生。2017年，陕西省国资委整体推进49户省属企业混合所有制改革，引入非公资本11亿元。同时将企业上市作为实施混改的首要选择，研判确定31户企业为上市目标，18户企业为重点培育对象，指导企业制订了做强做优方案。截至2017年底，陕西省国资委监管企业及下属企业中混合所有制企业已达到1052户，其中，国有控股企业894户，国有参股企业158户，整体覆盖面达43.44%，资产规模、营业收入、利润总额分别占到监管企业的47.1%、55.7%和77.5%。省国资委监管的37户省属企业资产总额23865亿元，比5年前增加了112.4%。

11.2.2 政府层面

要建立完善的社会主义市场经济及现代化经济体制，不能仅靠市场在资源配置中起决定性作用，政府作用的发挥也至关重要。党的十八届三中全会在《中共中央关于全面深化改革若干重大问题的决定》中清晰界定了政府职能和作用，政府职能的实现具体可通过行政管理、市场监管、公共服务、社会管理、环境保护五项制度保障。本节从上述五个方面对其政府层面的现状及问题进行阐述分析。

11.2.2.1 行政管理制度

近年来，陕西积极响应国家行政管理改革的号召，以行政审批制度为主要内容的放管服改革工作在积极地进行，取得了显著的成效。2013年以来，陕西省政府先后6批次清理行政审批事项，总量精简65.62%。其中，行政许可项目由684项减少到363项，精简46.92%；累计登记市场主体182.53万户，是历年积累总量的1.43倍，创下改革以来最高增速。截至2017年底，市场主体总量达到235.53万户，夯实了陕西建设现代化经济体系、实现新时代追赶超越的微观基础。党的十九大报告指出，行政管理制度改革作为全面深化改革的重要内容，是推进国家治理体系和治理能力现代化的必然要求，并要求政府的管理职能向服务型政府转变。因此，陕西在行政管理制度改革过程中以行政审批制度改革为抓手，坚持顶层设计、整体推进，以简政放权、放管结合、优化服务为重点推进政府职能转变及各项工作的落实，不断激发和调动社会、市场的活力。

(1) 审批权限精简下放后政府部门间协同性有待加强。市场活力的激发需要政府各部门的积极协同配合，政府部门间的协同性不强必将导致办事效率低下，市场主体增速缓慢。陕西目前因政府各部门的协同性不强而造成的新公司注册所需时间比在其他省份所需时间长，在西安注册新公司所需时间在1个月左右，而在南京、成都等城市只需两周左右。2012~2017年，陕西市场主体总数平稳上升但增速不大，且与四川、浙江两省的市场主体总数相比，存在很大的差距（见图11-14）。由此可知，目前陕西的市场活力并未大幅度激发，政府各部门间的协同性不强。

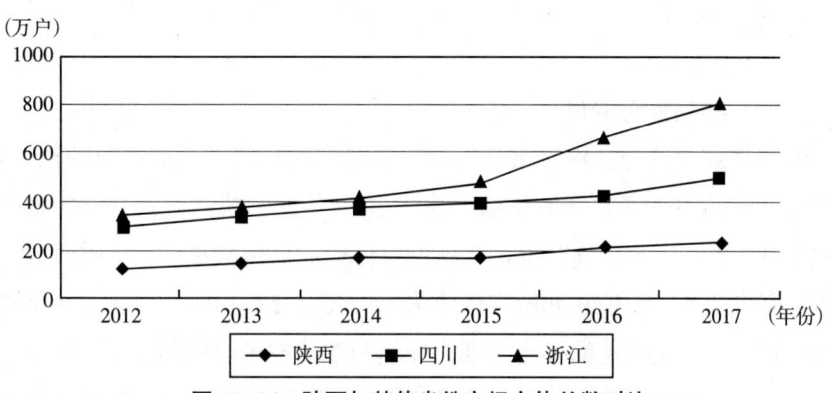

图11-14　陕西与其他省份市场主体总数对比

（2）"互联网+政务服务"机制不健全。近年来，陕西在"互联网+政务服务"机制方面取得了很大的成就。2017年底，基本建成省级"互联网+政务服务"平台，全面公开政务服务事项，实现统一申报、统一受理、统一反馈和全流程监督，显著提升了省级的政务服务能力。然而，陕西的"互联网+政务服务"机制与一些发达省份相比还有一定差距。2017年，浙江已基本建成覆盖省市县乡村五级的统一网上政务服务平台，但陕西的省级统筹、部门协同、贯穿市县乡村的多级联动"互联网+政务服务"体系还未形成；2017年，四川已实现政务服务事项"一号申请、一窗受理、一网通办"，但这一政务服务事项在陕西仅有望2020年实现，如表11-2所示。

表11-2　各省份"互联网+政务服务"2017年已实现目标

省份	2017年已实现事项
陕西	①基本建成省级"互联网+政务服务"平台 ②全面公开政务服务事项 ③实现统一申报、统一受理、统一反馈和全流程监督
四川	①70%的政务服务事项实现网上办理 ②初步形成以省级政务云为支撑、省政府门户网站为入口的一体化网上政务服务平台和支撑体系 ③政务服务事项"一号申请、一窗受理、一网通办"

续表

省份	2017年已实现事项
浙江	①形成了较为完整、规范的统一政务服务事项库 ②覆盖省市县乡村五级的统一网上政务服务平台基本建成 ③省市县三级非涉密行政许可事项60%以上实现网上申报 ④完成100项以上政务服务办理"一事上门最多跑一次"改革

11.2.2.2 市场监管制度

市场监管制度是为了克服市场失灵、保障公共利益，依法采取的用以规范、制约市场经济的一系列制度的总称。截至2015年底，陕西法人信用数据库收录企业和非企业法人信用信息1400余万条；自然人信用数据库已整合了全省140万个体工商户的登记类信息和所有企业法定代表人的基本信息。"十三五"时期是陕西经济转型和体制完善的关键时期，加强和改善市场监管制度，是政府职能转变的重要方向，是维护市场公平竞争、充分激发市场活力和创造力的重要保障。为了适应市场经济发展变化趋势，提高市场监管的科学性和有效性，陕西现代化经济体系建设在市场监管制度方面要从监管部门协同制度、大数据监管制度等方面不断完善，进一步加强市场服务和监管的能力。

（1）缺乏完善的监管部门协同制度。市场监管的协同制度包括监管部门的横向协同和跨领域的纵向协同。监管部门的横向协同制度是否完善有效，可以从监管部门的办事效率上体现出来。据消费者协会的官网数据分析（见图11-15），2012~2016年，和其他省份相比，陕西消费者投诉解决率虽然有小幅度的下降趋势，但仍在90%左右。另外，陕西的消费者投诉解决率，一直高于全国水平，与河南省的消费者投诉解决率相差不大，低于四川的消费者投诉解决率。由此可以看出，陕西省工商监管部门对于消费者投诉事件解决效率仍然有待提高，且省内

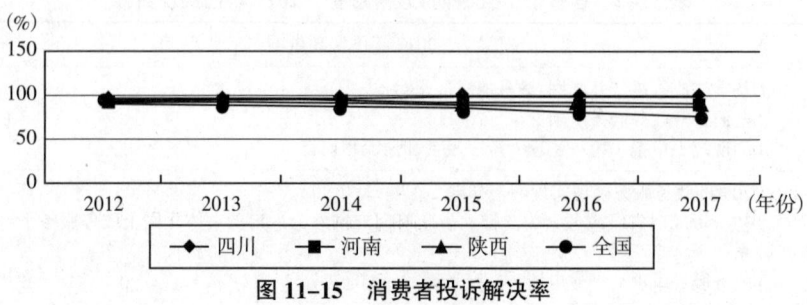

图11-15 消费者投诉解决率

仍存在监管部门横向协同机制缺失,各部门独立执法,信息难以共享,执法配合难以完成,无法形成竞争有序的市场机制。

(2)"大数据监管"不到位。随着互联网的应用不断发展,利用大数据不断加强对市场的监管成为必然趋势。陕西政府部门积极推广普及安全生产信息平台的使用,监管信息化初见成效。由图11-16可知,陕西在大数据监管方面,信息化建设支出占政府部门总支出的比率基本呈上升趋势,但仍低于四川和浙江。陕西在实行"大数据"监管的过程中,信息化建设支出投入水平较低,数据挖掘分析能力薄弱,部门间信息联通、共享和使用还未完全实现,智能监管价值尚未发掘,与监管实践结合不深入、不到位,远不能满足实际监管执法需求。

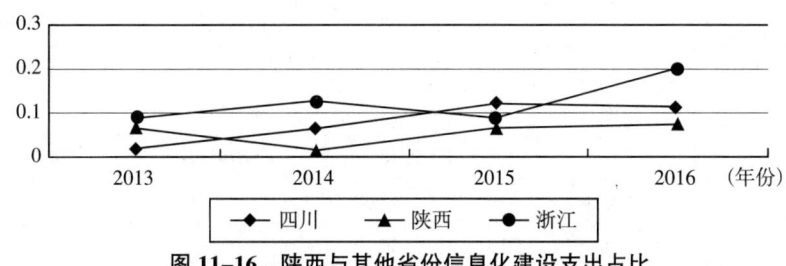

图 11-16 陕西与其他省份信息化建设支出占比

11.2.2.3 公共服务制度

公共服务制度是指以政府为主导、以市场中社会团体和私人机构等为补充的供给主体、社会公民及其组织为需求主体,所研究建立的一系列有关服务内容、服务形式、服务机制、服务政策等的制度安排。近年来,陕西在公共服务方面取得了一系列新成就:近五年城镇新增就业215万人,城镇登记失业率始终保持在3.8%以下;城乡居民基本养老参保率达到90%以上;基层医疗卫生体系逐步健全;截至2017年,完成投资保障性安居工程1391.8亿元等。新时期构建现代化经济体系战略目标决定了公共服务发展目标从解决公共服务短缺问题转向公共服务均等化配置问题,要求基本公共服务达到有效率、促公平的状态。本节将从公共服务的管理机制、服务机制及财政机制方面阐述陕西目前的发展现状及问题。

(1)医疗、养老、文化等管理机制改革落后。陕西省政府近年来在公共服务管理方面进行了一系列的改革工作,如对基本医疗保险进行系列改革、推进专业技术人员技术教育、提高失业保险待遇标准、对就业扶贫公益专岗管理改革、进一步扩大城镇职工基本医疗诊疗项目范围等。表11-3反映了四川、河南、陕西、浙江、湖北5个省份以及全国的基本公共服务情况，从陕西内部来看，基础公共服务各方面都稳步发展。但和其他省份相比，除就业情况相对较好以外，医疗、养老、文化等方面都严重落后并均低于全国水平。目前，陕西要加快教育、医疗、社会保障、文化等方面的管理机制的改革，努力实现追赶超越的目标。

表11–3　各省基础公共服务情况对比

指标	省份	2014年	2015年	2016年
教育经费投入（万元）	全国	9648959.08	10626233.15	10626233.15
	四川	13805525	14508458	16409562
	河南	15577127	16385611	17411099
	陕西	8926920	9101672	9674438
	浙江	14490439	16079744	17568215
	湖北	8972278	9874547	11435059
城镇居民基本医疗保险参保覆盖率（%）	全国	43.68	48.44	53.80
	四川	46.29	45.67	40.61
	河南	48.56	46.68	45.12
	陕西	33.85	32.62	30.73
	浙江	99.76	99.85	99.78
	湖北	31.96	32.35	33.02
基本养老保险参保覆盖率（%）	全国	61.58	62.44	64.20
	四川	44.23	44.88	46.03
	河南	29.71	30.04	33.46
	陕西	36.09	36.75	37.42
	浙江	80.06	77.77	76.16
	湖北	39.11	41.62	43.83
城镇登记失业率（%）	全国	5.1	4.04	4.02
	四川	4.2	4.1	4.2
	河南	3.1	3.0	3.0
	陕西	3.41	3.36	3.3
	浙江	2.96	2.93	2.87
	湖北	3.1	2.64	2.41

续表

指标	省份	2014年	2015年	2016年
每万人文化机构数（家）	全国	0.32	0.32	0.32
	四川	0.12	0.17	0.19
	河南	0.23	0.29	0.34
	陕西	0.15	0.18	0.21
	浙江	0.75	0.81	0.40
	湖北	0.26	0.28	0.31

资料来源：各省统计局。

（2）城乡间公共服务机制的产品资源配置不均等。公共服务的服务机制主要涉及公共服务产品的投入及多元化的供给机制。在公共服务产品的投入方面，陕西目前存在的主要问题是城乡区域间发展不平衡，表11-4所示的各项目的城市占比均达到了100%，在乡镇中除教育、医疗方面的设施比较齐全外，其余各项目如文化、体育、交通的乡镇占比都相对较小，反映出陕西公共服务产品资源配置的不均等化问题。

表11-4 2016年陕西乡镇基本公共服务

单位：%

设有剧场、影剧院的乡镇占比	11.90
设有体育场馆的乡镇占比	16.60
有火车站的乡镇占比	13.50
有高速公路出入口的乡镇占比	22.30
社会福利收养性单位的乡镇占比	68.80
设有公园及休闲健身广场的乡镇占比	70.60
设有图书馆、文化站的乡镇比例	96.80
设有幼儿园、托儿所的乡镇占比	96.50
设有小学的乡镇占比	98.00
设有医疗卫生机构的乡镇占比	99.90

（3）公共服务的财政机制支出结构不合理。随着陕西实行"分税制"改革及一系列主客观因素的影响，基本公共服务财政支出结构不合理现象及城乡一体化中的财政体制的弊端凸显。图11-17反映了2012~2016年四川、河南、陕西、浙

江、湖北及全国平均公共服务预算支出占一般预算支出的比重，可以看出，各省的公共服务支出占比均逐年下降，这与人们近年来生活水平的提高及日益增长的公共服务需求相违背。另外，在5个省份中，陕西公共服务的财政支出较为落后，虽然高于全国平均水平，但超出的幅度不大，并在近年来均落后于其他4个省。

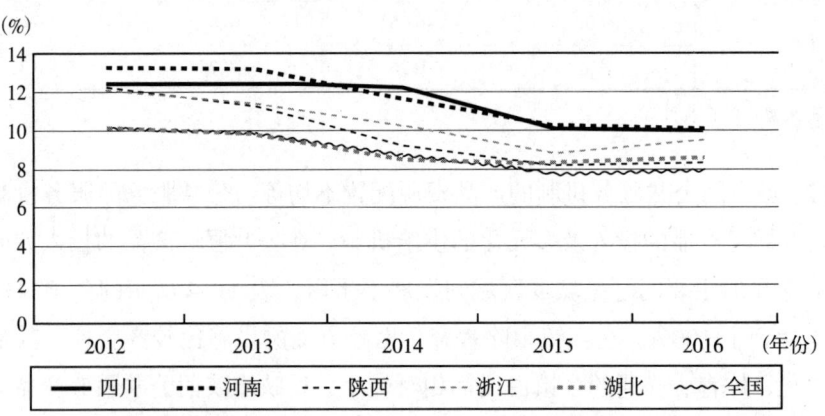

图 11-17　各省份公共服务预算支出占一般预算支出的比重

11.2.2.4　社会管理制度

社会管理制度是指在特定的国家或地区内，以明确的政府、市场与社会组织职能，清晰的中央、地方各级政府之间事权、财权责任，进行社会管理、解决社会纠纷的一系列制度。近年来，陕西大力发展社会组织和自治组织，2016年均已突破2万个，目前有900百多个社会组织参与到扶贫项目中，已成为陕西社会扶贫的一支生力军。党的十九大报告指出，遵循社会发展规律，坚持以人民为核心，打造共建共治共享的社会管理格局是加强和创新社会管理，保障社会和谐稳定的关键。因此，现代的社会管理是一个以政府干预和协调为主导、以基层社区自治为基础、以非营利性社会组织为中介、以法制为保障、动员公众广泛参与的互动过程。进行社会管理创新，就要从社区自治制度、社会组织管理制度两个方面，实现经济和社会的协调发展以及社会质量的全面提高。

（1）社区自治投入力度不足。社区自治，首先，要有一个权威性的社区组织，对外代表社区形象和利益，反映、落实社区呼声，对内维护社区团结，这就需要一定的财政支持来保证落实社区"管理、服务、教育"的自我功能；其次，要建立有效监督机制和低成本冲突协调机制,提高人员素质,降低矛盾发生频率。由图11-18、图11-19可知,陕西对于城乡社区的财政支出在逐年上升,2016年达到433.15亿元,但增速变缓,整体低于其他省份,与全国平均值还存在一定差距。同时,城乡社区支出占一般预算支出的比重也低于全国平均值,说明陕西对城乡社区的投入不足。由图11-20可知,民间纠纷解决率有轻微下降趋势,低于浙江、河南、湖北,与全国水平也存在差距,说明陕西基层调解队伍质量需要提高。

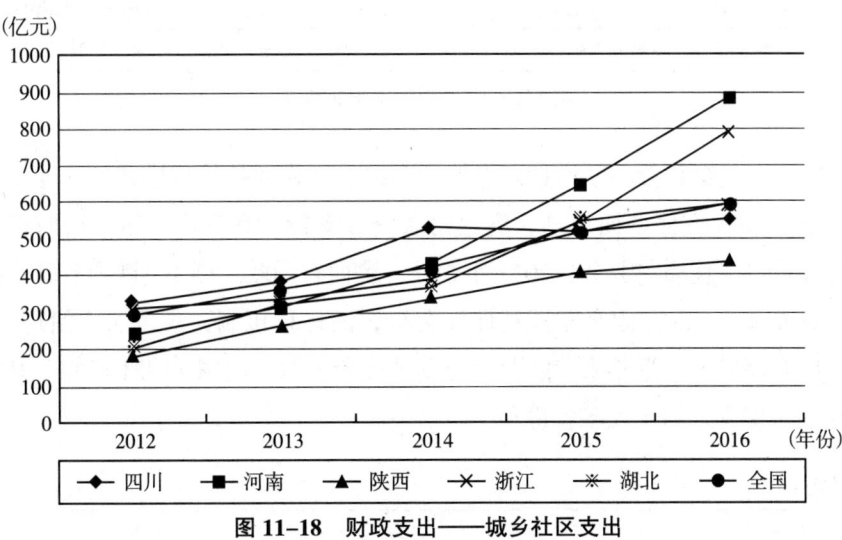

图11-18 财政支出——城乡社区支出

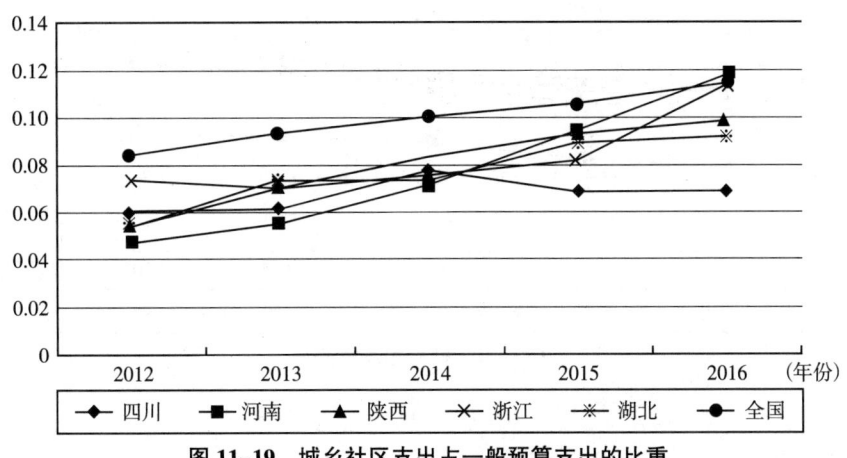

图11-19 城乡社区支出占一般预算支出的比重

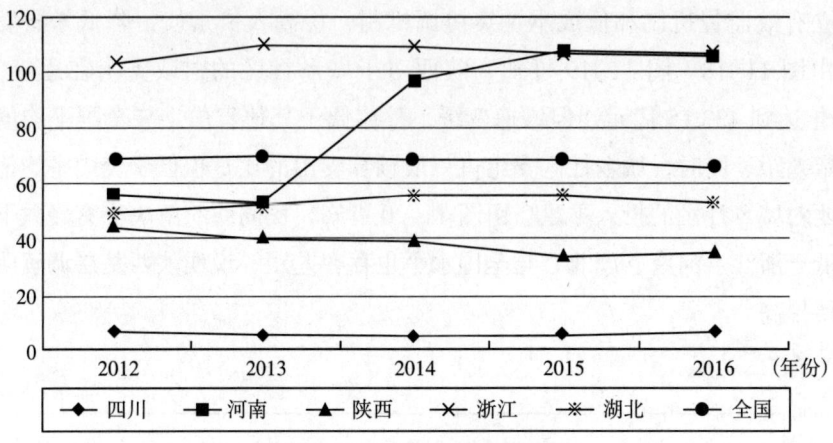

图 11-20 民间纠纷解决程度

（2）社会组织数量不断增加。发展社会组织工作要从管理模式、人才培养方式和监督机制等方面全面规划，突出财政资金支持，在提高数量的同时保证质量，进而提供更优质的服务。2017年3月，陕西省民政厅印发《陕西省社会团体选举工作指引》，旨在健全非营利性社会组织的运行机制，规范法人治理行为，促进健康有序发展。近年来，陕西大力发展社会组织，由图11-21可知，社会组织数量逐年提升，高于大多省份和全国水平。

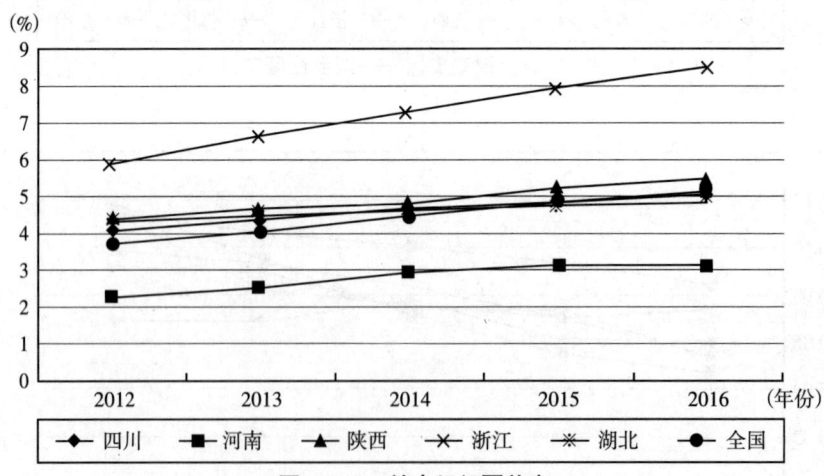

图 11-21 社会组织覆盖率

11.2.2.5 环境保护制度

"十一五"到"十三五",陕西省政府高度重视环保工作,把环境保护工作作为贯彻落实科学发展观的重要抓手。在此期间,陕西城镇污水处理率达83.2%,森林覆盖率提高到43.06%,空气质量综合指数下降到6.23,环境保护取得明显成效。党的十八大提出的现代化经济体系对环境保护制度提出了更高的要求,强调经济和生态的平衡,在解决GDP增长的同时保护好环境。根据国家加强自然生态环境保护、坚决打好污染防治攻坚战的重大决策部署,陕西为实现经济和生态的平衡发展,要从污染治理机制、生态补偿机制两个方面控制污染、恢复生态,促进人与环境的协调发展。

(1)污染治理机制落实不到位。陕西省政府坚持推进污染防治,制定了关中地区重点行业大气污染物排放标准以及重点防治区域联动机制改革方案,实行大气环境信息共享、应急联动和联合执法,污染治理工作取得一定进展,但仍存在不少短板和薄弱环节。《全国城市生态保护与建设规划》(2015~2020年)提出,到2020年,我国环保投资占GDP的比例不低于3.5%,截至2016年,陕西的这一指标为1.26%,可见陕西环保投资仍有很大提升空间。陕西省会城市西安的PM10截至2016年高达140,远高于国家环境空气质量二级标准(国家二级标准PM10为70),表明陕西环境治理部门对大气污染治理的重点任务推进不力;在固体废物的综合利用方面,陕西总体上低于河南(见图11-22),说明陕西在机制上落实生态保护还不够扎实。

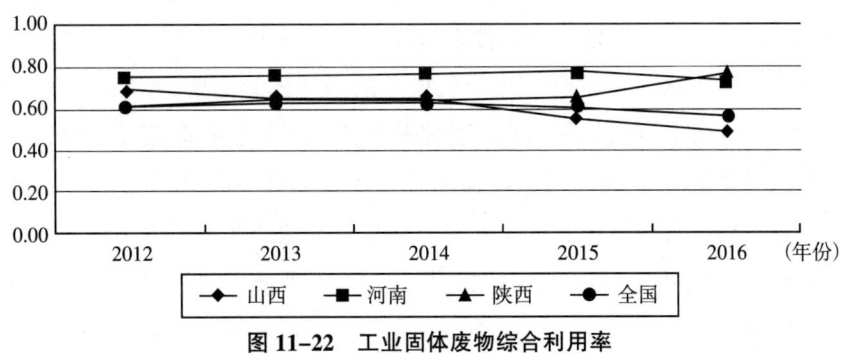

图11-22 工业固体废物综合利用率

(2)生态补偿机制有待完善。为贯彻落实《国务院办公厅关于健全生态保护补偿机制的意见》,陕西省政府加强森林管护力度,持续开展重点流域综合治理,完善耕地保护补偿制度，对湿地、荒漠、矿区的生态保护补偿机制也做了相应安排，可以看出六大重点领域的生态保护补偿正逐步实现全覆盖。虽然目前取得了一定的成绩，但仍然存在生态补偿标准过低、补偿方式简单、补偿标准量化不科学等问题。目前陕西集体和个人所有的国家级公益林补偿标准为 15 元/亩·年，虽已达到国家标准，但与浙江、江西、北京等地相比仍然有一定的差距，所以说陕西补偿标准相对偏低，对生态环境保护的激励作用不足。

11.2.3　政府与市场的关系层面

陕西建立"充分发挥市场作用，更好发挥政府作用"的经济体制以对市场和政府职能的准确定位为基础，明确了以政府的力量矫正市场失灵，以公众的力量矫正政府失灵，最终形成政府和市场达到恰当均衡的市场经济体制。机制的核心是理顺政府与市场的关系，在充分发挥市场对资源配置的决定性作用的同时，也要注重发挥政府在宏观调控方面的积极作用，建立一个政府和市场都能各在其位的经济体制。

了解陕西省政府与市场的关系现状，对于进一步清晰两者的职能边界，实现陕西现代化经济体系所要求的"充分发挥市场作用，更好发挥政府作用"的经济体制有重要意义。本节内容在借鉴樊纲（2016）、洪银兴（2014）、李伟（2014）、李芸（2015）研究的基础上，选取浙江、湖北、河南、四川、陕西、宁夏六个省为样本，运用熵权 TOPSIS 法测算市场化指数、政府宏观调控指数，并进一步计算两个指数的耦合协调度，对陕西省政府与市场的关系现状进行量化分析。

11.2.3.1　"政府—市场"指标体系构建

根据党的十九大和十八届三中全会确定的经济体制框架，借鉴樊纲（2016）市场化指数，并考虑到数据的可得性分别构建市场子系统和政府子系统，计算市场化指数（见表 11-5）和政府宏观调控指数（见表 11-6）。其中，市场子系统主要考虑要素市场发育和非国有化程度两个层次，共选择 7 个二级指标，反映生产要素市场和多元化市场主体的活跃度；政府子系统考虑行政管理、公共服务和社会管理三个层次，选择 10 个二级指标。

表 11-5　市场化指数指标体系

总指标	一级指标	二级指标
市场化指数	要素市场发育	外国资本投资/全部固定资产投资
		城镇非国有单位职工/地区城镇从业人员
		技术市场成交额/本地科技人员数
	非国有化程度	私营工业企业主营业务收入占比
		私营企业的全社会固定资产投资占比
		国有及国有控股工业企业主营业务收入占比
		政府投资国家预算内投资/全社会固定资产投资

表 11-6　政府宏观调控指数指标体系

总指标	一级指标	二级指标
政府宏观调控指数	行政管理	公开政府信息
		地方政府财政支出/当地 GDP
		市场主体总数
	公共服务	职工养老保险参保覆盖率
		城镇居民基本医疗保险参保覆盖率
		城镇登记失业率
		公共服务预算支出占一般预算支出的比重
	社会管理	社会组织单位数/常住人口
		财政支出及城乡社区支出/一般预算支出
		调解民间纠纷/常住人口

11.2.3.2 "政府—市场"子系统指标权重测算及评价

依照"政府—市场"指标体系，本节利用熵权 TOPSIS 方法计算政府子系统和市场子系统的指标权重，并对陕西的政府管理制度与市场机制进行优劣评判。选择浙江、湖北、河南、四川、陕西、宁夏为研究对象，收集 2016 年 6 个省份的年度相关指标数据，数据均来源于各省份的统计年鉴和《中国统计年鉴》。参考樊纲（2016）计算的 2014 年 31 个省（市、自治区）市场化指数排名，宁夏（属于西部地区）居第 24 位，市场化程度偏低；浙江属于发达省份，市场化程度高，排名居第 1 位；同时，选择湖北（第 11 位）、河南（第 13 位）、四川（第 16 位）和陕西(第 19 位) 经济差距不大且均属于中西部的省份进行比较，对陕西的经济体制建设更有借鉴意义。具体计算结果如表 11-7 所示。

表 11-7 市场—政府指标体系及其信息熵权重

一级（目标层）	二级（准则层）	权重	三级（指标层）	权重
市场	要素市场发育	0.1762	外国资本投资/全部固定资产投资（%）	0.3369
			城镇非国有单位职工/地区城镇从业人员（%）	0.3328
			技术市场成交额/本地科技人员数（万元/人）	0.3302
	非国有化程度	0.2390	私营工业企业主营业务收入占比（%）	0.2545
			私营企业的全社会固定资产投资占比（%）	0.2493
			国有及国有控股工业企业主营业务收入占比（%）	0.2524
			政府投资国家预算内投资/全社会固定资产投资（%）	0.2437
政府	行政管理	0.1718	公开政府信息（条）	0.3316
			地方政府财政支出/当地 GDP	0.3364
			市场主体总数（万户）	0.3320
	公共服务	0.2347	职工养老保险参保覆盖率（%）	0.2467
			城镇居民基本医疗保险参保覆盖率（%）	0.2448
			城镇登记失业率（%）	0.2523
			公共服务预算支出占一般预算支出的比重（%）	0.2562
	社会管理	0.1783	社会组织单位数（个）/常住人口（万人）	0.3321
			财政支出及城乡社区支出/一般预算支出	0.3342
			调解民间纠纷（件）/常住人口（万人）	0.3336

在采用信息熵赋权法计算各个指标的权重后，计算各个比较对象与最优解和最劣解的熵权欧式距离，最后计算贴近度，依据"贴近度"对所有的比较对象进行排序、评价和分析。具体计算结果如表 11-8、表 11-9 所示。

表 11-8 2016 年川、豫、陕、浙、鄂、宁六省份市场化程度总排序

总指标	一级指标	二级指标	四川	河南	陕西	浙江	湖北	宁夏
市场化指数	要素市场发育	外国资本投资/全部固定资产投资	0.4334	0.1436	0.7378	1	0.4086	0
		城镇非国有单位职工/地区城镇从业人员	0.9241	0.6593	0	1	0.2923	0.8691
		技术市场成交额/本地科技人员数	0.2628	0	1	0.0101	0.5181	0.0157

续表

总指标	一级指标	二级指标	四川	河南	陕西	浙江	湖北	宁夏
市场化指数	非国有化程度	私营工业企业主营业务收入占比	0.8712	0.7792	0	1	0.7275	0.7408
		私营企业的全社会固定资产投资占比	0.2434	0.4646	0	0.68	0.742	1
		国有及国有控股工业企业主营业务收入占比	0.6942	1	0	0.9499	0.6533	0.3538
		政府投资、国家预算内投资/全社会固定资产投资	0.1063	1	0	0.4494	0.3538	0.2496

表 11-9 2016 年川、豫、陕、浙、鄂、宁六省份政府宏观调控程度总排序

总指标	一级指标	二级指标	四川	河南	陕西	浙江	湖北	宁夏
政府宏观调控指数	行政管理	市场主体总数	0.0146	0	0.0128	0.0035	0.1018	1
		公开政府信息	0.3925	0.1473	0.3168	0	0.1974	1
		地方政府财政支出/当地GDP	0.611	0.5652	0.2677	1	0.6211	0
	公共服务	职工养老保险参保覆盖率	0.3738	0.1125	0.1949	1	0.3279	0
		城镇居民基本医疗保险参保覆盖率	0.143	0.2084	0	1	0.0331	0.5777
		城镇登记失业率	0	0.6704	0.5028	0.743	1	0.1564
		公共服务预算支出占一般预算支出的比重	0.6159	1	0.5631	0.8494	0.9711	
	社会管理	社会组织单位数/常住人口	0.3119	0	0.435	0.997	0.3244	1
		财政支出、城乡社区支出/一般预算支出	0	0.6438	0.3913	0.5803	0.2988	1
		调解民间纠纷/常住人口	0	1	0.286	0.9997	0.467	0.5523

依据市场化指数结果，可得到如下结论：

（1）从表 11-8 可以看出，在要素市场发育方面，陕西的"外国资本投资/全部固定资产投资"这一指标值为 0.7378，于 6 省份中仅次于浙江，说明陕西的资本外向度较高，有利于要素充分流动；"技术市场成交额/本地科技人员数"在

这6个省份中居于首位，说明陕西的技术市场较为发达，这与关中这一科技创新区域息息相关；"城镇非国有单位职工/地区城镇从业人员"这一指标的值为0，说明陕西城镇非国有单位占比较小，私营企业较少，企业的创新程度严重缺乏。

（2）在非国有化程度方面，各个指标的"贴近度"均为0，说明陕西当前的非国有化程度不强，进一步证实了陕西民营经济活力不足，使得市场竞争机制无法有效运行。

依据宏观调控指数结果，可得到如下结论：

（1）陕西省政府当前宏观调控指数各指标的"贴近度"基本处于0~1，说明陕西的"强政府"只是相对于市场方面而言较强，但与其他省份相比，政府的功能在某些方面还存在欠缺，未来应以构建"双强驱动"为目标。

（2）在行政管理方面，陕西的各个指标在6个省份当中都处于落后地位，企业发展相对落后、竞争力不强；政府信息公开机制改革不到位，需进一步加大对公众的透明度；地方财政支出与当地GDP的比例偏低，也就是说，政府的服务不能满足人民日益增长的需求。

（3）在公共服务方面，陕西的就业和公共服务财政扶持方面相对较强，但仍然低于浙江、河南等省份；另外，医疗和社会保障服务是陕西向其他省份的"强政府"看齐时的重点发展内容。

（4）在社会管理方面，陕西各个指标在6个省份当中均处于中等水平，陕西应在这些方面加大改革力度，竭力追赶并超越目标省份，实现"强政府"这一目标。

11.2.3.3 "政府—市场"协调耦合度测算结果

本节基于耦合系统分析法分析政府与市场的叠加效应。将政府与市场视作总系统的两个组成部分，两者合并为一个新系统"政府—市场"系统，通过测度这一新系统的耦合协调度来反映政府与市场之间的协调互动关系。研究对象仍然是川、豫、陕、浙、鄂、宁6个省份。为反映"政府—市场"系统耦合度的年度变化，采用了2012~2016年年度数据进行计算，测度结果如表11-10所示。其中耦合协调度取值在0~0.6为勉强协调、在0.6~0.7为初级协调、在0.7~0.8为中级协调、在0.8~0.9为良好协调、在0.9~1为优质协调。

表 11-10 2012~2016 年川、豫、陕、浙、鄂、宁"政府—市场"耦合协调度测算结果

地区	年份	子系统		耦合度 C	耦合协调度 D	耦合协调类型
		市场	政府			
四川	2012	0.4872	0.3799	0.9923	0.6559	初级协调
	2013	0.4491	0.3047	0.9815	0.6082	初级协调
	2014	0.4806	0.3196	0.9795	0.6260	初级协调
	2015	0.5146	0.2810	0.9559	0.6167	初级协调
	2016	0.5122	0.2488	0.9382	0.5975	勉强协调
河南	2012	0.6194	0.4121	0.9796	0.7108	中级协调
	2013	0.6165	0.4456	0.9870	0.7239	中级协调
	2014	0.6079	0.4068	0.9802	0.7052	中级协调
	2015	0.5886	0.4469	0.9906	0.7162	中级协调
	2016	0.5833	0.4438	0.9907	0.7133	中级协调
陕西	2012	0.2206	0.4253	0.9485	0.5534	勉强协调
	2013	0.2961	0.3732	0.9933	0.5766	勉强协调
	2014	0.2846	0.3380	0.9963	0.5570	勉强协调
	2015	0.3056	0.3131	0.9999	0.5562	勉强协调
	2016	0.2406	0.3018	0.9936	0.5191	勉强协调
浙江	2012	0.7401	0.6865	0.9993	0.8443	良好协调
	2013	0.7092	0.7233	1.0000	0.8463	良好协调
	2014	0.6895	0.6886	1.0000	0.8301	良好协调
	2015	0.7109	0.6756	0.9997	0.8325	良好协调
	2016	0.7356	0.7239	1.0000	0.8542	良好协调
湖北	2012	0.5262	0.4782	0.9989	0.7083	中级协调
	2013	0.5782	0.4994	0.9973	0.7330	中级协调
	2014	0.6071	0.5345	0.9980	0.7547	中级协调
	2015	0.5937	0.4701	0.9932	0.7269	中级协调
	2016	0.5297	0.4419	0.9959	0.6956	初级协调
宁夏	2012	0.4067	0.4704	0.9974	0.6614	初级协调
	2013	0.3737	0.4268	0.9978	0.6320	初级协调
	2014	0.3840	0.4671	0.9952	0.6508	初级协调
	2015	0.4193	0.4884	0.9971	0.6727	初级协调
	2016	0.4686	0.5229	0.9985	0.7036	中级协调

依据表 11-10 可得到如下结论：

（1）6 个省份"政府与市场"系统的耦合度取值在 0.9382~1，均属高水平耦合状态，说明总体而言，6 个省份政府与市场相互影响、相互作用的方向和力度均比较一致。但是，不同省份政府与市场耦合状态的主要动力存在显著差异，浙江、湖北、宁夏总体上属于政府与市场双强驱动型高水平耦合，四川和河南属于"强市场"驱动型耦合，而陕西当前的经济体制则属于"强政府、弱市场"类型，需要强化市场机制的作用，向"强政府、强市场"方向改进。

（2）从耦合协调度的测算结果来看，6 个省份"政府—市场"系统的耦合协调度取值在 0.5191~0.8542，总体上处于协调状态。由于耦合协调度能够更准确地反映政府与市场两大子系统的协调互动关系状态，而且能够识别出由于政府与市场两大子系统均较弱导致的伪协调，因而，我们可以将"政府—市场"系统的耦合协调度作为判断强政府与强市场叠加效应的基本依据，即耦合协调度越高，说明强政府与强市场的叠加效应越强。浙江强政府与强市场的叠加效应最强，五年来一直保持在良好协调状态，这与其在沿海地区发达的环境相符合；河南及湖北的政府—市场叠加效应属于中级协调，其中湖北在 2016 年的协调度有所下降；宁夏及四川地区耦合协调度属于初级协调类型，其中四川 2016 年有所下降，而宁夏的协调度则在不断提升，2016 年提升到了中级协调阶段；陕西的协调度在 2012~2016 年一直在勉强协调状态徘徊。

（3）6 个省份中，陕西的耦合协调度的协调类型处于最低级状态，说明陕西省政府与市场的正向叠加效应不强，并且政府子系统的表现趋于恶化，进一步证实了陕西的强政府只是相对于其市场表现较强这一结论，未来强政府、强市场均是决定陕西省政府与市场关系状态优化的主导力量。

11.3　陕西现代化经济体制的建设方案

陕西建设充分发挥市场作用、更好发挥政府作用的现代化经济体制，应党的十九大要求，结合陕西目前的发展现状及问题，将从市场、政府、市场与政府关系三方面出发，着力于构建市场机制有效、微观主体有活力、宏观调控有度的高效现代化经济体制。具体方案设计如图11-23所示。

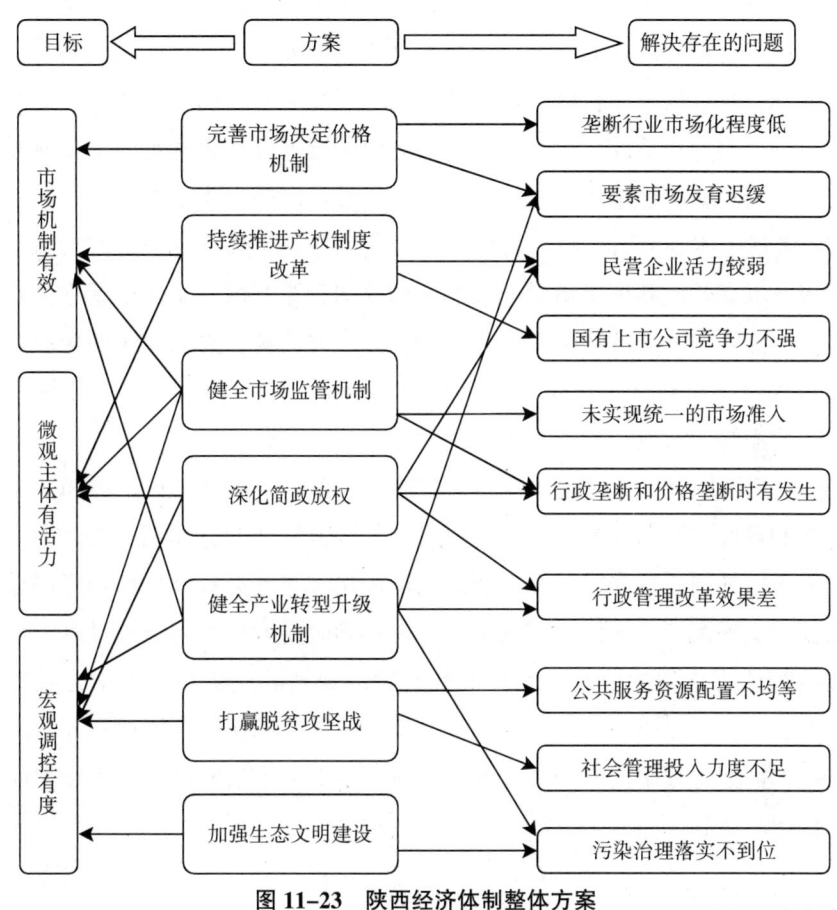

图11-23 陕西经济体制整体方案

11.3.1 建设目标

要构建现代化经济体系所要求的经济体制，政府和市场二者的作用缺一不可，政府为市场发展提供制度环境和有利条件。陕西现代化经济体制的总体目标是充分发挥市场作用、更好发挥政府作用，实现政府与市场合力。依据前文分析，必须改变目前强政府、弱市场类型的经济体制，提高政府和市场的耦合匹配度，最终实现政府的有力、有为和有效，市场的竞争、公平和充满活力。陕西建设充分发挥市场作用、更好发挥政府作用的经济体制，应该着力于实现市场机制有效、微观主体有活力、宏观调控有度三个目标。

(1) 市场机制有效。市场机制有效，即市场有效配置资源。市场对资源的配置效率低下有市场主体发育程度的原因，也有市场秩序的混乱问题。市场对资源有效配置应包含两个层次的含义：一是产品市场、要素市场、产权市场三大市场健全发育；二是市场秩序良好，形成统一公平、竞争有序的市场环境。结合陕西目前的市场机制运行情况，市场对资源的有效配置的具体目标是实现开放高效的要素市场化配置，保证市场秩序的公平统一，激发市场主体活力。

(2) 微观主体有活力。政府有义务为企业创造一个具有竞争力的营商环境及投资环境，以高效的制度供给和开放的市场空间，激发微观主体创新、创业、创造的潜能，提升全要素劳动生产率，不断提升企业的竞争力，使陕西企业在全国乃至全世界占有相对优势。企业的活力释放出来，全省的经济才能相继发展进步，以释放潜能、激发活力托举新时代的经济社会发展。

(3) 宏观调控有度。宏观调控是指政府对宏观经济运行进行干预和调节，以达到一定的目标。陕西宏观调控的主要目标与国家发展的目标相一致，即保持经济总量平衡、抑制通货膨胀、促进经济结构优化、实现可持续发展和经济稳定增长、保持收支平衡等。陕西在实现宏观调控的同时要避免对市场的过度干预，加强宏观政策体系之间的协调，发挥好政府发展规划的战略导向作用，发挥好财政、货币、消费、投资、产业、区域等政策工具的支撑作用，依据不同阶段、情况和特点，把握好政策的方向、力度和节奏，建立一个政府更好发挥作用而非更多发挥作用的体制。

11.3.2 建设方案

11.3.2.1 完善市场决定价格机制，实现要素市场化配置

(1) 深化资源型产品价格市场化改革，以价格机制助推资源要素市场建设。供电、供气、供水等资源型产品是价格机制改革的重点领域。陕西在对电力、燃气、供水等领域的价格市场化改革中应始终坚持"管住中间、放开两头"的原则，能够放开的竞争性领域和环节价格，稳步放开由市场调节；保留政府定价的，建立和完善科学规范、公开透明的政府定价规则，并积极借助第三方参与成本监审，逐步建立成本监审和成本信息公开制度。具体地，考虑到陕西电力体制两张电网、两个价区、两家电网公司交织并存的情况，首先管住电网公司的输配电价格，完善输配电价监管体系；促进发电厂和用户直接谈判定价，推进发售电

价格市场化，利用市场机制调节电价。通过清理电网环节收费，降低输配电价，提高两部制电价计费方式的灵活性等措施，降低企业用电成本。在天然气价格改革方面，充分考虑陕西实际，将非居民存量气与增量气价格进行并轨，理顺居民用气门站价格，有序放开非居民终端用气价格，推进非居民用气价格市场化，并构建天然气价格监管制度框架。在水价改革中，陕西的主要改革方向应该是建立健全城镇水价形成机制，以及推进农业水价综合改革。结合陕西实际，理顺各类用水比价关系，制定理顺各类用水比价关系的实施意见，对于农业水价建立精准补贴与节水奖励机制等，分地区有序推进。

（2）建立开放高效的要素交易机制，以竞争机制促进生产要素自由流动。陕西建立开放高效的要素交易机制：一是放开要素市场，减少政府对资源的直接配置，确保竞争政策的基础性地位。陕西各部门应该坚持"谁制定、谁清理"的原则，对照公平竞争审查制度，重点落实对商品和要素自由流动的审查。对现行政策措施等相关文件区分情况开展自查，有序清理和废除限制要素自由流动的各种规定和做法，破除地方保护主义和行政性垄断。对市场主体反映强烈、问题暴露集中、影响突出的规定和做法，尽快废止；对以合同协议等形式给予地方企业优惠政策及部分立即终止会带来重大影响的政策措施，可设置一段时间的过渡期；对已经兑现的优惠政策，不溯及既往。二是优化劳动力、资本、土地等生产要素配置，通过整合提升要素交易平台功能，完善要素的运行规则和交易流程，实现土地、排污权、能源资源要素的高效自由交易。对陕西来讲，应围绕补齐基础建设短板、金融资本要素短板、土地短板，鼓励社会资本参与要素交易平台建设，加快推进要素市场化改革试点。具体地，通过基础保障服务体系建设，降低劳动力自由流动成本；改革投融资体系，通过建立专项产业发展基金，加快资本市场建设；加快建设城乡统一的建设用地市场，通过实施农村集体建设用地与国有土地同等入市，同权同价，实现农村宅基地在更大范围内流转、抵押、担保等，可以率先在西安周边小城镇建设中推进此项改革，最终实现生产要素跨区域、跨市场自由流动。

11.3.2.2 持续推进产权制度改革，激发市场主体活力

（1）健全产权的有效保护制度，优化陕西民企发展环境。目前，陕西民营经济规模偏小，中小企业主营业务收入占GDP比重仍低于全国平均水平。鼓励和支持陕西民企发展，优化民营企业发展体制环境，是陕西非公经济发展的重点。

陕西需要通过平等产权的制度建设，落实国家平等保护产权的大政方针，有效解决现实中侵犯民营企业的财产问题。应健全产权的有效保护机制，首先，应准确理解国家支持民企发展的政策，按照《中共中央、国务院关于完善产权制度依法保护产权的意见》，尽快清理、修改和废止与上位法相抵触、不利于产权保护的各种法规文件，并积极出台完善产权保护制度、依法保护产权的意见，健全各种所有制经济产权平等保护制度，加强企业自主经营权和合法财产所有权保护。其次，依法妥善处理历史形成的产权纠纷案件。对企业和群众反映强烈、久拖不决的案件开展集中攻坚，推动涉及产权冤错案件甄别纠正工作尽快取得突破，以纠错的实际行动取信于民。最后，落实关于加强政务诚信建设的指导意见，加强政务诚信建设，完善对政府失信的惩戒和纠错机制，因政府失信导致企业产权受损的要依法赔偿，用有力有效的产权保护手段提升企业家创业信心。

（2）建立完善的多种产权混合制度，助推陕西国有企业腾飞。以改革陕西国有企业的产权形态为突破，推动陕西国有资本管理制度改革，推动国有资本做大做强做优，助推陕西国有企业腾飞。陕西省属国有企业众多，以电力、油气、军工等重点行业领域进行混合所有制改革，推广"陕西建工集团"改革经验，落实好省属企业"一企一策"改革方案，深入推进国有资本投资运营公司、混合所有制经济改革、混合所有制企业员工持股、规范董事会建设、董事会选聘经营成员、薪酬分配差异化改革"六项改革"试点。借鉴"陕西能源集团"改组国有资本投资运营公司的成功经验，分批分阶段进行国资运营改革。在改革过程中，按照"以管资本为主加强国有资产监管，应由企业自主经营决策的事项全部归位于企业"的原则，不断优化监管方式和监管服务，完善监事会监督机制，加强国有企业财务信息质量审计监督，提升国资监管效能，持续改善和加强国有资产监管，坚定不移地把陕西国有资本做大做强做优。

11.3.2.3 做好市场监管"护航者"，维护市场秩序

（1）推行市场主体信用分类监管制度，完善市场进入和退出机制。陕西可按照2017年4月18日省政府发布的《陕西企业信用监督管理办法》，推行市场主体信用分类监管制度，严把市场主体准入关，严格审查立项、验资、受理、审核、发照等各个环节，确保取得营业资格的市场主体"先天健康"，是市场保持高效繁荣的基础。首先，实行市场主体信用信息记录制度，加快构建全省信用信息共享服务体系，保证信用主体的信用信息完整。其次，实施市场主体分类监管制

度，对诚信"红名单"企业和严重失信"黑名单"市场主体实施分类监管。目前，全国社会信用体系建设示范城市共有43个，陕西应积极推动西安申请全国社会信用体系建设示范城市，以社会信用体系建设示范城市为重要载体，加快建立各行业信用等级分类管理制度，通过"信用陕西"网站或陕西公共信用信息平台向社会公布，完善守信联合激励制度，推动建立由各级行政机关、司法机关、各类金融机构、公共服务机构及相关组织共同参与的违法失信的"黑名单"企业的信息共享与联合惩戒制度。

（2）创新市场价格监管方式，推进反垄断执法体系建设。结合本省实际，陕西加强和创新市场价格监管方式，可从以下方面入手：一是充分发挥国家、省、市、县四级联网的12358价格监管平台作用，广泛动员社会力量参与监督，积极运用大数据等信息化手段，及时受理价格投诉咨询，提升价格监管水平。二是继续推行"双随机、一公开"价格监管方式，完善抽查制度、价格监管经营者名录库和价格执法人员名录库等，建立价格监管"红黑名单"制度，规范价格执法行为。三是开展价费专项检查和市场巡查，切实规范市场价格秩序。在加强价格反垄断执法中，借鉴广东的经验，推进反价格垄断执法常态化、精准化，密切关注产能过剩行业、知识产权、医药、造纸等重点领域排除限制竞争行为，依法查处达成实施价格垄断协议、滥用市场支配地位等涉嫌价格垄断行为，纠正滥用行政权力排除限制竞争的规定和做法；与有关高校合作共建反垄断执法大数据中心，建立竞争政策研究院，加强反垄断国际学术合作与交流。

11.3.2.4 下好简政放权"先手棋"，进一步改善市场主体环境

（1）深化行政审批制度改革，做好行政事权的取消和承接工作。围绕充分激发市场活力和社会创造力，加大以行政审批制度为抓手的简政放权力度，陕西经过几年的行政审批制度改革，虽然政府的事权规模已经得到有效精简，但目前改革过于集中在"简"和"放"环节，即如何精简审批事项、下放审批项目，对于事权精简和下放之后的承接环节关注还不够。陕西下一步的行政审批制度改革主要从以下两个方面进行深化：一是对"简"掉的事权进行有效监管，确保政府"简"出去的事权能够被市场和社会主体有效承接，对"放"的事权进行重新梳理与评估，确保地方政府和基层政府能够有效承接下放的事权；二是认真学习江浙等先进地区的经验做法，不该管的事务坚决放给市场，不必要的审批、核准等一律取消，该放的彻底放开、该"简"的彻底"简"掉。

(2) 持续商事制度改革，优化陕西营商环境。从现状问题分析发现，陕西非公有制发展不充分，主要体现在民营经济发展活力不足，深入推进商事制度改革、进一步激发市场活力十分重要。商事制度改革是降低社会创业门槛、激发市场活力的重要举措，政府职能将从以往的"重审批、轻监管"转变为"轻审批、重监管"，促进经济社会健康持续发展。陕西省政府下一步应实施相应配套措施：首先，推进商事制度便利化，落实放宽企业住所、名称、经营范围登记条件优惠政策，实行简易退市制度和注册登记全程电子化，全面实现工商营业执照、组织机构代码证和税务登记证"三证合一"，积极探索"多证合一"，按照国家统一部署全面推开"证照分离"，坚决深化陕西特色工业产品生产许可证制度改革；其次，加强征信体系建设，依托国家企业信用信息公示系统和全国信用信息共享平台，陕西各地有关部门建立体系完整、责任明确、高效顺畅、监督有力的工作机制，全面、及时、准确地将各地产生的企业信息统一归集于企业名下，依法向社会公示。

11.3.2.5 发挥政府引导作用，推动陕西产业转型升级

（1）调整产业结构，实现经济转型。引导陕北能源化工产业转变传统销售初级产品经营模式，在去产能、去库存的同时大力推动市场前景良好的新产品项目释放效用，如推动煤向电转化、煤电向载能工业品转化、煤油气盐向化工产品转化等创新；推动关中地区电子产品、航空航天等装备制造业及旅游服务业快速发展，以带动全省经济持续向好；打造农业发展的特色路，推动特色产品"走出去"，打造竞争力强的优势产业，做强苹果、猕猴桃两大支柱产业，做优关中奶山羊、陕北肉羊等草食畜牧业，做亮陕茶品牌，加速推进农业产业整体转型升级。总的来说，调整产业结构就是实现把高投入、高消耗、高污染、低产出、低质量、低效益转为低投入、低消耗、低污染、高产出、高质量、高效益，实现经济以低成本、高效率增长。

（2）创新产业技术，实现动能升级。陕西以电子信息为代表的高新技术产业的快速崛起，为全省产业结构调整注入了新动力。因此在产业结构调整的同时，在每一个领域都应瞄准全球一流技术水平和未来市场需求，加大技术创新投入，全面加速产业转型升级。首先，制定并实施制造业重大科技专项、全要素构建"陕西制造2025"制造业公共研发平台、编制产业发展技术路线图等一系列保障措施。其次，建立校企合作新型研发平台，探索建立具有国际一流水平的高端实验室、国家级企业技术中心、产业技术联盟和创新中心。再次，以市场为导向，明确陕西智能设备、汽车、集成电路等领域的发展目标，编制产业发展技术路线图。最后，组建关键领域技术转移中心、实施智能制造应用示范工程、深化国际科技合作，推动产业链迈向中高端，为"中国制造2025"贡献陕西力量。

11.3.2.6 保障人民生活水平，打赢陕西脱贫攻坚战

（1）深化收入分配制度改革，提高居民收入水平。居民收入水平的提高是带动陕西GDP稳步增长的宏观手段之一，也是提升陕西整体幸福感的重要渠道。首先，深化收入分配制度改革，出台深化收入分配制度改革实施意见，制定实施增加城乡居民收入、扩大中等收入群体规模的政策措施，健全税收、转移支付等再分配调节机制，加快形成"橄榄形"收入分配结构。其次，实施更加积极的就业政策，多渠道、全方位扩大就业，以就业促收入。积极争取中央工业企业结构调整专项奖补资金支持，用于开展就业援助、开发公益性岗位、扶持就业创业等，做好"去产能"下岗职工再就业工作；支持韩城市、子长县、紫阳县等农民工返乡创业示范县建设；大力发展农村电商，并鼓励农民发展乡村旅游等休闲观光农业，为农民增收建平台。

（2）推进公共服务制度建设，提升社会保障质量。完善陕西公共服务制度、提升社会保障质量，主要是实现保障最低收入群体、扩大中等收入群体，提升社保人群的参与感和获得感。陕西目前应着重从以下方面来保障人民生活质量：首先，解决教育脱贫问题，落实贫困家庭子女精准资助政策，对贫困家庭子女，实施从学前到小学、中学、大学，直至就业的"一条龙"帮扶。其次，引导农村贫困人口参保续保，对完全或部分丧失劳动能力的贫困人口，制定个性化扶持措施，推进低保标准与扶贫标准并轨。最后，进一步完善城镇职工基本医疗保险医疗服务范围和支付标准；实施健康扶贫工程，突出重点地区、重点人群、重点病种，防治并举、分类救治。

11.3.2.7 加强生态文明建设，保障陕西经济可持续发展

（1）探索生态文明建设新路径，全面完善生态保护机制。陕西生态环境基础脆弱，加之在改革开放期间工业化、城镇化步伐加快，资源禀赋形成的偏重型产业结构使得经济发展与生态保护的矛盾更加突出，生态环境保护任务艰巨、压力巨大。响应国家"绿色"发展的号召，陕西在环境治理方面应坚持保护优先、科学防治，全面完善生态保护机制。首先，完善主体功能区差别化支持政策，出台

国家重点生态功能区产业准入负面清单，推广榆林市和富平县"多规合一"试点经验，推进县市"多规合一"。其次，编制秦岭生态保护区总体规划，理顺大秦岭保护体制机制；落实生态文明体制改革实施方案，支持延安、西咸新区、浐灞生态区、神木县开展国家生态文明先行示范区建设。最后，积极对接国家相关部门，加快制订具体方案，建设秦岭、黄河等国家公园。

（2）坚持统筹规划治理，全面落实治污治霾机制。陕西近年来第二产业快速发展，煤炭等能源消耗占比较大，二氧化硫、氮氧化物排放强度超出全国平均水平，水资源短缺不断加剧，环境风险隐患日益显现。环境污染从单一型、点源型向复合型、区域型转变，治理难度进一步加大。对此，陕西应坚持统筹规划、综合治理，系统推进生态修复，提高空气质量。首先，加强江河综合整治，按照系统治水、柔性治水理念，推进渭河、延河、无定河等黄河流域生态区建设，实施清净水体工程，推进河流污染治理和生态系统功能恢复，并制订陕西省土壤污染防治工作方案，加强固体废弃物管理，优先保护农田土壤环境质量安全。其次，扎实推进降污降霾，深入实施大气污染防治行动，削减煤炭等能源消耗，加快推进集中供热、"煤改气""煤改电"工程，强化机动车尾气治理，积极推广新能源汽车，全面推进实施节能低碳重点工程、工业能效赶超等行动。

11.4 陕西现代化经济体制建设重点

11.4.1 强化知识产权创造、保护、运用，释放技术创新新动能

陕西知识产权局强化知识产权创造、保护、运用，可以充分发挥知识产权作为现代产权制度的重要构成、创新驱动发展的重要保障和经济社会发展的重要内生动力作用。陕西强化知识产权创造、保护、运用，应以加快知识产权强省建设为主线，深入实施创新驱动发展战略和知识产权战略，以知识产权"四大工程"为载体，加快提升知识产权创造质量、运用效益、保护效果、管理能力和服务水平，充分发挥知识产权支撑经济发展的作用。

具体地，强化知识产权创造提高专利供给质量。以专利技术产业化为重点衡

量指标，启动实施专利优势企业创建工程，形成一批主要产品核心技术拥有发明专利的优势企业。同时，利用陕西高校和研究院所优势，开展高校院所专利"提质促量"工作，促进专利高效运用加快培育发展新动能。启动"互联网+"知识产权保护工程，强化知识产权保护，通过严格执法震慑剽窃创新、侵犯权利、复制品牌、偷盗专利等不法行为，支持鼓励技术市场创新发展。启动知识产权人才队伍建设工程，全面提升知识产权运用能力。积极引进高层次人才，统筹推进各级各类知识产权人才队伍建设，完善陕西知识产权人才库。通过改革知识产权管理体制机制，陕西省知识产权局的重点是建设国家军民融合知识产权协同运用示范基地，抓好国家知识产权投融资试点和国家专利保险示范工作。统筹推动知识产权试点示范城市工作，加快推进西安市知识产权示范城市建设，推动国家知识产权强县工程试点申报；统筹推进创新型省份试点、西安全面创新改革试验区、西安高新区自主创新示范区、杨凌农业高新技术产业示范区、西咸新区"双创"示范基地等国家创新试点示范建设，通过联合创造、协同运用、合理保护、共同管理的合作机制，引导企业、高校、科研单位发挥创新驱动发展能力，实现知识产权成果在相应行业的运用转化。

11.4.2 建设丝路国际金融中心，落实和完善金融补短板

陕西金融产业发展相对滞后。金融基础设施不配套、政策机制不灵活、产业功能不完善等问题制约陕西经济发展。补齐金融短板，实现资本要素市场化，是陕西完善经济体制、建立现代化经济体系的重要保障。陕西金融发展着眼国家战略需求，建设丝路国际金融中心，大力发展金融产业，创新金融业态，推动金融体系建设，将金融支撑保障作用转型为金融创新引领作用，实现金融集聚化、金融市场化和金融产业化。

建设丝路国际金融中心，结合陕西的战略定位、资源禀赋和产业特征，大力发展科技金融、文化金融、军民融合金融、能源金融、绿色金融、供应链金融等金融业态，构建以丝路国际金融中心核心区集聚区为龙头，高新区、西咸新区、曲江浐灞为"金三角"的发展格局，增强西安区域性金融中心的金融资源聚集和辐射带动能力。建设丝路国际金融中心，积极服务于"一带一路"倡议，推动自贸区金融创新。以支持与"一带一路"沿线国家人文交流和现代农业国际合作为特色，积极对接经济开放发展的金融服务需求，贯彻落实《中国（陕西）自由贸

易试验区总体方案》对深化金融领域开放创新的部署要求，大胆探索可复制、可推广的金融创新成果，推进中国（陕西）自由贸易试验区各项金融创新政策落地，以金融引领和推动陕西自贸区实体经济和特色产业发展。建设丝路国际金融中心，大力发展现代金融产业，健全金融支撑保障机制，构建地方金融体系，补齐普惠金融短板。建立"城镇化发展基金"，推动铜川宜君农村普惠金融综合示范区试点工作，为欠发达地区发展农村普惠金融形成可推广的路径，金融实现新型城镇化与乡村振兴。

11.4.3　创新和完善生态保护价格机制，推动经济持续健康发展

创新和完善生态保护价格机制，推进环境损害成本内部化，是促进资源节约和环境保护，推动经济持续健康发展的重要途径。陕西工业增长模式仍为重化能源主导，对资源依赖大，经济增长受限于资源环境约束。目前，陕西基本确定了污水处理费、排污权有偿使用等环境价格体系，需要进一步完善生态保护机制。首先，完善生态补偿价格和收费机制。陕西是全国水土流失最为严重的省份之一，按照"受益者付费、保护者得到合理补偿"的原则，落实国家水土保持、草原植被等资源环境有偿使用收费政策，完善水土保持补偿费收费政策，分类明确水土保持项目的收费标准，促进水土流失防治。其次，探索实行差别化收费制度，进一步完善高耗能、高污染、产能严重过剩等行业差别价格政策。探索建立以质量和效益为核心的工业企业资源集约利用综合评价机制，运用差别化用电、用气、用热、用水价格等措施，引导高能耗企业向资源节约集约利用的绿色发展方式转型。最后，完善清洁能源价格机制，加大对陕西清洁能源用电价格支持力度，综合运用政府定价和市场形成用电价格相结合的方法，不断完善清洁采暖用电价格政策，同时，支持鼓励新能源技术发电，开展分布式新能源就近消纳试点，探索通过市场化方式确定发电价格。

11.4.4　以信用为抓手，打造陕西公平正义及和谐稳定的发展环境

对于政府内部来说，要充分发挥政府在社会信用体系建设中的表率作用。陕西政府部门应加快构建政务诚信监督体系，实行政务诚信逐级督导制度，建立横向政务诚信监督机制、自觉接受司法监督、完善社会监督机制、建立政府诚信第三方机构评估机制；在建立健全政务信用管理体系方面，实行政府部门诚信建设

责任制，加强公务员诚信教育，健全政务失信记录，推动政务信用信息广泛共享，健全守信激励与失信惩戒机制，健全信用权益保护和信用修复机制；在加强重点领域政务诚信建设方面，加强政策落实兑现机制建设，加强政府采购领域、政府和社会资本合作领域、招标投标领域、公共资源交易相关领域、招商引资领域、地方政府债务领域政务诚信建设，加强政府机构履行法定义务及基层政务诚信建设。

对于市场主体来说，通过不断探索建立切合实际、条款完备、过罚得当的市场主体信用法律法规体系，从法律和制度上保证诚实守信行为得到保护发展，失信违法行为得以严惩，发挥法律和商业规范的强制及监督作用。针对目前陕西政府法律法规对市场主体的失信违法行为处罚力度弱、手段不足等问题，着手修改不适应建立市场主体诚信系统的法律法规，完善行政执法程序和制度，全面落实行政执法责任制，解决不执法、乱执法、执法扰民等问题；健全行政执法调查取证、告知、罚没收入管理等制度；严格执行重大行政执法决定法制审核制度，完善规范性文件制定程序，落实合法性审查制度；建立健全法律顾问制度，按照"谁执法谁普法"的普法要求，建立常态化的普法教育机制，开展法制宣传教育，营造良好的法治环境。

11.4.5 培育非营利性的非政府组织，促进政府与市场协调配合

陕西地处西北内地，获取外界先进信息的能力相对较弱，发展非营利性非政府组织的思想落后，导致这类非政府组织发展规模小、作用发挥不充分。另外，由于缺乏政府的培育和引导，非政府组织自身缺乏资金支持，导致陕西这类组织发展十分落后。一方面，应积极转变陕西政府在非政府组织领域内的培育引导职能，创新社会管理体制，整合社会管理资源，提高社会管理水平，健全党委领导、政府负责、社会协同、公众参与的社会管理格局；另一方面，合理利用陕西本土资源，在认知与评估的基础上加以合理利用，如建立陕西黄河湿地生态保护组织以解决黄河湿地生态系统退化和生物多样性锐减问题；探索区域一体化组织加快"西咸一体化"建设；创新各类农业协会加快发展杨凌农业高新示范区等。

11.4.6 创新行政审批措施，助力市场主体发展

近几年，陕西在行政审批方面大刀阔斧进行改革的同时也不断推出一些新的

行政审批措施。2017年，陕西工商部门建成了涵盖所有企业类型、所有业务类型的网上登记系统，企业申请人可进行网上申报。新的行政审批措施有力地推动了市场主体的发展，增强了市场主体活力。下一步，陕西应在行政审批方面进一步创新研究更多的支持市场主体发展的措施，使全省大众创业、万众创新更加便利化、快捷化，使政府对市场监管更加科学化、现代化。

陕西要建成省级统筹、部门协同、贯通市县乡村的多级联动"互联网+政务服务"体系，做到政务服务事项"应上必上、全程在线"，实现办事"一号申请、一窗受理、一网通办"，大幅提升政务服务标准化、网络化、智慧化水平。要完成上述目标，一方面，要建立健全政务服务体系，包括体系构架、整合构建互联网服务平台、整合构建实体政务服务体系和推进实体服务中心与政务服务网深度融合；另一方面，要利用互联网技术规范优化政务服务，包括规范政务服务事项管理、构建多方参与的权力运行监督体系以及创新政务服务模式。

11.4.7 加大信息化建设投入，实现大数据监管

目前市场行为已从单纯线下交易转移到电子商务等多样化的模式，现有的工商和市场监管力量和模式已经难以满足维护市场秩序的需要。陕西工商部门对海量市场主体信息数据的处理方式简单粗糙，近几年的信息化建设占比明显低于四川和浙江，信息化建设投入力度不够，远不能满足实际监管执法需求。依托大数据、云计算等新兴技术，适应市场主体快速增长、市场行为多样化背景下的市场监管需要，更好地促进从监管向服务的转型，因此大数据监管是必然趋势。

为加快实现陕西的大数据监管，要不断加大"互联网+监管"的信息化建设投入。依托陕西公共信用信息平台，建立全省统一的市场主体信用承诺信息系统，将信用承诺和践诺情况纳入市场主体信用记录，通过"信用陕西"网站向社会公布，接受社会监督。建立统一的信用信息共享交换平台，整合工商登记、安全生产、质量监管、统计调查等领域信用信息，实现各地区、各部门信用信息共建共享。依托陕西公共信用信息平台、企业信用信息公示系统和各行业信息系统，及时汇总整合并向社会公开有关市场监管数据，构建大数据监管模型，进行关联分析，客观评判市场主体的经营状况和信用等级，提升市场监管效能。

参考文献

［1］冒佩华，王朝科."使市场在资源配置中起决定性作用和更好发挥政府作用"的内在逻辑［J］.毛泽东邓小平理论研究，2014（2）：17-23+91-92.

［2］洪银兴.关于市场决定资源配置和更好发挥政府作用的理论说明［J］.经济理论与经济管理，2014（10）：5-13.

［3］卫兴华.关于市场配置资源理论与实践值得反思的一些问题［J］.经济纵横，2015（1）：1-6.

［4］刘汉超.社会主义市场经济体制下的政府与市场关系［J］.经济问题，2016（4）：46-50.

［5］张新宁.政府和市场关系研究的四重维度［J］.毛泽东邓小平理论研究，2017（2）：18-25+108.

［6］王云峰.习近平政府与市场关系论的全新内涵与特质［J］.探求，2017（3）：18-23.

［7］郭佳.我国政府与市场关系研究［J］.中国管理信息化，2015，18（20）：187-189.

［8］吕炜，周佳音.新时代政府与市场关系的再诠释——基于经济风险化解与政府职能转变的分析［J］.财经问题研究，2017（12）：3-10.

［9］庞明川.转轨经济中政府与市场关系中国范式的形成与演进——基于体制基础、制度变迁与文化传统的一种阐释［J］.财经问题研究，2013（12）：3-10.

［10］刘国光，王佳宁.中国经济体制改革的方向、目标和核心议题［J］.改革，2018（1）：5-21.

［11］王小鲁，樊纲，余静文.中国分省份市场化指数报告（2016）［M］.北京：社会科学文献出版社，2017.

［12］李文彬.我国行政管理体制改革的理论进展与路径选择——一个综述

[J]. 经济与管理评论，2015，31（3）：77-82.

[13] 陕西省人民政府. 陕西省人民政府关于建立完善守信联合激励和失信联合惩戒制度，加快推进社会诚信建设的实施意见［EB/OL］. http：//www.snjingyang.gov.cn/gk/zcfg/50055.htm.

[14] 陕西省人民政府. 陕西省人民政府关于贯彻落实"十三五"市场监管规划的实施意见［EB/OL］. http：//www.shaanxi.gov.cn/zfgb/98657.htm.

[15] 陕西省人民政府. 陕西省人民政府办公厅关于运用大数据加强对市场主体服务和监管的实施意见［EB/OL］. http：//xinyong.laiwu.gov.cn/67/5823.html.

[16] 陕西省人民政府. 陕西省基本公共服务体系规划（2013~2020年）［Z］. 2012.

[17] 2017年陕西省国民经济和社会发展统计公报［R］.

[18] 席鹭军. 生态补偿机制要突出市场化特征［J］. 中国环境报，2018（1）：3-4.

[19] 陕西环保厅. 陕西省"十三五"生态环境保护规划［Z］. 2017.

[20] 浙江新闻. 发挥好市场作用和政府作用的浙江实践［EB/OL］. 2017.

[21] 陕西省人民政府. 陕西省人民政府关于深化商事制度改革促进市场主体发展的意见［Z］. 2018.

[22] 李芸. 政府与市场关系的模式重构与路径选择［J］. 南京社会科学，2015（1）：70-76.

[23] 李伟，杨国才. 基于商权TOPSIS法的城市竞争力综合比较与时间演化分析［J］. 暨南学报，2014（10）：77-86.

[24] 周冰，靳涛. 经济体制转型方式及其决定［J］. 中国社会科学，2006（1）：71-82.

[25] 中国社会科学院经济体制改革30年研究课题组. 论中国特色经济体制改革道路［J］. 经济研究，2008（1）：4-13.

[26] 胡钧. 政府与市场关系论［J］. 当代经济研究，2013（8）：22-30.

[27] 陕西省人民政府. 2018年陕西重点建设项目年度计划［Z］. 2017.

[28] 师博. 论现代化经济体系的构建对我国经济高质量发展的助推作用［J］. 陕西师范大学学报（哲学社会科学版），2018，47（3）：126-132.

[29] 杨东方. 对现代化经济体系科学内涵的认识［J］. 求知，2018（6）：45-47.

［30］金辉.专家热议现代化经济体系建设［J］.经济研究参考，2017（63）：26-30.

［31］马红伟."一带一路"战略推进的困难与对策探讨［J］.知识经济，2017（17）：22-23.

［32］张骥.统一定价产品与劳动力迁移——新经济地理的视角［J］.工业技术经济，2018，37（7）：10-21.

［33］邵文武，黄训江，王永军，成丽.要素流动、产业集聚与产业演化［J］.科技管理研究，2017，37（20）：124-134.

［34］Calo-Blanco A., García-Pérez J. I. On the welfare loss caused by inequality of opportunity［J］. Journal of Economic Inequality，2014，12（2）：221-237.

［35］鲍世赞，陈万明，吕佳.从知识共享视角展开的智能制造创新研究［J］.科学管理研究，2018，36（3）：44-47.

［36］胡黎明，赵瑞霞.产业集群式转移整合区域产业链的机理研究［J］.统计与决策，2017（19）：56-59.

［37］胡和平.大力推动融合创新　矢志不渝追赶超越［J］.现代企业，2017（6）：4-5.

［38］滕西鹏，付天鹏.打造陕西地方金融升级版，全力服务追赶超越新征程［J］.西部金融，2017（7）：10-15.

［39］杨勇先.浅谈陕西经济社会发展中的几个深层次问题［J］.新西部，2017（32）：15-16.

［40］白鹤祥.西北地区丝绸之路经济带建设［J］.中国金融，2017（9）：51-53.

［41］西安晚报.国家统计局西安调查队对市民进行绿色生活方式认知和践行情况的调查［N］.2017-01-01.

［42］2018年陕西省政府工作报告［Z］.2018.

［43］钟茂初，张学刚.环境库兹涅茨曲线理论及研究的批评综论［J］.中国人口·资源与环境，2010，20（2）：62-67.

［44］陕西省统计局.2017年1~12月规模以上工业［R］.

［45］方恺.生态足迹深度和广度：构建三维模型的新指标［J］.生态学报，2013，33（1）：267-274.

[46] Rees W. Ecological footprints and appropriated carrying capacity: What urban economics leaves out [J]. Environment and Urbanization, 1992, 4 (2): 120-130.

[47] Wackernagel M., Schulz N. B., Deumling D., et al. Tracking the ecological overshoot of the human economy [J]. Proceedings of the National Academy of Sciences of the USA, 2002, 99 (14): 9266-9271.

[48] 徐中民, 程国栋, 张志强. 生态足迹方法的理论解析 [J]. 中国人口·资源与环境, 2006, 16 (6): 69-78.

[49] 张磊. 生态文明视角下陕西省低碳经济发展策略研究 [D]. 西安理工大学博士学位论文, 2015.

[50] 黄群慧. 改革开放40年经济高速增长的成就与转向高质量发展的战略举措 [J]. 经济论坛, 2018 (7).

[51] 于靖. 贯彻五大发展理念 推动内蒙科学发展 [J]. 经营管理者, 2016 (31): 3-4.

[52] 任保平. 以改革层面的追赶超越构筑新高地 [J]. 新西部, 2017 (23): 36-37.

[53] 赵文凤. 基于文本分析的中小企业扶持政策研究 [D]. 中北大学博士学位论文, 2016.

[54] 张美君. 生态文明建设视阈中绿色发展方式和生活方式论析 [J]. 理论与现代化, 2017 (5): 4-5.

[55] 马振清, 刘隆. 获得感、幸福感、安全感的深层逻辑联系 [J]. 国家治理, 2017 (44): 45-48.

[56] 新华网. 习近平新时代中国特色社会主义经济思想体系探索（上）[EB/OL]. 2018.

[57] 蒋连华. 新时代如何培育和践行社会主义核心价值观 [J]. 群言, 2018 (6): 4-6.

[58] 王世军. 河北省矿产资源产业经济发展战略研究 [D]. 中国地质大学博士学位论文, 2007.

[59] 李勇. 陕西茶产业面临的困境及对策 [J]. 西北农林科技大学学报（社会科学版）, 2016, 16 (5): 150-154.

［60］刘伟. 现代化经济体系是发展、改革、开放的有机统一［J］. 经济研究，2017，52（11）：6-8.

［61］刘伟. 坚持新发展理念，推动现代化经济体系建设——学习习近平新时代中国特色社会主义思想关于新发展理念的体会［J］. 管理世界，2017（12）：1-7.

［62］黄汉权. 构建现代化产业体系是建设现代化经济体系的重头戏［J］. 经济研究参考，2017（63）：3-5.

［63］刁培莲，邓智团. 基于动态偏离—份额模型的武汉市产业结构演变研究［J］. 统计与决策，2013（8）：106-109.

［64］李海东，王帅，刘阳. 基于灰色关联理论和距离协同模型的区域协同发展评价方法及实证［J］. 系统工程理论与实践，2014，34（7）：1749-1755.

［65］胡宗伟，何大安. 科技进步的最优测算方法研究——兼评"Solow余值法"［J］. 科学学与科学技术管理，2005（5）：39-42+47.

［66］刘志迎，谭敏. 纵向视角下中国技术转移系统演变的协同度研究——基于复合系统协同度模型的测度［J］. 科学学研究，2012，30（4）：534-542+533.

［67］周炯，陈梅，王蕾. 基于区位熵指数的陕西省金融产业集聚水平研究［J］. 统计与决策，2014（24）：176-179.

［68］赵波. 从粮食安全角度看陕西基本农田保护规模的确定［J］. 陕西农业科学，2013，59（2）：194-197.

［69］王澜明，张学栋，刘杰. 做强苹果产业　助力精准扶贫——陕西省落实习总书记2015年视察讲话精神纪实［J］. 中国行政管理，2018（9）：12-14.

［70］张文彬，胡健，焦兵. 陕西产业新高地构建之资源禀赋、产业基础与战略设计［J］. 西安财经学院学报，2018，31（5）：20-26.

［71］惠春丽. 国内外发展生产性服务业的经验对陕西的启示［J］. 经贸实践，2018（13）：64+66.